LE DROIT GÉNÉRAL

DE LA FRANCE,

ET

LE DROIT PARTICULIER

A LA TOURAINE ET AU LODUNOIS,

CONTENANT les Matieres civiles, criminelles & ecclésiastiques,

ET

UNE Explication méthodique des dispositions des Coutumes de Touraine & de Lodunois,

OUVRAGE enrichi de décisions importantes, tirées du Commentaire manuscrit de BOULLAI, des Notes manuscrites de PALLU, & de celles de MM. CARRÉ & AUGEARD, *Conseillers*, POITEVIN, DUBOIS, *pere & fils*, BAUDOUIN, BOUAULT, BERNARD, DUFREMENTEL & COTTEREAU, *pere, Avocats au Bailliage & Siége Présidial de Tours*; de tout ce qu'il y a de plus essentiel dans les Ouvrages qui ont paru jusqu'à ce jour, sur les Coutumes de Touraine & de Lodunois ; & d'Observations intéressantes, puisées dans les Auteurs modernes les plus accrédités.

ON y a joint une *INSTRUCTION* utile aux Curés & aux Notaires requis de recevoir des *Testaments*; une *INSTRUCTION* utile aux Officiers chargés de faire les Actes qu'exigent la *Saisie seigneuriale* & l'exercice du *Retrait*, soit *seigneurial*, soit *lignager*; & des *OBSERVATIONS*, tant sur l'Ouvrage de PALLU, que sur celui où JACQUET s'est proposé de commenter la Coutume de Touraine.

Par M. COTTEREAU, *fils, Avocat.*

Non mihi soli laboravi, sed omnibus exquirentibus disciplinam. Eccli. 33, 18.

TOME SECOND.

A TOURS,

Chez F. VAUQUER-LAMBERT, Imprimeur-Libraire, Grande Rue.

M. DCC. LXXXI.

Avec Approbation & Privilége du Roi.

AVANT-PROPOS.

EN mettant au jour notre 2ᵉ. Volume, reveillerons-nous l'envie assoupie ? Nous nous y attendons, sans en être effrayés. Nous l'avons prévu, & nous n'en avons pas travaillé avec moins de zele. Celui qui travaille pour le Public, trouve, dans son travail même, un plaisir qui, seul, est capable de l'animer, de l'encourager & de servir de récompense à ses veilles. Il est heureux, s'il n'en cherche pas d'autre. Il doit avoir renoncé aux faveurs de la fortune, comme à l'éclat des dignités. L'amour de la retraite & de l'étude lui a procuré un plus grand bien que les richesses, en lui apprenant à s'en passer, à chérir la médiocrité, qui est la fortune de ceux qui, exempts de passions, sentent le prix d'une vie tranquille. Connoissant les hommes, il ne fait pas dépendre de leur opinion son bonheur, qu'il cherche au-dedans de lui-même. Il ne compte point sur les hommages unanimes de ses Contemporains : *vivis fama negatur*, dit *Martial*, l. 5, ép. 10 ; ce que *Martial* justifie par les exemples d'*Homere* & de *Virgile*, & ce qu'on pourroit justifier par une multitude d'exemples de tous les âges. Combien qui n'ont même rien entendu des éloges qu'on a donnés à leurs ouvrages, dont le mérite n'a été reconnu que depuis leur mort ! (1) Quand on seroit sûr d'être du petit & très-petit nombre de ceux à qui le Public rend justice de leur vivant, on conviendra que ce seroit encore une folie, que de ne travailler que pour la gloire, en considérant combien sont étroites les limites dans lesquelles elle doit nécessairement se renfermer. Si, sur un point de l'Univers, une poignée d'Admirateurs, toujours infiniment moindre que sa vanité ne se l'imagine, brûle, en l'honneur d'un Auteur, quelques grains d'encens, qu'est-ce aux yeux de qui sait l'apprécier ? D'ailleurs, la satisfaction que procurent les plus heureux succès, n'est jamais complette ; ils font naître des ennemis qui s'efforcent de la troubler. (2) *Racine* a avoué que les plus mauvaises critiques lui avoient toujours causé plus de chagrin, que les applaudissements les plus flatteurs ne lui avoient fait de plaisir. S'il ne se fût pas attendu à ceux-ci, il eût été moins sensible à celles-là. En écrivant, on ne doit penser qu'à être utile. Comme nous ne nous sommes pas proposé d'autre fin, les critiques (3) qu'ont hazardées des Censeurs mal - intentionnés,

---

(1) Pendant quelque temps, on a témoigné au moins beaucoup d'indifférence pour l'Ouvrage de *Bourjon* sur la Coutume de Paris, & pour celui de *Valin* sur la Coutume de la Rochelle ; aujourd'hui, il n'est aucun Jurisconsulte qui ne sente combien ces deux Ouvrages sont utiles, & ce n'est que depuis leur mort, que ce changement s'est opéré.

(2) De tout temps, les succès ont exposé à la malignité de l'envie : *contemplatus sum*, dit *Salomon*, Eccl. 3, 4, *omnes labores hominum, & industrias animadverti patere invidiæ proximi*.

(3) Pourquoi aurions-nous été sensibles aux critiques ? Il y a peu de bons Ouvrages qui en soient à l'abri. On n'a pas épargné les deux plus fameux Jurisconsultes de nos jours ; nous avons remarqué, dans la *Préface*, que *Pothier* & *Jousse* en ont essuyé de la part de ceux qu'ils avoient éclairés. Que l'ingratitude est un vice commun ! quels sont ceux qui ont élevé la voix contre nous ? Ce sont ceux qui, dans leur sphere, pouvoient donner le plus de prise à la critique, qui ont été les plus hardis à critiquer ce qui est au dessus de leurs forces. L'Auteur d'une Lettre insérée dans des Ouvrages périodiques, la *Gazette des Tribunaux*, &c. faisant part de ce qui s'est passé au sujet de notre Ouvrage, en donne la cause, qui n'est ignorée de personne à Tours ; voici cette Lettre :

« Vous avez annoncé, Monsieur, un Ouvrage dont je n'augurois pas bien, par la multitude „ des matieres que l'Auteur promettoit de traiter. Je ne pouvois croire qu'un seul homme

ne nous ont fait aucune impression ; nous ne nous sommes pas enorgueillis des éloges

---

,, pût les embrasser toutes ; ce qui m'a empêché de me mettre au nombre des Souscripteurs : mais
,, le vaste Plan de l'Auteur m'a paru aussi bien exécuté qu'imaginé. Nous n'avions point encore,
,, sur la Jurisprudence françoise, de Traité aussi universel. Il est surprenant qu'il ait réuni & lié
,, ensemble tant de matieres qu'il s'en trouve dans le 1er Volume. Les Questions y sont bien
,, présentées ; elles sont décidées suivant les regles, tant du For extérieur, que du For intérieur,
,, & appuyées d'une multitude d'autorités ; mais j'admire moins l'érudition dont l'Ouvrage est
,, rempli, que le ton avec lequel il est écrit. L'Ouvrage respire par-tout l'honnête-homme &
,, l'homme plein de Religion. On peut voir, en particulier, la *Preface*, le *Discours Préliminai-*
,, *re*, & l'article où il est parlé des *Avocats*, avec les *Additions* qui y ont rapport. MM les
,, Avocats liront avec plaisir & reconnoissance cet article. La Ville de Tours doit se glorifier
,, d'avoir vu naître cet Ouvrage dans son sein.

,, N'ayant jamais eu aucun ennemi parmi ses Concitoyens, l'Auteur avoit lieu de se flatter
,, que son Ouvrage seroit accueilli de tous avec indulgence. Il l'auroit probablement été, sans
,, la circonstance dans laquelle il a paru. On étoit divisé, à Tours, sur une Question que l'Auteur a
,, pensé ne devoir pas passer sous silence, s'étant proposé de rapporter tout ce qui est propre a relever
,, la dignité de la Profession d'Avocat, qui, dans la Société, tient un rang distingué. Plusieurs
,, de ceux qui ont vu, dans l'Ouvrage, la condamnation prononcée par le Barreau de Paris, du parti
,, qu'ils avoient embrassé, se sont plaints de l'Auteur, sans lui savoir gré des ménagements dont il
,, a usé. Il n'a pas même dit où la question s'est élevée. Le signal donné, bientôt se sont fait
,, entendre les clameurs d'une poignée de ces Gens à qui le mérite des autres fait toujours de la
,, peine, & ce en proportion de ce qu'ils en sont plus près. Aussi, n'est-ce qu'à Tours que les es-
,, prits ont été d'abord partagés. On y a tenu mille propos aussi singuliers & aussi peu fondés
,, les uns que les autres. L'Auteur instruit de tout ce qui se passoit, n'a fait, ainsi que ses amis,
,, qu'en rire, prévoyant dès le commencement ce qui est arrivé, que les efforts qu'on faisoit pour
,, déprimer l'Ouvrage, ne serviroient qu'à le faire connoître & à le faire rechercher davantage. On
,, avoit la mal-adresse de contribuer a faire vivre un Ouvrage qu'on qualifioit publiquement de
,, *Mort-né*. Il vit en dépit des Envieux, & il leur survivra. On a menacé d'une critique impri-
,, mée, qui n'a pas paru. Déja quelques personnes se proposoient de venger, par des réponses,
,, l'Auteur ; mais le vrai moyen de confondre l'envie, c'est de mépriser ses traits & de garder le
,, silence. On a répandu faussement qu'il avoit été fait, depuis l'impression, quelques changements
,, dans l'Ouvrage, tandis qu'il n'y a pas eu une seule syllabe de supprimée. Il n'y en avoit pas une
,, seule qu'on pût forcer l'Auteur de supprimer. Ses expressions, comme ses sentiments, sont à l'a-
,, bri de tout reproche. On a porté la folie jusqu'à débiter que des personnes en place avoient en-
,, voyé des Mémoires à M. le Garde des Sceaux. S'il étoit échappé quelque chose à l'Auteur, ces
,, personnes se seroient bornées à l'en avertir. Un Citoyen qui a consacré 20 années à un travail
,, utile, mérite quelques égards. On a dit . . . . Ne révélons pas des choses dont on a rougi,
,, aussi-tôt après qu'a été passé l'accès de vertige qui n'a duré que quelques moments.

,, Tout cela a procuré à l'Auteur le précieux avantage de savoir plus promptement ce que les
,, personnes impartiales devoient penser de son Ouvrage. Il a eu la douce consolation de voir que,
,, malgré l'examen le plus sévère, auquel on s'est livré avec l'envie de le trouver en défaut, on
,, n'a rien découvert qui pût être la matiere d'une Censure raisonnable ; que le Public a méprisé des
,, critiques qui, dictées par l'ignorance, & recueillies par la jalousie, étoient un hommage que la
,, médiocrité rendoit au mérite ; que ceux qui ont le plus déclamé contre l'Ouvrage, la plupart
,, sans l'avoir ouvert, ont fini, après l'avoir lu, par reconnoître qu'*il suppose dans l'Auteur une grande
,, lecture & des talents, qu'il y regne beaucoup d'ordre, de clarté & de précision*, & que l'*Auteur
,, a droit à l'estime & à la reconnoissance de ses Concitoyens*. Ce sont les propres paroles de plusieurs,
,, bien capables d'animer le courage de l'Auteur, pour achever une entreprise si heureusement com-
,, mencée, ainsi que l'y invitent une multitude de Lettres remplies d'éloges, que je sais lui avoir
,, été écrites de toutes parts.

,, Comme ce Jugement, qui n'est pas suspect, est inconnu à ceux aux oreilles de qui sont par-
,, venues les critiques qui ont été faites d'abord, il est intéressant, Monsieur, que vous le fassiez
,, connoître, afin qu'on sache que maintenant, à Tours, tout le monde rend Justice à l'Auteur, qui
,, continue toujours, avec le même zele, à travailler à éclairer ses Concitoyens.

,, J'ai l'honneur d'être, &c. ,,

V. 1res. Additions, p. 6, 2es. Additions, p. 8.

(4) qu'on nous a donné, sans doute afin de nous engager à faire de nouveaux efforts pour les mériter. Nous n'avons ouvert notre ame qu'à la satisfaction que nous avons goûtée, en voyant que notre Ouvrage est utile (5) au moins à quelques-uns: *hoc ab homine exigitur*, remarque *Séneque*, *de Otio Sapientis*, c. 30, *ut prosit hominibus*, *si fieri potest*, *multis*, *si minùs*, *paucis*. Nous sommes redevables à la société des services que nous pouvons lui rendre; qu'il est doux de pouvoir se dire, je

---

Qu'est-il résulté des déclamations vagues de ceux qui se sont déchaînés contre notre Ouvrage? Rien pour l'avantage du Public, rien contre nous, & uniquement du mépris & de la honte pour eux. Leur acharnement à déprimer l'Ouvrage, en fait peut-être l'éloge. Rassurés par le suffrage des Jurisconsultes de Paris & d'ailleurs, qui ont daigné applaudir à notre entreprise, & à la maniere dont nous avons commencé à l'exécuter; ayant même obtenu le suffrage de quelques-uns à qui le Public doit des Ouvrages estimés, nous avons dû nous consoler aisément de voir plusieurs de nos Concitoyens, dont certainement les lumieres n'inspirent pas la même confiance, juger autrement de notre Ouvrage. Nous avons dû espérer que, le temps remettant tout à sa place, un jour on apprécieroit nos Censeurs, leur conduite, leurs critiques, & le motif qui les animoit; on reconnoîtroit qu'une basse jalousie étoit la seule cause de tout ce que nous éprouvions; &, malgré leurs efforts, le Public confirmeroit le jugement de ceux qui, dès le commencement, ont bien accueilli notre Ouvrage. Nos Amis veulent nous persuader que ce jour est déja arrivé.

Des critiques dictées par l'amour du vrai, qui auroient eu, pour object, des fautes réelles, & qui nous auroient été communiquées sans passion, nous auroient fait plaisir. Nous avons témoigné, dans la *Préface*, les desirer. " Nous ne demandons point de grace, disions-nous; qu'on nous juge ,, avec sévérité, pourvu que cela tourne à la connoissance du vrai que nous cherchons. ,, La menace d'une critique imprimée ne nous a point fait peur; un homme qui a de la morgue, devoit y travailler; on s'imagine bien quel ton il eût pris. Quoiqu'il se fût caché sous le voile de l'anonyme, on l'eût reconnu à la dureté, à l'affectation & à l'incorrection de son style.

(4) Des Magistrats, des Avocats, sensibles aux hommages que nous rendons à la Religion, dans differents endroits du 1er. Volume, nous ont écrit, pour nous en marquer leur satisfaction. Nous en faisons l'observation par rapport à ceux qui en ont été autrement affectés. Qu'ils sachent que le nombre des esprits qu'ont séduits les prestiges de la fausse Philosophie, de la Philosophie incrédule, (l'opprobre & le fléau de notre siecle,) toujours trop grand, ne l'est pas autant qu'on le publie. Malgré les progrès, aussi rapides que funestes, de la secte philosophique, combien qui pensent, comme nos aïeux, qu'il n'y a point de vrais Philosophes, que ceux que forme l'Evangile; point de vrai bonheur, que celui qu'il procure: *qui vult sapiens ac beatus esse*, *audiat Dei vocem*, *& discat justitiam*, dit *Lactance*, *de Falsâ sapientiâ*. C'est dans cette source pure qu'alloit puiser un des plus grands hommes de notre siecle, reconnu même par les Etrangers pour un Savant profond. Dans la 1ere. charge du Royaume, dont il fut revêtu pendant près de 34 ans, il offrit le modele « d'un véritable Philosophe chrétien. La Religion étoit le fondement de toutes ses ver- » tus. Jamais il ne passa un jour de sa vie, sans lire l'Ecriture sainte. Il éprouvoit ce qu'on a » dit de ce Livre sacré, qu'on ne pouvoit le lire, sans devenir plus vertueux, » Eloge du Chancelier d'*Aguisseau*, par *Thomas*, note 32. Faisons des vœux, pour que de tels Philosophes illustrent le regne de Louis xvi; pour que ce regne soit celui d'une Philosophie sage, bienfaisante & religieuse, qui fasse vraiment mériter à notre siecle le nom de Philosophe, que quelques-uns lui donnent. Que nous en sommes loin! Il faudroit aller à la source du mal; bannir le luxe & les vices qu'il traîne à sa suite; procurer aux différentes classes de Citoyens, une éducation propre à rétablir les bonnes mœurs; faire des réglements pour prévenir ce qu'on seroit obligé de punir; donner tous les encouragements possibles à la pratique des vertus sociales; tourner vers cet objet les esprits, & les préserver des erreurs des Moralistes modernes. L'essentiel est que les Grands donnent l'exemple aux autres. Ceux qui gouvernent, ayant entre leurs mains ce qui peut remuer les volontés des hommes, il leur est facile de changer leurs mœurs, pour les rendre heureux.

(5) Celui qui a le plus ouvertement déclamé contre notre Ouvrage, y a recours tous les jours. Il a seulement la précaution, lorsqu'il fait usage de ce qu'il y puise, de ne pas en avertir; précaution nécessaire pour ne pas paroître tomber en contradiction avec lui-même, pour ne pas paroître nous devoir quelque chose. Il lui est échappé d'avouer qu'il le consulte pour toutes les questions qui se présentent, sur les matieres qui y sont traitées, & que souvent c'est avec fruit. Etant utiles à celui qui a voulu nous nuire, nous sommes vengés de la maniere que nous le desirions.

ne fuis pas en retard d'acquitter ma dette ! l'homme utile jouit au - dedans de lui-même des avantages qu'il procure aux autres. Les moments qui y font confacrés, font ceux qui laiffent le fouvenir le plus agréable.

Nous pardonnons, & nous y trouvons du plaifir, à tous ceux qui ont cherché à décrier notre Ouvrage. (6) Ils fe font fait plus de tort qu'à nous. Ils ont occafionné le débit plus prompt d'un grand nombre d'Exemplaires du 1er. Volume, quoique, pour l'empêcher, ils aient eu la témérité d'affurer malignement qu'on ne verroit jamais la fuite de l'Ouvrage. Au milieu du bruit paffager de leurs impuiffantes clameurs, notre tranquillité n'a pas été troublée un feul inftant : (7) *æquo animo audienda funt Imperitorum convicia*, dit *Séneque*, Ep. 76. Leurs traits ne nous ont pas même atteints ; notre façon de penfer nous met loin d'eux. Mais c'eft peut-être leur faire de la peine, que de leur apprendre qu'ils ne nous en ont point fait. En nous imputant des propofitions que nous n'avons pas avancées, ils ont donné des preuves de leur infigne mauvaife-foi, comme ils en ont donné de leur groffiere ignorance, en parlant de matieres qu'ils n'entendent pas. Ce qu'on lit n. 7 & 1418, fur les Loix civiles, (8) & fur l'Excommunication des Rois, (9) eft à l'abri de la plus févere critique. Il y en a toujours qui applaudiffent à la critique la plus injufte, fur - tout lorfqu'elle eft faite, avec un ton impofant & décifif, par quelqu'un que

---

(6) Nous avons méprifé les deux forties contre notre Ouvrage, qu'ont faite, en plaidant, deux Avocats. Des circonftances particulieres ont procuré à l'un, pendant quelque temps, une réputation qui ne s'eft pas foutenue ; l'autre ne mérite pas qu'on y faffe la moindre attention, fon fuffrage étant abfolument nul. Nous pourrions les nommer ici, fans qu'ils euffent le droit de s'en plaindre ; nous voulons bien, pour cette fois, leur épargner cette mortification. Ces Avocats, auxquels on a fait l'application de la fable, *du Serpent & de la Lime*, v. *la Fontaine*, l. 5, Fab. 16, furent, fur le champ, punis de la liberté qu'ils s'étoient donnée, par le défagrément qu'ils eurent de l'entendre blâmer. On a attribué à un jeune Avocat une Chanfon fur notre Ouvrage, qui, n'ayant aucune efpece de mérite, n'a pas eu une plus longue exiftence que ces infectes éphémeres, que le même jour voit naitre & mourir.

(7) On eft toujours tranquille, lorfqu'on n'a point de reproches à fe faire. Nous n'avons écrit que ce que nous pouvions écrire ; que ce que nous écririons encore, fi nous étions à recommencer ; &, par rapport à la conteftation élevée au Barreau de Tours, que ce que nous devions écrire, pour ne rien omettre de ce qui intéreffe une Profeffion à laquelle nous nous devons plus qu'à ceux qui auroient defiré que nous euffions gardé le filence. Les Gens impartiaux ont remarqué que nous l'avons fait avec des ménagements qui n'étoient pas néceffaires, & qui devoient exciter la reconnoiffance de ceux mêmes qui fe font plaints. Nous les continuerons, ces ménagements, quoique leur conduite pût nous en difpenfer ; elle ne doit pas régler la nôtre.

(8) Nous avons dit que, « lorfque l'Eglife n'en a point fait de contraires, la confcience doit » fe régler par les Loix civiles. » En tirant des conféquences pour le cas où le Prince a fait une Loi qu'on ne peut abfolument concilier avec une Loi de l'Eglife, nos Cenfeurs fe font égarés. Ce qu'ont pu faire quelques Eglifes particulieres, ils l'ont imputé à l'Eglife univerfelle, qui ne fe mêle point des matieres temporelles, fur lefquelles c'eft aux Princes feuls à prononcer, & leurs Loix, fur ces matieres, ont toute leur force, indépendamment de toute autre Puiffance. Dans les matieres fpirituelles, les Loix de l'Eglife l'emportent fur les Loix des Princes ; donner à celles-ci la préférence, regardant les Princes comme les Chefs de l'Eglife de leurs Etats, dont ils ne font que les Protecteurs, c'eft tomber dans une erreur contraire aux premiers principes du Chriftianifme, *Confér. d'Angers fur les Loix*, t. 1, conf. 4, queft. 4, art. 2.

(9) Pour fermer la bouche à la paffion qui a tenté de foulever, fans le moindre fondement, les efprits, nous citerons un Ouvrage que nos Cenfeurs eftiment. Dans l'*Hiftoire du Dr. publ. & eccl. fr.* qu'on attribue à *Lévêque de Burigny*, t. 1, differt. 4, on lit : « les Rois peuvent mé- » riter l'excommunication ; leur couronne ne les met point à couvert de cette efpece de fou- » dre. Mais, fans une extrême néceffité, doit-on la lancer contre des Têtes refpectables, avant » d'avoir effayé tous les autres moyens de les ramener ? Leur reffentiment peut avoir les plus » terribles fuites. Tout Chrétien peut donc être excommunié Ni Roi, ni Souverain, ni Evêque, » ni Pape, ne font point à couvert de cette punition. La feule différence qu'il y a entr'eux & » le refte des fideles, c'eft qu'il faut, fans comparaifon, plus de formalités & de précautions

ceux qui l'écoutent, peuvent avoir intérêt de flatter; on souscrit aisément, alors, à la condamnation d'un Auteur dont on n'a rien à attendre. Que pourroit-on espérer de celui qui, étant sans ambition, sans desirs, n'a ni ne cherche à avoir de Protecteurs; qui préfere au frivole honneur de voir ceux qui se croient au-dessus de lui, les délices qu'il trouve dans la paisible possession de son indépendance; qui, ennemi de toutes especes de servitudes, se borne à cultiver l'amitié de quelques Confreres qui, ainsi que lui, vivent sans intrigues, comme sans prétentions.

A en croire nos ennemis, plusieurs alloient rendre plainte, & de quoi? Un autre que nous, eût souhaité que quelqu'un eût été assez simple pour s'exposer au ridicule qui auroit été l'effet infaillible d'une aussi folle démarche.

Ce que nous avons dit, dans les *1es. Additions*, du Trésorier de France qui étoit auparavant Sécretaire de l'Intendance, ne servant qu'à relever la Place qu'il occupe actuellement, ne pouvoit que le flatter. Qui croiroit que, néanmoins, on a tenté de lui inspirer d'autres idées? C'étoit lui faire injure, que de penser qu'il pût les adopter. Il est aisé de deviner celles que la malignité a voulu donner aux Sécretaires de l'Intendance. Ils ont vu la maniere dont nous avons parlé de la question qui intéresse leur Confrere, & ils nous ont rendu justice : ils ont reconnu que son mécontentement n'étoit pas fondé, & qu'en lui supposant un juste motif, il auroit plus gagné à le dissimuler.

On a cherché à indisposer contre nous quelques personnes, au sujet de deux Arrêts universellement connus dans la Province par des Mémoires imprimés, qui y ont été répandus. Elles ont dû, au contraire, nous savoir gré de l'attention que nous avons eue de supprimer les noms, en rapportant très-briévement n. 1267 & 1777, ces Arrêts, dont un se trouvoit déja dans l'Ouvrage de *Jacquet* sur la Coutume de Tours, sans la même précaution.

Quelques Procureurs, dans la Province, se sont plaints amérement de ce que nous avons écrit n. 1298, 1300, &, d'après le Chancelier d'*Aguesseau*, n. 1307. Probablement ce ne sont pas ceux que, par la distinction que nous avons eu soin de faire, nous avons dit mériter, en exerçant leur Profession avec honneur, l'estime & la confiance du Public, dont ils jouissent. Doit-on être jaloux du suffrage des autres, qui, franchissant les bornes qui leur sont prescrites, ne voient pas de bon œil qu'on les leur rappelle? Nous avons été surpris que l'amour propre de ceux-ci ne les ait pas assez bien servis, pour qu'ils se soient placés dans la classe de ceux-là; il étoit au moins de leur politique de le faire, & de ne pas donner lieu, en paroissant offensés de quelques reproches, de croire qu'ils sont ceux qui les méritent. En lisant, dans notre Ouvrage, ce que nous avons dit des Procureurs, quelques-uns ont cru voir ce qui n'y est point; d'autres, sur leur témoignage, l'ont débité, sans se donner la peine de le vérifier; & on nous a calomniés.

Celui qui a le courage de s'élever contre des abus, sait à quoi il doit s'attendre de la part de ceux qui les commettent. Il a d'autant plus à craindre, que ces abus sont plus communs. Est-ce une raison de les taire? N'en est-ce pas, au contraire, une d'élever la voix plus haut? Plus le mal sera connu, plus il y aura lieu d'espérer qu'on y apportera remede. Il ne faut pas cesser de mettre sous les yeux les funestes effets que produisent, tous les jours, l'ignorance & la corruption des Officiers de Justice. Les Campagnes sont pleines de Praticiens qui sont le fléau des can-

---

» pour eux, que pour leurs inférieurs. » On ne voit là, ni dans *Dupin, de la Puiss. eccl. & temp.* p. 69, 72, *du Marsais, Expos. de la Doctr. de l'Egl. gall.* p. 1, p. 86, p. 3, p. 12, *Encyclopédie*, au mot *Excommunication*, rien de contraire à ce que tient *Héricourt*, que nous avons cité, & qui n'a pas été contredit par *Duperrai & Pinault*, en ce qu'il n'adopte pas ce qu'ont écrit *Pasquier, Rech.* l. 3, c. 18, *Lebret, de la Souver. du Roi*, l. 2, c. 18, *Fevret, de l'Abus*, l. 1, c. 6, v. *Bossuet, Défense de la Déclar. du Clergé de Fr. de 1682*, l. 1, s. 1, c. 3.

tons qu'ils habitent ; ce qui nous a fait souhaiter, dans la *Préface*, la suppression des petites Justices.

Les abus qui se sont glissés dans presque tous les Tribunaux, & dont nous gémissons avec tous les Gens de bien, nous ont fait faire, pour une réforme générale de la Justice, des vœux qui ont été approuvés par le plus grand nombre. On a paru goûter ce que nous avons dit, dans la *Préface*, sur les lumieres & les vertus nécessaires à un Juge, sur les moyens d'avoir des Juges dignes de ce titre. Les notes qui s'y trouvent, n'ont pu déplaire aux Juges qui, connoissant toute l'étendue de leurs devoirs, s'attachent à les remplir. En quel temps eut-on plus sujet d'espérer la réforme de tous les abus qu'on remarque dans l'administration de la Justice, que sous le regne d'un Prince juste & bienfaisant, qui met son bonheur à procurer celui de ses Sujets ? Une multitude d'obstacles s'y opposeront. Combien n'en a-t-on pas à vaincre, dans les changements qui s'operent dans la Finance ? Une grande ame, en qui l'amour du bien domine, fait en triompher. Quand on veut fortement & constamment le bien, les moyens de le faire, ne manquent jamais. Nous nous flattons, cette idée nous plaît trop, pour que nous ne nous y arrêtions pas avec complaisance, nous nous flattons que nous touchons au moment où va se faire la refonte générale de cet amas informe de Loix incohérentes, qui surchargent notre legislation ; où la raison éclairée par l'expérience, va tracer un nouveau plan de Loix sages ; où l'on va faire usage des moyens propres à faire siéger sur les Tribunaux des Juges vertueux, qui rendent la Justice, & promptement, & gratuitement.

Quelques personnes ont critiqué ce qu'on lit n. 1225 ; c'est peut-être ce que nous disons de plus fort en faveur des Avocats. Elles n'ont pas pris garde qu'elles critiquoient le Chancellier d'*Aguesseau*, dont nous ne sommes que l'écho ; cependant nous le citons. Après un tel guide, on ne craint pas de s'égarer. Qu'on lise son discours sur l'*Indépendance de l'Avocat*, on verra qu'il avoit l'idée que nous en donnons, d'une Profession où « l'indépendance de la fortune éleve l'Avocat au-dessus » des autres hommes, » pour nous servir de ses expressions ; d'une Profession « qui » n'adore que la sagesse ; « d'une Profession où l'on peut parvenir » à cette éléva- » tion qui, dans l'ordre du mérite, ne voit rien au-dessus d'elle ; » d'une Profession qui, « exempte de toute sorte de servitudes, arrive à la plus grande élévation, » sans perdre aucun des droits de sa premiere liberté, &, dédaignant tous les orne- » ments inutiles à la vertu, peut rendre l'homme noble sans naissance, riche sans » biens, élevé sans dignités, heureux sans le secours de la fortune, » v. p. 4, 10, 19. Cet illustre Magistrat, en comblant d'éloges la Profession d'Avocat, ne craignoit pas d'exciter la Jalousie de ceux qui exercent les autres Professions. Il n'y en a pas une seule qui exige la réunion d'autant de talents, de connoissances & de vertus. A quels hommages n'a-t-elle donc pas droit, de la part de ceux qui sont justes ? Peut-on trouver que nous en ayons trop dit, si nous n'avons rien dit, que de vrai ? Qu'avons-nous avancé qui ne le soit pas ?

S'il y a des Membres du Clergé de la Province, qui ont murmuré de voir leur système sur la prescription concernant l'Eglise, ruiné de fond en comble, combien de nos Concitoyens nous ont su gré d'avoir défendu une portion très-importante de notre droit municipal, contre les entreprises de ceux qui eussent souhaité qu'on eût sacrifié l'intérêt général à l'intérêt particulier du Clergé. La crainte de déplaire à ces derniers, ne devoit pas nous réduire au silence. Nous avons eu la satisfaction d'entendre des Partisans zélés du système en question, avouer qu'il n'étoit plus possible même de le proposer, d'après le nombre & la force des preuves accumulées n. 7095 & suiv. qui ne laissent rien à desirer.

Les éloges des Morts sont des leçons pour les Vivants. Dans l'éloge de notre vertueux Pere, que nous avons fait dans la *Préface*, les Avocats ont vu ce qu'ils doivent être, en s'efforçant d'imiter un Confrere dont la mémoire leur est chere.

C'est

C'est uniquement ce que nous nous sommes proposé. Nos Censeurs sont convenus que la vérité a toujours conduit notre plume. En quoi avons-nous mérité leur critique ? Dans la personne de leur fils, *Racine*, *Crébillon* & autres, ont eu des Panégyristes.

Nous avons été blâmés de ne pas rapporter les especes des Sentences que nous citons. Si nous suivions notre goût, nous n'alléguerions, ni Sentences, ni Arrêts ; ils ne sont bons, que pour ceux qui les obtiennent, comme le disoit le 1er. Président *de Thou*. Nous en citons pour ceux à qui ce genre d'autorité fait impression ; il y en a qui ne se rendent pas à l'évidence des principes, & qui ne repliquent rien, lorsqu'on leur dit, *cela a été jugé*. Plusieurs font des notes où ils recueillent les Sentences qui se rendent au Siége de Tours sur des questions de Droit & de Coutume ; c'est pour les leur rappeller, en en indiquant la date, que nous en faisons mention : cela suffit. Pour nous, c'est par les principes que nous nous décidons ; une Sentence qui y est conforme, ajoûte peu à notre conviction ; celle qui y est contraire, ne nous arrête pas. Ce que nous avons dit n. 64 & suiv. des Arrêts, convient aux Sentences.

On nous a reproché de citer fréquemment *Denisart*. Il est nécessaire de le citer, pour avertir des Arrêts qu'il rapporte, & qui peuvent être invoqués sur une question. Par les observations que nous avons faites dans *la Préface*, on voit quelle confiance on doit y avoir. Par ex. *Pothier*, *Traité de la Communauté*, n. 261, 278, 487, 504, 513, 526, 574, 793, 815, 826, 875, quoiqu'il cite très-peu, cite *Denisart*, non-seulement pour des Arrêts, mais pour des points d'usage. Au surplus, une citation que nous faisons de *Denisart*, ne veut pas dire que nous tenons & qu'il faut tenir une opinion, parce qu'il l'a tenue ; notre intention est seulement de prévenir que l'opinion dont nous faisons part, se trouve dans un Ouvrage qui est entre les mains de tout le monde.

L'Encyclopédie n'a aucune autorité, nous a-t-on dit, pourquoi renvoyer à cet Ouvrage ? En citant un article, souvent on ne veut qu'annoncer l'endroit où il est question de la matiere qu'on traite ; quelquefois, on veut s'appuyer du suffrage de celui qui l'a rédigé. Citer *l'Encyclopédie*, qui, actuellement, est dans la majeure partie des bibliotheques, sur des points de Jurisprudence, c'est presque toujours citer *Boucher d'Argis*. On peut renvoyer à la partie de *l'Encyclopédie*, qui lui appartient, comme à ses autres Ouvrages ; le mérite des autres parties de *l'Encyclopédie*, quel qu'il soit, (10) ne doit pas faire une différence.

Voilà à peu près tous les reproches qu'on nous a faits, lorsque le 1er. Volume a paru. Ils ne sont pas de nature à influer sur le sort de l'Ouvrage, à en empêcher le succès. Nous n'y avons rien répondu jusqu'à ce moment, où, cédant aux instances de nos Amis, nous avons consenti à en dire un mot, plus parce qu'ils ont paru le desirer, que pour nous justifier. Aux yeux des Gens sensés, avons-nous besoin de justification ? Au loin, on fait la rumeur qu'a occasionnée notre Ouvrage ; sans le détail dans lequel nous venons d'entrer, on auroit pu en concevoir une idée défavorable, on auroit pu s'imaginer toute autre chose ; du moins, nos Amis le craignoient. Nous ne voyons pas qu'il ait été fait, jusqu'à présent, une seule critique qui mérite attention. Ce n'est pas qu'il ne manque à notre Ouvrage bien des choses ; c'étoit inévitable, parce que, malgré la multitude d'objets qu'il embrasse, (11) c'est l'Ouvrage

---

(10) S'il y en a qui vantent avec enthousiasme *l'Encyclopédie*, d'autres se plaignent que c'est une compilation où l'erreur se trouve souvent cachée sous les apparences de la vérité, & où les Apôtres du Philosophisme de nos jours ont inséré des „ maximes tendantes à détruire l'autorité royale, „ ainsi que s'exprime un Arrêt du Conseil, du 7 Février 1752, à établir l'esprit d'indépendance „ & de révolte, &, sous des termes obscurs & équivoques, à élever les fondements de l'erreur, „ de la corruption des mœurs, de l'irréligion & de l'incrédulité, „ v. l'Arrêt du Parlement, du 6 Février 1759.

(11) Qu'on ne perde pas de vue, d'un côté, tout ce que comprend notre Ouvrage, d'un au-

d'une seule personne, & d'une personne qui n'a été aidée, en aucune maniere, de qui que ce soit. Il n'est pas une ligne, nous ne craignons pas que quelqu'un dise le contraire, il n'est pas une ligne qu'on puisse attribuer à un autre. Notre respectable Pere, avant que la mort l'ait enlevé, a lu une partie de notre Ouvrage. Nous l'aurions bien soumis à l'examen de quelques-uns de nos Confreres, aux talents de qui le Public applaudit tous les jours; mais leur modestie nous a privés d'un service que nous aurions souhaité obtenir de leur amitié. Se défiant de leurs lumieres, dans lesquelles nous aurions tant de confiance, ils n'ont pas voulu juger, voir même la moindre partie de notre Ouvrage, avant qu'il fût imprimé. Par l'événement, nous en avons été bien-aise; peut-être aurions-nous eu la douleur de les voir partager les traits qui ont été lancés contre nous. C'est lorsque l'orage s'est élevé contre notre Ouvrage, que nos Amis l'ont jugé; leur jugement n'a pas peu contribué à nous rassurer.

Nous avions besoin de secours. Nous en avons sollicité de tous côtés, avec les instances les plus vives & les plus réitérées, mais toujours en vain. Il n'a pas été possible de rien avoir de Loudun, (12) comme nous l'avons remarqué dans la *Préface.* Soit indifférence, soit paresse, soit mauvaise volonté, il est inconcevable combien on est peu disposé, en Province, à communiquer ce qu'on sait, ce qu'on possede. (13) M. *Duclos*, Avocat à Chinon, nous avoit fait les plus belles promesses; (14) la mort l'a empêché de les remplir. Combien d'autres nous ont fait des promesses

---

tre, que nous n'avons pas eu de Co-opérateurs, & que, si nous ne nous sommes jamais livrés aux exercices du Barreau, pour avoir plus de temps, nous avons été obligés d'en donner une partie à ceux qui, nous honorant de leur confiance, ont recours à nos conseils; on conviendra qu'il ne nous étoit guere facile d'avoir fait plus, à notre âge. Nous ne pouvions pas discuter toutes les questions, sans faire une multitude de Volumes, & notre vie n'auroit pas suffi. Il auroit fallu n'embrasser que quelques branches de la Jurisprudence françoise, & nous nous étions proposé d'en présenter tout l'ensemble, d'annoncer les principales questions sur toutes les matieres, en indiquant où elles sont traitées. Il y en a quelques-unes sur lesquelles nous n'avons pas laissé entrevoir notre façon de penser, soit parce que nous avons négligé de les approfondir, pour ne pas trop retarder l'impression de notre Ouvrage, soit par la difficulté de prendre un parti. Dans les questions qui divisent les Jurisconsultes, le poids de notre opinion n'étant pas capable de faire pencher la balance que des raisons ou des autorités également forte, tiennent en équilibre, nous avons cru pouvoir, sans aucun inconvénient, ne pas en faire part quelquefois. Nous avons mieux aimé paroître indécis, que d'exposer ceux qui consultent notre Ouvrage, à se reposer sur une erreur. Avec notre Ouvrage, on aura une idée de tous les objets de la Jurisprudence françoise, & on saura, par nos citations, où aller puiser, sur chaqu'objet, des connoissances plus étendues. S'il y a quelques décisions à l'appui desquelles, pour abréger, nous n'avons pas fait de citations; ce sont des décisions qui ne sont pas contestées, & qui, pour l'ordinaire, se trouvent dans les Ouvrages cités auparavant ou après. Pour l'avantage de nos Concitoyens, nous avons ajouté aux principes du Droit Général de la France, l'explication des principes particuliers à notre Province. Tel est notre Plan, comme nous l'avons dit au commencement du *Discours Préliminaire*; il est trop vaste, pour que son exécution ne mérite pas de l'indulgence.

(12) Une personne qui nous a assuré que l'Avocat du Roi de Loudun, mort depuis peu, a laissé des notes sur la Coutume de Loudun, nous a fait espérer qu'elle pourroit nous les faire passer.

(13) Nous ferons ici mention d'un exemple rare; l'unique envie d'être utile, a porté un Avocat du Présidial de . . . . à nous adresser de lui-même, quoiqu'il ne nous connût aucunement, des notes sur la Coutume d'Anjou, qu'il croyoit pouvoir nous servir.

(14) M. *Duclos* nous avoit promis, par sa lettre du 28 Octobre 1777, " des Consultations ,, originales de *Pallu* & de *Brodeau.* Je m'occupe, ajoûtoit-il, a rédiger mes observations parti-,, culieres sur plusieurs points essentiels de notre droit coutumier, auxquelles je joindrai plusieurs ,, notes très-précieuses de M. *Gellais de Lépinais*, mon aïeul, qui a exercé la Profession avec ,, distinction, pendant plus de 65 ans. ,, Un Magistrat de Chinon s'est offert de faire ensorte d'obtenir des héritiers de M. *Duclos* ce que cette lettre annonçoit.

dont nous n'avons pas encore vu l'effet ! (15) Comme nous n'avons pas d'autres reſſources que nous mêmes, on doit être moins étonné des fautes qui ſe trouvent dans notre Ouvrage, que de ce qu'il n'y en a pas davantage.

L'empreſſement avec lequel on s'eſt procuré le 1er. Volume, malgré les cris de de la jalouſie, (16) fait eſpérer que le 2e. Volume ſera bien reçu. Depuis long-temps,

---

(15) De ſavants Magiſtrats des Préſidiaux de.... & de ... des Juriſconſultes éclairés, nous ont écrit qu'à leurs moments de loiſir, ils font des obſervations qu'ils nous communiqueront. Si elles nous parviennent à temps, nous en ferons part, en donnant le 3e. Volume. A la fin du 3e. Volume, nous placerons une liſte des Paroiſſes régies par les Coutumes de Tours & de Loudun, avec l'indication des Siéges royaux dans le Territoire deſquels elles ſont, ſi nous pouvons nous aſſurer de ſon exactitude, ſans laquelle on ne pourroit y avoir recours avec confiance.

(16) Preſque tous les Avocats, tant du principal Siége, que des Siéges particuliers de la Province, nous ont donné des témoignages flatteurs de leurs ſentiments ſur notre Ouvrage. Il n'y en a eu que trois ou quatre qui l'ont vu avec peine. Il en eſt un qui paroiſſoit avoir pour nous de l'eſtime; notre Ouvrage a paru, &, ſans que nous ne lui en ayons donné le moindre ſujet, il s'en eſt déclaré l'ennemi à un point inconcevable. Seroit-ce l'effet de la jalouſie ? Nous aimons à éloigner de nous cette idée. Sûrement il n'a pas craint que le ſuccés de notre Ouvrage, augmentant le nombre de ceux qui ont recours à nos conſeils, ne diminuât proportionnellement le nombre de ceux dont il voudroit, excluſivement à tout autre, avoir la confiance ? '' Jamais ,, cet Ouvrage, dit-il d'abord avant de l'avoir ouvert, n'entrera dans ma bibliothèque. ,, A ce propos d'un homme qui jugeoit ſans voir, on auroit pu faire cette réponſe, qui auroit demeuré ſans réplique. '' L'Ouvrage vous ſeroit abſolument néceſſaire, quand il ne contiendroit que les ,, importantes Déciſions des Juriſconſultes nommés dans le titre, qui ne ſe trouvent pas ailleurs. ,, C'eſt avoir rendu un ſervice eſſentiel, que de les avoir recueillies. Ce recueil, qui contient ,, la tradition de nos Uſages, eſt l'unique ſource où peuvent s'en aſſurer ceux-mêmes qui l'ont ,, décrié ; quelle plus forte preuve peuvent-ils en donner, que le témoignage des Juriſconſultes ,, qui atteſtent, & l'ancienne, & la nouvelle Juriſprudence ? Combien de queſtions ſur leſquelles ,, *Palin* eſt muet ! Pour celles même ſur leſquelles il s'eſt expliqué, qui peut ſe diſpenſer de ,, s'inſtruire de ce qu'ont écrit les Juriſconſultes qui ont vécu depuis ? Ils levent le doute qu'on ,, eſt toujours en droit de ſe former ſur chaque queſtion, ſi la doctrine de *Palin* eſt ſuivie ac- ,, tuellement ou non. Pour réſoudre les difficultés que font naître, à chaqu'inſtant, les diſpoſi- ,, tions de la Loi municipale ; pour ſavoir ce qu'a tenu le Barreau de Tours, depuis plus d'un ,, ſiecle, comment elle a été interprétée juſqu'à nos jours, & conſéquemment comment elle doit ,, être interprétée aujourd'hui ; pour éviter de ſe tromper & d'induire les autres en erreur, il eſt ,, donc néceſſaire d'avoir recours au nouvel Ouvrage. Ceux qui, le connoiſſant, en auront une autre , idée que celle que vous en concevez, ne le connoiſſant pas, s'en ſerviront ; &, en plaidant, ,, en écrivant, en conſultant, ils vous oppoſeront ce qu'ils y puiſeront, ſouvent ſans le nommer, ,, pour ne pas émouvoir votre bile. Il vous le faudra, pour, en prévenant les objections, pouvoir les ,, réfuter avec plus d'avantage. Vous y goûterez une ſécrete ſatisfaction à laquelle vous n'êtes pas ,, de caractere à renoncer. ,, Loin d'y renoncer, il ſemble que cet Avocat ſe plaiſe, dans ſes Conſultations, à nous contredire. Croyons qu'il eſt toujours perſuadé que nous nous ſommes trompés ; croyons que le plaiſir qu'il a de nous contredire, & la peine qu'il auroit de penſer comme nous, n'y ont aucune part. C'eſt à ceux entre les mains de qui tombent ſes Conſultations, à en juger & à ſe tenir ſur leurs gardes. Lorſqu'on cherche à s'écarter de l'avis d'un autre, on riſque de donner dans des opinions ſingulieres. C'eſt ce qui eſt arrivé quelquefois, parmi nous, à M. . . . ., ſoupçonné d'aimer à ſuivre une autre route que M. *Bernard* ; c'eſt ce qui eſt arrivé à *d'Argentré*, par rapport à *Dumoulin*, & à *Lebrun*, par rapport à *Ricard*. Celui qui occaſionne cette obſervation, quoique nous n'ayons jamais eu le plus léger démêlé avec lui, amene aſſez mal-adroitement, lorſqu'il écrit dans des Affaires où nous avons écrit, quelque froide & inſipide déclamation contre notre Ouvrage. Il ne voit pas que cela peut nous être utile, & doit néceſſairement indiſpoſer les eſprits contre lui. Son procédé s'accorde - t - il bien avec les dehors qu'il affecte ? Ne donneroit-il pas ſujet de s'en défier ? Nous avons actuellement ſous les yeux une Requête faite dans un Procès pendant en une très-petite Juſtice, en la Châtellenie de la Tour d'Argy, où cet Aggreſſeur, ſous le nom du Procureur qui a eu recours à lui, conſacre ſix pages entieres à nous dire des choſes tout-à-fait étrangeres à l'Affaire qu'il traite. Il devroit bien le corriger, d'après les

on nous le demande de toutes parts. Plusieurs ont témoigné du mécontentement (17) de ne pas le voir paroître plutôt. Nous avons voulu faire, dans le Manuscrit, des changemens ; nous n'avons pu y mettre la derniere main aussi promptement que nous l'aurions desiré, les fonctions de notre Profession nous ayant laissé peu de momens libres depuis l'impression du 1er. Volume. Pourroit-on trouver mauvais que, respectant le Public, pour tâcher de lui offrir un Ouvrage digne de lui, nous suivions le conseil d'un grand maître ?

> » Hâtez-vous lentement, &, sans perdre courage,
> » Vingt fois sur le métier remettez votre Ouvrage. *Art. poët. c. 1er.*

Les personnes qui cherchent plus, dans notre Ouvrage, l'explication des Coutumes de Tours & de Loudun, que les autres matieres, prendront un plus grand intérêt au 2e. Volume qu'au 1er. On n'a vu, dans le 1er., sur ces Coutumes, que l'explication des titres qui traitent des *Exponses d'héritages*, des *Héritages défensables*, des *Prescriptions*, des *servitudes*, des *Rentes & Hypotheques*, & des *Crimes*. Le 2e. Volume contient l'explication des titres qui traitent des *Retraits*, des *Choses réputées meubles ou immeubles*, de la *Communauté de biens*, (18) des *Succes-*

---

leçons que nous lui donnons, en tenant, à son égard, une conduite totalement contraire. Nous ne répondons jamais un seul mot à ce qui nous est personnel. Cette maniere de se venger, qu'il ne connoîtroit pas en pareille circonstance, est la seule qui nous convient. Sa plume est mordante, plusieurs l'ont éprouvé ; cependant, ses écrits ne blessent pas ; s'il a du goût pour le sarcasme, il y réussit bien mal. Qu'un ami charitable lui représente ce que, si l'on étoit de son caractere, on pourroit dire de lui, de ce qui sort de sa plume, de quelques-unes de ses Consultations, qui, pour le style, comme pour le fond des choses, sont des chef-d'œuvres de . . . . . & nous sommes persuadés que, par prudence, il changera de style. Prodigue d'épitheres, il n'est pas heureux dans le choix ; dans la Requête, il nous en donne généreusement une dont il sait intérieurement que l'application est injuste : elle est également indécente & déplacée. Il n'ignore pas que nous faisons imprimer notre Ouvrage à nos dépens, quoique plusieurs Libraires nous aient fait demander notre Manuscrit, nous en aient fait offrir un prix honnête. Il n'ignore pas que, n'en ayant pas besoin, mettant entiérement à l'écart notre intérêt pécuniaire, & ne consultant que l'avantage de nos Lecteurs, nous avons préféré de faire les avances des frais considérables de l'impression de plusieurs Volumes *in 4°.* pour, en conservant la propriété de notre Manuscrit, & en le faisant imprimer sous nos yeux, dans le lieu de notre demeure, avoir plus la liberté & la facilité d'y faire des changemens. L'épithete dont il nous gratifie, conviendroit peut-être à un Avocat qui s'attacheroit moins à donner, dans ses Consultations, des décisions justes, que des décisions favorables à ses Cliens, croyant en augmenter, par cette voie, le nombre ; qui, après avoir conseillé à une Partie d'intenter une action, prêteroit sa plume à la Partie adverse dans la même Affaire ; qui, oubliant la dignité de sa Profession, l'aviliroit, en ayant la basse complaisance de faire, pour quelques-uns de ses Cliens, les fonctions de Solliciteur ; qui, &c. &c.

(17) Nous répondrons aux plaintes de quelques Souscripteurs impatiens, par ce qu'on lit dans une Consultation du 15 Juillet 1778, de MM. *Maultrot, Masson, Vauquelin, Elie de Beaumont, Target, Martineau & Treilhard*, Avocats de Paris, pour Dom *Desoris*, Editeur des Œuvres de B***ssuet : « on ne commande pas les opérations de l'esprit, comme les travaux manuels ; il est impossible de leur ,, prescrire un terme fatal. C'est pour l'intérêt des Souscripteurs, c'est pour leur présenter un Ouvrage ,, plus parfait, qu'on prend du temps, & qu'on suspend sa publication. Leurs plaintes ne peuvent ,, être légitimes, que dans le cas où ils ont juste sujet de croire que l'Edition est totalement aban- ,, donnée. Tant qu'il est constant qu'on s'en occupe, que le délai ne tend qu'à une plus grande per- ,, fection, toute action leur est interdite ; & ils doivent attendre en paix la livraison d'un Ou- ,, vrage qui leur seroit moins utile, s'il étoit précipité. Ces réflexions démontrent qu'on ne peut ,, admettre aucune demande judiciaire, fondée sur le seul délai d'un Ouvrage dont la livraison ,, avoit été fixée à certaines époques, *sat cità, si sat bene.* »

(18) On voit n. 9263, une ample Consultation où nous avons approfondi la question, si le gain des meubles attribué au Survivant des Conjoints par mariage, nobles, a lieu, sans Communauté de biens.

fions, (19) du *Douaire*, du *Bail*, de la *Tutelle*, & de l'*Emancipation*. On fent de quelle importance font ces matieres, fur lefquelles nous avons des Ufages fi contraires à ceux qu'on fuit ailleurs. C'eft principalement fur les *Retraits* & fur les *Succeffions*, qu'on trouvera, dans le 2e. Volume, tant de chofes intéreffantes, qu'il n'eft, dans la Touraine & le Lodunois, aucun Juge, Avocat, Notaire ou Procureur, qui puiffe s'en paffer. Si, pour exécuter notre Plan, nous avons été obligés d'être fouvent compilateur, (20) dans le 1er. Volume, on verra, dans le 2e., que nous ne le fommes pas toujours, & que très-fréquemment, en développant l'efprit de la Loi municipale, nous préfentons ce qu'on chercheroit inutilement ailleurs, des chofes tout-à-fait neuves. Sur quelques points particuliers, à l'égard defquels les Jurifconfultes de la Province ne font pas d'accord, il nous a été permis d'avoir un avis qui nous fût propre. Si nos Cenfeurs étoient encore dans la chaleur de la paffion qui les a animés contre nous, ils ne nous épargneroient pas à ce fujet. Il ne leur fuffiroit pas de montrer que, quelquefois, notre avis a des inconvéniens; il faudroit prouver qu'il en a autant que ceux auxquels nous le préférons; il faudroit, & c'eft là où ils pourroient échouer, ouvrir un avis qui en eût moins que le nôtre & ceux que nous abandonnons. S'ils y réuffiffoient, nous nous emprefferions, dans des *Additions*, de le fubftituer au nôtre. Quel que fût le ftyle de leur critique, quelqu'amere qu'elle fût, comme *Defpreaux*,

» *Sachant*, fur leurs avis, corriger *nos* erreurs,
» Et *mettant* à profit leurs malignes fureurs, *Ep.* 7,

nous ferions part des obfervations juftes que nous leur devrions. Nous aimons le vrai, même dans une bouche ennemie. Nous préférons l'intérêt de ceux qui confultent notre Ouvrage, à toute autre confidération.

---

(19) Deux Confultations intéreffantes font rapportées n. 11539 & 12013; l'une fur la Succeffion aux Propres, l'autre fur la Succeffion d'un Anobli par une charge de Sécretaire du Roi.

(20) Celui qui écrit fur des matieres de Jurifprudence, eft néceffairement Compilateur; on a vu, dans la *Préface*, à l'occafion du *Répertoire de Jurifprudence*, qu'il eft indifpenfable de répeter ce que les autres ont dit; il fuffit de ne pas le faire de la même maniere; celle que nous avons adoptée, paroît avoir plu. On doit beaucoup à celui qui, de matériaux tirés de différents endroits, éleve un édifice régulier & utile.

TABLE DES TITRES.

SECONDE PARTIE.

Des Droits des Conjoints par Mariage. 1

Fin de la Table des Titres.

LE DROIT GÉNÉRAL

DE LA FRANCE,

ET

LE DROIT PARTICULIER

A LA TOURAINE ET AU LODUNOIS.

SECONDE PARTIE.

Des Droits des Conjoints par Mariage.

7471. L'ETAT de foiblesse où nous naissons, exige que nos parents joignent au bienfait de la vie, que nous tenons d'eux, celui de l'éducation. Delà naît le pouvoir des peres & des meres sur leurs enfants ; ceux - ci, hors d'état de se conduire, ont besoin de guides : la nature & la Loi, de concert, les mettent sous la dépendance de leurs parents.

7472. L'enfant est-il destiné à devenir lui-même, par le Mariage, la tige d'une nouvelle famille, la Loi, en le faisant sortir de cette dépendance, lui confie l'administration de ses biens, lors même que son âge ne permet pas de lui en abandonner la pleine & entiere disposition ; c'est l'effet de l'émancipation qu'opere le Mariage.

7473. Le Mariage a un autre effet, par rapport à la femme ; il la fait passer de la dépendance de ses parents, sous la puissance du mari, établi son chef par les Loix divines & humaines.

7474. La Loi donne à la femme un moyen d'arrêter les abus que le mari peut faire de sa puissance, en lui accordant le droit de demander la séparation.

Part. II. A

7475. Nos Coutumes ont cru devoir resserrer les liens que forment les Conjoints par Mariage, en établissant, entr'eux, une société de biens.

7476. L'un des Conjoints vient-il à mourir, la Loi municipale accorde au Survivant quelques avantages, qui sont différents, suivant les circonstances & la qualité des personnes.

7477. Le Survivant, entre roturiers, a, parmi nous, un léger préciput, lors du partage des effets mobiliers de la communauté; le préciput, entre nobles, les embrasse tous.

7478. Le Survivant, noble ou roturier, peut avoir des droits sur la part du Prédécédé dans les conquêts.

7479. Lorsqu'il y a des enfants mineurs, il est leur tuteur naturel; & il a droit de jouir de leurs biens, pendant un certain temps, aux charges que lui impose la Loi municipale, sans être obligé de rendre compte des revenus.

7480. Si c'est le mari qui prédécede, comme la femme est privée de son appui, la Loi municipale vient à son secours, pourvoit à sa subsistance, lui donne un moyen de soutenir la dignité de la maison du mari, en lui attribuant la jouissance d'une portion de ses biens.

7481. Nous allons traiter de ces différents effets du Mariage, après avoir parlé du Mariage en général.

LIVRE PREMIER.

Du Mariage.

7482. Le Mariage, qui est la 1re. des sociétés, d'où dérivent toutes les autres, renferme ce qu'il y a de plus saint & de plus inviolable dans la nature, dans la Loi civile & dans la Religion. La Puissance séculiere & la Puissance ecclésiastique semblent s'être épuisées pour lui donner plus de force & d'autorité.

7483. Le Mariage est un Contrat naturel & un Contrat civil, devenu, par l'institution de Jesus-Christ, un Contrat spirituel, en devenant la matiere d'un Sacrement.

7484. Comme Contrat naturel, c'est une alliance conforme aux desirs de la nature, qui veut se multiplier; il donne un droit aux personnes mariées sur le corps de l'une & de l'autre Partie. Dieu est l'Auteur de ce Contrat, ayant créé les deux sexes pour la multiplication du genre humain.

7485. Comme Contrat civil, c'est une société qui se contracte selon les Loix du Pays. Les Législateurs sont les Auteurs de ce Contrat.

7486. Comme Contrat spirituel, c'est une cérémonie instituée par Jesus-Christ, laquelle unit, d'un lien indissoluble, un homme chrétien avec une femme chrétienne, par le consentement réciproque qu'ils se donnent en présence de leur Curé & de témoins, pour vivre inséparablement l'un avec l'autre, & mettre des enfants au monde.

7487. Par le Mariage, chacun des deux époux, qui auparavant n'appartenoit qu'à sa famille, se donne à celle de son Conjoint; la liaison que cette union forme, est si étroite, que les dégrés d'affinité qu'il y acquiert, produisent, à son égard, tout ce que les dégrés de consanguinité operent à l'égard de son Conjoint: dans l'ordre civil & dans l'ordre de la Religion, les empêchements au Mariage; dans l'ordre judiciaire, les empêchements à la qualité de Juge, à celle de témoin; dans l'ordre de la société, les mêmes engagements & les mêmes devoirs.

7488. Nous diviferons ce Livre en deux Chapitres : dans l'un , il fera queſtion du Contrat de Mariage , & dans l'autre , de la Célébration du Mariage.

CHAPITRE PREMIER.

Du Contrat de Mariage.

7489. LES conditions de l'engagement que l'on contracte en ſe mariant , ſe trouvent écrites dans la Coutume du domicile du mari , lors du Mariage , Bourjon , t. 1 , p. 442 ; on eſt cenſé s'y être ſoumis , dès qu'on n'y a pas dérogé , avant le Mariage , Boullenois , Queſt. mixtes , p. 351 , v. ci-après n. 7495 , 8156.

7490. Si celui qui eſt domicilié à Rouen , va prendre femme à Lyon , dans le deſſein d'établir ſon domicile à Paris , il eſt cenſé vouloir ſuivre la Cout. de Paris , pour ſon Mariage.

7491. Cela auroit lieu , encore que ce fût un Etranger non naturaliſé , v. Pothier , de la Comm. n. 16 , 21.

7492. On a été , pendant quelque temps , en cette Province , dans l'uſage de faire des Contrats de Mariage , après la célébration ; & ces Contrats ont été autoriſés , v. Arrêt du 17 Mai 1677 , rapporté au Journ. des Aud. Arrêt du 7 Décembre 1701 , rapporté par Augeard , t. 3 , c. 55 , Sérieux , des C. de Mar. t. 1 , p. 150 , 152 , 153 , Valin , t. 2 , p. 689 , Deniſart , aux mots *Contrat de Mariage* & *Inſinuation* , ci-après n. 8159.

7493. Les Articles de Mariage , arrêtés & ſignés des deux familles , doivent être reconnus devant Notaire , avant la célébration du Mariage , v. ci-après n. 7553.

7494. On a égard à des Articles qui n'ont pas été reconnus devant Notaire , lorſqu'il n'y a aucun ſoupçon d'antidate , les parents des deux familles les ayant ſignés avec les Parties contractantes , v. ci-deſſus n. 2977.

7495. Quand , avant la célébration du Mariage , on n'a rien réglé , la Coutume tient lieu de Contrat , Prouſt , p. 403 ; elle en fait un , qui doit être auſſi inviolable que celui que les Parties auroient fait. Elles ſont préſumées l'avoir adopté ; elles ne ſont pas recevables à le rejetter ou à y déroger ; c'eſt un Contrat tacite , auſſi inaltérable , pour les Parties , qu'un Contrat exprès ; elles ne peuvent pas plus faire de changement à l'un qu'à l'autre , R. du Dr. fr. p. 361 , v. ci-après n. 8159.

7496. Ce n'eſt qu'avant le Mariage , qu'on peut s'écarter de la diſpoſition de la Coutume ; la liberté , à cet égard , eſt grande. On a établi pour maxime , que le Contrat de Mariage eſt ſuſceptible de toutes les clauſes qui ne ſont pas contraires au Droit public , aux bonnes mœurs , ou à quelque diſpoſition prohibitive de la Coutume , R. du Dr. fr. p. 360 , Valin , t. 2 , p. 688 , v. art. 202 d'Orléans , 219 de Bourbonnois.

7497. Par ex. la défenſe faite aux Conjoints de s'avantager pendant le Mariage , autrement que par les voies preſcrites , eſt de Droit public. Non-ſeulement elle tend à la conſervation des biens dans les familles , mais encore elle aſſure la paix des Mariages. Toute clauſe qui ouvre la porte à des avantages indirects , eſt nulle ; comme ſi on ſtipule que le mari pourra aliéner les biens de la femme , ſans être tenu au remploi , ou ſi on réſerve aux Conjoints qui ſtipulent la non-communauté , la faculté d'établir la communauté par une convention poſtérieure au Mariage.

7498. Cela doit avoir lieu , même dans les Coutumes où les Conjoints peuvent s'avantager autrement que par don mutuel , ſuivant Valin , t. 2 , p. 690 , contre Boucheul ſur Poitou , art. 229 , n. 14.

A ij

7499. Valin, p. 688, observe que la clause qui attribue au Survivant toute la communauté, sans charge de dettes, n'est pas valable, en ce qui concerne l'exemption des dettes.

7500. Quelques-uns admettent la clause par laquelle un mari se réserve la faculté d'augmenter, après le Mariage, le douaire, v. Varicourt & Répert. de Jurispr. au mot *Douaire.*

7501. On peut déroger aux dispositions de la Coutume, qui ne sont pas prohibitives.

7502. La Coutume établit, entre Conjoints par Mariage, une communauté de biens, dont le mari est le chef : on peut étendre, resserrer ou même exclure cette communauté.

7503. 1°. On peut convenir, par une clause d'ameublissement, que des immeubles qui ne devoient pas y entrer, en feront partie.

7504. 2°. On peut faire, par une clause de séparation de dettes, que la communauté ne soit point tenue de celles qui, par leur nature, devoient en être une charge.

7505. 3°. On peut empêcher, par une stipulation de propre, que des effets mobiliers qui devoient devenir communs, ne le soient.

7506. 4°. On peut attribuer à la femme une part dans la communauté, différente de celle que lui accorde la Coutume, & même la borner à une somme fixe.

7507. 5°. On peut stipuler qu'il n'y aura point de communauté.

7508. La Coutume met la femme sous la puissance du mari qu'elle constitue l'Administrateur des biens de la femme ; on peut diminuer les effets de cette puissance, en laissant à la femme l'administration de ses biens.

7509. Le préciput en meubles, & la jouissance des conquêts, sont des avantages que la Coutume défere au Survivant des Conjoints ; il peut en être privé par une stipulation expresse.

7510. On peut apposer des clauses particulieres, concernant le droit de Bail ou de Tutelle, que lui accorde la Coutume.

7511. Elle assure à la femme qui survit le mari, un douaire ; on peut, par une clause, convenir qu'elle n'en aura point.

7512. Les Parties peuvent s'assujettir à une autre Coutume que celle de leur domicile, v. Pothier, de la Comm. n. 282 & suiv. « Ces conventions, dit Pothier, » que la communauté sera régie par une telle Coutume, n'ont d'effet que sur ce qui » concerne la communauté ; telles que sont les choses qui doivent y entrer ou non ; » le préciput que le Survivant doit prendre au partage de la communauté, &c. Celle » par laquelle il est dit simplement que les Parties promettent de s'épouser suivant » une telle Coutume, étant conçue en termes indéfinis, est plus générale, & elle » s'étend à toutes les conventions matrimoniales, *putà*, au douaire, dont la Coutume » à laquelle les Parties se sont soumises, doit régler la quantité, & s'il doit être pro- » pre aux enfants, &c. Mais elle ne donne pas aux Parties le droit que la Coutume, » suivant laquelle elles ont déclaré vouloir se marier, accorde aux Conjoints, de » disposer l'un envers l'autre, durant le Mariage, de certains biens, lorsque la Loi » du lieu où est leur domicile, le leur défend. »

Lorsque des Parties desirent se soumettre à une Coutume plutôt qu'à une autre, le Notaire doit en demander le motif, & inférer des clauses qui remplissent le vœu des Parties, au lieu d'exprimer cette soumission à une Coutume, qui pourroit donner lieu à des questions auxquelles elles n'auroient pas pensé.

7513. Les Contrats de Mariage ne sont privilégiés qu'en considération des Conjoints ; à l'égard des avantages qui pourroient y être faits à toutes autres personnes, ce ne sont que des Contrats ordinaires, Auroux, p. 1, p. 281, 294, 303, Valin, t. 2, p. 302, 339.

7514. On ne peut donner atteinte aux clauses d'un Contrat de Mariage, par un

Acte postérieur, fait pendant le Mariage, quoique ce soit, dit Valin, t. 2, p. 690, pour remettre les choses dans les termes du Droit commun, v. Filleau, t. 2, quest. 160, ci-deffus n. 7495.

7515. Souvent, les Notaires inſèrent des clauſes dont ils ignorent la raiſon & les effets, qu'ils ne peuvent par conſéquent, comme ils le devroient, expliquer aux Parties; ils croyent bien faire, s'ils copient un ancien Contrat de Mariage à la rédaction duquel aura préſidé une perſonne éclairée; ils en adoptent ſans diſcernement les clauſes, quoique les Parties ſe trouvent dans d'autres circonſtances & aient d'autres intentions. Il arrive auſſi quelquefois qu'un pere veut que le Contrat de Mariage de ſon fils contienne telle clauſe, uniquement parce qu'elle ſe trouve dans le ſien. Les droits des Conjoints, lors de la diſſolution du Mariage, peuvent faire naître bien des queſtions ſur leſquelles les Juriſconſultes ne ſont pas d'accord; on néglige de les prévenir par des clauſes particulieres, dans les Contrats de Mariage, tandis que fréquemment on exprime des choſes qui ne peuvent ſouffrir de difficulté, & qui auroient lieu, quand il n'en ſeroit rien dit, v. ci-après n. 7553, 7554, 9262.

7516. La principale clauſe d'un Contrat de Mariage, eſt celle qui exprime la dotation des Conjoints. Sainſon, t. 29, art. 1, t. 30, art. 2, examine ſi l'on peut être obligé de doter, traite pluſieurs autres queſtions ſur la dot, & expoſe les priviléges dont elle jouit.

« En France, dit Auroux, p. 1, p. 360, on ne peut contraindre, ni le pere, ni » la mere, à doter leur fille; & quoique ce ſoit une obligation naturelle aux peres & » meres, de doter leurs enfants, cette obligation ne produit point, parmi nous, d'ac- » tion civile. » Les enfants ne peuvent demander que des aliments à leurs peres & meres, Pocquet ſur Anjou, art. 251, obſ. 1re.

Si, en dotant un enfant, il a été convenu que le pere ne pourroit donner aux autres enfants une plus grande dot, ſans être obligé d'augmenter celle qui ſeroit moindre, le pere ne peut ſe diſpenſer d'exécuter cette convention, Lathaumaſſiere ſur Berri, t. 7, art. 7. Il obſerve que la ſimple promeſſe de conſerver l'égalité entre ſes enfants, en mariant les autres, ne donne ouverture à aucune action, tant que le pere vit; les intérêts ne ſe rapportent toujours que depuis ſon décès.

7517. Le pere ſeul ou la mere ſeule peut doter un de leurs enfants; le pere & la mere peuvent contribuer inégalement à la dot qu'ils lui conſtituent enſemble; s'ils ne s'en ſont pas expliqués, ils ſont cenſés le doter chacun pour moitié, Pothier, de la Comm. n. 649.

7518. Les pere & mere qui ont conſtitué une dot à leur enfant, en ſont tenus ſubſidiairement, l'un pour l'autre, quoique la ſolidité n'ait pas été ſtipulée, ſuivant un Arrêt de 1616, cité par Boucheul ſur Poitou, art. 218, n. 13; Auroux, p. 1, p. 363, fait mention d'une Sentence de 1625, qui a jugé que, quoique les pere & mere ne ſe ſoient pas obligés ſolidairement, le pere peut cependant être ſeul contraint au payement de toute la dot, ſauf ſon recours pour moitié.

7519. « Bien que les pere & mere s'obligent ſolidairement au payement de la dot » promiſe, néanmoins, ſelon Dupineau, Queſt. & Conſult. c. 10, l'un venant à » décéder avant le payement, l'autre n'en eſt tenu que d'une moitié, parce que » telle promeſſe n'eſt qu'un avancement d'hoirie, qui ſe réſoud en la portion héré- » ditaire de la fille, après la ſucceſſion échue, ſans conſidérer ſi elle eſt ſolvable ou » inſolvable, » v. Poullain ſur Bretagne, art. 423, ci-après n. 7534. « Cela eſt » vrai, dit Pocquet, Arr. célé. l. 6, c. 22, par rapport à l'intérêt des freres & » ſœurs de la fille dotée, en la Cout. d'Anjou, ou par rapport à l'intérêt du Survi- » vant des pere & mere; mais il en eſt autrement contre des étrangers, tels que ſont » des créanciers. »

7520. Un pere & une mere ont donné à leur enfant 60000 l. conſiſtant en un propre de 10000 l. du pere, & un propre de 50000 l. de la mere. Le pere étant mort, l'enfant doit rapporter 30000 l. à sa succession, qui sera raison à la mere de 20000 l. Si le pere survivoit, le rapport à la succession de la mere, seroit également de 30000 l. & le pere seroit débiteur de 20000 l. envers cette succession, v. Bourjon, t. 1, p. 734, Pothier, de la Comm. n. 653, 654.

7521. S'il a été dit, par le Contrat de Mariage, que les pere & mere donnent, savoir le pere son propre de 10000 l. & la mere son propre de 50000 l. le pere est censé n'avoir voulu contribuer à la dot, que pour 10000 l.

7522. Bourjon, t. 1, p. 557, tient que si la femme a pris la précaution « de ne » doter que conditionnellement, & jusqu'à concurrence de son amendement en la » communauté, son engagement est limité à son amendement & à sa reprise mobiliere, » qui réellement fait partie de la communauté, nonobstant la faculté de reprise qu'elle » a stipulée. »

7523. Lorsqu'il est stipulé que la dot sera imputée préalablement sur la succession de celui des pere & mere qui décédera le 1er. le Survivant est dotateur subsidiairement, à raison de ce dont la dot excede la portion de l'enfant dans la succession du Prédécédé, v. Pocquet sur Anjou, art. 261, obs. 2e. Si cette portion égale la dot, le Survivant se trouve n'avoir point doté ; au contraire, la dot essuie-t-elle une diminution considérable par les légitimes dûes aux freres de l'enfant doté, le Survivant doit parfaire la dot, ou, ce qui revient au même, il doit fournir les légitimes, à la décharge de l'enfant doté.

7524. S'il est simplement dit que la dot sera imputable sur la 1re. succession, c'est comme s'il étoit dit qu'elle seroit imputable en entier sur la 1re. succession ; le Prédécédé est censé avoir doté seul, Pothier, de la Comm. n. 650.

7525. L'usage de cette clause qui est très-fréquente parmi nous, & qu'on ne devroit jamais omettre, tire son origine de l'art. 281 de Paris, qui n'a pas lieu dans les autres Coutumes, du moins dans celles qui sont d'égalité précise, v. Renusson, des Propres, c. 3, t. 10, de la Comm. p. 1, c. 14, n. 2, Lebrun, de la Comm. l. 3, c. 2, s. 6, d. 2, n. 31, 35. Argou, l. 3, c. 8, Bourjon, t. 2, p. 226, Sérieux, des C. de Mar. t. 1, p. 271, Valin, t. 3, p. 16, Denisart, au mot *Avantage.*

7526. Supposons que des pere & mere aient donné à leur enfant un propre du pere, un propre de la mere, un conquêt & une somme d'argent, avec la clause, que le total seroit imputé sur la 1re. succession : l'enfant ne peut demander au Survivant sa part dans la succession du Prédécédé, qu'en rapportant tout ce qu'il a reçu. Le Survivant reprend son propre & la moitié des biens de la communauté, que l'enfant rapporte ; ce qui l'indemnise de la jouissance que la clause lui assuroit, & dont le prive la demande de l'enfant, v. Lebrun, de la Comm. l. 3, c. 2, s. 6, d. 2, n. 19, 21, Sérieux, des C. de Mar. t. 1, p. 282, Valin, t. 3, p. 17.

7527. L'imputation totale sur la 1re. succession, se stipule en faveur du Survivant, pour la conservation entiere de ses biens & de ses droits. Chacun des pere & mere ne donne alors que sous la condition qu'il prédécédera ; quoique tous deux parlent dans la donation, il n'y en a qu'un qui donne toute la dot ; ce n'est précisément, ni le pere, ni la mere ; c'est l'un ou l'autre. Si le pere prédécede, cet événement le désigne pour seul donneur, & libere totalement la mere survivante, qui n'avoit donné que dans le cas où elle décéderoit la 1re. Ce cas n'étant pas arrivé, le don ne peut donner atteinte à ses droits ; elle doit avoir, sur les biens qui se trouvent dans la succession du pere, le remploi total de son propre, & la récompense de la moitié des effets communs qui ont été donnés, si elle accepte la communauté.

7528. Quoique l'enfant doté ne demande rien, il peut être obligé au rapport par un autre enfant, qui n'a rien eu, ou qui a moins reçu. Il doit rapporter ou renoncer, fauf la légitime de l'autre, dit Ferriere, Parf. not. t. 1, p. 256, v. Fourré, p. 348. La légitime, parmi nous, eft la portion entiere, parce que la portion de chacun doit être égale, Pocquet fur Anjou, art. 334, obf. 3e.

7529. Un enfant ne peut demander fa légitime, en fa feule qualité d'enfant, Lebrun, des Succ. l. 2, c. 3, f. 1, n. 9 & fuiv. Pour profiter du rapport, il doit fe porter héritier fous bénéfice d'inventaire.

7530. Les Créanciers poftérieurs à la donation ne doivent pas profiter du rapport, Pallu, p. 418, 519, Pocquet fur Anjou, art. 334, obf. 3e. Bourjon, t. 1, p. 744.

7531. La mere furvivante qui a confenti à la donation, ne peut exercer l'hypothèque de fes reprifes fur ce qui fait l'objet du rapport, mais feulement fur les autres biens de la fucceffion; ce qui en diminue la maffe, & par une fuite néceffaire, oblige l'enfant doté de fuppléer davantage, pour parvenir à l'également de fon frere.

7532. Il n'y a point de douaire à prétendre fur le propre du pere, qui eft rapporté. Par le rapport, qui ne fe fait pas à la fucceffion, l'enfant, en faveur de qui il a lieu, eft affocié à la donation avec fon frere. Il doit jouir de fa portion avec le même affranchiffement qu'elle étoit dans la main du donataire; autrement, fa légitime feroit altérée, & fon frere devroit lui en faire raifon, ce qui le feroit fouffrir du douaire, tandis qu'il en eft déchargé par le confentement de la mere à la donation, Pallu, p. 571.

7533. Le Survivant, qui eft cenfé n'avoir rien donné, n'eft pas obligé de parfaire la dot de l'enfant avantagé, qui a été entamée pour fournir à l'également de fon frere, v. Argou, l. 3, c. 8, Sérieux, des C. de Mar. t. 1, p. 249.

7534. Cela auroit lieu, nonobftant le mot *folidairement*, qui fe trouveroit dans la conftitution de dot. La folidité pourroit obliger le Survivant à fournir plus que la moitié de la dot, tandis qu'en ftipulant l'imputation totale fur la 1re. fucceffion, il a voulu déroger au Droit commun, fuivant lequel il auroit été chargé de la moitié. S'il eût voulu ne fe décharger, que dans le cas où cette fucceffion feroit fuffifante pour égaler l'autre enfant, afin que la dot ne pût pas être diminuée, il auroit été dit que l'imputation totale n'auroit lieu qu'à proportion de ce que chaque enfant pourroit avoir de la fucceffion. Ceffant cette reftriction, la claufe eft abfolue, & la décharge du Survivant pleine & entiere, v. ci-deffus n. 7518, 7519.

7535. La décharge feroit la même, quoiqu'on eût promis de garantir la dot. La garantie promife ne s'étend point à l'éviction légale, qui arrive par la néceffité de l'également ou de la légitime, & que le donataire a dû prévoir; il auroit fallu une ftipulation expreffe de garantie, à cet égard, Lebrun, des Succ. l. 2, c. 3, f. 1, n. 42, f. 8, n. 37. On n'eft pas cenfé garantir ce qui eft de Droit commun, ce qui doit arriver naturellement, ce qui eft une fujétion inféparable de la dot; ni fonger aux événements des partages qui feront à faire, felon les difpofitions de la Loi municipale. On n'a en vue que les évictions ordinaires, telles que celles dont on fe rend garant dans les Ventes & autres Contrats tranflatifs de propriété; Brillon, au mot *Dot*, n. 43, en cite un Arrêt.

7536. A la claufe d'imputation totale fur la 1re. fucceffion, on joint fouvent celle que l'enfant doté ne pourra provoquer le Survivant à aucun inventaire, compte ni partage; cela ne change rien. Lorfqu'on n'a mis que la 1re. la 2e. eft fous-entendue, comme en étant une fuite & une conféquence. Si on l'exprime, c'eft pour affurer davantage l'effet de l'imputation totale en faveur du Survivant, qui n'a ordinairement intérêt de s'en prevaloir, que dans le cas de la provocation.

7537. Si la 2e. claufe eft fans la 1re. l'enfant doté, qui a toujours droit de demander fa portion héréditaire, doit, en exerçant ce droit, rapporter moitié de la dot à la fucceffion du Prédécédé, & moitié au Survivant, qui n'a doté que fous une condition que l'enfant ne remplit pas, v. Lebrun, de la Comm. l. 3, c. 2, f. 6, d. 2, n. 7, Bourjon, t. 2, p. 224.

7538. Le Survivant étant troublé dans sa jouissance par un autre enfant, l'enfant doté conservera moitié de la dot, en laissant sa portion héréditaire au Survivant ; il ne rapportera que l'autre moitié à la succession du Prédécédé.

7539. Dans le cas où la dot constituée par les pere & mere, a été fournie en un propre de l'un d'eux, comme ils sont censés avoir doté chacun pour moitié, l'imputation totale n'ayant point été stipulée, le Survivant, à qui l'enfant doté ou un autre demande sa portion héréditaire, prendra, sur la masse de la succession, la moitié de la valeur du propre donné, ou en comptera, v. ci-dessus n. 7520.

7540. La clause, que la dot sera imputée sur la 1re. succession, & la clause, que l'enfant ne pourra demander partage, different en ce que dans le cas de celle-là, il n'y a absolument que le Prédécédé qui soit censé avoir doté, & que dans le cas de celle-ci, le pere & la mere sont réputés avoir doté pour moitié, si le Survivant n'est point provoqué à partage par l'enfant doté, encore qu'il le soit par les autres. Ce n'est que quand l'enfant contrevient à la condition de laisser jouir le Survivant, que ce dernier est considéré comme n'ayant point doté, de sorte qu'alors la dot s'impute en entier sur la succession du Prédécédé, réputé par-là seul dotateur, Pothier, des Don. entre mari & femme, n. 253. Il avoit doté purement & simplement, & le Survivant n'avoit doté que sous la condition que l'enfant doté le laisseroit jouir ; le rapport fait au Survivant, en conséquence de la demande en partage, le remet au même état que s'il n'avoit point doté.

7541. M. Bouault, en ses notes, rapporte que, le 1er. Février 1729, le Siége de Tours a jugé qu'un enfant doté avec la clause, qu'il ne pourra provoquer à aucun inventaire ni partage, sans rapporter la dot, n'en a pas moins le droit de faire faire un inventaire, en en avançant les frais.

7542. Un pere & une mere marient leurs enfants, à Tours, avec la seule clause, qu'on ne pourra provoquer le Survivant à aucun compte ni partage. Ils transferent leur domicile à Paris ; la mere meurt ; le pere, à qui on ne demande ni inventaire ni partage, jouit pendant 27 ans, & nomme, par son Testament, un Légataire universel. La clause n'a d'autre effet que d'assurer au Survivant la restitution de ce qu'il a donné, au cas qu'il soit troublé dans la perception des fruits des biens du Prédécédé. Il faut raisonner à Tours, comme dans le cas où, à Paris, on a étendu aux propres la convention de l'art. 281 de Paris, qui ne parle que des meubles & des conquêts ; la stipulation, par rapport aux propres, doit être censée non écrite ; cependant, il est certain que les enfants qui en contestent la jouissance au Survivant, doivent lui rapporter ce qu'il a donné ; il ne seroit pas juste que la stipulation qui est la cause de l'avantage, n'ayant pas son exécution, l'avantage eût lieu, Renusson, des Propres, c. 3, s. 10, Lebrun, de la Comm. l. 3, c. 2, s. 6, d. 2, n. 28, Pocquet sur Anjou, art. 261, obs. 2°. De même, le rapport est nécessaire à Tours, si l'on provoque le Survivant à un compte ; il n'est plus alors censé avoir doté.

7543. Dira-t-on qu'il en est autrement, lorsque le compte n'est demandé qu'après le décès du Survivant ; que le motif de la clause, qui a été d'assurer sa tranquillité, a été parfaitement rempli, de la part des enfants, qui n'ont point troublé sa jouissance ; que c'étoit plutôt une administration qu'ils ont laissée au Survivant, qu'une jouissance proprement dite, qui lui ait attribué la propriété des fruits, de sorte qu'il puisse, au préjudice de ses enfants, en disposer au profit d'un tiers. C'est forcer le sens de la clause, dit M. Bernard, en ses notes, que de l'entendre d'une simple régie. Le pere & la mere ont voulu procurer au Survivant une jouissance pleine & entiere, de sorte que les fruits lui appartiennent en propriété ; ainsi, s'il les a accumulés, sa fortune en a augmenté ; il a pu en disposer comme de ses autres biens. Si on veut lui enlever ces fruits, on encourt la peine qui a été stipulée. Le rapport a lieu, dès qu'on demande le compte des fruits ; pendant la vie ou après la mort du Survivant, il n'importe.

7544. Si

7544. Si le Légataire universel ne peut empêcher la demande du compte, d'un autre côté, le rapport des dots en entier est indispensable; ou, ce qui revient au même, ces dots doivent s'imputer en entier sur la succession de la mere. Il faut liquider cette succession, pour savoir en quoi consiste celle du pere, qui est l'objet du legs.

7545. La dot donnée par le Survivant des pere & mere, s'impute toujours premiérement sur les droits échus, ensuite sur ceux à écheoir, en quelques termes que soit conçue la constitution dotale, à moins qu'ils n'expriment bien clairement une intention contraire, v. Sainson, t. 29, art. 1, Valin, t. 2, p. 577 & suiv.

7546. La dot est censée tenir lieu de tous les biens meubles & immeubles du prédécédé, dans lesquels on comprend tous les droits mobiliers & immobiliers futurs, c'est-à-dire, à écheoir durant le cours d'une communauté continuée, v. Renusson, de la Comm. p. 3, c. 6, n. 7, Lebrun, de la Comm. l. 3, c. 3, f. 2, n. 16.

7547. Si le mari s'oblige, solidairement avec la femme, au payement de la dot qu'elle constitue à l'enfant qu'elle a eu d'un 1er. Mariage, il n'est que caution, à moins qu'il n'y ait, de sa part, donation expresse, Dupineau, Quest. & Consult. c. 10.

7548. La stipulation de propre au 1er. dégré, est très-utile, mais elle n'est pas toujours nécessaire, v. ci-après n. 8441.

7549. Dans presque tous les Contrats de Mariage, on porte la stipulation de propre au 2e. & même au 3e. dégré; c'est à présent une clause de style; mais combien de Conjoints qui ne l'eussent pas consentie, s'ils eussent su bien distinctement les effets qu'elle devoit avoir dans les différents cas qui pouvoient arriver. On devroit en faire usage avec plus de réserve, du moins pour le 3e. dégré; c'est par un défaut de discernement qu'on applique à tous les cas ce qui ne convient qu'à quelques-uns.

7550. On va bien plus loin : nous voyons, tous les jours, qu'on étend la stipulation de propre jusqu'à la disposition, v. ci-après n. 8478, sans avertir des conséquences de cette extension. Après 30 ou 40 années de Mariage, des Conjoints, voulant se donner les plus grandes preuves de leur amitié, & pour que le Survivant reste tranquille possesseur de tout le mobilier, se font fait un don mutuel, ou ont testé au profit l'un de l'autre; mais quel est l'étonnement du Survivant, lorsqu'à la faveur d'une stipulation de propre quant à tous effets, insérée dans le Contrat de Mariage, qu'il n'a jamais comprise, les héritiers du Prédécédé, contre son intention, bien marquée par le don ou legs universel, fait au Survivant, demandent à ce dernier, compte du mobilier qu'avoit le Prédécédé lors de son Mariage, ou qui lui est échu depuis, & que, faute de l'avoir fait constater, il faut en venir à la preuve par commune renommée.

7551. La stipulation de propre quant à la disposition, peut être apposée à la constitution dotale, lorsque toute la dot consiste en mobilier; encore devroit-on se contenter de stipuler que la disposition ne pourra avoir lieu que pour l'usufruit, en désignant les personnes au profit desquelles cette restriction aura lieu.

7552. On ne devroit penser à stipuler propre ce qui aviendra pendant le Mariage, qu'autant qu'on prévoit devoir recueillir une succession consistante principalement en mobilier, comme celle d'un pere, d'un aieul ou d'un oncle, qui est un riche Négociant; & la stipulation devroit s'y borner.

7553. Pour n'être pas exposés aux suites de l'ignorance ou de la négligence d'un Notaire, les gens prudents ont recours aux lumieres d'un Jurisconsulte éclairé, qui conseille les clauses qui conviennent dans les circonstances où l'on se trouve, qui en développe l'esprit, qui en fait sentir le motif, qui en explique les effets, & qui, après s'être bien assuré des intentions des parties, rédige lui-même les Articles de Mariage qui doivent les exprimer; ce sont les clauses dont on doit composer le Contrat de Mariage, après qu'elles ont été, par les deux familles, consenties, arrêtées & signées, v. ci-dessus n. 3896, 7493, 7515. Le Notaire doit les copier mot pour mot. Pour avoir le mêrite d'y mettre du sien , il étend quelquefois , à sa maniere , des clauses qui avoient été rédigées avec précision , non sans motif ; & , par-là , il leur donne un sens qu'elles ne devoient pas avoir. Les Parties ne doivent point souffrir d'addition , qu'elles n'en aient fait part au Jurisconsulte à qui elles auront d'abord eu recours. Les contestations qui peuvent s'élever lors de la rédaction du Contrat de Mariage , doivent les engager à y procéder avant la publication des Bans. Au moment de la célébration du Mariage , on n'a pas une entiere liberté de s'opposer à des additions qui répugnent.

7554. Nous avons dicté le Contrat de Mariage de . . . . . . en ces termes :

« Les futurs époux seront communs en biens , suivant la Cout. de Tours.

» Chacun payera , sur ses biens , ses dettes contractées avant le Mariage.

» Tous les biens du futur époux consistent dans une maison estimée 16000 l. » dans 4500 l. d'effets mobiliers , qui y sont , & dans 800 l. de rentes viageres.

» Les rentes viageres , créées ou à créer au profit des futurs époux , n'entreront dans » la Communauté , que pour les arrérages qui se trouveront échus lors de la disso-» lution.

» Ce qui pourra écheoir au futur époux , de la succession de C. . . . . son » oncle , lui sera propre & à ses descendants. Il en sera de même , si , par son pré-» décès , cette succession leur avient directement.

» Les sieur & dame R. . . . celle-ci de son mari autorisée , donnent , à impu-» ter en entier sur la succession du Prémourant , à la future épouse , leur fille , la » somme de 30000 l. dont 6000 l. ont été payées au futur époux. Les 24000 l. res-» tantes se payeront , avec les intérêts , dans un an ; & seront propres à elle , aux Dona-» teurs & à leur postérité.

« Ces 24000 l. retourneront aux Donateurs , sans charge de dettes , & nonobs-» tant toute disposition qu'on auroit pu en faire , s'ils survivent la future épouse , » ses enfants & petits-enfants.

» Toutes récompenses qui pourront être dues à la Communauté par l'un des fu-» turs époux , même pour rachats de rentes , seront réputées mobilieres , à tous » égards , dans tous les cas.

» L'action de remploi qu'aura un des futurs époux , pour des rentes rachetées ou » d'autres immeubles aliénés , sera propre à ses descendants.

» La reprise des remplois & des propres conventionnels s'exercera , au sol la li-» vre , sur les meubles & les immeubles de la Communauté.

» La disposition que pourroit faire , au profit du futur époux , la future épouse , » de l'action de remploi , comme d'un pur mobilier , & des 24000 l. ci-dessus , » n'aura lieu que par la voie d'un testament fait en pleine santé , & , tant qu'il exis-» tera quelque descendant de ses pere & mere , n'aura effet que pour l'usufruit.

» Les immeubles de la Communauté , en quelque Pays qu'ils soient situés , seront » sujets à l'usufruit que l'art. 319 de la Cout. de Tours défere à titre de survie.

» Le Survivant des futurs époux aura , à titre de préciput , 1°. des meubles , pour » la somme de 2000 l. tels qu'il voudra choisir , suivant la prisée de l'inventaire , » sans crue , avec faculté de prendre tout ou partie de cette somme en argent ; » 2°. tous ses vêtements , linges , bijoux , livres & autres choses qui seront à l'usage » ou pour l'ornement de sa personne , à quelque somme que ces objets monteront , » & si , quant à la femme , ils ne valoient pas 4000 l. elle auroit , en argent , ce qui » manqueroit. Ce préciput lui sera donné , malgré l'insuffisance des biens communs , & » même quoiqu'elle renonce à la Communauté , au lieu de celui déféré par la Coutume.

» Elle aura douaire , dont elle sera saisie du jour du décès du futur époux , con-» curremment sur les charges dont il sera alors revêtu , sur ses autres immeubles , » & , au cas que la Communauté soit acceptée , sur les propres conventionnels dont » la reprise s'exercera , de son chef , lors du partage.

» Pour le deuil de la future épouse , il lui sera compté 1200 l.

» En renonçant à la Communauté, elle ou ses descendants ou ascendants, reprendront
» tout ce qui y sera tombé de son chef, affranchi de toutes dettes. Elle sera indemnisée en
» entier, ainsiqu'eux, & même ses héritiers collatéraux, des dettes auxq. elle sera obligée.

» Les intérêts de tout ce dont chacun des futurs époux se trouvera, à quelque
» titre que ce soit, Créancier ou Débiteur, au jour de la dissolution de la Com-
» munauté, courront de plein droit.

» Pour l'exercice de tous les droits matrimoniaux, exprimés ou non exprimés
» au présent Contrat, la future épouse aura hypotheque de ce jour sur les biens
» du futur époux.

» Les conventions ci-dessus auront leur exécution, même dans le cas de conti-
» nuation de Communauté, laquelle continuation aura lieu & se régira suivant la
» Cout. de Tours ; & pour dissoudre la Communauté, sera observé ce qu'elle prescrit. »

Voici des Articles de Mariage, contenant un grand nombre des clauses qui peuvent entrer dans ces sortes d'Actes.

» B. . . . . & G. . . . . promettent de faire célébrer, au 1er. jour, le Mariage
» qu'ils ont projetté, & pour raison duquel ont été arrêtées les conventions suivantes.

» Il y aura, du jour de la Bénédiction nuptiale, entre les futurs époux, en quel-
» que lieu qu'ils fassent des acquisitions, & qu'ils aient par la suite leur domicile,
» Communauté de biens, suivant la Cout. de Paris, sous la condition, sans la-
» quelle elle n'eût pas été consentie, que tous les biens de la Communauté, meu-
» bles & immeubles, resteront au Survivant, si bon lui semble, en pleine pro-
» priété ; au cas, toutesfois, que le Mariage ait duré dix années entieres, & que les
» enfants qu'ont les futurs époux, soient tous décédés sans postérité, lors de
» la dissolution de la Communauté : à la charge de payer toutes les dettes d'icelle
» & les frais funéraires du Prédécédé, d'exécuter son testament jusqu'à concurrence
» de 6000 l. &, s'il y a un enfant né du futur Mariage, de ne pouvoir, pendant sa
» vie, aliéner ni hypothéquer la moitié des immeubles qui, s'il survit, lui appartiendra.

» Chacun des futurs époux acquittera, sur ses biens, ce qu'il se trouvera devoir,
» en principaux & intérêts, au jour de la célébration du Mariage.

» Quant aux dettes auxquelles, pendant le Mariage, la future épouse s'engagera
» ou sera condamnée, elle ou ses héritiers seront indemnisés pour la totalité, en cas
» de renonciation à la Communauté ; & en cas d'acceptation, en ce qui seroit payé
» au-delà de leur moitié dans les dettes, ou de leur amendement dans les biens de
» la Communauté.

» Inventaire ayant été fait dans les 3 mois & 40 jours de la dissolution du
» Mariage, la future épouse ou ses héritiers pourront renoncer à la Communauté en
» tout-temps, tant qu'il n'y aura rien qui emporte acceptation.

» La future épouse, renonçant à la Communauté, lors de la dissolution par mort
» ou autrement, reprendra, franc & quitte de toutes dettes, tout ce qu'elle justifiera
» y être entré, lors ou depuis le Mariage, à quelque titre que ce soit, de son chef ;
» & aura néanmoins les mêmes habitation & préciput que ci-après.

» En cas de partage de Communauté, le Survivant des futurs époux, pour pré-
» ciput, outre 4000 l. soit en partie, soit en totalité, en argent ou en meubles,
» suivant la prisée de l'Inventaire, sans crue, à son choix, aura tous ses vêtements,
» linges, bijoux, toilette, livres, armes, chevaux, carosses, & généralement tout
» ce qui sera à l'usage ou pour l'ornement de sa personne, à quelque somme
» que tout cela puisse monter ; & si l'estimation de tout cela, pour la future épouse,
» ne monte pas à 15000 l. ce qui est la valeur actuelle de ses vêtements, linges, bi-
» joux, &c. ce qui manquera, lui sera compté en argent.

» Le deuil de la future épouse & de ses domestiques sera d'une somme qui éga-
» lera une année du douaire, ou de 5000 l. à son choix, aux dépens des héritiers du
» futur époux, qu'elle accepte ou non la Communauté.

B ij

» La future épouse, outre le douaire, aura son habitation dans la maison située à
» Paris, rue de . . . . . si mieux n'aiment les héritiers du futur époux lui payer an-
» nuellement, à raison de ce, une rente de . . . . sa vie durant.

» Si la future épouse profite de toute la Communauté, elle n'aura point de deuil, &
» elle confondra le préciput, ainsi que le futur époux, en pareil cas; mais elle aura
» son habitation & son douaire.

» Les fruits du douaire courront de plein droit, du jour du décès du futur époux,
» par quelque Loi que soient régis les biens qui y seront sujets.

» La future épouse aura, à titre de douaire, la jouissance de la moitié des héri-
» tages, rentes, charges & autres immeubles du mari, régis par la Cout. de Tours,
» qui existeront lors de son ouverture.

» Pour le douaire à prendre sur les immeubles qui sont & se trouveront gouver-
» nés par les Cout. de Paris & de Normandie, la future épouse aura uniquement
» la jouissance de la totalité des domaines de . . . . & de . . . . . Si le futur époux
» les aliene, ils seront déchargés du douaire, en désignant, par le Contrat d'alié-
» nation, d'autres immeubles de pareille valeur, pour objets du douaire, qui, à
» l'égard seulement de ces domaines ou des immeubles qui y seront subrogés, sera
» propre aux enfants.

» Le futur époux fera aux enfants qui naîtront du Mariage, donation entrevifs
» de la terre de . . . . . dont il se réservera la jouissance, leur transportant tout droit
» de propriété, qui lui retournera, exempt de toutes dettes & autres charges,
» après le décès du dernier mourant des Donataires ou de leurs descendants,
» s'il leur survit, nonobstant toute disposition qu'ils en auroient faite.

» Le futur époux déclarera avoir, outre ses vêtements & autres choses qui sont
» à son usage personnel, la moitié des effets mobiliers inventoriés le 1er. de ce
» mois, l'autre moitié appartenant à son enfant, un lit acheté, depuis, 600 l., sa
» charge, & pour 130000 l. d'immeubles, en fonds & rentes, lesquels seront ameu-
» blis jusqu'à concurrence de 12000 l.

» Le futur époux reconnoîtra que la future épouse a 2800 l. en argent, & les sus-
» dites 15000 l. en vêtements, linges, &c.

» La future épouse apportera tout ce qui lui revient de ses reprises & conven-
» tions stipulées au Contrat de son 1er. Mariage; ce qu'elle fera liquider in-
» cessamment.

» Les pere & mere de la future épouse lui donneront en faveur de Mariage, 1°.
» 60000 l. tant en argent, qu'en meubles, dont l'état sera annexé à la minute du Con-
» trat de Mariage.

» 2°. La maison échue à la mere de la future épouse, de la succession de P. . . .
» estimée 20000 l. de laquelle maison la future épouse jouira par elle-même; de
» sorte qu'elle en recevra les revenus, dont elle fera ce qu'elle jugera à propos, &
» elle pourra seule contracter & ester en Jugement, en ce qui concerne cette jouissance,
» le futur époux l'autorisant à cet effet dès-à-présent.

» 3°. Tous les effets mobiliers qui sont dans cette maison, & qui seront
» propres à la future épouse, d'après l'Inventaire qui en a été fait à la mort de P. . . .
» & dont le récollement sera fait au 1er. jour, en présence du futur époux, pour
» constater les changements qui y sont survenus.

» 4°. La charge de . . . . dans laquelle le futur époux se fera recevoir, à ses dé-
» pens, la prenant à ses risques, avec promesse de faire raison, en tout événe-
» ment, pour la valeur de cette charge, de 25000 l. qui seront propres à la future
» épouse & à ses descendants.

» 5°. La rente de 500 l. au principal de 10000 l. due par D . . . . . que les pere
» & mere de la future épouse s'obligeront de garantir, fournir & faire valoir en prin-
» cipal & arrérages; & dont ils promettront même de payer les arrérages un mois après

» un simple commandement fait au Débiteur qui ne payeroit pas, sans que les futurs
» époux soient tenus à aucune discussion, ni à autre diligence, si bon leur semble.

» Les choses données seront imputées sur la succession, en fonds & revenus, du
» Prémourant des pere & mere de la future épouse; laquelle ne pourra, ni ses hé-
» ritiers, demander au Survivant Inventaire, compte ni partage, qu'en les rap-
» portant en entier.

» Si, dans la succession du Prémourant, il n'y a pas de quoi égaler les autres en-
» fants, pour les biens soumis à la Cout. de Tours ou autres semblables, & leur
» fournir leur légitime dans les biens soumis à la Cout. de Paris ou autres sembla-
» bles, ils se vengeront sur ce qui aura été donné à la future épouse, sans que le Sur-
» vivant soit obligé de remplacer ce dont la donation se trouvera entamée.

» Des susdites 60000 l. 18000 l. serviront à racheter une rente due par le futur
» époux, qui la continuera au profit de la future épouse, subrogée aux droits du
» Créancier, de laquelle subrogation les pieces justificatives seront remises, ainsi que
» les titres de la rente, entre les mains des pere & mere, six semaines après le Ma-
» riage; & 30000 l. seront incessamment employées, de l'avis des mêmes pere &
» mere, en acquisitions d'héritages ou rentes.

» A défaut d'emploi fait par le futur époux, & accepté par la future épouse, les
» 1res. acquisitions seront réputées faites des deniers donnés, jusqu'à concurrence
» de 30000 l. sans qu'il soit besoin de déclaration & acceptation; de sorte que le
» futur époux ne pourra ensuite en disposer, sans le consentement de la future épouse:
» elles seront réputées son propre bien, & comme des acquêts d'elle seule. Il lui
» sera cependant libre, lors de la dissolution de la Communauté, de ne pas pren-
» dre, pour emploi, les 1res. acquisitions, qu'elle n'aura pas acceptées; pour lequel
» cas, le futur époux constitue dès-à-présent, sur ses biens, une rente rachetable au
» denier vingt, sans aucune retenue pour contribution à quelque charge que ce
» soit, ordinaire ou extraordinaire, ou pour impositions royales, créées ou à créer,
» prévues ou imprévues, pour quelque cause & sous quelque dénomination qu'elles
» soient établies, quelque disposition que continssent les Edits de leur établis-
» sement, au profit de la future épouse, qui pourra, ainsi que ses héritiers, en
» exiger le rachat, après le délai de deux ans ci-après stipulé, aussi-bien que le
» principal de 18000 l. ci-dessus.

» Les 1res. acquisitions faites après le rachat de rentes ou l'aliénation d'autres im-
» meubles appartenants à la future épouse, tiendront aussi lieu de remploi, jusqu'à due
» concurrence, sans déclaration & acceptation, pour être de la même maniere son
» propre bien, s'il lui plaît; sinon, pour lui tenir lieu de remploi, elle aura, sur les
» biens du futur époux, comme constituée dès-à-présent, une rente rachetable au
» denier vingt, avec la même exemption d'aucune retenue, que ci-dessus, dont le
» rachat pourra s'exiger après ledit délai de deux ans.

» Les effets mobiliers qui aviendront au futur époux, par succession ou donation en
» ligne directe, lui seront propres & à ses descendants; ceux qui aviendront à la
» future épouse, tant par succession que donation ou autrement, à quelque titre que
» ce soit, lui seront propres & à ses ascendants comme à ses descendants; & ceux
» qui aviendront aux enfants nés du futur Mariage, après le décès du Prémourant
» de leurs pere & mere, pendant la vie du Survivant, par la succession de leurs
» aïeux, ou par une donation que leurs aïeux leur feroient, leur seront propres &
» aux leurs de leur côté & ligne.

» La future épouse ne pourra disposer, du vivant de ses ascendants, au profit du
» futur époux, du mobilier qu'elle recueillera de la succession de H. . . . . que jus-
» qu'à concurrence du tiers en propriété.

» Quant à l'action de remploi, qui appartiendra à l'un des futurs époux, à raison
» de quelqu'immeuble aliéné, de quelque rente rachetée, & qui sera propre à ses

» descendants, à ses freres & sœurs, & à leur postérité, elle n'entrera dans la do-
» nation mutuelle qu'ils pourront se faire, que comme y auroit entré le bien qu'elle
» représentera; mais ils pourront en disposer au profit l'un de l'autre, comme d'un
» pur mobilier, par un testament fait en pleine santé.

» Le futur époux ne sera point garant des faits du Prince, à l'égard des immeu-
» bles de la future épouse.

» Les enfants qu'a la future épouse, seront élevés, instruits, nourris & entrete-
» nus, suivant leur condition, par les soins de leur mere, & aux dépens de la Com-
» munauté qui aura lieu entre elle & le futur époux, jusqu'à ce qu'ils soient ma-
» jeurs, mariés ou autrement établis, si tant dure la Communauté, pour le re-
» venu de leurs biens seulement, sans diminution du fonds : le futur époux pro-
» met de leur servir de Tuteur, même en cas de prédécès de la future épouse.

» Le futur époux fera émanciper son enfant, & il lui rendra compte, avant la
» célébration du Mariage.

» Le futur époux ou ses héritiers auront, si bon leur semble, deux ans, du jour
» de la dissolution de la Communauté, pour payer tout ce qui restera dû à la
» future épouse ou à ses héritiers, à quelque titre que ce soit, après les compen-
» sations & déductions qu'il conviendra de faire. Les intérêts en courront de
» plein droit, du jour de la dissolution de la Communauté, au profit de la future
» épouse ou de ses héritiers; & ils se payeront de six mois en six mois, avec la même
» exemption d'aucune retenue, que ci-dessus : ce qui aura lieu, même en cas de
» renonciation à la Communauté. Ce qui reviendra à la future épouse ou à ses hé-
» ritiers, se payera en especes sonnantes, non en papier ou autres effets, nonobs-
» tant tous Edits qui y auroient donné cours, quelque disposition qu'ils continssent.

» La future épouse, même en cas de renonciation à la Communauté, aura la fa-
» culté, sans pouvoir y être forcée, de prendre, en payement de partie ou de la
» totalité de ce qui lui sera dû, tels des conquêts qu'elle choisira, suivant l'esti-
» mation qui en sera faite; & ses héritiers, si elle prédécede, pourront être forcés
» de prendre, après l'épuisement du mobilier, tels des conquêts qu'il plaira au fu-
» tur époux, aussi suivant l'estimation.

» Si le futur époux ou ses héritiers se trouvent, toutes compensations & déductions
» faites, Créanciers de la Communauté, après la dissolution, ils seront obligés de s'en
» remplir, en épuisant d'abord le mobilier, puis en prenant tels des conquêts qu'ils
» choisiront, pour le prix de l'estimation, après, toutefois, que la future épouse
» aura fait son choix, ou aura déclaré ne vouloir pas en faire.

» Les intérêts de tout ce dont ils seront Créanciers, pour quelque cause que ce
» soit, courront de plein droit, à leur profit, du jour de la dissolution de la Com-
» munauté; mais ils ne jouiront pas de la susdite exemption d'aucune retenue,

» Dans le cas où toute la masse de la Communauté appartiendra au Survivant
» des futurs époux, les récompenses ou indemnités dues par le Prédécédé, pour des
» rentes dont il étoit Débiteur, rachetées, pour des améliorations faites sur son bien,
» ou pour d'autres causes, seront payées en entier par ses héritiers, qui ne pourront
» prétendre en confondre moitié. Il en sera de même en cas de don ou legs universel,
» fait par le Prédécédé au profit du Survivant.

» Si le Survivant est Donataire ou Légataire universel, il sera tenu des remplois
» & des propres conventionnels du Prédécédé & des siens, en raison des biens meu-
» bles & immeubles de la Communauté, qu'il aura, soit en cette qualité, soit
» comme commun.

» Si la future épouse prédécede dans les dix 1res. années du Mariage, il sera
» retenu, sur ce qui reviendra à ses héritiers, 10000 l. par le futur époux, pour la
» dédommager des frais de nôces & charges de Mariage.

» Les fruits qui se recueillent tous les ans, étant pendants par les racines, lors

» de la dissolution de la Communauté, appartiendront, en quelque lieu que les hé-
» ritages soient situés, sans partage, ni remboursement de semences & de frais de
» culture, à celui à qui les héritages retourneront à titre de propriété, ou qui au-
» roit droit d'en jouir à titre de douaire, bail, garde, don, legs ou autrement; &
» aussi, les fruits de même espèce, pendants par les racines, lors de la fin de l'u-
» sufruit, appartiendront au Propriétaire des héritages, sans partage, ni rembourse-
» ment de semences & de frais de culture.

» Les fruits qui ne se perçoivent qu'après la révolution de plusieurs années, pen-
» dants par les racines, lors de la dissolution de la Communauté, ou lors de la fin
» de l'usufruit, seront censés mobilisés pour le temps qui aura couru jusqu'à ce mo-
» ment; le Propriétaire aura la faculté de faire alors raison de ce que la portion
» qui reviendra, sera estimée, sans qu'on puisse demander à la prendre en nature.

» Le Survivant des futurs époux sera Tuteur de leurs enfants mineurs, sans qu'il
» soit nécessaire de le faire nommer, & il jouira, comme Baillistre ou Gardien,
» sans en faire aucune déclaration en Justice, en ne se remariant pas, de leurs
» meubles, dont il fera faire Inventaire, & de leurs immeubles, sans rendre au-
» cun compte des intérêts, fruits & revenus, jusqu'à ce qu'ils soient mariés, ou au-
» trement établis, de son consentement, ou qu'ils aient atteint, garçons ou filles,
» l'âge de 20 ans accomplis, à la charge de les élever, instruire, nourrir & en-
» tretenir, suivant leur condition, & de faire faire les réparations d'entretien à leurs
» héritages. Cette jouissance comprendra, outre les biens appartenants aux enfants
» par le décès du Prémourant de leurs père & mere, ceux des successions directes
» ou collatérales qui pourront leur échoir après ce décès. Le Survivant ne sera
» tenu d'aucunes dettes mobilieres, mais seulement des arrérages de rentes &
» autres charges des fruits dont il profitera. Tout cela aura lieu, quoique les Loix
» qui régiront les biens, n'en parlent pas, ou donnent plus ou moins de droits, à
» cet égard, au Survivant des pere & mere.

» Le Survivant des futurs époux ne donnera point de Caution pour raison de
» douaire, bail, garde & autre cause que ce soit, même pour cause de don ou
» legs, si la donation ou le testament ne le porte.

» Du jour du Contrat de Mariage, il y aura, sur les biens du futur époux, hy-
» pothèque pour les remplois, indemnités des dettes, récompenses, & en général
» pour l'exécution de toutes les clauses ci-dessus.

» Au Contrat de Mariage interviendra S. . . . . qui sera à la future épouse, ce
» acceptant, donation entrevifs de 40000 l. qui seront propres à elle & aux siens,
» du côté & ligne du Donateur.

» Fait double entre les Soussignés, qui s'obligent de passer Acte devant Notaire,
» des conventions ci-dessus, & de les exécuter respectivement, en ce qui les con-
» cerne, à peine de tous dépens, dommages-intérêts, à . . . . . ce . . . . . »

CHAPITRE II.

De la Célébration du Mariage.

7555. « Les Théologiens ne sont pas d'accord sur la nature des Mariages par Pro-
» cureur; les uns les regardent comme de véritables Mariages, avant même la ra-
» tification en personne, qu'ils disent tous être toujours nécessaire; les autres ne
» regardent ces Mariages comme Sacrements, qu'après la ratification des Parties, »

Durand, au mot *Procuration*. On lit dans l'Encyclopédie, au mot *Mariage*, que les Sacrements ne se reçoivent point par Procureur; que ce qu'on appelle Mariage par Procureur, n'est qu'une cérémonie qui se pratique pour les Mariages des Princes & Princesses; & que c'est une préparation au Mariage, qui ne rend pas le Mariage accompli; tellement que la cérémonie de la Bénédiction nuptiale se réitere, lorsque les deux Parties sont présentes, mais v. Confér. d'Angers sur le Mar. t. 1, p. 48 & suiv. Il étoit autrefois d'usage qu'après la cérémonie, la Princesse se mettoit au lit, & qu'en présence de la Cour, le Fondé de procuration, étant armé d'un côté, mettoit une jambe bottée sous les draps de la Princesse.

7556. Il n'est pas absolument nécessaire que la Célébration du Mariage soit précédée par des Fiançailles contractées en face de l'Eglise; & même un Mariage contracté sans aucunes Fiançailles, n'est pas nul, s'il n'y pas d'ailleurs d'empêchement dirimant. On appelle Fiançailles les promesses qu'un garçon & une fille se font respectivement de se prendre pour mari & femme.

7557. Sur les Fiançailles ou promesses de Mariage, v. Bourjon, t. 1, p. 10, Confér. d'Angers sur le Mar. t. 1, p. 41, ci-dessus n. 1671 & suiv.

7558. Les Fiançailles qui n'ont pas été faites à l'Eglise, doivent, lorsqu'une des Parties en disconvient, se prouver, dans le for extérieur, par des promesses rédigées par écrit, Déclar. du 26 Novembre 1639, art. 7, énoncées par paroles de futur, Ord. de Mai 1579, art. 44, conçues au nom des deux Parties, & signées par elles en même-temps, Confér. d'Angers sur le Mar. t. 1, p. 83, où il est dit que chacune des Parties doit avoir un exemplaire de l'Acte contenant les promesses de Mariage, s'il est double, & que s'il n'en a été fait qu'un, il doit être déposé chez un Notaire, ou du moins entre les mains d'un Tiers, v. Ducasse, p. 2, c. 3, s. 1, n. 4, Mém. du Clergé, t. 5, p. 1100, 1101, Pothier, du Mar. n. 33.

7559. Il faut, pour la validité des Fiançailles, comme l'observe Pothier, n. 32, le consentement des personnes sans l'agrément desquelles on ne peut se marier, v. Brunet, Proc. des Offic. c. 3, s. 1, art. 1.

7560. Brunet indique la procédure qu'il faut tenir à l'égard d'un Mineur qui refuse d'exécuter des promesses de Mariage. On ne doit point attaquer le Tuteur en personne. En vain on l'assigneroit devant l'Official, dont il n'est pas le Justiciable, pour des promesses de Mariage faites par un autre. Il faut diriger toute la procédure contre le Mineur qui les a faites. On l'assigne en exécution de promesses de Mariage au domicile du Tuteur. Si elles sont sous signature-privée, on ne le dit pas, pour se dispenser d'en donner copie avec l'exploit d'assignation. Le Mineur ne comparoissant pas, on prend défaut; & on le lui signifie au même domicile. S'il comparoît seul, l'Official ordonne qu'il se fera assister du Tuteur; & on signifie la Sentence au Mineur, avec sommation d'y satisfaire : on peut la dénoncer au Tuteur, sans sommation, à l'effet seulement qu'il n'en prétende cause d'ignorance. Le Mineur, qui ne peut, sans être assisté du Tuteur, reconnoître en Justice les promesses, ni, sans être autorisé, consentir à les exécuter, peut seul les dénier, ou déclarer ne vouloir pas les exécuter, pouvant, pour ce qui est de son intérêt, ester seul en Jugement.

7561. L'engagement résultant des promesses de Mariage, peut se rompre volontairement par le désistement des Parties intéressées, sans qu'il soit besoin d'une Sentence du Juge ecclésiastique; plusieurs en doutent, lorsqu'il y a eu des Fiançailles publiques.

7562. Différentes causes peuvent donner lieu à la résolution des Fiançailles, v. Durand & Encyclopédie, au mot *Fiançailles*, Confér. de Paris sur le Mar. t. 1, p. 180 & suiv.

7563. Lorsqu'une des Parties convient d'avoir promis à l'autre de l'épouser, & qu'elle refuse de le faire, alléguant, pour toute raison, qu'elle a changé de volonté;

le Juge ecclésiastique, parce que le Mariage doit être libre, déclare les promesses résolues, décharge de sa parole, la Partie refusante, la condamne aux dépens & à quelques œuvres pieuses, en punition de la foi violée, & renvoie les Parties devant le Juge laïc, pour les dommages-intérêts prétendus par celle qui demandoit l'exécution des promesses, v. Héricourt, p. 3, c. 5, art. 1, n. 13, Lacombe, au mot *Promesses*, n. 8, ci-dessus n. 1675, 1683.

7564. Le Juge ecclésiastique peut être compétent, pour statuer sur ces dommages-intérêts, par la qualité de la personne à qui ils sont demandés, Pothier, du Mar. n. 52, v. Durand, au mot *Dommages-intérêts*, ci-dessus n. 2369.

7565. Les stipulations pénales, apposées dans des promesses de Mariage pour en empêcher le résiliment, sont réprouvées par le droit canonique & par le droit civil; quelquefois, on condamne la Partie refusante à payer la somme promise par forme de dommages-intérêts, v. Durand, au mot *Fiançailles*, ci-dessus n. 1684, 2494.

7566. Si la Partie refusante a reçu des présents, elle doit rendre le prix qu'ils ont coûté, Boucheul sur Poitou, art. 252, n. 75; elle perd ceux qu'elle a donnés, à moins qu'ils ne soient trop considérables, Héricourt, p. 3, c. 5, art. 1, n. 14, aux notes, Pothier, du Mar. n. 43.

7567. Le Mariage contracté par un des Fiancés, avec une autre personne que celle à qui il a promis la foi, est valide, mais illicite. Les Fiançailles ne forment qu'un empêchement purement prohibitif.

7568. Il en est de même du Mariage célébré dans le temps où l'Eglise défend de se marier, savoir pendant l'Avent jusqu'à l'Epiphanie, & pendant le Carême jusqu'après l'Octave de Pâques, sans excepter le jour de la Fête de S. Joseph.

7569. Le Mariage contracté nonobstant le vœu simple de garder la chasteté, de se faire Religieux, ou de ne jamais se marier, n'est aussi qu'illicite, v. Durand, au mot *Empêchement*.

7570. La dispense de ce vœu n'est que pour le Mariage en considération duquel elle a été accordée; il en faudroit une nouvelle pour un 2ᵉ. Mariage.

7571. Le vœu qu'on fait publiquement & avec des cérémonies dans quelques Congrégations, est simple. Les vœux par ex. des Doctrinaires & des Lazaristes ne sont que des empêchements prohibitifs, pour ceux qui n'en sont pas dispensés.

7572. Les empêchements dirimants rendent le Mariage nul; on en compte quatorze, sur lesquels v. Boucheul sur Poitou, t. 3.

7573. 1°. L'erreur de la personne est un empêchement dirimant; il n'y a pas de consentement, lorsqu'en croyant épouser Louise, j'épouse Julie; l'empêchement est de droit naturel.

7574. L'erreur, quant à la fortune ou à la qualité, ne rend pas le Mariage nul, Pothier, du Mar. n. 310; à moins qu'elle n'emporte une erreur quant à la personne, comme si par ex. Gatien se marie avec Tecle, qu'on lui dit être la fille d'Alexis, & qu'elle ne le soit pas, v. Héricourt, p. 3, c. 5, art. 2, n. 6, aux notes.

7575. 2°. C'est un empêchement dirimant, si une personne libre épouse une personne esclave, qu'elle croyoit libre.

7576. Pothier, du Mar. n. 313, observe qu'il n'en est pas de même, si on épouse une personne morte civilement, qu'on pensoit jouir de son état civil, v. Répert. de Jurispr. au mot *Empêchements*.

7577. 3°. Le vœu solemnel qui se fait par la profession dans un Ordre religieux, est, depuis plusieurs siecles, un empêchement dirimant.

7578. Tous les Théologiens ne conviennent pas que les Papes aient accordé des dispenses de Mariage à des Religieux profès, Confér. de Paris sur le Mar. t. 3, p. 532.

7579. Un Arrêt du 9 Juillet 1668, rapporté au Journ. des Aud. a défendu, sous peine de mort, de contracter Mariage avec des personnes qui ont fait des vœux, avant qu'ils aient été déclarés nuls.

7580. 4°. L'empêchement de la parenté est dirimant, en ligne directe, à l'infini. En ligne collatérale, l'empêchement, qui étoit, autrefois, jusqu'au 7e. dégré, ne s'étend plus, aujourd'hui, que jusqu'au 4e. dégré inclusivement, à compter du dégré le plus éloigné ; de sorte que celui qui est au 1er. dégré, peut épouser celle qui est au 5e. un grand oncle, la fille d'une arriere-petite-niece, Confér. de Paris sur le Mar. t. 2, p. 260, mais v. Pothier, du Mar. n. 148.

7581. Il n'y a aucune différence entre la parenté légitime & la parenté illégitime.

7582. On n'a jamais accordé de dispense en ligne directe ; ni en ligne collatérale, pour le Mariage du frere & de la sœur.

7583. « Le Mariage du neveu avec sa tante, ne paroît pas susceptible de dispen- » se ; le respect que le neveu doit à sa tante, ne permet pas qu'elle devienne sa » femme, & qu'elle soit, en cette qualité, soumise à sa puissance, » Pothier, du Mar. n. 267.

7584. On a vu, depuis peu, à Tours, de simples Particuliers obtenir dispense pour épouser leurs nieces, v. Mém. du Clergé, t. 5, p. 852 & suiv.

7585. L'Empereur Théodose avoit défendu le Mariage entre cousins - germains, sous peine de feu. Les dispenses s'en accordent facilement aujourd'hui, à Rome, quoique le Concile de Trente ne les permette qu'en faveur des grands Princes, & pour une cause publique.

7586. Les Rescrits du Pape, pour les dispenses de Mariage, s'adressent à l'Official du Diocese de la fille, pour en faire la fulmination ou enregistrement, Héricourt, p. 3, c. 5, art. 3, n. 23, Pothier, du Mar. n. 291.

7587. Sur les causes des dispenses, v. Ducasse, p. 2, c. 4, Durand, au mot *Empêchement.*

7588. Selon Ducasse, pour la validité d'une dispense, il suffit que les causes énoncées dans le Rescrit, se trouvent vérifiées au temps de la fulmination.

7589. Il y a, en France, des Dioceses où les Evêques dispensent du 4e. & même du 3e. dégré, en conséquence de l'ancienne & paisible possession de leurs Prédécesseurs, ou en vertu d'un Indult du Pape, qu'ils font renouveller tous les 5 ans. La plupart le font en faveur des Pauvres, qui n'ont pas le moyen d'envoyer à Rome, v. Caballut, l. 3, c. 27, n. 5, Héricourt, p. 3, c. 5, art. 3, n. 15.

7590. Aucun Evêque ne dispense du 2e. dégré, ni du 1er. au 2e.

7591. Un Evêque refusant une dispense qu'il a droit d'accorder, on ne peut avoir recours au Métropolitain, Confér. de Paris sur le Mar. t. 3, p. 380.

7592. Les enfans incestueux, nés d'un parent & d'une parente qui obtiennent dans la suite une dispense pour se marier, sont légitimés par le Mariage, v. Argou, l. 1, c. 10, Lebrun, des Succ. l. 1, c. 2, s. 1, d. 1, n. 12.

7593. 5°. Le crime d'adultere n'est point un empêchement dirimant, s'il n'est accompagné du crime d'homicide commis en vue de contracter Mariage, ou de la promesse de s'épouser : l'une de ces deux circonstances est nécessaire & suffit.

7594. L'homicide d'un premier conjoint, auquel les deux Parties ont contribué de concert dans la vue du Mariage qui a suivi, le rend également invalide : il faut, & le concours des deux Parties, & le dessein de s'épouser.

7595. On accorde dispense du crime d'adultere ; il est difficile d'en obtenir de l'homicide. Quand l'homicide est joint à l'adultere, & que cela est public, on n'en donne point de dispense, Confér. de Paris sur le Mar. t. 3, p. 565.

7596. Les enfans adultérins ne sont pas légitimés par le Mariage que contractent leurs pere & mere, Argou, l. 1, c. 10, Pothier, des Succ. c. 1, s. 2, art. 3, §. 5, quest. 1.

7597. 6°. Dès avant le 12e. siecle, on regardoit comme nuls les Mariages des personnes baptisées avec celles qui ne l'étoient pas. Il n'y a aucune Loi qui prononce cette nullité ; cela s'est établi par un usage qui s'est si bien affermi, qu'il tient lieu de Loi.

7598. Le Mariage de deux infideles, qui eſt un contrat naturel & civil, peut être diſſous, dans certains cas, en faveur de celui qui ſe fait baptiſer, v. Confér. de Paris ſur le Mar. t. 1, p. 437, Confér. d'Angers ſur le Mar. t. 1, p. 434.

7599. Un Arrêt du 2 Janvier 1758, a jugé indiſſoluble le Mariage d'un Juif avec une Juive, quoique la femme en conſentit la diſſolution, & eût fait au mari une ſommation d'accorder des Lettres de divorce, conformément à l'uſage pratiqué parmi les Juifs, refuſant conſtamment d'habiter avec lui, depuis qu'il s'etoit fait chrétien, v. Pothier, du Mar. n. 499 & ſuiv.

7600. On regarde ſeulement comme illicites les Mariages des Catholiques avec des Hérétiques. Les Papes qui les ont permis à la ſollicitation des Princes catholiques, ont pris les précautions néceſſaires pour empêcher la perverſion de la Partie catholique, & pour mettre en aſſurance l'éducation des enfants dans la foi de l'Egliſe romaine.

7601. Il y a des Théologiens qui tiennent que ces permiſſions ne doivent jamais s'accorder, parce qu'elles n'empêchent pas qu'il n'y ait une profanation du Sacrement de Mariage, v. Sainte-Beuve, t. 2, cas 1 & ſuiv.

7602. Si un Curé marie un Catholique avec une Hérétique, le Promoteur peut en rendre plainte, v. Decombes, Proc. crim. p. 1, p. 354.

7603. Par rapport aux Mariages des Catholiques avec les Hérétiques qu'on nomme Proteſtants, il y a un Edit de Novembre 1680, qui les déclare non-valables, quant aux effets civils. Pothier, du Mar. n. 251, dit que cet Edit ne peut plus avoir aujourd'hui d'application, les perſonnes qui, en France, contractent Mariage à la face de l'Egliſe, étant préſumées Catholiques; & pluſieurs penſent qu'on doit préſumer que le Mariage a été contracté à la face de l'Egliſe, quoique l'Acte de célébration n'en ſoit pas rapporté, dès que le contraire ne paroît pas, lorſque les perſonnes ont publiquement vécu comme de légitimes époux, & ont univerſellement été reconnus pour tels, ce qui ſuffit pour aſſurer l'état de leurs enfants, v. Gaz. des Trib. t. 2, p. 251, t. 6, p. 198.

Depuis quelques années, & ce n'eſt pas étonnant dans un temps où le Tolérantiſme a tant de zélés Partiſants, on ſollicite vivement une Loi pour les Mariages des Proteſtants : c'eſt au Légiſlateur à examiner ſi les avantages qu'on s'en promet, ne ſont point exagérés, & à apprécier les frayeurs de ceux qui en craignent les ſuites, afin de concilier avec les véritables intérêts de l'Etat, ceux de la Religion, qui ne doivent pas lui être moins chers.

7604. 7°. La violence, la crainte ou le dol & la ſurpriſe, qui ſont aſſez forts pour empêcher la liberté & le conſentement, rendent le Mariage nul.

7605. « Il faut que ce ſoit une violence injuſte, dit Pothier, du Mar. n. 316 ;
» c'eſt pourquoi ſi un homme qui auroit abuſé une jeune fille, s'eſt porté à l'épou-
» ſer par la crainte d'un décret de priſe-de-corps, qu'elle auroit obtenu contre lui, &
» qu'elle étoit prête à mettre à exécution, le Mariage ſera valable, & cet homme
» ne ſera pas recevable à dire qu'il l'a contracté par violence. »

7606. Un Arrêt du 21 Février 1650, a fait défenſes aux Juges de condamner à mort les accuſés, ſi mieux ils n'aiment épouſer, & a condamné un Particulier en une ſomme au profit d'une fille, pour aider à la marier, ſi mieux il n'aimoit l'épouſer, v. Pocquet, Arr. cél. l. 4, c. 8, 9.

7607. Lorſque la violence par laquelle quelqu'un a été forcé de contracter un Mariage, eſt de nature à le faire déclarer nul, il peut ſe plaindre, quoiqu'il ſe ſoit déjà écoulé un certain temps depuis le Mariage, & qu'il en ſoit né des enfants, ſuivant un Arrêt de 1651, que cite Pothier, du Mar. n. 318, v. Ducaſſe, p. 2, c. 3, ſ. 3, n. 3.

7608. 8°. Le 2°. Concile de Latran, tenu en 1139, déclare nul le Mariage des Cleres qui ſont dans les Ordres de Soudiacre & au-deſſus.

7609. Il n'y a point d'exemple dans l'Egliſe latine, dit Lacombe, au mot *Empê-*

chement, f. 5, d. 8, n. 3, que les Evêques & les Prêtres aient obtenu dispense de
se marier. A l'égard des Diacres & Soudiacres, les Papes peuvent leur en accorder;
les exemples en sont rares. Leur Mariage ne légitimeroit pas les enfants nés auparavant, Confér. de Paris fur le Mar. t. 4, p. 108, v. Arrêt du 18 Mars 1668, rapporté au Journ. des Aud. au sujet du Mariage d'un Soudiacre avec une Abbesse.

7610. 9°. Le Mariage que celui qui a une femme, ou celle qui a un mari,
contracte avec une autre personne, est nul.

7611. Pothier, du Mar. n. 99 & suiv. examine si la polygamie est contraire au
droit naturel.

7612. Dans le for extérieur, il n'est pas permis à un Prêtre, dit Pothier, n. 106,
de marier une personne qui l'a déja été, sans se faire représenter un extrait mortuaire
de la personne avec qui elle étoit mariée, ou des certificats équipollents de sa mort,
dont il doit être fait mention dans l'Acte de célébration de Mariage, Brunet, Not.
apost. l. 2, c. 7, art. 2.

7613. L'absence seule, quelque longue qu'elle puisse être, ne peut jamais faire
présumer la mort, à l'effet d'un 2e. Mariage. La mort doit être prouvée, v. Boullai,
p. 187, 282, Pocquet sur Anjou, art. 269, Velly, Hist. de Fr. t. 6, p. 171.

7614. Il y a des Dioceses où l'on exige un certain intervalle entre la mort d'un
1er. Mari & le 2e. Mariage de sa veuve, v. ci-après n. 9649.

7615. Le lien du Mariage est indissoluble de droit divin. Cependant, 1°. il y a des
Canonistes qui estiment que le Pape peut dissoudre un Mariage non-consommé; 2°.
on admet la dissolution du Mariage non-consommé, par la Profession religieuse d'une
des Parties, sans le gré de l'autre, Pothier, du Mar. n. 475.

7616. Pothier, n. 485, observe que la réception des Ordres sacrés n'a pas le
même effet.

7617. Un homme peut, après le Mariage consommé, se faire Religieux ou être
promu aux Ordres sacrés, du consentement de sa femme, qui fait Profession dans
un Monastere, ou au moins fait vœu de continence perpétuelle, Sainte-Beuve,
t. 1, cas 238, Confér. d'Angers sur le Mar. t. 2, p. 192, 198.

7618. Il peut l'un ou l'autre, sans consulter sa femme, si elle a été juridiquement
convaincue d'adultere, Héricourt, p. 3, c. 5, art. 4, n. 38, Pothier, du Mar.
n. 474. Les Grecs vont plus loin; ils regardent l'adultere comme un moyen de
dissolution, après laquelle les Parties peuvent se marier à d'autres.

7619. 10°. On ne peut épouser les parents, jusqu'au 4e. dégré inclusivement, de
la personne avec qui on a contracté un Mariage qui n'a pas été consommé; ni les
parents au 1er. dégré, comme le pere ou la mere, le fils ou la fille, le frere ou la
sœur, de la personne avec qui on a contracté des fiançailles valides : c'est ce qu'on
nomme empêchement de l'honnêteté publique.

7620. Héricourt, p. 3, c. 5, art. 2, n. 35, dit que le Fiancé ne peut épouser aucune parente en ligne directe de la Fiancée, mais v. Confér. d'Angers sur le Mar,
t. 2, p. 319.

7621. Un Mariage nul, pourvu que ce ne soit pas par défaut de consentement,
quoique non-consommé, produit l'empêchement de l'honnêteté publique, qui a lieu
jusqu'au 4e. dégré de parenté inclusivement, selon quelques-uns; d'autres pensent
qu'en ce cas, il ne passe pas le 1er. dégré.

7622. Le Pape dispense facilement de l'empêchement de l'honnêteté publique, en
ligne collatérale.

7623. Pothier, du Mar. n. 272, dit qu'il n'est pas susceptible de dispense, pour la
ligne directe.

7624. 11°. Il convient de distinguer l'alliance qui provient d'une conjonction licite ou illicite, qu'on nomme affinité charnelle; & celle qui se contracte par l'administration des Sacrements de Baptême ou de Confirmation, qu'on nomme affinité spirituelle.

7625. En 1er. lieu, l'empêchement dirimant que produit l'affinité qui naît d'un Mariage valide consommé, a lieu dans les mêmes dégrés que l'empêchement de la parenté, v. ci-dessus n. 7580.

7626. Les alliés d'une personne sont les parents de son mari ou de sa femme, le mari de sa parente, la femme de son parent.

7627. On a quelques exemples récents de dispenses accordées à des Particuliers, pour épouser la sœur de leur 1re. femme, ou la veuve de leur oncle, Héricourt, p. 3, c. 5, art. 3, n. 17, Pothier, du Mar. n. 270, Leridant, au mot *Dispenses*.

7628. Les dispenses de l'affinité légitime dans la ligne directe, en quelque dégré que ce soit, ne s'accordent jamais à Rome; au surplus, elles ne seroient pas reçues en France.

7629. Le Parlement de Rouen a déclaré abusives des dispenses obtenues par un homme, pour épouser la femme du fils que sa femme avoit eu d'un précédent Mariage; & celles obtenues par un autre, pour épouser la belle-mere de sa femme, Confér. de Paris sur le Mar. t. 2, p. 302, Confér. d'Angers sur le Mar. t. 2, p. 235, 236, Pothier, du Mar. n. 224 : c'est cependant ce qu'a fait, en 1767, un Particulier de la Ville de Guéret, Répert. de Jurispr. au mot *Empêchements*.

7630. En 2e. lieu, celui qui a eu un commerce illicite avec une personne, ne peut se marier avec ses parents, jusqu'au 2e. dégré inclusivement. Pothier, du Mar. n. 167, dit que le Mariage n'est pas nul, si ce commerce n'a pas été connu dans le public.

7631. On reconnoit, en France, pour ce qui regarde l'affinité illégitime, que le Pape peut dispenser dans le 1er. dégré de la ligne directe, & ainsi permettre d'épouser une fille dont on a connu la mere.

7632. En 3e. lieu, il se forme entre le parein, la mareine & celui qui baptise, d'une part, l'enfant baptisé, son pere & sa mere, d'autre part, une affinité qui les empêche de se marier ensemble.

7633. Pothier, du Mar. n. 199, s'exprime ainsi : « on ne peut, sans ignorance, » dire de cet empêchement, qu'il est une invention de la Cour de Rome, pour avoir » occasion d'en donner des dispenses bursales, (comme l'a fait l'Auteur du Journ. » des Aud.) puisqu'il est, de même que tous les autres empêchements de Ma- » riage, qui sont aujourd'hui en usage, antérieur de plusieurs siecles à l'usage » d'accorder, non-seulement des dispenses bursales, mais même d'en accorder en » tout. »

7634. Ceux qui tiennent un enfant, pendant qu'il est seulement ondoyé, ceux qui assistent comme parein & mareine, lorsqu'on lui supplée les cérémonies, ne contractent aucune affinité.

7635. Remarquez, avec Cabassut, l. 3, c. 22, n. 11, Duperrai, des Disp. de Mar. p. 152, que celui qui nomme un Procureur pour tenir un enfant en son nom sur les fonds de Baptême, étant le vrai parein, le Baptême n'a aucun effet à l'égard du Procureur.

7636. Le Pape accorde plus difficilement une dispense à un parein, pour épouser sa filleule, que pour en épouser la mere, v. Confér. de Paris sur le Mar. t. 3, p. 547, Confér. d'Angers sur le Mar. t. 2, p. 261.

7637. En 4e. lieu, ce que nous venons de dire du Baptême, convient à la Confirmation; mais ce Sacrement ne peut, aujourd'hui, fournir un obstacle à un Mariage, vu que ce n'est plus l'usage de prendre, pour la Confirmation, des pareins & des mareines.

7638. 12°. L'impuissance perpétuelle, qui existoit dès le temps de la Célébration du Mariage, est un empêchement dirimant.

7639. Autrefois, lorsqu'on objectoit cet empêchement, l'usage étoit d'ordonner le congrès ; un Arrêt de Réglement du 18 Février 1677 , rapporté au Journ. des Aud. l'a aboli.

7640. Il y a des cas où, avant de prononcer la diffolution du Mariage, la co-habitation des Parties eft ordonnée , v. Fevret, l. 5 , c. 4 , n. 10 , aux notes , De-combes , Proc. civ. p. 1 , p. 683 , Duperrai , des Difp. de Mar. p. 236 , 238 , Ducaffe , p. 2 , c. 3 , f. 5 , n. 3 & fuiv.

7641. Lorfque l'impuiffance n'eft que refpective , les Parties peuvent fe remarier avec d'autres.

7642. L'Eglife reconnoît que l'impuiffance peut être caufée par des maléfices , v. Bodreau fur Maine , art. 458 , Fevret, l. 5 , c. 4 , n. 5 , 6 , Confér. de Paris fur le Mar. t. 3 , p. 132 & fuiv. Héricourt , p. 3 , c. 5 , art. 2 , n. 66 , Durand , au mot *Im-puiffance* , Ducaffe , p. 2 , c. 3 , f. 5 , n. 5.

7643. Un Curé peut refufer de marier un Eunuque , Arrêt du 8 Janvier 1665 , rapporté au Journ. des Aud.

7644. Les Canoniftes ont coutume de réduire à l'empêchement d'impuiffance , le défaut d'âge , qui fe rencontre dans les Impuberes ; parce qu'ordinairement , avant l'âge de puberté , on n'eft pas en état de confommer le Mariage. Leur Mariage n'eft pas nul , fuivant plufieurs ; d'autres difent qu'il eft nul felon les Canons , non de droit naturel , quand les Impuberes ont affez de connoiffance pour pouvoir s'engager.

7645. On ne déclare nuls les Mariages des Impuberes , que quand ils fe font fé-parés & fe font plaints pendant l'impuberté , v. Notaire de Papon , l. 4 , c. 2 , Mém. du Clergé , t. 5 , p. 945 & fuiv.

7646. Un Arrêt du 24 Janvier 1623 , remarqué par Pocquet , Arr. cél. l. 4 , c. 4 , a ordonné qu'une veuve , âgée , lors du décès de fon mari , d'onze ans neuf mois , feroit payée de fon douaire & de fes conventions matrimoniales.

7647. On accorde quelquefois à des Princes & Princeffes Impuberes , difpenfe pour fe marier. Charles VII en obtint une de l'Archevêque de Tours , pour le Mariage du Dauphin avec Marguerite d'Ecoffe , en 1436.

7648. Un Curé ne peut marier les Hermaphrodites , fans l'ordre de l'Evêque.

7649. 13°. Pour obvier à la clandeftinité des Mariages , le Concile de Trente a prefcrit , fous peine de nullité , deux formalités ; la préfence du Curé & celle de deux Témoins.

7650. Le Mariage peut être célébré par un Prêtre commis par le Curé , ou par l'E-vêque , avec ou fans le confentement du Curé , v. Confér. de Paris fur le Mar. t. 3 , p. 262.

7651. M. de Lamoignon , Avocat général , lors d'un Arrêt du 17 Mars 1695 , rapporté au Journ. des Aud. blâma la permiffion donnée par un Curé , de s'aller marier dans telle Eglife qu'il plairoit aux Parties , & dit que la permiffion doit être déterminée à certaine Eglife & à certain Prêtre.

7652. Le Curé du lieu où un Mineur demeure actuellement , eft celui qui doit célébrer fon Mariage , Confér. d'Angers fur le Mar. t. 1 , p. 366.

7653. Celui qui n'eft venu demeurer que depuis quelques jours dans une Paroiffe , mais de bonne foi , fans fraude , peut être marié par le Curé de cette Paroiffe ; la difpofition de l'Edit de Mars 1697 , qui paroît contraire , regarde plus la publication des Bans , que la Célébration du Mariage , Confér. d'Angers fur le Mar. t. 1 , p. 363.

7654. Cet Edit prononce des peines contre les Prêtres qui marient ceux dont ils ne font pas le propre Curé.

7655. Denifart , au mot *Mariage* , prétend que la Déclar. du 15 Juin 1697 , qui autorife les Procureurs du Roi & les Promoteurs à pourfuivre , dans la 1re. année , ceux qui fe font mariés à l'infçu de leur propre Curé , eft en quelque forte tombée en défuétude , v. Pothier , du Mar. n. 451.

7656. Quand les Parties font de diverses Paroisses , le Curé de l'une ou de l'autre peut les marier validement, selon le Rituel de Paris, p. 353.

7657. Un Arrêt du 30 Mai 1707 , a jugé valable un Mariage célébré par le Curé du mari, sans le consentement du Curé de la femme, Héricourt, p. 3 , c. 5, art. 1 , n. 30 , aux notes.

7658. On exige à présent le concours des deux Curés, v. Lacombe , au mot *Empêchements* , f. 5 , d. 13 , art. 1 , n. 4 ; Pothier, du Mar. n. 366 , rapporte les raisons qu'on en donne.

7659. La remise du Certificat de la publication des Bans prouve suffisamment le consentement du Curé.

7660. Les Jurisconsultes françois, regardant la bénédiction sacerdotale, comme de l'essence du Mariage , pensent que la seule présence du Curé des Parties ne suffit pas , v. Durand, au mot *Clandestin.*

7661. Les Notaires & autres personnes publiques ne peuvent recevoir des Actes par lesquels deux personnes déclarent , en présence du Curé, qu'elles se prennent pour mari & femme, Héricourt, p. 3 , c. 5 , art. 1 , n. 27 , Jouy, au mot *Mariage* , n. 7.

7662. Un Mariage qui est nul pour avoir été célébré par un autre Prêtre que le Curé des Parties , doit être réhabilité. Si l'une des Parties s'y refuse , on peut l'y forcer , Héricourt, p. 3 , c. 5 , art. 1 , n. 28 , art. 2 , n. 50 , art. 4 , n. 24 , 25.

7663. Le Mariage célébré par un Curé interdit, est valide, Sainte–Beuve , t. 2 , cas 18 , quoique l'absolution donnée par le même, seroit nulle , parce qu'on ne peut donner d'absolution, sans avoir Jurisdiction. La Célébration du Mariage est un Acte de Curé, non un Acte de Jurisdiction.

7664. Le Concile de Trente ne parle que de deux ou trois Témoins ; l'art. 40 de l'Ord. de Mai 1579 , l'art. 9 du t. 20 de l'Ord. de 1667 , & l'art. 7 de la Déclar. du 9 Avril 1736 , en desirent quatre. Ce nombre n'est nécessaire que pour les Mariages des Mineurs, v. Sérieux, des C. de Mar. t. 1 , p. 87.

7665. Les Témoins doivent être des personnes dignes de foi , & domiciliées dans le lieu , suivant l'Edit de Mars 1697.

7666. Les plus proches parents sont les meilleurs Témoins.

7667. Un enfant peut être Témoin en fait de Mariage , dès qu'il a assez de discernement, pour connoître ce qui se passe , encore qu'il n'ait pas atteint l'âge de puberté , Confér. d'Angers sur le Mar. t. 1 , p. 330.

7668. On admet pour Témoins des femmes, Sainte-Beuve , t. 2 , cas 7 ; elles ont plus de disposition à rendre les choses publiques, que les hommes. Les Tribunaux féculiers pourroient n'avoir pas égard au témoignage des femmes , même d'une mere ou aïeule , tutrice, v. Duplessis, t. 2 , Consult. 46e. Sérieux, des C. de Mar. t. 1 , p. 86.

7669. Pothier, du Mar. n. 375 , veut que les Témoins aient 20 ans , soient mâles, & sachent signer.

7670. L'Edit de Mars 1697 , prononce la peine de l'Amende-honorable & des Galeres ou du Bannissement , contre les Témoins qui attestent faux sur le domicile , l'âge & la qualité de ceux qui contractent Mariage.

7671. La publication des Bans, qui sert à prévenir la clandestinité des Mariages , à découvrir les empêchements qui peuvent s'y rencontrer, & à empêcher les surprises , n'est, comme l'avouent Fevret, l. 5 , c. 2 , n. 10 , 21 , Lacombe, au mot *Ban* , f. 1 , n. 2 , que de nécessité de précepte , & non de Sacrement. L'omission de cette formalité , qui a été établie par le 4e. Concile de Latran , tenu en 1215 , rend seulement le Mariage illicite, v. Héricourt, p. 3 , c. 5 , art. 1 , n. 21 , Pothier, du Mar. n. 69 , 326.

7672. La nullité que semble prononcer l'art. 40 de l'Ord. de Mai 1579 , ne peut avoir rapport qu'aux effets civils, v. Cabassut, l. 3 , c. 26 , n. 4 & suiv. & on n'y a pas égard pour les Mariages des Majeurs, ni pour ceux des Mineurs qui se marient du consentement de leurs peres, meres ou tuteurs, Jouy, Confér. des Ord. l. 4, c. 3, s. 2, n. 1, Durand, au mot *Bans.*

7673. Par un Arrêt du 22 Septembre 1687, il a été fait défenses au Grand-Vicaire de l'Archevêché de Tours, d'accorder des dispenses de publication de Bans, pour marier des Mineurs, sans le consentement de leurs peres, meres ou tuteurs, Pocquet, Arr. cél. l. 4, c. 3.

7674. Les Evêques accordent rarement & avec bien des précautions la dispense des trois Bans, pour n'être pas exposés à la voir déclarer abusive.

7675. Les Bans doivent être publiés par le Curé, son Vicaire, ou un autre Prêtre commis par le Curé ou l'Evêque. Un Arrêt du 13 Mai 1614, a interdit de ses fonctions, pour 6 mois, un Huissier qui avoit fait une pareille publication.

7676. La publication doit se faire un jour de Dimanche ou de Fête, à la Messe Paroissiale; Fevret, l. 5, c. 2, n. 23, regarde comme abusive celle faite à Vêpres.

7677. Lorsqu'il y a un domicile de fait, différent du domicile de droit, il faut doubler la publication des Bans, v. Bourjon, t. 1, p. 10, 90.

7678. Une Mineure demeurante à Tours, munie du consentement de ses pere & mere, qui avoient leur domicile à S. Domingue, a été dispensée d'y faire publier des Bans, par des Lettres-Patentes du 5 Avril 1763.

7679. Quand il n'y a pas un an qu'on demeure dans un Diocese, & quand il n'y a pas six mois qu'on demeure dans une Paroisse, la publication doit se faire, tant au domicile actuel, qu'au domicile précédent, Edit de Mars 1697.

7680. On remarquera que cet Edit n'a pas été enregistré aux Conseils Supérieurs de S. Domingue, Répert. de Jurispr. au mot *Colonies.*

7681. Ceux qui n'ont pas de demeure fixe, doivent s'adresser à l'Evêque du lieu où ils veulent se marier, pour obtenir dispense sur le défaut de domicile, v. Confér. de Paris sur le Mar. t. 1, p. 216, Denisart, au mot *Mariage.* Un Arrêt du Parlement de Rennes, du 23 Février 1778, « a fait défenses aux Evêques de donner des » dispenses *à domicilio;* sauf à ceux auxquels elles seroient nécessaires, à se retirer » vers le Roi, pour les obtenir de Sa Majesté. »

7682. Avant de procéder à la publication des Bans des Mineurs, le Curé doit se faire représenter le consentement de leurs peres, meres ou tuteurs, Déclar. du 26 Novembre 1639, art. 1.

7683. Si, après la publication des Bans, la Célébration du Mariage est différée de deux mois dans quelques Dioceses, ou de six mois dans d'autres, il faut publier de nouveaux Bans.

7684. « Les Curés, dit Héricourt, p. 3, c. 5, art. 1, n. 22, doivent tenir des Re- » gistres exacts des empêchements qu'on vient leur proposer contre les Mariages, & » des oppositions qu'on y forme; faire signer les oppositions par ceux qui les » font, & les mains-levées par ceux qui les apportent; &, en cas qu'ils ne connoissent » pas les Porteurs de la main levée, faire certifier par des personnes dignes de foi, » que ceux qui l'apportent, sont les mêmes que ceux qui ont formé l'opposition. »

7685. Une Déclar. du 16 Février 1692, oblige les Curés à faire mention, dans les Actes de Célébration de Mariage, des dispenses de Mariage, & des publications des Bans ou des dispenses qui en ont été obtenues, de l'insinuation des dispenses & de la date.

7686. 14°. Le rapt est un empêchement dirimant, qui dure tant que la personne ravie est en la puissance du Ravisseur, Déclar. du 26 Novembre 1639, art. 3.

7687. Le Mariage contracté depuis que la personne ravie a été mise en liberté, est valide; mais il est privé des effets civils, Confér. d'Angers sur le Mar. t. 2, p. 383.

7688. On distingue le rapt de violence & le rapt de séduction.

7689. Pour

7689. Pour qu'il y ait rapt de violence, il faut que la personne ravie ait été enlevée, à force ouverte, de la maison de ses parents, ou de son Tuteur, ou de quelqu'autre lieu de sûreté, contre sa volonté, ou contre celle de ses parents, ou de son Tuteur, ou d'autres qui l'avoient en garde, Confér. d'Angers sur le Mar. t. 2, p. 378.

7690. L'enlevement, selon quelques-uns, n'est pas un empêchement dirimant, si le Ravisseur avoit seulement dessein de satisfaire sa passion, non de contracter Mariage.

7691. Le rapt de séduction, qui ne peut avoir lieu qu'à l'egard des Mineurs, est regardé, en France, comme un empêchement dirimant, parce que le Concile de Trente, Sess. 24, c. 6, ne l'a pas excepté, v. Durand, au mot *Rapt*.

7692. On présume facilement qu'il y a rapt de séduction dans les Mariages contractés par des Mineurs, sans le consentement de leurs peres, meres ou Tuteurs, v. Pocquet, Arr. cél. l. 4, c. 5, Héricourt, p. 3, c. 5, art. 2, n. 74, Pothier, du Mar. n. 326, 336.

7693. Ces Mariages sont seulement illicites, s'il n'y a, ni rapt, ni clandestinité, v. Héricourt, p. 3, c. 5, art. 2, n. 73, 74, aux notes. Quoique le Concile de Trente, Sess. 24, c. 1, les desaprouve, il frappe d'anathême ceux qui disent que les Mariages des enfants de famille, contractés sans le consentement de leurs peres & meres, sont nuls.

7694. Le Décret de ce Concile n'est pas contraire à la Jurisprudence de France, v. Brodeau sur Louet, M, c. 6, Cabassut, l. 3, c. 26, n. 7, Sainte-Beuve, t. 2, cas 10, Pontas, au mot *Mariage*, cas 9, Confér. de Paris sur le Mar. t. 2, p. 407 & suiv. Confér. d'Angers sur le Mar. t. 1, p. 266 & suiv. Collet, t. 14, c. 3, art. 3.

7695. M. de Lamoignon, Avocat Général, lors d'un Arrêt du 1er. Mars 1691, rapporté au Journ. des Aud. reconnut que les Ordonnances ne déclarent pas des Mariages non valablement contractés, pour n'avoir pas eu le consentement des peres & meres.

7696. Le seul défaut de consentement n'emporte pas la nullité du Mariage, Argou, l. 3, c. 2, contre Bourjon, t. 1, p. 6, 8, Lacombe, au mot *Rapt*, t. 3. Il n'y a, en ce cas, que la privation des effets civils à prononcer, Code de la Religion, t. 2, t. 36, art. 3.

7697. Un Arrêt du 26 Mars 1779, a renvoyé une Mineure, malgré les circonstances où elle se trouvoit, à se pourvoir à la Grenade angloise, pour obtenir le consentement de sa mere, qui y demeuroit, & qui s'y étoit remariée, ou justifier de son décès, Gaz. des Trib. t. 7, p. 325. Il en auroit été autrement, si on n'eût pas sçu où demeuroit la mere, Pothier, du Mar. n. 329.

7698. Le consentement qu'on a donné, est-il révocable ? v. Bardet, t. 2, l. 9, c. 32.

7699. Celui qui célebre le Mariage d'un mineur de 25 ans, sans le consentement de son pere, de sa mere ou de son Tuteur, s'expose à être poursuivi comme l'auteur du crime de rapt, Ord. de Mai 1579, art. 40.

7700. L'art. 43 défend aux Tuteurs de consentir au Mariage de leurs Mineurs, sans prendre l'avis des plus proches parents, sous peine de punition exemplaire. Cela ne s'entend point des Tuteurs qui sont du nombre des Ascendants, Argou, l. 3, c. 2, Encyclopédie, au mot *Mineur*.

7701. Suivant M. Talon, Avocat Général, lors d'un Arrêt du 1er. Février 1659, rapporté au Journ. des Aud. la mere doit prendre un avis de parents, v. Bodreau sur Maine, art. 317, Lacombe, au mot *Mariage*, p. 3, n. 2 ; ce qui n'est pas regardé comme nécessaire.

7702. Le consentement donné par une mere, non-seulement sans avis de parents, mais sans être autorisée de son 2e. mari, est valable. Le consentement de celui-ci est inutile, quand même il seroit Tuteur. C'est un abus que d'en faire nommer un, pour consentir au Mariage, lorsqu'il y a une mere, v. Denisart, au mot *Mort civile*, Pothier, du Mar. n. 35.

7703. Quand il y a un Tuteur honoraire & un Tuteur onéraire, c'est le Tuteur honoraire dont le consentement est requis.

7704. Le Mineur qui a un Tuteur en France & un Tuteur dans les Colonies, doit avoir le consentement du Tuteur du lieu où son pere demeuroit, lorsqu'il est décédé, Déclar. du 1er. Février 1743, art. 12; à moins qu'il n'en soit dispensé par des Lettres-Patentes, v. Gaz. des Trib. t. 1, p. 330.

7705. Lorsqu'un Tuteur refuse de consentir au Mariage d'un Mineur, que la famille approuve, le Mineur peut faire assembler, devant le Juge, ses proches parents, pour donner les motifs de leur avis, d'après lesquels le Juge peut permettre au Mineur de passer à la Célébration du Mariage, Pothier, du Mar. n. 336.

Avant que le Tuteur eût témoigné son refus d'une maniere formelle, le Mineur auroit pu se faire émanciper; par-là, il auroit écarté un Contradicteur, qui n'auroit plus en de qualité, pour traverser les vues de la famille.

Meslé, des Minorités, c. 10, dit qu'il faut un avis de parents, qui nomme un Curateur, pour consentir au Mariage & régler les conventions matrimoniales d'un Mineur émancipé par Lettres ou par un précédent Mariage; le consentement du Curateur aux causes seroit insuffisant, v. ci-après n. 7717.

7706. Le Curateur aux causes n'a pas de qualité pour empêcher le Mariage du Mineur émancipé, Pothier, du Mar. n. 333.

7707. Les Mineurs dont les peres & meres se sont retirés en Pays étranger, pour cause de Religion, ou pour quelqu'autre cause, peuvent se marier avec le consentement d'un Tuteur, après avoir pris l'avis de six parents ou alliés catholiques, assemblés devant le Juge, ou, à défaut de parents ou alliés, de six amis ou voisins, de la même qualité. En cas qu'il n'y ait que le pere ou la mere qui soit hors du Royaume, il suffit d'assembler trois parents ou alliés, du côté de celui qui est absent, &c. Déclar. du 14 Mai 1724, art. 16.

7708. Cet article suppose le consentement de la mere aussi nécessaire que celui du pere; cependant, Meslé, des Minorités, c. 4, dit que, le pere & la mere étant vivants, le consentement du pere suffit, v. Lacombe, au mot *Exhérédation*, p. 1, c. 2, n. 15, Ferriere, au mot *Mariage*.

7709. Les peres, meres ou Tuteurs, ne peuvent, suivant une Déclar. du 16 Juin 1685, donner leur consentement à des Mariages qui se contractent en Pays étranger, sans la permission du Roi.

7710. Un Mineur dont le pere est en démence, peut se marier du consentement de ses autres parents, Essais de Jurispr. p. 275 & suiv.

« Le consentement du pere ou de la mere n'est pas nécessaire, lorsqu'ils ont perdu » l'état civil, soit par la profession religieuse, soit par une condamnation à une peine » capitale, » Pothier, du Mar. n. 331, v. Richer, de la Mort civ. p. 256.

7711. Il y a des cas où, un Mineur prouvant que son pere se refuse, par mauvaise humeur, à un Mariage sortable, le Juge peut, après avoir entendu le pere, & avoir pris l'avis de la famille, ordonner qu'il sera procédé à la célébration du Mariage, v. Lacombe, au mot *Rapt*, t. 3, n. 3, 9, Gaz. des Trib. t. 1, p. 86, t. 3, p. 404 & suiv.

7712. « Il n'y a pas un seul Arrêt, dit Pocquet, Arr. cél. l. 4, c. 5, qui ait dé- » claré non-valablement contracté le Mariage d'un fils de famille, majeur de 25 » ans, pour le seul défaut de consentement des pere & mere, » v. Arrêt du 6 Septembre 1762, rapporté par Denisart, au mot *Mariage*. Les Mariages des enfants, garçons ou filles, qui ont atteint l'âge de 25 ans accomplis, sans avoir obtenu ni même requis le consentement de leurs peres & meres, ne peuvent donc être critiqués, Ferriere, Part. not. l. 4, c. 2, Bourjon, t. 1, p. 6, Lacombe, au mot *Rapt*, t. 3, Pothier, du Mar. n. 337, Leridant, au mot *Age*, Durand, au mot *Rapt*, Encyclopédie, au mot *Mariage*.

7713. Le Mariage est susceptible de critique, s'il a été précédé d'un commerce illicite, pendant la minorité de la Partie qui s'est mariée sans avoir requis le consentement de ses pere & mere, v. Héricourt, p. 3, c. 5, art. 2, n. 75, aux notes.

7714. Cessant cette circonstance, l'exhérédation est seulement à craindre, Séricux, des C. de Mar. t. 1, p. 100.

7715. Il est dit dans les Confér. d'Angers sur le Mar. t. 1, p. 164, qu'un Curé doit exiger que les enfants, majeurs de 25 ans, justifient avoir requis le consentement de leurs peres & meres; c'est une erreur; la preuve de leur majorité suffit, pour qu'on ne puisse refuser de les marier, v. p. 287.

7716. Un pere n'est pas fondé à s'opposer au Mariage de son fils âgé de 25 ans, v. Arrêt du 12 Décembre 1759, cité par Denisart, au mot *Mariage*, Pothier, du Mar. n. 341.

7717. « L'émancipation par Mariage emporte la liberté de se remarier sans le consentement du pere, quoique celui ou celle qui veut se remarier, n'ait pas 25 ans, » Encyclopédie, au mot *Emancipation*, v. ci-dessus n. 7705. Cela n'est pas exact. Les femmes, même celles qui ont 25 ans, doivent requérir le consentement de leurs peres & meres, avant de se remarier, v. Edit de Mars 1697, Confér. de Paris sur le Mar. t. 2, p. 443, Auroux, p. 1, p. 228, Sérieux, des C. de Mar. t. 1, p. 97, 146, Pothier, du Mar. n. 337. Il en est de même des hommes, suivant un Arrêt de 1742, cité par Denisart, au mot *Sommations respectueuses*.

7718. Les Bâtards, mineurs de 25 ans, ont besoin, pour se marier, du consentement de leurs Tuteurs, Brunet, Not. apost. l. 2, c. 7, art. 2; mais leurs peres & meres qui n'ont pas été consultés, ne peuvent se plaindre, Arrêt du 1er. Février 1662, rapporté au Journ. des Aud.

7719. Les Princes du Sang doivent, pour se marier, avoir le consentement du Roi, qui, en qualité de Chef de la Famille royale, est regardé comme le pere de tous les Princes; autrement, le Mariage seroit nul quant aux effets civils, v. Bibl. can. au mot *Mariage*, Mém. chron. & dogm. par le P. d'Avrigny, Jésuite, t. 2, p. 54, Pothier, du Mar. n. 343.

7720. Les gens de guerre ne peuvent se marier sans la permission du Roi, de l'Inspecteur Général, ou d'un Officier supérieur; mais le défaut de permission n'emporte pas nullité, même quant aux effets civils, Confér. de Paris sur le Mar. t. 2, p. 460.

7721. Ce n'est pas le consentement du pere ou de la mere, mais celui du Maître, qui est nécessaire pour le Mariage des Esclaves-Negres, Edit de Mars 1724, art. 7.

7722. Les Esclaves-Negres, qui sont amenés ou envoyés en France, ne peuvent s'y marier, même du consentement de leurs Maîtres, Déclar. du 15 Décembre 1738. art. 10.

7723. L'art. 6 de l'Edit de Mars 1724, défend, à peine de punition & d'amende arbitraire, aux Sujets blancs de l'un & de l'autre sexe, de la Colonie de la Louisiane, de contracter Mariage avec les noirs.

7724. Un Arrêt du Conseil, du 5 Avril 1778, défend les Mariages entre les blancs & les noirs, mulâtres ou gens de couleur, qui sont en France.

7725. Les défenses faites à des Parties dont le Mariage a été déclaré nul, de se fréquenter, ne les empêchent pas de contracter entr'elles un nouveau Mariage.

7726. Le Mariage tenu secret jusqu'à la mort de l'un des Conjoints, ne produit aucuns effets civils, Déclar. du 26 Novembre 1639, art. 5, v. Cochin, t. 4, p. 586, t. 5, p. 110. Les effets civils ont lieu, si le Mariage est rendu public, les Conjoints étant en santé, quoiqu'après la naissance des enfants.

7727. L'art. 6 de cette Déclaration, renouvellé par l'art. 8 de l'Edit de Mars 1697, refuse les effets civils aux Mariages contractés à l'extrémité de la vie, s'ils ont été précédés de concubinage, v. Cochin, t. 4, p. 204. La preuve testimoniale du concubinage n'est pas reçue, sans un commencement de preuve par écrit, Gaz. des Trib. t. 7, p. 299. Il faut & il suffit que l'une des Parties ait été, lors du Mariage, malade de la maladie dont elle est décédée, Pocquet, Arr. cél. l. 4, c. 16. Le Mariage d'une femme qui, la veille de ses couches, épouse celui avec qui elle a eu un mauvais commerce, & meurt en couches, a les effets civils, Arrêt du 5 Septembre 1675, rapporté au Journ. du Pal.

7728. Suivant le même art. 6, les Mariages contractés par ceux qui ont subi une condamnation capitale, n'ont point les effets civils, v. Pocquet, Arr. cél. l. 4, c. 15.

7729. Les enfants nés de Mariages qui, quoique valablement contractés, n'ont pas les effets civils, ne sont pas bâtards, comme le remarque Pothier, du Mar. n. 436, & sont, en conséquence, capables d'être promus aux Ordres sacrés & aux Bénéfices; mais ils n'ont pas les droits que les effets civils du Mariage donnent aux enfants, tels que les droits de famille, de succession, de douaire, de légitime, &c. v. ci-dessus n. 4705. Sur ces Mariages, v. Bourjon, t. 1, p. 11 & suiv. Héricourt, p. 3, c. 5, art. 2, n. 82 & suiv. Pothier, du Mar. n. 426 & suiv.

7730. « Lorsqu'une femme, dit Pothier, n. 440, a épousé de bonne foi un homme » qui avoit perdu l'état civil par une condamnation à peine capitale; la bonne foi de » cette femme donne, en ce cas, à ce Mariage les effets civils, à l'effet que les » enfants qui en sont nés, aient les droits d'enfants légitimes, & puissent succéder à » leur mere & à leurs parents maternels. Mais ces enfants ne peuvent, ni succé- » der aux biens de leur pere, qui sont acquis au fisc, ni avoir les droits de famille » dans la famille de leur pere, puisque leur pere, les ayant perdus avant qu'ils fussent » au monde, n'a pu les leur communiquer. »

7731. Bourjon, t. 1, p. 13, 15, 109, 616, qui pense, avec Richer, de la Mort civ. p. 248, que la bonne foi est difficile à présumer, vu la publicité des condamnations qui emportent mort civile, écrit que, quoique le Mariage ne produise pas les effets civils, on adjuge toujours aux enfants une certaine subsistance sur les biens de celui de leurs pere & mere, qui est mort en possession de l'état de citoyen; ce qui est fondé sur ce qu'on accorde des aliments aux bâtards.

7732. La présomption étant contre la bonne foi, c'est à celui qui l'allegue, à en faire une preuve claire & évidente, Pocquet, Arr. cél. l. 4, c. 15.

7733. La bonne foi a l'effet de faire produire les effets civils, même à un Mariage absolument nul, v. Duperrai, des Disp. de Mar. p. 128 & suiv. Sérieux, des C. de Mar. t. 1, p. 44.

7734. Le Mariage contracté de bonne foi par une fille, avec un homme engagé dans un précédent Mariage ou dans les Ordres sacrés, a tout son effet, par forme de dédommagement, tant par rapport à elle, que par rapport à ses enfants, qui ont la parfaite légitimité; autrement, elle souffriroit dans la personne de ses enfants, Bourjon, t. 1, p. 15, v. Arrêts de 1744 & 1752, cités par Denisart, au mot *Légitimation*.

7735. La même décision a lieu dans les cas où la bonne foi peut se présumer dans les Mariages contractés entre ceux qui sont parents à un dégré prohibé.

7736. Boucheul sur Poitou, art. 297, n. 3, dit que les enfants succedent à celui de leurs pere & mere, qui savoit l'empêchement, comme à celui qui l'ignoroit, étant absurde qu'ils soient réputés en partie légitimes, & en partie illégitimes, v. Pothier, du Mar. n. 439. Mais le 1er. ne peut leur succéder.

7737. La bonne foi se considere eu égard au temps du Mariage, Arrêt de 1745, remarqué par Lacombe, au mot *Légitimation*. « Les enfants qui en naissent, dit Hé- » ricourt, p. 3, c. 5, art. 1, n. 40, sont légitimes, quand l'une des Parties a ignoré » l'empêchement au temps que l'enfant a été conçu. »

7738. Par tout ce que nous avons dit, il est aisé de voir que le Mariage, établi par le droit naturel, par le droit divin & par le droit civil, se regle par la Loi naturelle, par la Loi divine, par la Loi positive ecclésiastique, & par la Loi posi- tive humaine & politique. Comme il y a, dans le Mariage, le Contrat civil & le Sacrement; d'un côté, les Princes peuvent prescrire à leurs sujets des conditions né- cessaires pour la validité du Contrat civil, annuller les conventions matrimoniales faites sans ces conditions, & dispenser de leur observation, quand ils le jugent à propos; d'un autre côté, l'Eglise, à qui Jésus-Christ a confié ses Sacrements, en a reçu le pouvoir d'assujettir à certaines regles ceux qui se marient, d'exclure du Sacrement de Mariage ceux qui ne s'y conforment pas, & de dispenser de ces regles; quand les circonstances le demandent, v. Confér. de Paris sur le Mar. t. 1, p. 8, 16, 30, t. 3, p. 342, 353.

7739. Il reste à observer qu'on doit appliquer au Mariage la maxime, que souvent, dans les matieres mixtes, l'approbation expresse d'une des Puissances, & le consentement tacite de l'autre, suffisent, v. Mém. du Clergé, t. 11, p. 579 & suiv.

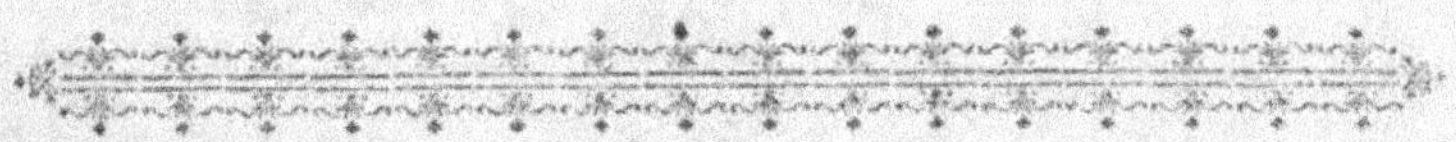

LIVRE SECOND.

De l'Emancipation.

7740. LE mariage opere l'Emancipation qu'on nomme légale, art. 239 de Paris, 351 de Tours, 325 de Loudun, v. Sainson, t. 33, Palu, p. 610.

7741. Froland, des Statuts, p. 1596, observe que la disposition de ces articles forme un statut personnel.

7742. L'effet de l'Emancipation est permanent, & subsiste en faveur de celui des Conjoints qui devient veuf, quoiqu'il soit encore fort éloigné de la majorité, Bourjon, t. 1, p. 60, Poullain sur Bretagne, art. 527, v. Dupineau sur Anjou, art. 98, Renusson, de la Comm. p. 1, c. 5, n. 13.

7743. L'émancipation donne une certaine liberté au Mineur qui étoit sous la dépendance de ses parents, dont le pouvoir est plus ou moins étendu, suivant les diverses Coutumes, R. du Dr. ir. p. 37.

7744. Sur la puissance paternelle, v. Sainson, t. 33, Encyclopédie, au mot *Puissance*. Elle ne consiste, parmi nous, que dans l'autorité que le pere a sur ses enfants, autant qu'il est nécessaire pour leur éducation.

7745. Tout ce qu'une femme séparée peut faire seule, le Mineur émancipé le peut de même, irrévocablement, Valin, t. 1, p. 602, v. ci-après n. 8038 & suiv.

7746. Les Actes qui sont interdits à l'une, le sont pareillement à l'autre ; avec cette différence néanmoins, dit Valin, que l'Acte qui est fait par la femme séparée, sans l'autorisation dont elle a besoin, est nul de plein droit, & on peut, pendant 30 ans, en faire prononcer la nullité ; au lieu qu'un pareil Acte fait par l'Emancipé seul, n'est que sujet à être annullé, en obtenant des Lettres de rescision, dans les 10 ans de la majorité, si, depuis la majorité, il n'y a pas eu de ratification tacite ou implicite de sa part.

7747. L'art. 351 de Tours autorise le Mineur émancipé à entendre le compte qu'il a droit d'exiger de son Tuteur, & a donner quittance du reliqua, v. ci-après n. 9553 & suiv.

7748. Il a droit d'administrer ses biens & de recevoir ses revenus.

7749. S'il a eu la complaisance de laisser toucher ses revenus à son pere ou à sa mere, demeurant dans la maison & mangeant à la table de l'un ou de l'autre, Valin, t. 1, p. 580, tient qu'il peut en demander raison, à la déduction de sa pension.

7750. Remarquez qu'un Arrêt du 18 Juillet 1679, rapporté au Journ. des Aud. a jugé qu'un Bénéficier n'est pas recevable à demander compte des fruits de son bénéfice perçus, pendant sa minorité, par son pere, qui ne s'en trouve chargé par aucun Acte, parce qu'après l'âge de 14 ans, il est reputé majeur, pour l'administration des fruits de son bénéfice, v. Serpillon, p. 202.

7751. Le Mineur émancipé peut disposer, à son gré, de ses meubles & des fruits de ses immeubles, & contracter à ce sujet, art. 351 de Tours, sans pouvoir se faire restituer, s'il se trouve lézé, par ex. par une vente, Boullai, p. 358, par un bail à ferme fait à vil prix, Proust, p. 535, v. ci-dessus n. 6914.

7752. Proust, p. 551, dit qu'il ne peut vendre les meubles de grande valeur, ni une succession mobiliere.

7753. Par une Déclar. du 15 Décembre 1721, nonobstant l'Emancipation, on ne peut disposer, avant 25 ans accomplis, des Esclaves-Negres qui servent à exploiter une habitation, quoiqu'ils soient réputes meubles, quant à tous autres effets.

7754. Si le Mineur émancipé peut disposer de ses effets mobiliers à titre onéreux, il ne peut en disposer à titre lucratif, par donation entrevifs ou testamentaire, avant l'âge prescrit par l'art. 324 de Tours; M. Bouault, en ses notes, est d'avis contraire. Il faut convenir que la question est délicate, par l'opposition qui paroît être entre les art. 324, 325, & l'art. 351, v. Lemaître sur Paris, p. 342.

7755. Lorsqu'on a l'âge prescrit par l'art. 324 de Tours, l'Emancipation, qui n'est pas nécessaire pour le testament, semble requise pour la donation entrevifs.

7756. Le Mineur émancipé peut faire une remise d'une partie des Droits seigneuriaux qui lui sont dus, Billecoq, p. 195, Pocquet, des Fiefs, p. 250.

7757. Il ne peut faire le transport d'une somme qui a été stipulée payable à sa majorité, ni des revenus à écheoir; cette anticipation est une dissipation hors de sa puissance, Bourjon, t. 1, p. 62.

7758. Il peut recevoir les sommes mobilieres qui lui sont dues, quoique capitales; Bourjon excepte le reliqua du compte de tutelle, v. ci-dessus n. 7747.

7759. Valin, t. 1, p. 618, enseigne que l'engagement que le Mineur émancipé n'avoit pas droit de contracter, doit être annullé pour le tout, sans pouvoir être exécuté jusqu'à concurrence de ce dont il a la disposition.

7760. Il est restituable contre une obligation contractée pour nourriture, entretien, logement, si elle excede le mobilier & une année de revenu, Bourjon, t. 1, p. 62, t. 2, p. 479, où il ajoûte que le Créancier ne peut faire subsister l'obligation, en offrant de la restreindre sur le mobilier & sur une année de revenu, v. ci-après n. 8043. Ces offres doivent être admises, dès que les causes de l'obligation sont vraies & favorables en elles-mêmes.

7761. Il y a lieu à la restitution, s'il paroît plusieurs engagements, quoique chaqu'engagement en particulier n'excede pas le mobilier & une année de revenu; la multiplicité des engagements manifeste la dissipation.

7762. Si le Mineur émancipé acquiert quelques meubles ou immeubles, dont il paye le prix comptant, il est traité comme s'il étoit majeur.

7763. Il en est autrement, s'il achete à crédit: par-là il contracte une obligation qui tend à l'aliénation de ses biens; à moins qu'il ne s'agisse de quelqu'achat modéré de meubles convenables à son ménage, ou d'étoffes nécessaires à son habillement, Valin, t. 1, p. 611.

7764. Il ne peut seul recevoir le rachat de ses rentes, Bourjon, t. 1, p. 63, Valin, t. 1, p. 617, v. Arrêt du 27 Mars 1691, rapporté au Journ. du Pal.

7765. L'assistance de son Curateur aux causes ne lui suffit pas, Meslé, des Minorités, c. 10.

7766. Il ne peut aliéner ses immeubles, art. 239 de Paris; ni même disposer des acquisitions qu'il a faites de ses épargnes, v. ci-après n. 8052.

7767. Pour renoncer à une succession, ou l'accepter & la partager, encore qu'elle ne soit composée que d'effets mobiliers, Bourjon, t. 1, p. 63, 810, dit qu'il lui faut un Curateur nommé à cet effet.

7768. S'il s'agit d'aliéner les biens des Mineurs émancipés, « soit par décret ou au- » trement, recevoir des amortissements, en colloquer le fonds, assister au partage, » il est nécessaire de leur pourvoir de Curateur *ad hoc*, par avis de parents, » Pallu, p. 610, v. ci-après n. 7789.

7769. « Il y a des causes où un Mineur, marié ou non, n'a nullement besoin de
» l'assistance d'un Curateur. Il n'en a pas besoin dans celles où il s'agit d'un fait de
» commerce, dans celles où il est question d'affaires relatives à son état, ni dans
» celles où il est traduit au Tribunal de la Police. Il n'en a pas besoin non-plus dans
» celles où il demande des gages, des salaires ou le payement de ses ouvrages, parce
» que, s'il a été habile à contracter, sans Curateur, avec ceux qui lui doivent, il
» est pareillement habile à demander, sans Curateur, ce qui peut lui être dû, »
Répert. de Jurispr. au mot *Curateur*.

7770. Valin, t. 1, p. 617, prétend que le Mineur émancipé par mariage, n'est
pas admis à plaider, sans l'assistance d'un Curateur aux causes, quoique ce soit en
matiere mobiliere & possessoire, mais v. Bourjon, t. 1, p. 60, 63, Pothier sur Orléans, t. 9, n. 24. L'art. 351 de Tours lui accorde le pouvoir d'ester en Jugement,
à raison de ses effets mobiliers, de ses revenus & de tout ce qui concerne la jouissance de ses immeubles, & déclare bonnes & valables les poursuites qu'il fait à cet égard.

7771. MM. Bouault & Bernard, en leurs notes, reconnoissent que le Mineur émancipé par mariage, peut ester en Jugement seul dans toutes les actions mobilieres. « Ce
» n'est point une objection, remarque M. Bernard, de dire qu'une femme mineure
» ne peut agir en séparation, sans être assistée d'un Curateur; la raison est que ce
» Curateur n'est point aux causes, mais à l'effet de la renonciation, qui tend à l'a-
» liénation. En toutes matieres réelles, je tiens, ajoûte-t-il, que le Mineur émancipé même
» par mariage, doit se faire instituer un Curateur; & si, dans les autres matieres, l'Af-
» faire devenoit de conséquence, je conseillerois d'en faire instituer un, » v. ci-après
n. 8083. M. Bernard demande l'assistance d'un Curateur spécial en matiere possessoire, parce que, dit-il, le provisoire est souvent décisif pour le fonds.

7772. Baret, Style de Touraine, c. 3, tient que, quand le Mineur est marié, il peut
poursuivre & être poursuivi sans l'autorité d'un Curateur, lorsqu'il n'est point question de l'aliénation de ses immeubles; & Pallu, p. 593, 615, ne requiert que pour
les actions réelles, un Curateur aux causes, qui est nommé d'office par le Juge, v.
Brodeau sur Louet, M, c. 1. Quelques-uns pensent même que, la Procédure faite, en
ce cas, sans Curateur aux causes, n'est pas nulle, Renusson, de la Comm. p. 1,
c. 5, n. 8.

7773. C'est d'un Curateur aux causes, dont parle l'art. 344 de Tours, Pallu,
p. 592.

7774. Le Curateur aux causes peut être donné par le Juge qui connoit de l'action
où le Mineur est Partie.

7775. Il peut être choisi par le Mineur qui se présente sur l'assignation, ou pris
d'office par le Juge, en l'absence du Mineur assigné & défaillant, Lacombe, au mot
Tuteur, s. 4, n. 1, s. 7, d. 1, n. 1, v. ci-dessus n. 1844.

7776. « Le Mineur a le choix de ce Curateur, & aussi du Procureur, » notes de
M. Bernard.

7775. Lacombe dit que nul n'est contraint à être Curateur aux causes, s'il n'est
Procureur en office formé, v. Proust, p. 537. « L'on donne toujours au Mineur,
» dit Serpillon, p. 721, pour Curateur, celui-là même qui est chargé de sa défense;
» & l'on n'observe pour cela d'autre formalité, que de lui faire lever la main à l'Au-
» dience. »

7778. Par l'art. 351 de Tours, le Mineur émancipé par mariage, peut poursuivre
seul son Tuteur, pour l'obliger à lui rendre compte, & à lui en payer le reliqua,
v. ci-dessus n. 7747.

7779. Une femme mineure peut plaider, sans avoir de Curateur, en toute cause
où il ne s'agit pas de la propriété de ses immeubles, v. Barbier sur Argou, l. 1,
c. 9; il suffit qu'à cause de sa qualité de femme, elle soit autorisée de son mari, majeur ou mineur, v. ci-après n. 7815.

7780. L'ufufruit qui appartient au Survivant des pere & mere, étant fini, le Mineur, roturier ou noble, n'a pas l'adminiſtration de ſes biens, ni ne peut eſter en Jugement, quoi que diſent Sainſon, t. 31, art. 1, 2, Prouſt, p. 535; il reſte toujours en Tutelle, à moins qu'il ne ſe faſſe émanciper, en obtenant du Prince, des Lettres d'Emancipation, Pallu, p. 593.

7781. L'Emancipation par Lettres, qu'on nomme Emancipation judiciaire, a les mêmes effets que l'Emancipation légale, notes de M. Carré; ſinon qu'elle ne donne le droit d'eſter en Jugement, qu'avec l'aſſiſtance d'un Curateur.

7782. « Quand il ne s'agit que du mobilier, rien n'empêche, dit Meſſé, des Mi-
» norités, c. 14, que le Mineur émancipé ne puiſſe eſter en Jugement, ſans aſſi-
» tance de Curateur. »

7783. Les Lettres d'Emancipation s'obtiennent ſous le nom du Mineur, qui doit en demander l'entérinement en perſonne, afin que le Juge l'interroge.

7784. Quoiqu'on puiſſe être émancipé par mariage, à 14 ans, pour les garçons, & à 12 ans, pour les filles, cet âge ne doit pas ſuffire, pour être émancipé par Lettres; ſuivant des Lettres-Patentes du 3 Septembre 1719, les garçons peuvent l'être à 16 ans, & les filles, à 14 ans, Répert. de Jurispr. au mot *Emancipation*.

7785. L'entérinement des Lettres ſe fait ſur un avis de ſix parents, donné devant le Juge du domicile du pere, non devant celui du domicile de fait du Mineur, Bourjon, t. 1, p. 61.

7786. A défaut de parents, tant paternels que maternels, on appelle ſix amis ou voiſins, outre le Tuteur, ou le Miniſtere public, s'il n'y a pas de Tuteur.

7787. Quelquefois, le Juge modifie l'Emancipation, de l'avis des parents; ce que Valin, t. 1, p. 585, n'approuve pas.

7788. Lors de l'entérinement des Lettres, on nomme au Mineur, pour l'aſſiſter dans les Procés qu'il pourra avoir, un Curateur aux cauſes & actions mobilieres & immobilieres.

7789. On devroit donner expreſſément à ce Curateur le pouvoir d'entendre le compte qui ſera rendu au Mineur par ſon Tuteur, v. Prouſt, p. 537; & d'autoriſer le Mineur émancipé, non-ſeulement à agir, pour ce qui concerne la propriété de ſes immeubles, quand le cas le requerra, mais à recevoir le rembourſement de ſes rentes, &c. v. Pallu, p. 593. Pr. de la Jur. fr. n. 12, Répert. de Jurispr. au mot *Emancipation*, où il eſt dit que le Curateur aux cauſes ſert de Tuteur aux actions immobilieres, à l'effet d'aſſiſter aux partages, &c. On lit dans Lange, l. 2, c. 2, que c'eſt un abus.

7790. Si c'eſt un Aſcendant qui eſt Tuteur, il convient de lui laiſſer cette qualité, pour les droits immobiliers du Mineur, & de le nommer Curateur aux cauſes, pour les actions mobilieres & poſſeſſoires.

7791. Le Mineur qui abuſe de la faculté que lui donne l'Emancipation, peut être remis ſous la puiſſance d'un Tuteur, par voie d'interdiction ou d'appel de la Sentence d'Emancipation, quoiqu'elle ait été prononcée ſur l'avis unanime des parents.

7792. Le Mineur Bénéficier peut agir ſeul en Juſtice, pour la conſervation des droits de ſon bénéfice, Ord. de 1667, t. 15, art. 14; auſſi-bien que le Mineur Officier, dans les cauſes qui concernent l'exercice de ſon Office, & le Mineur Marchand, Banquier ou Artiſan, dans celles qui ont trait à ſon Commerce, Baret, Style de Touraine, c. 3, Bourjon, t. 1, p. 63.

LIVRE TROISIEME.

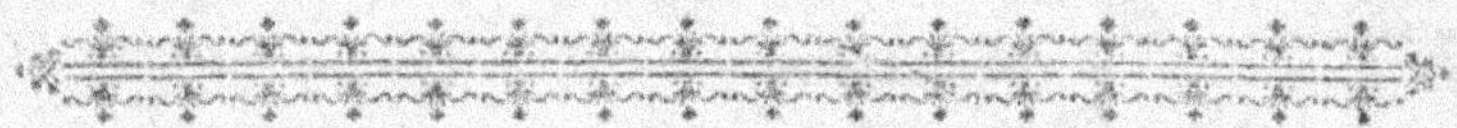

LIVRE TROISIEME.

De la Puissance maritale.

7793. LA Loi naturelle, la Loi divine & la Loi civile concourent à établir la Puissance maritale. Elle étoit excessive chez les anciens Gaulois, qui avoient Puissance de mort & de vie sur leurs femmes; elle est, par notre droit, renfermée dans de justes bornes.

7794. On ne peut, par le Contrat de mariage, en affranchir totalement la femme, Boullai, p. 225; on en diminue les effets, en stipulant la séparation de biens, & en donnant à la femme le droit de jouir des siens.

7795. La Puissance maritale ne commence que du moment de la Bénédiction nuptiale. La Fiancée n'est point sous la Puissance de celui à qui elle est promise, Pallu, p. 341, Fevret, l. 5, c. 5, n. 4.

7796. La Puissance maritale, qui ne se détruit que par la mort naturelle ou civile du mari, est une espece de Tutelle qui regarde, & la personne, & les biens de la femme; delà, la nécessité de l'autorisation du mari, & son pouvoir sur les biens de la femme, v. Auroux, p. 1, p. 233.

7797. Sur la Puissance maritale, v. Meslé, des Minorités, c. 3.

7798. Dans les endroits où il y a des Bureaux ou Compagnies de charité, pour le soulagement des Pauvres, les femmes ne peuvent y être reçues que du consentement des maris, v. Arrêt du 25 Février 1763, pour Nogent sur Marne, art. 46.

7799. Aprés qu'il aura été question, dans deux Chapitres, de l'autorisation du Mari & de son pouvoir sur les biens de sa femme, les droits de celle-ci, lors de la dissolution du mariage, feront la matiere d'un troisieme Chapitre.

CHAPITRE PREMIER.

De l'Autorisation du Mari.

7800. L'Autorisation du Mari est nécessaire à la femme, & pour ester en Jugement, & pour contracter, soit qu'il y ait ou qu'il n'y ait pas communauté de biens entr'eux, encore qu'ils soient Mineurs, Valin, t. 1, p. 525.

7801. « Le Mari, dit Valin, p. 552, qui autorise la femme pour les Actes qu'elle » passe, concernant ses Affaires particulieres, n'est tenu en rien envers ceux avec » qui elle contracte; excepté lorsqu'elle accepte une succession sous son autorité, » auquel cas, il répond aux Créanciers de la succession, de tout ce que la femme » en a retiré; excepté encore les dépens des Procés dans lesquels il l'a autorisée, » v. ci-aprés n. 7811, 7832.

SECTION PREMIERE.

De l'Incapacité de la Femme d'ester en Jugement, sans l'Autorisation du Mari.

7802. La Femme est tellement sous l'autorité du Mari, qu'elle ne peut ester en Jugement, sans son consentement, art. 224 de Paris, sans son autorité, art. 232 de Tours.

7803. Dans le cas de Délit, la Femme, en défendant, peut ester en Jugement, suivant Pallu, p. 341, Valin, t. 1, p. 531, Pothier, de la Puissance du Mari, n. 63, v. Jousse, de la Just. crim. t. 3, p. 48, 634, ci-après n. 8064.

7804. L'autorité du Mari est nécessaire, lorsque l'Affaire est civilisée, ou qu'elle a commencé par action civile, v. Boucheul sur Poitou, art. 226, n. 24, ci-dessus n. 2072.

7805. On tient que la Femme ne peut rendre plainte, ni se pourvoir par simple action, en matiere criminelle, sans être autorisée du Mari, ou, à son refus, par Justice. Le Juge ne doit pas l'autoriser, s'il s'agit de faits légers, sur lesquels le Mari peut transiger sans son consentement, v. Boucheul, n. 26, 27, Pothier, de la Puissance du Mari, n. 64, Jousse, de la Just. crim. t. 3, p. 45, 628, 639, Répert. de Jurispr. au mot *Autorisation*.

7806. Baret, Style de Touraine, c. 3, dit indistinctement que la Femme mariée peut ester en Jugement, en matiere criminelle; &le 10 Janvier 1720, le Siége de Tours a jugé qu'une Femme, sans être autorisée du Mari, peut rendre plainte d'injures à elle faites, & poursuivre la réparation en son nom: ce qui est conforme à l'art. 200 d'Orléans.

7807. Sainson, t. 24, art. 10. admet la Femme à ester en Jugement, 1°. si le Mari est absent, 2°. en matiere criminelle, 3°. lorsqu'elle est Marchande publique, v. ci-après n. 7818, 7867.

7808. Auroux, p. 1, p. 370, observe que l'usage n'est pas de contraindre un Mari d'autoriser sa Femme à plaider, quoiqu'il n'ait aucune juste cause de refus.

7809. Il ne peut se dispenser de l'autoriser, s'il est en communauté de biens avec elle, & qu'il s'agisse d'un bien qui lui est échu avant le mariage, Pallu, p. 342, Lange, l. 3, c. 21.

7810. Le Mari, dit Lebrun, de la Comm. l. 2, c. 1, f. 6, n. 7, qui a laissé autoriser sa Femme en Justice, doit veiller à ses intérêts, pendant la poursuite du Procès.

7811. Il n'est pas tenu des dépens, à moins que la condamnation ne soit intervenue pour cause dont il a profité, ou qui affecte la communauté de biens qui est entr'eux, v. Pocquet sur Anjou, art. 446, ci-dessus n. 7801.

7812. Lorsqu'une action est intentée au nom du Mari & de la Femme, ou que l'un & l'autre y défendent, l'assistance du Mari vaut Autorisation, Valin, t. 1, p. 547, v. ci-après n. 7846.

7813. Si le Mari fait défaut dans une instance formée contre lui & sa Femme, elle doit être autorisée par Justice. Le Mari qui ne comparoît pas, ne peut être censé l'autoriser, Lebrun, de la Comm. l. 2, c. 1, f. 6, n. 10.

7814. Le Mari qui ne veut pas procéder conjointement avec sa Femme, peut, avant toute Procédure, déclarer, par un Acte devant Notaire, qu'il l'autorise pour plaider, soit en demandant ou en défendant, Renusson, de la Comm. p. 1, c. 8, n. 15. Il suffit que le Mari l'autorise pour plaider, au commencement du Procès, Pallu, p. 342.

Il ne faut une nouvelle Autorisation, que lorsqu'il y a de l'extraordinaire, par ex. s'il s'agit, dit Valin, t. 1, p. 547, d'apporter des consentements importants, de s'inscrire en faux, d'appeller, &c.

7815. Le Mari, majeur ou mineur, peut autoriser sa Femme, majeure ou mineure; ce droit est attaché à sa qualité de Mari. La minorité de l'un ou de l'autre est indifférente, quoi que disent Pocquet sur Anjou, art. 510, Valin, t. 1, p. 544, v. ci-après n. 7830.

7816. La minorité de la Femme fait seulement que si l'action a pour objet la propriété de ses immeubles, il faut, outre la présence du Mari, majeur ou mineur, celle d'un Curateur. C'est la nature de l'action, non la minorité du Mari, qui rend nécessaire la présence d'un Curateur, puisqu'il la faut également, quoiqu'il soit majeur.

La présence du Curateur ne dispense pas de la présence du Mari, quoiqu'il soit mineur; l'une & l'autre n'ont pas le même objet : le mariage rend nécessaire celle-ci, & la minorité celle-là. Il y a, dans la Femme mariée, mineure, deux incapacités qu'il ne faut pas confondre; ce qui est propre à lever l'une, ne leve pas l'autre, v. ci-après n. 7833, 7835.

7817. Quoique la Femme ait plaidé sans être autorisée, elle peut se servir de la Sentence qu'elle a obtenue, Pallu, p. 344, v. ci-après n. 7826.

7818. La Femme, Marchande publique, ne peut plaider seule, tant en demandant qu'en défendant, pour le fait de son Commerce, suivant Pallu, p. 341, Pothier, de la Puissance du Mari, n. 62, contre Baret, Style de Touraine, c. 3, Valin, t. 1, p. 557, v. ci-dessus n. 7807.

7819. Dans le cas où la Femme, Marchande publique, oblige son Mari, comme elle-même, c'est-à-dire, lorsqu'elle est en communauté de biens avec lui, les Créanciers sont mal-avisés, dit Valin, s'ils l'assignent seule, sans appeller en même-temps le Mari, pour avoir une condamnation solidaire contr'eux deux, v. ci-après n. 7853.

7820. Il faut faire déclarer exécutoires contre le Mari, les obligations de la Femme ou les Jugements rendus contre elle seule, pour pouvoir, en vertu d'iceux, emprisonner le Mari, ou saisir ses biens, Lathaumassiere sur Berri, t. 1, art. 8, Valin, t. 1, p. 557, v. ci-dessus n. 6341, 6818.

SECTION II.

De l'Incapacité de la Femme de contracter sans l'Autorisation du Mari.

7821. La Femme, en contractant sans l'autorité du Mari, ne peut se faire aucun préjudice, ni à lui, art. 223 de Paris, 132 de Tours.

7822. En délinquant, elle peut se préjudicier, non au Mari, v. ci-après n. 8599.

7823. Elle ne peut seule accepter une succession, Sainton, t. 24, art. 10.

7824. La nullité d'une obligation contractée par une Femme non-autorisée, dure toujours, même après la mort du Mari, Coquille sur Nivernois, t. 23, art. 1, Pallu, p. 344.

7825. La Femme, dit Boucheul sur Poitou, art. 225, n. 15, qui a payé une somme qu'elle avoit empruntée, pour employer à de folles dépenses, en a la répétition, parce qu'elle n'étoit pas obligée, même en conscience, de la payer.

7826. Le Contrat, fait sans Autorisation, vaut pour la femme, si elle le veut, le jugeant avantageux, comme il résulte de l'art. 232 de Tours: ou contr'elle, si l'on justifie qu'elle en a profité, Pallu, p. 344, Auroux, p. 1, p. 235, 237, Valin, t. 1,

p. 537, v. Samson, t. 24, art. 10, Dupineau sur Anjou, art. 510, Renusson, de la Comm. p. 1, c. 7, n. 29, Pothier, de la Puissance du Mari, n. 34, 51, ci-dessus n. 7817.

7827. Une Femme ne peut, sans l'autorité du Mari, se départir des droits qui lui sont acquis par un Acte qu'elle a seule souscrit, à moins que ce ne soit dans le même instant, Boucheul sur Poitou, art. 225, n. 18.

7828. Lorsque le Mari refuse d'autoriser la Femme, son refus ayant été constaté par une sommation, elle peut être autorisée par le Juge en connoissance de cause; c'est-à-dire, après qu'il aura paru être de l'intérêt de la Femme de contracter l'engagement pour lequel elle demande à être autorisée, v. Bourjon, t. 1, p. 503, Pothier, de la Puissance du Mari, n. 12. Lebrun, de la Comm. l. 2, c. 1, s. 4, n. 10, tient que la Femme autorisée en Justice, ne doit pas se dire autorisée par le Mari, ni la Femme autorisée par le Mari, se dire autorisée en Justice, à peine de nullité de l'Acte.

7829. Une Femme s'étant fait autoriser en Justice, pour accepter une succession, c'est toujours au Mari, remarque Lebrun, s. 6, n. 6, à recevoir des Débiteurs, sous protestation qu'il n'approuve pas l'acceptation. Il doit même leur signifier pareille protestation, & défenses de rien payer à la Femme.

7830. Le Mari mineur, peut autoriser sa Femme, notes de M. Augeard, Pallu, p. 343, Pocquet sur Anjou, art. 510, Auroux, p. 1, p. 353, Bourjon, t. 1, p. 502, contre Boullai, p. 225, 359, v. Proust, p. 404, Boucheul sur Poitou, art. 225, n. 50 & suiv. ci-dessus n. 7815.

7831. S'il se fait restituer contre l'Autorisation donnée en minorité, ce qu'il peut faire, lorsqu'il en souffre quelque préjudice, Pothier, de la Puissance du Mari, n. 30, tout ce qui s'est fait avec cette Autorisation, que la restitution anéantit, devient nul, R. du Dr. fr. p. 381.

7832. La Femme peut aussi se faire restituer contre ce qu'elle a fait en minorité, autorisée du Mari, Bourjon, t. 1, p. 503; par-là tout tombe, si le Mari n'a fait que l'autoriser. Il n'est tenu, ni d'exécuter ce qui a été promis, ni d'aucuns dommages-intérêts, pourvu qu'il n'ait pas profité du Contrat, v. Lebrun, de la Comm. l. 3, c. 2, s. 1, d. 1, n. 20, Lacombe, au mot *Autorisation*, s. 2, n. 10, ci-dessus n. 7801.

7833. La Femme étant mineure, l'Autorisation du Mari, majeur ou mineur, est insuffisante, s'il s'agit de la propriété de ses droits immobiliers. Elle n'a pas l'effet de lever l'incapacité que produit la minorité, il faut un Curateur. La Femme ne peut rien faire, à cet égard, sans l'Autorisation du Curateur & celle du Mari. La 1re. lui est nécessaire comme mineure; la 2e. comme mariée, & le Mari, mineur, peut la donner, v. ci-dessus n. 7816.

7834. Si le Mari est majeur, il peut être le Curateur de la Femme, notes de M. Augeard, Pallu, p. 610, Barbier sur Argou, l. 1, c. 9, contre Duval, Puis. proc. t. 1, c. 42; en ce cas, il l'autorise comme Curateur, & comme Mari.

7835. L'Autorisation du Mari, majeur ou mineur, suffit toujours à la Femme majeure; & elle est toujours nécessaire à la Femme mineure, quoiqu'il y ait des cas où elle ne suffit pas, où il faut, en outre, l'assistance d'un Curateur, dont cependant Lebrun, de la Comm. l. 2, c. 1, s. 2, n. 7 & suiv. dispense, dans tous les cas, quand le Mari est majeur; il est, dit-il, le Curateur né de sa Femme, ou plutôt il a un pouvoir supérieur à celui de Curateur.

7836. L'Autorisation peut précéder l'Acte pour lequel elle est donnée; elle peut être donnée auparavant, par une procuration générale ou spéciale. Il suffit qu'il soit dit, dans l'Acte, que la Femme contracte *en vertu de la procuration* de tel jour; il seroit bon d'ajoûter, & *autorisée par icelle de son Mari*, v. Pothier, de la Puissance du Mari, n. 73. On tient que la Femme qui a été précédemment autorisée pour passer un Acte, doit y faire mention de l'Autorisation.

7837. Quand la Femme est absente, & qu'il s'agit, ou de la vente de son bien, ou de s'obliger conjointement avec le Mari, celui-ci doit, dit Valin, t. 1, p. 547, envoyer à la Femme une Procuration, par laquelle il l'autorise à l'effet qu'elle lui passe elle-même une Procuration, pour l'Acte dont il est question. Dans la Procuration préliminaire du Mari, toutes les conditions de l'Acte doivent être insérées; la Femme en conséquence passe une Procuration en conformité, dans laquelle il faut déclarer que c'est sous l'autorité du Mari, en vertu de sa Procuration de tel jour. Pour la sûreté de celui qui contracte ainsi avec le Mari & la Femme, les deux Procurations doivent demeurer annexées à la minute de l'Acte.

7838. Valin, t. 1, p. 546, 552, Pothier, de la Puissance du Mari, n. 67, enseignent que le Mari peut donner à la Femme une Procuration générale pour administrer, en son absence, les biens de l'un & de l'autre; mais une Procuration générale de vendre ou d'emprunter, seroit sans effet. Afin qu'elle pût vendre, il faudroit que ce fût un bien particulier énoncé dans la Procuration; afin qu'elle pût emprunter, il faudroit que la Procuration exprimât jusqu'à quelle somme, sans quoi, à moins que le prêt ne soit modique, il n'y a pas de sûreté pour le Prêteur.

7839. La Femme qui contracte en vertu de la Procuration du Mari, l'engage & ne s'oblige pas, v. ci-dessus n. 3660.

7840. Quand la Femme contracte comme fondée de Procuration du Mari ou de quelqu'autre, il n'est pas besoin d'Autorisation, Pothier, de la Puissance du Mari, n. 49.

7841. Quoique la Procuration contienne Autorisation, le droit de Contrôle n'est dû que pour la Procuration, non pour l'Autorisation, dès que la Femme n'a aucun intérêt dans l'Acte, de sorte que la Procuration pourroit être donnée à tout autre, sans qu'elle intervînt, comme s'il s'agit de la vente d'un bien de la Communauté existante entr'elle & son Mari, dont elle ne doit pas être garante, Dict. raff. des Dom. t. 1, p. 251. & suiv.

7842. L'Autorisation & la Ratification subséquentes du Mari n'ont point d'effet rétroactif, v. Maillart sur Artois, art. 86, Pothier, de la Puissance du Mari, n. 74, ci-après n. 9545.

7843. L'Acte ne vaut que du jour de la Ratification; encore faut-il qu'elle soit faite du vivant de tous ceux qui ont contracté, & par-là qu'elle puisse se joindre à leur volonté, qui est censée continuer toujours, Pr. de la Jur. fr. n. 308.

7844. Valin, t. 1, p. 540, exige que la Femme intervienne pour renouveller son engagement, afin qu'il ait effet à son égard, v. Boucheul sur Poitou, art. 225, n. 30 & suiv.

7845. Le 17 Février 1690, le Siège de Tours a jugé que l'obligation d'une Femme sans Autorisation, ne peut être rectifiée par une Autorisation postérieure, faite par le Mari sans le consentement de la Femme, notes de M. Dubois, fils.

7846. L'Autorisation du Mari doit être expresse & formelle; le mot *Autorise*, ou quelqu'un de ses dérivés, est si essentiel, dit Valin, t. 1, p. 546, que rien ne peut y suppléer, v. Pallu, p. 343. Pothier, de la Puissance du Mari, n. 68, regarde comme équipollent, le terme *habiliter*. Le simple consentement devroit suffire, Sainson, t. 24, art. 10, v. ci-dessus n. 7812.

7847. Une Autorisation tacite suffit dans les obligations qu'une Femme qui fait publiquement un commerce dont le Mari ne se mêle pas, contracte touchant ce même commerce, comme acheter des Marchandises, tirer ou accepter des Lettres de change, louer une Boutique, art. 234, 235, 236 de Paris, 232 de Tours, R. du Dr. fr. p. 44.

7848. Une Femme est réputée Marchande publique, dès qu'elle a levé Boutique, & l'a garnie de Marchandises au vu & sçu du Mari, Boucheul sur Poitou, art. 227, n. 27.

7849. Boucheul, n. 31, décide qu'une obligation contractée par une Marchande publique, n'est pas censée pour le fait du commerce, il faut que l'Acte en fasse foi.

7850. S'il est dit que c'est pour employer dans le commerce, le registre de la Marchande publique doit justifier l'emploi, pour qu'elle soit valablement obligée, suivant Maillart sur Artois, art. 86.

7851. Le Mari qui convient que la Femme a reçu, est tenu, dit Maillart, de payer, s'ils sont communs en biens.

7852. Le Mari qui souffre que la Femme entreprenne des Fermes, des Recettes ou d'autres Négociations, est censé l'autoriser pour tout ce qui en dépend, Boucheul sur Poitou, art. 227, n. 26.

7853. Les engagements que contracte, dans tous ces cas, la Femme, ne réfléchissent point contre le Mari, à moins qu'il ne soit en communauté de biens avec elle. Alors, ce sont des charges de sa communauté; il est même contraignable par corps, ainsi que la Femme, pour les dettes qu'elle a contractées relativement à son commerce, v. ci-dessus n. 7819, 7820.

7854. La Femme qui se mêle du commerce du Mari, bien différente de la Femme qui fait un commerce à part, autre que celui du Mari, & qu'on nomme Marchande publique, n'est point engagée par ce qu'elle fait; elle engage seulement le Mari, comme feroit un Facteur ou Commis, dans tout ce que le Mari a coutume de lui permettre de faire, v. Palu, p. 344, Poullain sur Bretagne, art. 448.

7855. Il y a des Femmes de Marchands, à qui les Maris permettent seulement de détailler les Marchandises, & d'en recevoir le prix; ils ne peuvent les défavouer en cela. Pour tout le reste, leurs Femmes ne peuvent les engager.

7856. Si le Mari associe la Femme à tout son commerce, souffrant qu'elle fasse des achats, accepte ou tire des billets ou lettres de change, il sera obligé, & par corps, d'exécuter tous les engagements relatifs à son commerce, contractés par la Femme, qui, de son côté, ne sera nullement engagée. Si elle est en communauté avec le Mari, elle n'en sera tenue que comme commune, en cas d'acceptation. C'est un abus, en pareil cas, que de l'assigner & de la faire condamner conjointement avec le Mari, Valin, t. 1, p. 552 & suiv.

7857. Suivant Valin, le Mari est responsable, civilement & par corps, des prévarications & délits commis, dans l'exercice du commerce, par la Femme Marchande publique, lorsqu'ils sont en communauté, ou par la Femme qu'il a établie sa Factrice, qu'il y ait communauté ou non; elle l'oblige par ses délits, comme par ses engagements.

7858. Comme il est d'usage que ce sont les Femmes, qui font les emplettes d'étoffes chez les Marchands, qui achetent les provisions de la maison, l'équité & la bonne-foi exigent que le Mari, absent ou non, soit tenu des obligations que la Femme contracte seule, à cet égard, Auroux, p. 1, p. 234; à moins qu'il n'y ait des circonstances qui doivent faire soupçonner à ceux qui fournissent les étoffes ou provisions, que le Mari pourroit bien les ignorer; ou à moins que le Mari n'ait défendu de rien livrer à la Femme sans argent, sur quoi il doit être crû à son affirmation, dit Valin, t. 1, p. 530, v. Bourjon, t. 1, p. 502.

7859. Cessant ces cas, elle peut arrêter seule les mémoires, que le Mari est tenu d'acquitter; il est censé les avoir arrêtés par le ministere de la Femme, Pothier, de la Puissance du Mari, n. 49.

7860. Denisart, au mot *Autorisation*, dit qu'une Femme qui vit séparément de son Mari, ne peut s'obliger même pour les fournitures de sa maison, quoique ses engagements ne soient point excessifs, v. Duplessis sur Paris, p. 391.

7861. Les quittances qu'une Femme donne des revenus même de ses propres, ne liberent pas les Débiteurs, à moins, dit Valin, t. 1, p. 530, que le Mari ne soit dans l'usage de les lui laisser donner : elle ne peut faire des remises aux Débiteurs.

7862. L'Ord. d'Août 1681, l. 3, t. 6, art. 12, déclare que la Femme peut va-lablement s'obliger pour tirer le Mari d'esclavage.

7863. Il en est de même pour le tirer de prison, Lathaumassiere sur Berri, t. 1, art. 16.

7864. Valin, t. 1, p. 527, veut que la dette soit tellement privilégiée que le Mari détenu prisonnier, ne puisse être admis au bénéfice de la cession de biens.

7865. L'obligation de la Femme non-autorisée, qui n'est que pour empêcher le Mari d'entrer en prison, n'est pas valable, remarque Valin.

7866. On lit dans les notes de M. Dubois, pere, que le Siége de Tours ayant jugé, en 1680, qu'une Femme qui, étant mineure & autorisée, s'étoit obligée pour ac-quitter le Mari, d'une dette pour laquelle il pouvoit être emprisonné, n'étoit pas res-tituable, le Barreau n'approuva pas cette décision.

7867. La Femme peut s'obliger, dans l'absence du Mari, si elle est longue, pour la dot de son enfant; à plus forte raison, pour nourritures, entretien, &c. Sainson, t. 24, art. 10, Valin, t. 1, p. 528. Lorsqu'il s'agit de constituer une dot, on con-seille de recourir à l'autorisation du Juge.

7868. La Femme dont on ignore ce qu'est devenu le Mari, doit, dit Pothier, de la Puissance du Mari, n. 27, se faire autoriser par le Juge.

7869. Si l'on a eu un juste sujet de croire que le Mari étoit mort, les Actes que la Femme a passés comme veuve, sont valables, encore que le Mari reparoisse.

7870. La Femme dont le Mari est tombé en démence, a besoin de l'Autorisation du Juge; si elle a été créée sa Curatrice, cela emporte Autorisation pour admi-nistrer les biens du Mari & les siens, sans qu'il en soit besoin d'autre, v. ci-après n. 8079.

7871. Il est prudent de ne point contracter sans Autorisation, avec une Femme dont le Mari n'a été condamné à une peine capitale, que par contumace, v. Po-thier, de la Puissance du Mari, n. 24.

CHAPITRE II.

Du Pouvoir du Mari sur les biens de la Femme.

7872. Le Mari a non-seulement l'administration, mais la jouissance des biens de la Femme, Domat, l. 1, t. 9, s. 1, n. 3, qu'il y ait communauté entr'eux ou non, v. art. 132 de Tours, Pallu, p. 157, Auroux, p. 1, p. 352, 356, 363, Valin, t. 1, p. 486; qu'il soit majeur ou mineur, son pouvoir est le même, dit Valin, p. 616.

SECTION PREMIERE.

De l'Administration des biens de la Femme, qui appartient au Mari.

7873. Nous allons voir ce que le Mari peut & doit faire, & ce qui lui est interdit.

ARTICLE PREMIER.

Des Actes que le Mari peut & doit faire.

7874. Le Mari doit veiller aux affaires & aux intérêts de la Femme, & en gouverner les biens en bon pere de famille ; il est responsable des pertes qui arrivent par sa faute ou négligence, Domat, l. 1, t. 9, s. 3, n. 2, Bourjon, t. 1, p. 533, Valin, t. 1, p. 486.

7875. La perte des créances de la Femme, ne regarde pas le Mari qui a fait les diligences convenables, à moins qu'il ne les ait prises à ses risques, ce qui arrive dans le cas expliqué par Valin, p. 488.

7876. Il est du devoir du Mari de former opposition pour la conservation des hypotheques sur les biens des Débiteurs de la Femme, d'interrompre le cours des prescriptions, d'exiger de nouvelles reconnoissances, de faire insinuer les donations faites à la Femme, Pr. de la Jur. fr. n. 317.

7877. Il doit faire faire toutes les réparations, les grosses comme celles d'entretien, avec la différence que celles - ci sont à ses dépens, sans aucune répétition, elles sont charges naturelles des fruits, dont il profite ; il y a même action contre lui, s'il a négligé de les faire faire. Quant aux grosses réparations, il en répétera le prix, elles diminuent d'autant le bien ; il peut, pour les faire faire, emprunter une somme & en constituer rente ; il en payera les arrérages, tant que durera sa jouissance ; la Femme ou ses héritiers seront Débiteurs du principal, v. ci - après n. 8015.

7878. Il peut faire tout ce qui dépend de pure administration.

7879. Il a deux qualités qui lui donnent le droit de faire des baux à loyer ou à ferme, celle d'Administrateur & celle d'Usufruitier. C'est à cause de la 1re. que les baux qu'il a faits, obligent, après la cessation de son usufruit, arrivée par mort ou séparation, comme le reconnoissent MM. Dubois, pere, & Bernard, en leurs notes, la Femme ou ses héritiers, pourvu qu'ils aient été faits conformément à l'usage des lieux.

7880. Le temps pour lequel on a coutume de louer ou d'affermer, est de 9 ans ; on ne distingue point, en Touraine, les maisons de ville, des biens de campagne, comme on le fait ailleurs, Pothier, de la Puissance du Mari, n. 93.

7881. Le bail étant fait pour plus de 9 ans, il y a lieu à la réduction, dont les héritiers du Mari sont garants, s'il n'a pas déclaré qu'il ne faisoit le bail qu'en qualité de Mari, Auroux, p. 1, p. 364, Bourjon, t. 1, p. 496. Duplessis sur Paris, p. 401, Pothier, de la Puissance du Mari, n. 93, sont d'avis de la nullité du bail, quelque peu de temps qu'il en reste à courir.

7882. Le bail fait par anticipation, est nul.

7883. La nullité peut être demandée, quoique le bail soit fait au même Fermier, Pothier, du Louage, n. 44, contre Ferriere, au mot *Bail.*

7884. La nullité est couverte, si le bail a commencé à être exécuté du temps du Mari, Auroux, p. 1, p. 364, Pothier, de la Puissance du Mari, n. 94.

7885. Il y a anticipation, quand le bail a été fait plus de six mois avant qu'il dût commencer, pour les maisons de ville, & pour les biens de campagne, plus d'un an, Auroux, p. 1, p. 364, Ferriere, au mot *Bail*, ou plus de deux ans, suivant Brodeau sur Louet, B, c. 5, Leprêtre & Guéret, Cent. 1, c. 30, Argou, l. 3, c. 17, Ferriere sur Paris, art. 227, n. 18, Lacombe, au mot *Bail*, t. 5, n. 2. Bourjon s'est contredit, t. 1, p. 43, 496, t. 2, p. 32.

7886. L'art. 227 de Paris exige que le bail soit fait sans fraude : il y a fraude,

dit

dit Valin, t. 1, p. 498, si le bail est fait ou renouvellé, le Mari ou la Femme étant en danger de mort, ou s'il est fait à vil prix, &c.

7887. Si le bail fait à vil prix, s'exécute, les héritiers du Mari doivent indemniser la Femme de la vilité du prix; l'indemnité n'est que pour moitié, s'il y a communauté de biens acceptée, Auroux, p. 1, p. 364, v. Bourjon, t. 1, p. 496, t. 2, p. 32.

7888. Il est dû une indemnité à la Femme, si le Mari a reçu, lors du bail, un gros pot-de-vin, v. Pothier, de la Puissance du Mari, n. 95.

7889. Le Mari peut exercer en son nom les actions personnelles & possessoires actives de la Femme, art. 233 de Paris; & les passives peuvent être intentées contre lui, Auroux, p. 1, p. 365, v. Lebrun, de la Comm. l. 2, c. 2, s. 1, n. 49, Bourjon, t. 1, p. 478, ci-après n. 7896, 7897.

7890. La condamnation ou le titre nouvel que souffre le Mari, pour dettes passives immobilieres de la Femme, ne l'oblige point, après la dissolution du Mariage; de même qu'un Tuteur qui a été condamné ou s'est engagé, en qualité de Tuteur, n'est point obligé, après la tutelle, Auroux, p. 1, p. 379, v. Valin, t. 2, p. 739, ci-dessus n. 3660.

7891. Le Mari peut-il recevoir seul le rachat des rentes rachetables, dues à la Femme? Pallu, p. 513, Louis sur Maine, art. 322, Bodreau sur Maine, art. 457, Pocquet sur Anjou, art. 511, obs. 3e. Valin, t. 1, p. 494 & suiv. adoptent la négative; Pocquet avoue que le sentiment contraire est suivi au Barreau de Paris. C'est celui de Bourjon, t. 1, p. 498, Auroux, p. 1, p. 366, Lacombe, au mot *Rentes*, s. 4, n. 4, Lemaître sur Paris, p. 255, aux notes, Pr. de la Jur. fr. n. 316, 678, Pothier, des Rentes const. n. 183, Denisart, au mot *Remboursement*, Olivier sur Maine, art. 331. Les raisons des deux opinions sont fortes.

7892. Si l'on juge que recevoir le rachat d'une rente rachetable, est un pur Acte d'administration, le Mari en est capable, qu'il y ait communauté de biens ou non, qu'il soit majeur ou mineur. Le Mari mineur reçoit bien la dot mobiliere de la Femme, quoiqu'il y ait stipulation d'emploi; il en donne une décharge valable, sans qu'on puisse lui imposer l'obligation de donner caution. C'est à lui à faire le recouvrement des capitaux des dettes mobilieres appartenantes à la Femme; quelque considérables qu'ils soient, il est partie capable pour les toucher, Valin, t. 1, p. 616, v. ci-après n. 7919. La minorité de la Femme n'est pas non-plus à considérer; le Tuteur qu'on lui nommeroit, n'empêcheroit pas le Mari de toucher les deniers du rachat; c'est un pur mobilier, dont sa qualité de Mari le rend maître, sauf le remploi dont il est tenu de la même maniere que de la reprise des droits mobiliers de la Femme.

7893. Il seroit bien intéressant pour la Femme, que le rachat d'une rente rachetable ne pût se faire sans l'y appeller, v. ci-après n. 7914.

ARTICLE II.

Des Actes que le Mari ne peut faire.

7894. Le Mari n'étant qu'Administrateur, qu'Usufruitier des biens de la Femme, tout ce qui a trait à la propriété, tout ce qui peut l'entamer, lui est interdit, Valin, t. 1, p. 491.

7895. Remarquez, avec Pothier, de la Puissance du Mari, n. 85, que la Femme peut être privée de la propriété d'un de ses propres, par la negligence du Mari.

7896. Le Mari ne peut intenter seul les Actions qui concernent la propriété des immeubles, Auroux, p. 1, p. 365; les Actions, soit purement réelles, soit mixtes, dit Proust, p. 80. On ne peut non-plus les intenter contre lui seul, il faut assigner le Mari & la Femme. Pour ce qui concerne les Actions, le pouvoir du Mari n'a pas tant d'étendue que celui du Tuteur, v. ci-dessus n. 7835.

7897. Par le Style de Touraine rédigé en 1460, c. 2, il étoit dit que le Mari n'étoit « reçu à la conduite & déduction des Procès, en matiere pétitoire, mais pour » cause des héritages de sa Femme, sans procuration d'elle, si n'est qu'il y eût en- » fants de leur mariage, » v. ci-après n. 7922.

7898. Le Mari n'a pas le droit d'hypothéquer les immeubles de la Femme, en- core moins celui de les échanger, vendre ou aliéner autrement, art. 226 de Paris, Proust, p. 403. Pour la validité de l'Acte, il ne suffiroit pas que la Femme l'eût signé, Lemaître sur Paris, p. 256, aux notes.

7899. Le Mari qui a aliéné seul un héritage de la Femme, ne peut, sans son consentement, se départir de l'aliénation, v. Boucheul sur Poitou, art. 230, n. 77.

7900. Maillart sur Artois, art. 88, l'admet à demander lui-même la nullité de l'aliénation qu'il a faite seul, pour éviter le Procès qui pourroit avoir lieu après son décès.

7901. Pour que la Femme puisse attaquer, pendant le mariage, l'aliénation, il faut qu'au préalable, elle ait ôté au Mari l'administration de ses biens, en faisant or- donner la séparation, v. Proust, p. 403, Valin, t. 1, p. 497, 518, ci-après n. 7911.

7902. Celui à qui la Femme enleve son héritage, peut répéter du Mari ce qu'il a déboursé, & même demander des dommages-intérêts, si le Mari a aliéné l'héri- tage comme lui appartenant, v. Boucheul sur Poitou, art 230, n. 94.

7903. Selon d'Argentré sur Bretagne, art. 419, gl. 1, n. 4, la Femme peut, durant le Mariage, se faisant seulement autoriser, & sans se faire séparer, évincer celui à qui le Mari a vendu son propre; mais, en ce cas, l'aliénation subsiste pour ce qui concerne l'usufruit, qui appartient au Mari, Auroux, p. 1, p. 365.

7904. S'il y a communauté de biens, la Femme qui l'a acceptée, peut néanmoins revendiquer son propre, que le Mari a vendu, en offrant seulement à l'Acquéreur la restitution de la moitié du prix, sauf à lui à se pourvoir contre les héritiers du Mari, pour l'autre moitié, & pour les dommages-intérêts, Pothier, de la Comm. n. 255, v. Bourjon, t. 1, p. 497, Pr. de la Jur. fr. n. 313, Sérieux sur Renusson, de la Comm. p. 2, c. 6, n. 46, ci-après n. 7990.

7905. Le pouvoir du Mari n'est pas plus étendu sur l'héritage qu'il a acquis con- jointement avec sa Femme avec qui il n'est pas en communauté de biens; il ne peut aliéner que sa moitié, Valin, t. 1, p. 513.

7906. Le Mari ne peut, sans le consentement de la Femme, couper les futaies qui lui appartiennent, ni transiger sur le compte de tutelle qui lui est dû, ou en fixer le reliqua, Auroux, p. 1, p. 366, 367.

7907. Il ne peut compromettre ni transiger sur quelque droit immobilier, sans elle, Bourjon, t. 1, p. 500.

7908. Il ne peut seul déguerpir ou délaisser par hypotheque son héritage, Auroux, p. 1, p. 366.

7909. Il ne peut seul renoncer à une succession qui lui est échue, ni l'accepter, quand elle seroit mobiliere, disent Renusson, de la Comm. p. 1, c. 12, n. 6, Auroux, p. 367, Bourjon, p. 499, ni partager ou liciter les biens de la succession.

7910. La licitation a son effet, si le Mari se rend Adjudicataire; il n'hypotheque pas la portion de la Femme. Elle a le choix de conserver sa portion personnelle, laissant les autres pour le compte du Mari, ou de prendre tout, en payant ce qui a été déboursé, v. Valin, t. 1, p. 491, ci-après n. 8727.

7911. Vpricourt, au mot *Partage*, remarque un Arrêt du 29 Août 1710 qui a déclaré une Femme non recevable à attaquer, pendant que la communauté de biens subsiste entr'elle & son Mari, un partage de biens à elle échus, qu'il avoit souscrit seul, comme se faisant fort d'elle, v. ci-dessus n. 7901.

7912. Il seroit à souhaiter que le Mari ne pût, même avec le consentement de la Femme, aliéner son bien ; que de familles seroient préservées du triste fléau de l'indigence ! Quoique le Mari ne puisse disposer des immeubles de la Femme, sans son concours, on doit le regarder comme le maître & l'arbitre de sa fortune, parce qu'elle n'a pas une vraie liberté de refuser son consentement, lorsqu'il l'exige absolument. Une Femme peut-elle résister long-temps aux pressantes sollicitations d'un Mari impérieux & violent ? Combien peu y résistent constamment ! Presque toutes, achetant la paix domestique aux dépens de leur patrimoine, se laissent conduire dans l'abîme que leurs Maris creusent sous leurs pas. Ne pouvant éviter un malheur qu'elles ne voient que de loin, sans tomber dans un autre, dont la vue actuelle ébranle leur fermeté, elles sacrifient au présent l'avenir.

7913. Comme il peut y avoir des circonstances qui demandent que, pour l'avantage commun, le Mari change de nature le bien de la Femme, il seroit à propos d'en permettre la vente, à la charge de l'emploi du prix, auquel emploi l'Acquéreur seroit tenu de veiller, pour ne pas risquer d'être un jour troublé par la Femme dans son acquisition.

7914. A l'égard des rentes rachetables, il ne seroit pas juste d'assujettir ceux qui voudroient en faire le rachat, à veiller au remploi : il suffiroit que les deniers du rachat fussent déposés chez un Notaire, qui ne pourroit vuider ses mains, qu'en celles qui lui seroient indiquées par le Juge, v. ci-après n. 8058.

7915. Ces salutaires précautions mettroient le Mari dans l'heureuse impuissance de ruiner la Femme & ses enfants, & lui assureroient des ressources, dont il pourroit lui-même un jour avoir besoin.

7916. Froland, des Statuts, p. 1011 & suiv. regardant comme personnel le statut qui permet ou défend d'aliéner les biens dotaux des Femmes, accorde à la Femme qui demeure dans le Lyonnois, & refuse à celle qui demeure en Auvergne, la faculté d'aliéner les biens dotaux, en quelque lieu qu'ils soient situés.

SECTION II.

Du Droit du Mari de jouir des biens de la Femme.

7917. Le Mari a la jouissance de tous les biens de la Femme, même de ceux qui lui aviennent pendant le mariage, R. du Dr. fr. p. 42. Son pouvoir est plus étendu que celui d'un Tuteur, n'étant pas obligé de rendre compte des fruits & revenus. Ils lui appartiennent, à condition de soutenir les charges du mariage, qui sont de nourrir & entretenir la Femme suivant son état, & de pourvoir à la nourriture, à l'entretien & à l'éducation des enfants communs.

7918. Le Mari ne peut vendre, ni les Créanciers faire décréter le droit qu'il a de jouir des biens de la Femme, Pr. de la Jur. fr. n. 312. Les fruits de ces biens peuvent être saisis mobilierement, dit Bourjon, t. 1, p. 497, tant qu'il n'y a pas de séparation de biens.

7919. Le Mari devient propriétaire de tous les effets mobiliers appartenants à la Femme. Il a la faculté de toucher les deniers qui lui sont dus, d'en donner quittance, & d'en disposer à son gré, ainsi que du total de la dot consistante en argent, en marchandises, ou autres choses qui se consument par l'usage, quelque stipulation de propre qu'il y ait dans le Contrat de mariage, sauf à compter du prix après la dissolution du mariage. Pour les meubles meublants de la Femme, le Mari ne doit les rendre qu'en l'état où ils se trouvent, sans être tenu de la détérioration, ni même de la perte arrivée sans qu'il y ait de sa faute ; à moins qu'ils n'aient été estinés, auquel cas il doit rendre le prix de l'estimation, v. Sainson, t. 24, art. 10, Domat, l. 1, t. 9, s. 1, n. 4 & suiv. Bourjon, t. 1, p. 496, Pr. de la Jur. fr. n. 315, 316, 350, ci-dessus n. 5891, 7892.

7920. Comme le Mari peut poursuivre les créances mobilières actives de la Femme, il peut être poursuivi pour les créances mobilières passives; mais il lui suffit d'abandonner aux Créanciers tout ce qu'elle a apporté, lorsque c'est constaté par un Inventaire ou autrement, v. Valin, t. 2, p. 742. S'il les paye, la Femme, lors de la restitution de la dot, en fera raison; il n'en étoit pas tenu, ne devant acquitter que les dettes annuelles, qui sont charges des fruits, tant que dure son usufruit.

7921. Valin, t. 1, p. 487, considere comme charges de cet usufruit, les frais des Procès qui concernent les biens de la Femme. Si elle a été Partie au procès, elle peut être obligée de les payer, sauf son recours contre le Mari, v. Boucheul sur Poitou, art. 228, n. 24 & suiv. art. 252, n. 102, ci-après n. 8961.

7922. Le Mari peut seul intenter, en son nom, les Procès qui regardent la jouissance des immeubles, & former complainte pour raison d'iceux, Auroux, p. 1, p. 364; dès que l'action possessoire se convertit en action pétitoire, la Femme doit être Partie, Lebrun, de la Comm. l. 2, c. 2, s. 1, n. 49, v. ci-dessus n. 7889.

7923. Le Mari jouit des droits honorifiques, R. du Dr. fr. p. 378, v. Pothier, de la Puissance du Mari, n. 87, 89.

7924. Il peut user seul du droit de présentation attaché à la terre de la Femme, dont il faudroit le consentement, si le patronage lui étoit personnel, Lacombe, au mot *Patron*, c. 4, n. 2, c. 5, n. 26, v. Sainson, t. 29, art. 1, Dupont sur Blois, art. 5, Ferriere, du Droit de Patr. c. 3, s. 2, n. 29 & suiv. Simon, t. 7, Bourjon, t. 1, p. 500.

7925. C'est au Mari à pourvoir aux Offices dépendants des biens de la Femme, Auroux, p. 1, p. 364.

7926. Il peut destituer, sans cause, les Officiers; ce que ne peuvent faire, ni un Tuteur, ni un Usufruitier, Bourjon, t. 1, p. 346.

7927. Le Mari porte & reçoit la foi pour la Femme, v. Guyot, t. 4, p. 221, 234.

7928. Il peut user de la saisie seigneuriale, & exercer tous les droits attachés aux fiefs de la Femme, Bourjon, t. 1, p. 500.

7929. Il profite de tous les revenus ordinaires & extraordinaires de ces fiefs, des cens, rentes seigneuriales, rachats, ventes, loyaux-aides, roussins de service, &c.

7930. Il a les amendes, deshérences & autres fruits extraordinaires de la Justice; en un mot, tout ce qui appartient à un Usufruitier. Tout profit qu'on peut mettre au nombre des fruits, appartient au Mari, v. Domat, l. 1, t. 9, s. 1, n. 8, 9, Valin, t. 1, p. 490.

7931. Les fruits civils appartiennent de jour à jour au Mari, v. Bourjon, t. 1, p. 553. Si j'ai épousé le 28 Septembre, à 9 h. du matin, une Femme qui soit morte le 1er. Octobre suivant, à midi, & à qui il étoit dû une rente foncière de 365 l. qui échet le 29 Septembre, & des cens qui sont payables le 1er. Octobre; suivant Pothier, de la Comm. n. 223, 224, je n'aurai que 3 l. dans la rente foncière, ce qui est dû pour le 1er. Octobre, ne commençant à être dû, que lorsque ce jour est entièrement écoulé, & mon droit de jouir ayant alors cessé; les cens dus le 1er. Octobre, m'appartiendront en entier, sans que je puisse rien prétendre dans les amendes auxquelles le défaut de payement peut donner lieu, v. ci-après n. 8244 & suiv.

7932. Pour les fermages, pour les fruits de la terre pendants par les racines, lors de la dissolution, comme lors de la célébration du mariage, v. ci-dessus n. 5894, 5897, 5901. Si un pere, en mariant sa fille, lui a donné une métairie dont il s'est réservé les fruits jusqu'au jour du mariage, le Mari doit partager avec lui la récolte suivante, à proportion du temps, v. Olivier sur Maine, art. 256.

CHAPITRE III.

Des Droits de la Femme, lors de la dissolution du Mariage.

7933. Tout ce qui se trouve à l'instant de la dissolution du Mariage, dans la maison du Mari, est censé à lui, Auroux, p. 1, p. 356 ; la Femme ou ses héritiers ne peuvent réclamer, que ce qu'ils justifient avoir été par elle apporté, lors ou depuis le Mariage, v. Domat, l. 1, t. 9, s. 4, n. 7, Lebrun, de la Comm. l. 3, c. 4, n. 9, Duplessis sur Paris, p. 433, aux notes, Cochin, t. 3, p. 58, ci - dessus n. 6410.

7934. Cette regle ne concerne pas les choses qui sont à son usage, Sainson, t. 25, art. 33, v. ci-après n. 7961.

7935. Lorsqu'il n'y a pas de communauté de biens entre le Mari & la Femme, elle n'a rien dans les acquisitions faites par le Mari pendant le Mariage, quand même il seroit constant que les fruits & revenus de ses biens eussent servi à en payer le prix.

7936. Les acquisitions faites au nom de la Femme, qui ne sont pas le fruit des libéralités du Mari, sont à elle seule ; il est bon qu'on voie d'où elles proviennent, v. Menochius, *de Præf. l. 3, c. 31.*

7937. L'art. 315 de Loudun porte que la Femme roturiere ne peut être contrainte de quitter la maison du Mari, pendant les 20 jours qui suivent son décès ; la Femme noble, par l'art. 307 de Loudun, & tant la Femme roturiere que la Femme noble, par l'art. 330 de Tours, peuvent y rester 40 jours.

7938. Le délai de 20 ou 40 jours, est prorogé par l'usage, qui accorde le même délai que donne l'Ord. de 1667, pour faire Inventaire & pour deliberer, v. Maillart sur Artois, art. 164.

7939. Si la Femme meurt pendant ce délai, son héritier, pour le temps qui reste, ne peut prétendre avoir le droit de demeurer dans la maison du Mari, Sainson, t. 29, art. 4.

7940. La faculté de rester dans la maison du Mari, a lieu, quoique la Femme ait renoncé à la Communauté, de son vivant, ou que, par le Contrat de Mariage, il n'y ait pas de communauté, disent MM. Dubois, fils, & Bernard, en leurs notes ; la Loi municipale ne distingue point. Il n'est pas indifférent de remarquer que la disposition, à ce sujet, se trouve sous le titre du douaire, qui est un avantage également indépendant de la communauté. De plus la Femme, du moins entre Roturiers, a toujours le droit de demeurer dans la maison, si elle appartient au Mari, comme douairiere, lorsqu'elle n'y a pas droit, comme commune, v. Proust, p. 532, Auroux, p. 1, p. 392.

7941. « Après que la maison a cessé d'être occupée par les meubles de la com- » munauté, il n'est pas d'usage, dit Pothier, de la Comm. n. 571, que les héri- » tiers du Mari exigent de la veuve, qui a renoncé, le loyer de cette maison, jus- » qu'au prochain terme, » v. Lebrun, de la Comm. l. 3, c. 2, s. 6, d. 1, n. 32, Duplessis sur Paris, p. 441, aux notes.

7942. Pallu, p. 572, enseigne que la Femme, pendant le temps qu'elle a le droit de rester dans la maison du Mari, peut user modérément des provisions qui y sont. Selon M. Bonault, en ses notes, « elle doit être nourrie aux dépens du Défunt ; » il faut ajouter, ou de la communauté, s'ils étoient communs en biens : tel est l'usage, quoi que dise Baret, cité par Boullai, p. 330 v. Saintou, t. 29, art. 4, Pallu, p. 483.

7943. Auroux, p. 1, p. 392, cite un Arrêt du 6 Septembre 1642, qui a jugé qu'une Femme doit être nourrie pendant 40 jours, aux dépens des héritiers du Mari, quoique, par le Contrat de Mariage, elle ne fût pas commune en biens avec lui.

7944. Pothier, de la Comm. n. 542, 570, tient que la Femme a le droit de vivre, avec ses domestiques, aux dépens de la Communauté, depuis la mort du Mari, jusqu'à ce que l'Inventaire soit achevé, encore qu'elle renonce; & elle n'en touche pas moins les intérêts de ses reprises, cependant v. Valin, t. 2, p. 634.

7945. Les art. 293 de Tours, 275 ou 290 de Loudun, accordent un lit garni à la Femme qui renonce à la Communauté.

7946. M. Bernard, en ses notes, observe qu'il n'importe que la renonciation se fasse du vivant du Mari ou après son décès.

7947. Le Sieur de Beaucombat, Directeur des Domaines à Tours, étant décédé insolvable, sa Femme demanda un lit garni. On lui objecta qu'il n'y avoit point de Communauté entr'eux, par leur Contrat de Mariage, passé à Lyon où ils s'étoient mariés. M. Bernard, en ses notes, dit avoir décidé que le lit garni lui étoit dû, nonobstant cette considération, v. ci-après n. 7950. C'est un avantage qui est accordé par un sentiment de commisération, par un principe d'humanité, par honneur pour le Mariage, par un motif d'honnêteté publique. Il ne convient pas qu'une Femme soit sans lit, comme sans vêtements; les Femmes ont, *par droit de l'æuve*, dit Bouteiller, Somme rurale, l. 2, t. 98, le meilleur habit à elles appartenant, l'anneau du Mariage, les ornements de chef, avec *le lit étoffé*, v. Bodreau sur Maine, art. 355. On nous a assuré que la Dame de Beaucombat, qui avoit pris une demeure séparée de celle de son Mari, quelque temps avant qu'il mourût, ayant eu alors une chambre meublée, ce qui comprenoit un lit garni, qu'elle ne pouvoit demander une 2e. fois, ce fut la raison qui empêcha qu'elle ne l'obtînt à la mort de son Mari.

7948. Lorsqu'il y a une Communauté acceptée, les art. 307 de Tours, 289 de Loudun, n'accordent pas de lit garni, parce qu'on présume que la Femme qui a une moitié dans le lit, est en état de payer l'autre moitié.

7949. Ce cas excepté, le lit garni est toujours dû. La Loi municipale ne dit pas qu'il n'est dû que dans le cas d'une renonciation à une Communauté. Elle décide que les Femmes auront un lit garni; &, comme on auroit voulu les en priver, lorsqu'elles auroient renoncé, elle décide que cette circonstance ne sera pas un obstacle au Privilége, que les Femmes en jouiront, *nonobstant* leur renonciation. La Loi municipale, qui établit de droit la Communauté de biens entre Conjoints par Mariage, raisonne sur ce qui arrive en conséquence, sans parler du cas où l'on aura dérogé à sa disposition, en se mariant; ni du cas où l'on se sera marié dans un Pays qui ne connoît pas la Communauté de biens. Quelle différence y a-t-il entre une Femme non commune, & une femme qui renonce? Celle-ci, qui pouvoit être commune, ne l'est réellement pas. Son sort est semblable à celui de la Femme non commune; ni l'une, ni l'autre ne participent aux fruits de la collaboration. Les raisons qui font accorder le lit garni, militent également pour les deux.

7950. Il y a des Sentences des 4 Mai 1684, & 1689, contraires à celle que cite Pallu, p. 489; & il a été jugé, en Juin 1693, contre les enfants du 1er. lit d'un Mari, que la Femme auroit un lit garni ou une somme de 40 livres, quoique le Contrat de Mariage portât qu'il n'y auroit pas de Communauté, que chacun n'eût payé ses dettes; le Mariage n'avoit duré que dix mois, & la Communauté n'avoit pas été établie, dit M. Dubois, fils, en ses notes.

7951. Le lit garni est une créance préférable au loyer, Arrêt du 13 Mai 1682, rapporté au Journ. des Aud. On l'a ainsi jugé, au Siège de Tours, les 11 Août 1684, & Juillet 1696, v. ci-après n. 7937, 7958.

7952. « Le Commentateur dit qu'on ne donne, ni le meilleur, ni le pire lit, mais

» le 2°. s'il est sortable à la condition; j'ai vu bien des incidents sur ce choix, mais
» toujours terminés en faveur de la veuve, » dit M. Bernard, en ses notes. « Il est censé
» garni avec deux paires de draps & deux couvertures, » notes de M. Bouault.

7953. « *Un lit garni*, c'est-à-dire, un bois de lit, couete, couessin, ciel ou cour-
» tine, avec ses rideaux, couvertures, quatre draps, si tant y en a : mais non le
» meilleur lit, ni la meilleure garniture, ni aussi les plus usés, mais le tout médio-
» cre ; & y aura apparence de lui délivrer le lit garni sur lequel son Mari & elle
» couchoient ordinairement, » Boullai, C. M.

7954. « Si le lit, ajoûte Boullai, ne se trouve entiérement garni de tous ses usten-
» siles, elle n'aura que ce qui y sera ; car la Coutume ne lui laisse que ce qui se
» trouvera. »

7955. » Il y a moins de doute, continue Boullai, aux heures, patenôtres & vête-
» ments, la Coutume dit *leurs* ; les Femmes ne pourront demander que ce qui sera
» à elles d'icelles choses. La Coutume est conforme ici au droit commun, par lequel
» l'obligation générale de tous les biens, présents & à venir, ne comprend les vêtements. »

7956. Elles doivent avoir « quatre robes en tout, dit Boullai, p. 286, de même
» quatre vêtements, comme chaperons, cotillons, chausses & menus linges, si tant
» elle en a ; car si elle n'en a si grand nombre, l'héritier ne sera tenu d'en fournir. »

7957. Pallu, p. 487, cite une Sentence qui a adjugé, outre le lit garni, « quatre
» robes & autant de cotillons, si tant y en a , deux d'hiver, deux d'été, les
» chemises & autre menu linge servant à l'usage de la Femme. . . . . . L'esprit
» de la Coutume est de donner à la Femme ce qui lui est nécessaire pour ses vê-
» tements communs, & non le superflu ; le Privilége étant attribué par la Coutume
» à la Femme, on l'a déclaré préférable à celui du Propriétaire pour ses loyers,
» par autre Sentence. . . . . Lesdites choses sont réputées pour biens paraphernaux,
» le Mari *nullum habet communionem*, » v. Ferriere, au mot *paraphernaux*.

7958. C'est lors de la réformation de la Coutume, faite en 1559, que la Femme
fut restreinte à quatre robes ; auparavant, la Coutume lui accordoit indéfiniment les
vêtements de tous les jours & des Dimanches. L'usage a enfin rejetté la restriction, & a
remis en vigueur l'ancien droit, v. ci-après n. 9193. « On a étendu l'art. 293 de
» Tours, dit M. Bouault, en ses notes, à tout le linge & tous les vêtements, à moins
» qu'il n'y eût du superflu. . . . . . La Femme qui renonce à la Communauté,
» prend, par préférence à tous Créanciers, son lit garni, son linge & ses habits,
» pourvu qu'ils n'excedent pas le nécessaire, & qu'il n'y ait un superflu de consé-
» quence ; elle exerce ce Privilége, même au préjudice du Propriétaire, Créancier
» pour loyers, » v. ci-après n. 8184.

7959. On cite quelques exemples auxquels il ne faut pas s'arrêter, lorsqu'il n'y a
pas de superflu, où les Créanciers n'ont laissé à la Femme, qui ne leur étoit point
obligée, qu'une partie des vêtements, 4 robes, &c. 2 ou 3 douzaines de chemises, autant de mouchoirs, &c. v. ci-après n. 8910.

7960. Il y en a qui veulent que cela ait lieu, encore que le Contrat de Mariage
accorde à la Femme *ses vêtements*, s'il n'est pas dit *tous* ; mais, qui n'excepte rien,
comprend tout. La Femme qui a le droit de prendre *ses vêtements*, indéfiniment, sans
aucune restriction, ne peut être bornée par les Créanciers à une partie ; l'usage contraire, qu'on voudroit introduire, est un abus contre lequel s'élevent, & les termes
de la clause, & la faveur due aux Femmes qui sont obligées de renoncer. Si une
Femme sauve ses vêtements, d'un naufrage où souvent elle perd presque toute sa
dot, doit-on lui envier ce foible avantage ? Les Créanciers ont pu ne pas prêter ;
la Femme est, malgré elle, victime des malheurs ou de la mauvaise conduite du
Mari. D'ailleurs, par rapport à ses vêtements, ce n'est point une créance qu'elle
exerce ; c'est un droit de propriété qu'elle revendique, parce qu'elle a eu soin de
le conserver, v. ci-après n. 9275. Cependant, « s'il y a trop de superflu, les Créan-

» ciers peuvent la faire réduire *ad legitimum modum*, comme il a été jugé contre la » Femme Clairet, » notes de M. Bernard. Hors ce cas, elle doit avoir tous ses vêtements ; on les lui donne tous, quoiqu'il n'y ait pas même de Contrat de Mariage.

La dame Duliepvre a été autorisée, par un Arrêt du 1769, à prendre tout ce que lui accordoit son Contrat de Mariage.

7961. Lorsqu'il n'y a point de Communauté de biens entre les Conjoints, la Femme ou les héritiers ont tous ses vêtements, tout son linge, tout ce qui est à son usage personnel, ce qui comprend les bijoux, v. ci-dessus n. 7934.

7962. S'il y a Communauté, les bijoux en font partie, ils se partagent ; & en cas de renonciation, ils appartiennent au Mari ou à ses héritiers. La Femme qui est obligée d'abandonner ses bagues & autres bijoux, conserve sa verge d'or. Le Survivant devroit toujours avoir le droit de retenir, pour le prix de leur estimation, ses bijoux & ceux du Prédécédé, v. Pallu, p. 514, Valin, t. 2, p. 631, ci-après n. 8776.

7963. La Femme peut, en renonçant à la Communauté, prendre ses bijoux, en vertu d'une clause de son Contrat de Mariage, suivant sa condition seulement, à moins que la clause ne les lui donne, de quelque valeur qu'ils soient, Pallu, p. 489.

7964. Par le Contrat de Mariage de Louis, Marchand, & de Jeanne, fille unique d'un Charpentier, il avoit été accordé à Jeanne « la faculté de reprendre, » en renonçant, tous ses vêtements, linges, bagues & joyaux, & autres effets desti- » nés à son usage personnel. » Après cinq ans de Mariage, Louis est décédé, laissant beaucoup de dettes ; Jeanne, qui avoit des boucles d'oreilles de plus de 1200 l. une tabatiere d'or, une montre à boëte d'or, une toilette, &c. en demanda la distraction ; les Créanciers de Louis s'y opposerent, soutenant que les bijoux n'étoient pas proportionnés à l'état des Parties, ni à la dot de Jeanne, à qui il n'avoit été promis que 12000 l. dont la moitié seulement avoit été payée. La distraction a été ordonnée, au Siége de Tours, le 1762, v. Valin, t. 2, p. 631.

7965. La Femme à qui la faculté de prendre ses bagues & joyaux, a été accordée simplement, sans ajoûter, *ou telle somme*, les prend en l'état qu'ils se trouvent au temps du décès du Mari. S'il les a engagés, ses héritiers ne sont pas obligés de les retirer ; la Femme ne peut les avoir, qu'en payant le prix de l'engagement, parce que le Mari pouvoit les vendre, comme faisant partie de la Communauté, v. Boucheul sur Poitou, art. 252, n. 72 & suiv.

7966. On voit souvent que, les affaires du Mari tournant mal, les bijoux de la Femme servent à payer des dettes ; ses vêtements s'usent, & le Mari, obligé de les remplacer, ne le peut ; quelquefois même on est forcé d'en vendre quelques-uns : la Femme, venant à renoncer, tire peu de profit de la clause qui lui permet de prendre indéfiniment ses bijoux, vêtements, &c. si on n'a pas prévenu cet inconvénient par la clause.

7967. Boullai, p. 301, refuse à la Femme le droit de demander le deuil aux héritiers du Mari ; mais une Femme l'a obtenu, le 8 Février 1625, au Siége de Tours, qui le fixa à une somme de 90 l. & aujourd'hui cela ne fait aucune difficulté.

7968. Les héritiers du Mari prédécédé doivent fournir des habits de deuil à la Femme & à ses domestiques, Sainson, t. 27, art. 13, R. du Dr. fr. p. 392.

7969. Le deuil est dû, qu'il y ait Communauté ou non, Valin, t. 2, p. 628.

7970. Le deuil est même dû, dit Brodeau sur Louet, V, c. 11, à une Femme qui a été séparée de biens & d'habitation.

7971. Dans le cas de Communauté, les héritiers du Mari payent le deuil, soit qu'elle l'accepte, ou y renonce, Lauriere sur Loisel, l. 1, t. 2, n. 33, Boucheul sur Poitou, art. 246, n. 11, Bourjon, t. 1, p. 546, 569.

7972. En Bourgogne, la veuve qui renonce, perd le deuil ; en Bretagne, elle porte le deuil à ses dépens, si elle accepte la Communauté, & aux dépens du Mari, si elle y renonce. De droit commun, le deuil se prend toujours en entier sur la succession du Mari.

7973. On

7973. On regarde le deuil, comme faisant partie des frais funéraires, Pallu, p. 358, Lathaumassiere sur Berri, t. 8, art. 9, & comme jouissant du même Privilége, notes de M. Bernard. Valin, t. 2, p. 629, qui accorde une hypotheque, du jour du Contrat de Mariage, ou du jour de la Bénédiction nuptiale, refuse tout Privilége, mais v. Poullain sur Bretagne, art. 436, Encylopédie & Denisart, au mot *Deuil*, Pothier, de la Comm. n. 678.

7974. Denisart dit que l'usage du Châtelet est de fixer le deuil à une somme égale au revenu d'une année du douaire. M. Bernard, en les notes, atteste qu'on suit ordinairement, à Tours, cette regle. Comme le deuil n'est réglé par aucune Loi, c'est au Juge de l'arbitrer, eu égard à la fortune, à l'état & à la qualité du Mari, v. Sainson, t. 27, art. 13, Bourjon, t. 1, p. 546. Il est des cas où il peut excéder le revenu d'une année du douaire; il peut aussi être moindre, comme le remarque Denisart.

7975. « On n'accorde pas de deuil aux Femmes du bas peuple, telle qu'est la » veuve d'un Gagne-denier, » Pothier, de la Comm. n. 678.

7976. La Femme qui est donataire ou légataire des meubles du Mari, dont le deuil est une charge parmi nous, v. Pallu, p. 358, le confond.

7977. La Femme qui se remarie dans l'an de la viduité, est privée de la somme qu'elle eût pu demander pour son deuil, en Pays coutumier, dit Ferriere, au mot *Deuil*; & en Pays de Droit écrit, elle perd tous les avantages que lui a faits le Mari. Si le convol n'arrive qu'après le payement de tous ses droits, elle est obligée de rapporter ce qui lui a été alloué pour son deuil, Valin, t. 2, p. 630, notes de M. Bernard.

7978. Pallu, p. 483, rapporte un Arrêt de 1616, qui a adjugé le deuil à une Femme, quoiqu'elle l'eût quitté, s'étant remariée dans les six mois de la mort du Mari.

7979. Celui qui, épouse une Femme veuve, lui fait quitter le deuil qu'elle portoit de son 1er. Mari; au contraire, celle qui épouse un homme veuf, prend le deuil qu'il porte de sa 1re. Femme, v. Lauriere sur Loisel, l. 1, t. 2, n. 29.

7980. Il n'y a point de deuil, lors de la mort naturelle d'un homme qui a encouru une condamnation emportant mort civile, Richer, de la Mort civ. p. 506.

7981. Le Mari n'a point droit de deuil; Pallu, N. M. Pothier, de la Comm. n. 678, avouent qu'il n'y a pas de bonnes raisons de la différence qu'on met entre le Mari & la Femme. « L'usage de la Ville du Mans, dit Olivier sur Maine, art. » 255, est qu'on donne à un Officier 200 l. pour son deuil, à un Avocat 100 l. » à un Notaire royal de Ville 60 l. à moins que le Prédécédé n'eut laissé des biens » au-dessus de sa condition, » v. Boucheul sur Poitou, art. 246, n. 14.

7982. Le temps que le deuil doit être porté, est fixé par des Ord. des 23 Juin 1716, & 8 Octobre 1730, Code de la Religion, t. 1, t. 32, art. 3.

7983. Le douaire est un avantage particulier à la Femme, v. ci-après n. 9594 & suiv.

7984. Le Mari & la Femme, après le décès l'un de l'autre, ont le bail & la tutelle naturelle de leurs enfants, v. ci-après n. 9345 & suiv. 9414 & suiv.

7985. Lors de la dissolution du Mariage, la Femme ou ses héritiers, reprennent les rentes & héritages qui se trouvent en nature, v. ci-après n. 8011.

7986. On doit leur restituer, avec les intérêts, qui courent dès l'instant de la dissolution du Mariage, la dot fournie lors ou depuis le Mariage; les capitaux de toutes les sommes mobilieres que le Mari a touchées du chef de la Femme, font partie de sa dot. Il ne reste au Mari ou à ses héritiers, que les intérêts qui ont couru, ainsi que les fruits des immeubles qui ont été perçus jusqu'au jour de la dissolution du Mariage.

7987. On ne doit rien restituer à raison des fruits d'un héritage dont la Femme avoit l'usufruit, à titre de don ou autrement, ni à raison des arrérages d'un douaire préfix , ou d'une rente viagere , moyennant laquelle un héritage a été aliéné avant le Mariage.

7988. Il peut être retenu sur la dot une somme pour frais de nôces, lorsque le Contrat de Mariage en contient une clause , qu'on ne devroit pas oublier , quand le Mariage occasionne au Mari des dépenses, dont il pourroit n'être pas dédommagé par la jouissance des biens de la Femme , si elle venoit à mourir dans les 1res. années.

7989. Outre la reprise des deniers dotaux , la Femme ou ses héritiers ont le droit de demander le prix des biens aliénés , & d'être indemnisés de ce qu'ils souffrent par le fait du Mari , sauf à faire raison de ce dont ils profitent par le même fait; soit qu'il y ait Communauté de biens acceptée ou répudiée , soit qu'il n'y en ait pas, v. Bourjon , t. 1 , p. 572, t. 2 , p. 613 & suiv. Valin, t. 1 , p. 487, Denisart , au mot *Remploi.*

7990. En 1er. lieu, si le Mari a aliéné seul un héritage de la Femme , elle peut le revendiquer des mains de l'Acquéreur, au lieu d'exercer le remploi sur les biens du Mari ; les Créanciers de celui-ci n'ont pas le droit de forcer la Femme ou ses héritiers à prendre le 1er. parti, v. Boucheul sur Poitou, art. 230, n. 109 , ci-dessus n. 3237.

7991. Le Mari n'est tenu d'aucun remploi , si l'aliénation a été faite par la Femme autorisée par Justice, à son refus, Denisart , au mot *Remploi.*

7992. Les Contrats de donation , d'échange ou de bail à rente, ne donnent pas lieu au remploi, Auroux, p. 1 , p. 373.

7993. C'est le prix de la vente qui se restitue, sans égard à l'estimation de l'héritage vendu , portée dans le Contrat de Mariage , ni à sa valeur, lors de la dissolution du Mariage.

7994. Si un héritage a été vendu avec les fruits pendants par les racines , ou sous la condition que le prix ne se payeroit qu'au bout d'un certain temps, sans intérêt, il faut déduire , sur le prix de la vente , qui est à restituer, la valeur des fruits pendants par les racines, ou l'intérêt du prix de la vente, dont le Mari a été privé, v. Pothier, de la Comm. n. 590.

7995. Si le Mari s'est fait recevoir dans un Office que la Femme lui a apporté en dot , la valeur de l'Office , lors de la réception , fixe le montant de l'action de remploi appartenante à la Femme , Bourjon, t. 1 , p. 534.

7996. L'Aïeul de ma Femme lui ayant légué une maison , avec la faculté laissée à son héritier, de donner en place 3000 l. qui ont été données pendant notre Communauté, le remploi en est dû ; c'est le rachat d'une maison qui lui étoit propre , d'une créance immobiliere , Pothier, des Oblig. n. 244 , v. ci-après n. 8251.

7997. Il n'est point dû de remploi, pour un droit d'usufruit appartenant, à titre de don ou autrement, à la Femme , qui a été vendu, si la Femme décede avant le Mari, v. ci-après n. 8024. Dans le cas où elle survit, les héritiers du Mari doivent lui faire, sa vie durant, une rente qui égale le revenu de l'héritage dont elle avoit l'usufruit. C'est la même décision, s'il a été racheté un douaire préfix ou une rente viagere , mais v. Pothier, de la Comm. n. 592.

7998. Un héritage de la Femme ayant été aliéné pendant le Mariage, moyennant une rente viagere sur sa tête, si elle survit, elle jouira de la rente , & elle aura , pour remploi, ce dont la rente a excédé le revenu ordinaire de l'héritage ; ce revenu appartenoit au Mari, sans qu'il fût tenu d'en compter, v. Duplessis sur Paris, p. 449 , aux notes, Bourjon, t. 1 , p. 289, 473, 534, Valin, t. 3, p. 19, Pr. de la Jur. fr. n. 369, Pothier, de la Comm. n. 594.

7999. Une rente perpétuelle de 400 l. ou un fonds dont le revenu annuel, toutes charges & risques déduits, est de 400 l. qui appartenoit à la Femme; a été aliéné pour 600 l. de rente viagere , six ans avant la mort du Mari ; le remploi dû par ses héritiers à la Femme, à raison de cette aliénation, ne sera que de 1200 l. pour les 200 l. qu'il a touchées, chaque année, plus qu'il n'avoit le droit de toucher.

8000. Si, la rente étant sur la tête du Mari, la Femme décede la 1re. six ans après l'aliénation, il n'en profite aucunement, Pothier, des Rentes const. n. 241; les arrérages doivent s'en payer en entier aux héritiers aux meubles de la Femme, tant que le Mari vivra, à son exclusion, & le même remploi de 1200 l. leur appartient.

8001. La Femme mourant le lendemain de l'aliénation d'un de ses biens, moyennant une rente viagere, il n'y a point de remploi à exercer; pour y donner lieu, il ne suffit pas que la Femme perde, il faut que le Mari profite, ou soit présumé profiter.

8002. En 2e. lieu, la Femme doit être indemnisée des pertes qui lui sont arrivées par la faute ou négligence du Mari, comme s'il a détérioré ses biens, s'il a détruit les bâtiments, &c. s'il a laissé prescrire, s'il a négligé de faire payer un débiteur, qui est devenu insolvable.

8003. Le droit d'usufruit qu'a le Mari sur les biens de la Femme, est tel qu'il ne peut être augmenté ni diminué par un fait contraire à la maniere dont la Femme ou ceux qu'elle représente, jouissoient avant le Mariage.

8004. 1°. Le Mari profite d'une carriere ouverte avant le Mariage, dit Bourjon, t. 1, p. 472, 533, non de celle ouverte depuis le Mariage; de sorte qu'il doit une indemnité à la Femme, dans le fonds de laquelle il a fouillé, à moins que toute la pierre qui en a été tirée, n'ait été employée à réparer les bâtiments de la Femme, ou que le fonds ne soit pas propre à une autre culture.

8005. 2°. La Femme doit être indemnisée, si un bois de futaie a été mis en bois taillis, v. ci-après n. 8022; & l'indemnité, selon Bourjon, t. 1, p. 472, comprend non-seulement la 1re. coupe du bois de futaie, mais toutes les coupes du bois taillis faites pendant le Mariage: ce qu'il avoue être bien rigoureux.

8006. Si la Femme s'est obligée à une dette qui a tourné au profit du Mari, & qu'elle soit tenue de la payer, le Mari ou ses héritiers doivent l'indemniser pour le tout, qu'elle soit commune en biens ou non, qu'elle accepte la Communauté ou qu'elle y renonce, Bourjon, t. 1, p. 570.

8007. L'indemnité totale ne fait pas de difficulté parmi nous, s'il n'y a pas de Communauté, notes de MM. Dubois, pere, & Bernard, qui remarquent que l'art. 308 de Tours suppose une Communauté, v. ci-après n. 8713.

8008. L'hypotheque pour l'indemnité des dettes, comme pour toutes les reprises de la Femme, remonte au jour de la Bénédiction nuptiale ou du Contrat de Mariage, indépendamment de toute stipulation. M. Dubois, pere, en ses notes, observe que Pallu, p. 484, s'est trompé, en pensant différemment; M. Augeard, dans les siennes, cite une Sentence du 25 Mai 1686, contraire à l'opinion de Pallu.

8009. Sur cette rétrogradation d'hypotheque, v. Lacombe, au mot *Indemnité*, s. 1, n. 1, Bourjon, t. 1, p. 571, Valin, t. 2, p. 573, ci-dessus n. 5045, 5091. Valin décide que la Femme qui s'est obligée depuis l'ouverture de la faillite du Mari, ou la saisie générale de ses biens, n'a hypotheque que du jour des obligations.

8010. La rétrogradation d'hypotheque paroit souffrir difficulté, quand la Femme qui s'oblige pour le Mari, est séparée de biens, v. Pallu, p. 417, 418, Pothier, de la Comm. n. 765.

8011. En 3e. lieu, le Mari ou ses héritiers doivent être remboursés des labours & semences des terres, art. 231 de Paris, des façons & impenses des vignes, art. 208 d'Orléans, dont la Femme ou ses héritiers recueillent les fruits.

8012. On ne peut opposer de compensation, à raison des fruits qui étoient pendants par les racines, lors du Mariage, dont le Mari a profité, sans qu'il soit obligé d'en tenir compte, Valin, t. 1, p. 597.

8013. Pour éviter le remboursement, on n'a pas la faculté d'abandonner le produit de la récolte, Valin, t. 2, p. 604, Pothier, de la Comm. n. 212, v. ci-après n. 9668.

8014. Les impenses nécessaires & les impenses utiles, faites sur les biens de la Femme, ne donnent lieu à une récompense au profit du Mari, qu'autant qu'elles ont été faites à ses dépens. S'il a élevé par ex. un bâtiment sur le terrein de la Femme, des deniers qu'un tiers a libéralement fournis pour cet effet, elle n'en doit pas de récompense. Deux choses doivent concourir, pour faire naître la récompense ; que la Femme profite, & qu'il en coûte au Mari.

8015. Pour les impenses nécessaires, la récompense s'estime eu égard au temps qu'elles ont été faites ; ainsi, on doit tenir compte au Mari, du prix entier qu'ont coûté les réparations nécessaires faites à une maison de la Femme, quand même, par quelqu'évènement, elle n'en profiteroit pas, v. ci-dessus n. 5016, comme si la maison venoit par la suite à être brûlée, Domat, l. 1, t. 9, s. 3, n. 18, Pr. de la Jur. fr. n. 370, Pothier, de la Comm. n. 635, mais v. Auroux, p. 1, p. 442, Valin, t. 2, p. 605.

8016. On fait raison des améliorations, suivant la regle établie ci-dessus n. 5018, v. Valin, t. 2, p. 604, Pothier, de la Comm. n. 613.

8017. La récompense pour améliorations, est une créance privilégiée, mais sans hypotheque ; de sorte que si l'héritage réparé a passé entre les mains d'un tiers, il n'y a point d'action contre lui, suivant Boucheul sur Poitou, art. 230, n. 36, 37, contre Bourjon, t. 1, p. 557.

8018. Bourjon, p. 542, n'admet la récompense, que pour « les impenses qui aug-
» mentent la valeur du fonds *in perpetuum*. » La plantation de vigne n'est pas de ce genre, suivant Renusson, de la Comm. p. 2, c. 3, n. 12, Duplessis sur Paris, p. 454. Lebrun, de la Comm. l. 3, c. 2, s. 1, d. 7, n. 6, considere la qualité des Parties : quand il s'agit de deux arpents pour un Paysan, c'est un objet. Il faut aussi avoir égard à la durée du Mariage, depuis la plantation ; si le Mari n'en a point, ou en a peu profité, pourquoi lui refuser une récompense ? v. Boucheul sur Poitou, art. 230, n. 29, Valin, t. 2, p. 605, ci-dessus n. 5020.

8019. Observez, avec Pothier, de la Comm. n. 637, que les mêmes impenses peuvent être différemment considérées : par ex. des embellissements qui, faits dans un Château à la Campagne, sont regardés comme impenses purement voluptuaires, passent pour impenses utiles, s'ils sont faits dans une maison de Ville, dont ils augmentent le loyer.

8020. Si, la Chapelle dépendante d'un Château qui appartient à la Femme, étant dépourvue d'Ornements, le Mari en fournit, cela forme la matiere d'une récompense ; Auroux, p. 1, p. 468, le décide ainsi, au sujet de l'Artillerie, v. Desgodets, p. 88.

8021. La Femme doit rembourser ce que le Mari a payé pour l'acquisition ou l'extinction d'une servitude, si elle y a donné son consentement, v. Pothier, de la Comm. n. 638.

8022. La conversion d'un bois taillis appartenant à la Femme, en bois de futaie, fait naître une récompense au profit du Mari ou de ses héritiers, v. Bourjon, t. 1, p. 472, ci-dessus n. 8005.

8023. Il est dû une récompense au Mari qui a payé une dette de la Femme, ou qui a racheté une de ses rentes.

8024. Le rachat d'une rente viagere dûe par la Femme, fait des deniers du Mari, ne donne lieu à aucune récompense, si celui sur la tête de qui la rente étoit constituée, meurt durant le Mariage, v. Lemaître sur Paris, p. 342, Pothier, de la Comm. n. 626, 639, ci-dessus n. 7997.

8025. Lorsque le Mari dote de son bien, conjointement avec la Femme, un enfant commun, ou un enfant que la Femme a eu d'un précédent Mariage, elle lui doit récompense pour moitié, v. ci-après n. 8745 & suiv. 8926 & suiv. La dot étant du bien de la Femme, le Mari doit la récompenser pour moitié, si l'enfant est commun. Si c'est un enfant que la Femme a eu d'un précédent Mariage , il ne devra rien ; il est censé n'avoir paru au Contrat de dotation, que pour autoriser la Femme, à moins que l'intention d'avantager l'enfant, ne paroisse.

8026. Lorsque la dot que la Femme a promis d'apporter au Mari , n'a pas été payée , il semble qu'elle lui doit une récompense pour les intérêts , dont il a été privé, v. ci-après n. 8751.

8027. Il n'est point dû de récompense pour les alimens fournis aux Ascendants ou Descendants de la Femme, même à un enfant illégitime. C'est une dette naturelle qui est, de plein droit, à la charge de l'usufruit du Mari , v. Auroux, p. 1 , p. 369 , Valin , t. 1 , p. 506 , ci-après n. 8614.

8028. Il y a un cas où le Mari peut exercer des remplois, &c. c'est lorsqu'il y a eu Communauté de biens, qui est acceptée par la Femme ou ses héritiers, v. ci-après n. 8665 & suiv.

LIVRE QUATRIEME.

De la Séparation.

8029. LE mari à qui sa qualité de mari donne l'administration & la jouissance de biens de la femme, peut en être privé par une clause du Contrat de mariage ; c'est ce qu'on nomme Séparation contractuelle.

8030. Lorsqu'on n'a pas pris cette précaution, la femme, pendant le mariage, peut ôter au mari l'administration & la jouissance de ses biens, en faisant ordonner , en Justice , la Séparation de biens , dans les cas où la conduite du mari y donne lieu. Cette conduite peut être telle que la femme ait le droit de demander en même-temps la Séparation d'habitation.

8031. « La Séparation ne se peut faire par autre Contrat, que celui du Mariage, » ou en Jugement, & avec connoissance de cause , » Boullai, p. 225.

8032. Boullai dit avoir vu une Séparation de biens faite par une transaction homologuée en la Cour.

8033. Il faut tenir que les Séparations, soit de biens , soit d'habitation & de biens , ne sont pas valables, étant faites par des Actes volontaires, ou prononcées par des Sentences rendues du consentement des Conjoints, v. Denisart, au mot *Séparation.*

8034. Les Séparations que les Maris laissent juger par défaut, & auxquelles ils acquiescent tacitement, sont bonnes.

8035. Auroux, p. 1 , p. 115 , tient que le mari & la femme, ni leurs héritiers ou Créanciers, ne peuvent demander aucun droit de Communauté , sous prétexte de défaut de formalités , dans le cas d'une Séparation volontaire , quand elle a été exécutée long-temps , & qu'il y a eu habitation séparée, v. Lacombe, au mot *Séparation*, n. 6, 9, Valin, t. 2, p. 694, 695.

8036. Nous parlerons de la Séparation contractuelle & de la Séparation judiciaire.

CHAPITRE PREMIER.

De la Séparation contractuelle.

8037. Lorsque, par un Contrat de mariage, on a stipulé que la femme jouira séparément de ses biens, le mari n'en a, ni l'usufruit, ni l'administration.

8038. La Séparation opere l'effet de l'émancipation; la femme séparée « peut tout » ce que peut le mineur émancipé sans condition ou restriction, » Valin, t. 1, p. 541, v. ci-dessus n. 7745 & suiv.

8039. Elle peut, sans l'autorité du mari, faire tous les actes qui concernent l'administration de ses biens, v. R. du Dr. fr. p. 44, 380, en jouir, les louer ou affermer, en percevoir tous les revenus, donner des quittances, faire faire les réparations.

8040. Bourjon, t. 1, p. 508, regarde comme nulle la donation entrevifs qu'elle feroit d'une partie de son mobilier, sans l'autorisation du mari.

8041. Elle a la faculté de disposer, par des actes de commerce, de son mobilier & de ses revenus, à mesure qu'ils échéent; conséquemment, elle peut s'engager jusqu'à concurrence de la valeur de son mobilier, & d'une année de revenu. Les engagements qu'elle contracte, ne peuvent nuire au mari.

8042. Elle peut s'obliger modérément pour nourritures, logement & entretien.

8043. Le Créancier envers qui elle s'est obligée mal-à-propos, n'est pas reçu à faire exécuter l'obligation sur le mobilier & une année de revenu, suivant Bourjon, t. 1, p. 508, Valin, t. 1, p. 542, v. ci-dessus n. 7760.

8044. Le mari ne doit pas légèrement l'autoriser à emprunter; cette autorisation l'assujettit à une indemnité, s'il ne prouve pas que l'emploi des deniers a été fait utilement pour elle.

8045. L'acquisition qu'elle a faite seule, est bonne, quelque lézion qu'il y ait, si elle a payé comptant.

8046. Elle ne peut acquérir à crédit, quoiqu'à juste prix, sans autorisation, Valin, t. 1, p. 542.

8047. L'autorisation est nécessaire, suivant Pothier, de la Puissance du mari, n. 17, pour recevoir le rachat d'une rente rachetable, v. ci-après n. 8058.

8048. Quelque générale que soit la clause d'autorisation, portée dans le Contrat de mariage, il en faut une nouvelle & spéciale à la femme qui veut aliéner un de ses immeubles, à titre de donation, vente ou autrement; toutes autorisations générales sont nulles, Valin, t. 1, p. 549 & suiv. Qu'on admette les autorisations générales, & bientôt les maris, qu'on ne pourroit se dispenser d'exempter du remploi & de l'indemnité, engageront les femmes à vendre ou à emprunter, pour profiter sécretement des deniers, sans qu'on puisse apporter remede à cet inconvénient.

8049. Le 10 Juillet 1759, le Siége de Tours a jugé qu'une femme séparée n'avoit pu seule aliéner une maison, moyennant une rente viagère.

8050. C'est un principe que le mari qui a autorité sa femme séparée, à aliéner un bien, est débiteur du prix dont il n'a pas été fait remploi, Renusson, des Propres, c. 4, s. 8, n. 8, Lebrun, de la Comm. l. 3, c. 2, s. 1, d. 2, n. 1, Boucheul sur Poitou, art. 210, n. 129, Cochin, t. 3, p. 67, 606, Pothier, de la Comm. n. 605.

8051. La femme ou ses héritiers n'ont aucune garantie à exercer contre le mari qui ne l'a pas autorisée, Cochin, t. 5, p. 99.

8052. L'autorisation du mari est requise, pour l'aliénation d'un héritage que la femme a acquis de ses épargnes, Valin, t. 1, p. 541, mais v. Dict. raif. des dom. t. 1, p. 251, 254.

8053. La femme doit être autorifée, pour accepter une fucceffion, une donation, foit onéreufe, foit pure & fimple, une exécution teftamentaire, Valin, p. 543.

8054. Elle peut porter ou recevoir la foi, fans être autorifée; elle a befoin d'autorifation, pour engager un combat de fief, fournir ou recevoir un aveu, Valin, p. 236.

8055. M. Bernard, en fes notes, eftime que la femme féparée ne peut donner fon bien à rente fonciere au mari, ou en faire un échange contre un bien du mari; mais quel inconvénient y a-t-il, fi la rente fe rapporte au revenu, s'il y a égalité dans l'échange ? Il fuffit que, par ces voies, l'un ne foit pas avantagé au préjudice de l'autre, v. Lebrun, de la Comm. l. 2, c. 1, f. 3, n. 36, Dupleffis fur Paris, p. 395, aux notes, ci-deffus n. 2882.

8056. M. Bernard cite un Arrêt du 14 Août 1743, qui a condamné la veuve Tourtai à payer la fomme que fon mari, avec qui elle n'étoit point en Communauté, lui avoit donnée à rente viagere, par Contrat du 13 Septembre 1738, v. Pothier, des Rentes conft. n. 241, des Don. entre mari & femme, n. 78. 1°. Cette efpece de Contrat differe du bail à rente, de l'échange. 2°. Il y avoit des circonftances : on alléguoit que le mari, dès le mois d'Août 1738, étoit attaqué de la maladie dont il décéda en 1739, v. ci-deffus n. 3259.

8057. Si le mari refufe d'autorifer la femme, qui defire aliéner ou hypothéquer fes biens pour caufe raifonnable, elle doit fe faire autorifer par Juftice, à l'effet de vendre tel fonds, ou de prendre de l'argent à rente jufqu'à certaine fomme, qui fera arbitrée par le Juge, en connoiffance de caufe, comme il fe pratique journellement, & il a été jugé par une infinité d'Arrêts, dit Brodeau fur Louet, F, c. 30, v. R. du Dr. fr. p. 382.

8058. Le mari refufant d'autorifer la femme, pour recevoir le rachat d'une rente, le Juge qui l'autorifera, doit ordonner le dépôt des deniers du rachat entre les mains du Débiteur ou d'un Notaire, jufqu'à ce qu'il ait été trouvé un emploi utile, v. ci-deffus n. 8047.

8059. Le refus du mari doit être juftifié par une fommation ; il convient qu'il foit appellé devant le Juge, pour voir dire qu'il autorifera la femme, finon qu'à fon refus, elle fera autorifée en Juftice, s'il ne donne pas de bonnes raifons pour l'empêcher.

8060. Le Juge, fans grande connoiffance de caufe, autorife, pour efter en Jugement.

8061. L'autorifation n'eft néceffaire, pour efter en Jugement, que lorfqu'il s'agit de la propriété de droits immobiliers; encore y a-t-il un Arrêt de 1731, que Denifart, au mot *Séparation*, dit avoir confirmé le décret des biens d'une femme féparée, dans la pourfuite duquel on n'avoit point appellé le mari.

8062. Les art. 224 de Paris, 232 de Tours, déclarent la femme féparée capable d'efter en Jugement; c'eft-à-dire, que les actions qui concernent fes meubles ou la jouiffance de fes immeubles, peuvent être intentées par elle feule ou contre elle feule.

8063. Encore qu'elle foit mineure, il ne lui faut pas de Curateur, quoi que dife Auroux, p. 1, p. 116. Elle doit jouir des effets de l'émancipation légale qu'opere le mariage, & qui la difpenfe de l'affiftance d'un Curateur, comme la Séparation la difpenfe de l'affiftance du mari, v. ci-deffus n. 7770 & fuiv.

8064. Elle n'a pas befoin d'autorifation, en matiere criminelle, tant en demandant, qu'en défendant, Valin, t. 1, p. 541, v. ci-deffus n. 7803 & fuiv.

CHAPITRE II.

De la Séparation judiciaire.

8065. Il y a deux sortes de Séparation judiciaire: la simple Séparation de biens, & la Séparation d'habitation, qui est toujours accompagnée de la Séparation de biens.

SECTION PREMIERE.

De la Séparation de biens.

8066. La Séparation de biens prononcée en Justice, a les mêmes effets que la Séparation contractuelle; ainsi, on doit appliquer à celle-là, ce que nous avons dit de celle-ci.

8067. Tant que la Séparation n'est pas prononcée, la femme qui la poursuit, a besoin d'être autorisée par le mari ou par Justice, pour contracter, ou pour plaider contre des tiers, Arrêt du 13 Mars 1739.

8068. La Séparation de biens ne peut être demandée par le mari; Denisart, au mot *Séparation*, en cite un Arrêt du 24 Juillet 1755, pour le Berri, nonobstant l'usage allégué d'y admettre ces sortes de demandes.

8069. Pothier, de la Comm. n. 513, rejette la demande du mari dans tous les cas; un Arrêt du 27 Février 1602, l'a autorisée dans le cas où une femme avoit 114 Procès indécis contre une seule personne, v. Lalande sur Orléans, art. 198, Lebrun, de la Comm. l. 3, c. 1, n. 9, Auroux, p. 1, p. 114, Causes cél. t. 14, p. 591.

8070. La femme, qui ne peut critiquer l'administration du mari, a seule la ressource de demander la Séparation de biens, lorsqu'elle apperçoit qu'il fait mal ses affaires, soit qu'il y ait entr'eux Communauté de biens ou non.

8071. La Caution qu'offriroit le mari, n'empêcheroit pas l'effet de l'action de la femme, Sainson, t. 25, art. 33, Boullai, C. M. Proust, p. 482.

8072. Toute dissipation du mari ne suffit pas, pour autoriser cette démarche de la part de la femme; il n'y a que celle qui met sa dot en danger, v. Domat, l. 1, t. 9, s. 5, n. 2, Duplessis sur Paris, p. 434, aux notes, Bourjon, t. 1, p. 523, Cochin, t. 5, p. 717. *Sufficit quod maritus inchoet male uti substantiâ suâ*, dit Sainson, t. 25, art. 33; ce que Dupineau sur Anjou, art. 319, trouve très-équitable, v. Proust, p. 481, 482.

8073. Les malheurs qui arrivent au mari sans sa faute, peuvent donner lieu à la demande en Séparation, Valin, t. 2, p. 696; il n'est pas juste, dit Auroux, p. 1, p. 114, que sa ruine entraîne celle de sa femme.

8074. Le défaut d'emploi des deniers que la femme a stipulés propres, n'est pas un motif de demander la Séparation, si le mari a des biens fonds pour en répondre, Lebrun, de la Comm. l. 1, c. 5, s. 1, d. 3, n. 3.

8075. Une femme qui n'a apporté aucune dot au mari, peut avoir intérêt de demander la Séparation, pour se conserver à l'avenir les gains qu'elle peut faire de son talent, Pothier, de la Comm. n. 512; ou pour s'assurer des successions mobilieres qu'elle espere.

8076. Il

8076. Il y a d'autres cas que celui où le mari tourne à pauvreté, dans lesquels la femme peut demander la Séparation, art. 291 de Tours, 276 de Loudun.

8077. « Cette cause de pauvreté du mari est de droit commun pour la répétition » de la dot; & pour les autres cas de droit, le principal est le mauvais traitement, » qui donne lieu à la Séparation de corps & de biens, » Pallu, N. M. v. ci-dessus n. 61.

8078. La Séparation de biens peut être demandée, selon Boullai, p. 284, non-seulement quand le mari est mauvais ménager, ou use de sévices contre la femme, mais encore s'il est absent d'une longue absence affectée, s'il est fait Prisonnier, ou s'il est hébété, sourd ou muet; tellement, dit Boullai, C. M. qu'il soit incapable de gouverner son bien, v. Renusson, de la Comm. p. 1, c. 9, n. 4.

8079. Il faut commencer par faire interdire le mari, qui se trouve incapable de gouverner son bien. La femme peut être sa Curatrice, v. ci-après n. 8171.

8080. Le Sieur B. . . . Marchand à Tours, étant tombé fort jeune en une telle paralysie, qu'il ne pouvoit presque marcher ni parler, ce qui le mettoit hors d'état de continuer le commerce par lui-même; la femme, afin de faire le commerce pour son compte particulier, a demandé la Séparation; cette demande a été rejettée au Siége de Tours, le 3 Avril 1770.

8081. Le 8 Novembre 1771, nous avons estimé que la demande n'étoit pas fondée, parce que les Témoins entendus à la requête de la femme, ne parloient que d'infirmités corporelles, sans dire un seul mot qui annonçât que l'esprit du mari se ressentoit de ces infirmités. L'impossibilité de continuer par soi-même un commerce, ni d'exercer aucune autre Profession, n'est pas une raison pour dissoudre la Communauté. On peut vivre de son bien, après avoir employé les fonds du commerce en acquisitions de rentes, ou d'héritages qu'on afferme. Quelle difficulté y a-t-il à faire des baux, à donner des quittances devant Notaire, si l'on ne peut écrire; dès qu'on est sain d'esprit, on peut incontestablement être le Chef d'une Communauté. Si cette Communauté exige des soins qu'on ne peut se donner, on a la faculté de charger, à cet effet, de sa procuration, sa femme ou quelqu'autre. La femme peut faire le commerce, au nom, soit d'elle, soit du mari: dans les deux cas, c'est pour l'avantage de la Communauté. En contractant Communauté de biens, les Conjoints s'obligent de ne faire aucuns profits, qu'ils ne soient communs; il n'importe qu'ils soient dûs aux seuls soins de l'un d'eux; l'autre, qui n'y a point contribué, encore même qu'il l'ait pu, à plus forte raison si son état ne le lui a pas permis, doit participer à ces profits.

8082. Depuis, l'esprit du Sieur B. . . . . s'est tellement affoibli, que sa famille l'a fait interdire: cette nouvelle circonstance a donné lieu à l'Arrêt du qui a admis la demande en la Séparation.

8083. L'usage du Châtelet est que la femme se fasse autoriser pour poursuivre sa Séparation; &, si elle est mineure, qu'il lui soit nommé un Curateur, qui est ordinairement son Procureur. Ce Curateur n'est point nécessaire pour la poursuite de la Séparation, mais pour la renonciation à la Communauté, selon Bourjon, t. 1, p. 524, 528, parce que c'est un acte d'aliénation, que la femme mineure, quoiqu'émancipée par le mariage, ne peut faire seule, v. ci-dessus n. 7771.

8084. Au Châtelet, on rend le Procureur garant de la procédure qu'il fait pour parvenir à la Séparation de biens.

8085. L'art. 291 de Tours n'exige qu'une procédure sommaire, v. Arrêt du 19 Juin 1730, cité par Denisart, au mot *Séparation*, ci-après n. 8102, 8135.

8086. Nous voyons que, pour la Séparation de la dame J. . . . . il y a eu, le 10 Mai, Plainte à fins civiles, & Ordonnance portant permission de faire assigner le mari pour répondre sur les faits de la Plainte, & autoriser sa femme, qui, par provision, procédera sous l'autorité de son Procureur; le 11, Assignation avec copie du Contrat de mariage & de la Plainte, donnée au mari pour comparoître en l'Hôtel du Lieutenant-Général; le 14, Procès-verbal, & Ordonnance de défaut contre le mari, & d'autorisation de la femme, portant permission d'informer; le 15, Commission du Greffe, & Assignations données aux Témoins pour déposer, & au mari pour les voir prêter serment; le 18, Procès-verbal de prestation de serment par défaut du mari, & Information avec Ordonnance qu'il en sera référé en la Chambre du Conseil; le 19, Requête par laquelle la femme a demandé à être séparée de biens, autorisée à la poursuite de ses droits, & admise à renoncer & à prendre un lit garni & autres choses accordées par la Coutume & par son Contrat de mariage, sauf à elle à se pourvoir pour ses reprises, Ordonnance de soit communiqué au Procureur du Roi, & ses Conclusions; le 20, Sentence sur le Référé, qui, vu les pieces remises au Lieutenant-Général, sans Inventaire de production, adjuge à la femme ses demandes; le 21, Renonciation à l'Audience; le 22, Procès-verbal de la Publication faite par un Tambour, dressé par un Huissier.

En rendant Plainte, par sa Requête, la femme peut demander permission de faire saisir les meubles du mari; & même, s'il fait faillite, requérir l'apposition des Scellés.

8087. La Separation doit être demandée devant le Juge du domicile du mari. Il ne peut la prononcer en temps de vacations; & il ne doit la prononcer qu'en grande connoissance de cause, quoiqu'elle ne soit pas contestée, Pallu, p. 485.

8088. La dissipation doit être prouvée par une enquête, qui n'est pas nécessaire, lorsque la dissipation est notoire, ou qu'il y en a des preuves littérales, v. Auroux, p. 1, p. 115, Valin, t. 2, p. 694.

8089. La Séparation ne peut faire de difficulté, lorsque les biens du mari sont en décret; ni lorsque, dans une faillite publique, il a abandonné ses biens à ses créanciers, v. Serieux, des C. de Mar. t. 2, p. 83.

8090. Lacombe, au mot *Séparation*, n. 17, dit que la cession de biens emporte de plein droit la Séparation de biens; il suffit à la femme de se faire autoriser pour exercer ses droits, & ses créanciers peuvent, en ce cas, les exercer pour elle, Valin, t. 2, p. 695.

8091. Il y en a qui donnent à l'abandon que fait de sa femme, le mari qui s'absente, tout l'effet d'une Séparation de biens exécutée, v. Denisart, au mot *Absent*.

8092. S'il y avoit Communauté de biens, la femme doit y renoncer; Valin, t. 2, p. 696, Pothier, de la Comm. n. 520, observent qu'il y a des cas où elle peut demander le partage de la Communauté.

8093. La Sentence qui prononce la Séparation de biens, n'a effet, pour dissoudre la Communauté qui existoit entre le mari & la femme, qu'autant que la Séparation est exécutée avec les formalités requises, Valin, t. 2, p. 697; autrement, la femme est censée s'être désistée du profit de la Sentence.

8094. La Séparation est exécutée par la renonciation de la femme à la Communauté, & l'adjudication de ses droits.

8095. La femme poursuit contre le mari le payement de ses reprises, remplois & indemnités; & faute de payement, elle se fait vendre ou adjuger en payement quelques biens du mari, ou au moins elle obtient une Sentence adjudicative de ses droits, Pr. de la Jur. fr. n. 353.

8096. Boucheul sur Poitou, art. 252, n. 42, 48, tient que les recélés n'empêchent pas l'effet de la Séparation, & que la renonciation à la Communauté est valable, en ce cas, sans inventaire.

8097. Il n'est nécessaire de faire l'inventaire & la vente des meubles, que lorsque la femme veut se les assurer, en les prenant en déduction de ce qui lui est dû, Auroux, p. 1, p. 115, v. Pallu, p. 486.

8098. « Anciennement, dit M. Bernard, en ses notes, on suivoit à Tours, en » matiere de Séparation, l'usage de Paris; on faisoit ou plutôt on feignoit une vente

» de meubles du mari, & la femme fe les faifoit céder par l'Adjudicataire. Lorfque
» je fuis venu à Tours, j'ai trouvé un autre ufage établi, qui eft de faire former op-
» pofition par le mari à la faifie des meubles, & demander que fa femme fût tenue de
» les prendre en déduction de fes reprifes, fuivant l'eftimation ; intervient enfuite un
» Jugement qui l'ordonne, & nomme l'Expert, lequel prête ferment. Mes anciens
» Confreres m'ont dit que la fubftitution de ce nouvel ufage à l'ancien, avoit occa-
» fionné un Procès confidérable, & que le Siége l'ayant adopté par Jugement folem-
» nel, ce Jugement avoit été confirmé par Arrêt. Si la Cour de Paris veut que fa
» Sentence de Séparation foit dûment exécutée, ce ne peut être que par deux mo-
» tifs : l'un de prévenir les fraudes entre le mari & la femme ; l'autre d'avertir les
» créanciers par l'éclat de cette vente publique, & on peut dire que la maniere dont
» les chofes fe paffent à Paris, ne remplit nullement ces vues. Car tout eft faux, le
» tranfport des meubles, la vente, la retroceffion que les Adjudicataires font à la
» femme. Il eft furprenant que cet abus n'ait pas encore été frappé ; auffi, les Arrêtés
» demandent-ils la fignature de deux Témoins non fufpects. Notre procédure eft bien
» plus louable, en fubftituant l'éclat de l'Audience à une vente clandeftine ; & je de-
» firerois encore que le Jugement ne pût fe rendre que fur les Conclufions du Mini-
» tere public, afin qu'on ne prît pas, pour faire rendre ces Jugements, le moment
» où l'on entre à l'Audience. »

8099. M. Bernard rapporte cette efpece : une femme mineure fe fit inftituer un
Curateur, pour faire une pourfuite de Séparation ; elle donna fa Plainte à fins civiles,
& fe fit autorifer à l'effet de faire affigner le mari, pour être oui & voir dire qu'il
feroit tenu de l'autorifer ; le mari fit défaut ; la femme obtint la permiffion d'informer ;
elle ne fe fit point autorifer à l'effet de cette pourfuite ; elle fit fa preuve : & elle renonça à l'Audience. Le mari lui vendit, fur l'eftimation d'un Frippier, fes meubles
& des marchandifes, en déduction de fes reprifes, par un Acte, qu'elle dénonça aux
créanciers. Malgré cela, les créanciers firent faifir, & elle forma oppofition à la faifie. « Je fis valoir, pour les créanciers, dit M. Bernard, la néceffité indifpenfable de ren-
» dre publique l'exécution de la Séparation, & de fe conformer, ou à l'ufage de Pa-
» ris, ou à celui qu'on y avoit fi fagement fubftitué. Je foutins que la renonciation étoit
» nulle ; que l'autorifation pour faire affigner le mari, étoit bonne, mais qu'elle étoit
» limitée à cette affignation ; qu'on n'avoit pu l'accorder pour toute la fuite de la pro-
» cédure, parce que la Juftice ne peut l'accorder qu'au refus du mari ; que par l'af-
» fignation donnée au mari, cette autorifation avoit eu tout fon effet ; qu'on avoit
» fait une faute grave, de ne point demander l'autorifation de la Juftice, après cette
» affignation, pour la fuite de la procédure ; que la femme fe trouvoit l'avoir faite,
» fans être autorifée, ni par fon mari, ni par la Juftice, ce qui ruinoit tout l'ouvrage
» de la Séparation. On m'objecta l'autorité du Curateur. Je fis fentir la différence de
» cette autorifation & de celle du mari : l'une bornée à la minorité, l'autre durable
» autant que le mariage ; l'une fondée fur la foibleffe du mineur, l'autre, non fur la
» foibleffe de la femme, mais fur la dignité & la prééminence du mari, comme fur
» une partie, dont il eft le chef, *dominabitur tibi*. Tout ce qu'a fait l'affiftance du
» Curateur, c'eft de mettre la femme mineure en état de faire ce qu'elle auroit fait,
» étant majeure ; mais, majeure ou mineure, il lui falloit l'autorifation de fon mari
» ou de la Juftice. Par Jugement contradictoire du 15 Janvier 1743, la renonciation
» fut déclarée nulle, faute par la femme de s'être fait autorifer après l'affignation
» donnée au mari ; le Contrat de vente fut également déclaré nul, faute de l'avoir
» fait précéder d'un Jugement qui, fur l'oppofition du mari, l'eût ordonnée ; en
» conféquence, fans avoir égard à l'oppofition de la femme, ordonné que les pour-
» fuites feront continuées avec dépens. Le mari étoit en caufe, & il le falloit,
» puifqu'on attaquoit la qualité de la femme. Ce Jugement, exprimant les motifs,
» confirme l'ufage du Siége. »

H ij

8100. La renonciation faite, la femme doit jouir par elle-même de ses biens. Ils ne peuvent être saisis, ni les fruits d'iceux, porte l'art. 292 de Tours, pour les dettes du mari.

8101. Si la validité de la renonciation est contestée, la femme doit jouir par provision.

8102. La Communauté est dissoute du jour que la renonciation est admise, dans le cas où la femme, au lieu de former une demande en Séparation, se contente de faire sa renonciation & de la faire admettre, comme dans l'espece de l'Arrêt de 1730, cité ci-dessus n. 8085.

8103. Remarquez, avec Varicourt, au mot *Dettes de Communauté*, qu'un Arrêt du 7 Septembre 1765, a admis la dissolution de la Communauté, du jour de la demande en Séparation, v. Valin, t. 2, p. 591, Pothier, de la Comm. n. 521.

8104. Lacombe, au mot *Séparation*, p. 1, n. 11, atteste que l'usage du Châtelet est d'adjuger les intérêts des reprises de la femme, du jour de la demande en Séparation, sauf à lui déduire les provisions qu'elle a obtenues, pendant qu'a duré l'Instance, v. ci-après n. 8148.

8105. La femme, qui, après une Sentence de Séparation, a exercé la faculté de reprendre ce qu'elle avoit apporté à la Communauté, accordée à elle seule, venant depuis à prédécéder, le mari ne peut le répéter, contre ses héritiers, Pothier, de la Comm. n. 382, v. Sérieux, des C. de Mar. t. 2, p. 85.

8106. La Séparation ne donne pas ouverture au douaire, au préciput, ni aux autres gains de survie, qui ne se gagnent que par la mort naturelle du mari, Bourjon, t. 1, p. 522, 525.

8107. La femme séparée est tenue, lorsqu'elle le peut, de contribuer aux charges du mariage; ainsi, elle doit employer ses revenus, suivant leur destination, à l'entretien de sa famille, & en conséquence payer, sur ses biens, une pension au mari qui fait toute la dépense de la maison, v. Auroux, p. 1, p. 117, Bourjon, t. 1, p. 446, Pr. de la Jur. fr. n. 325, Sérieux sur Renusson, de la Comm. p. 1, c. 9, n. 42, Pothier, de la Comm. n. 464. ci-après n. 8147; elle doit nourrir le mari & les enfants, dit Lathaumassiere sur Berri, t. 1. art. 49, s'ils sont en pauvreté.

8108. Le mari que la femme séparée laisse jouir de tous ses revenus, n'en doit aucun compte, Lebrun, de la Comm. l. 3, c. 4, n. 4.

8109. Nonobstant la Séparation de biens, la femme doit habiter avec le mari, v. Denisart, aux mots *Femme & Séparation*.

8110. On ne suit pas Sainson, t. 25, art. 33, Boullai, C. M. qui estiment que le changement qui survient dans la conduite & la fortune du mari, peut l'autoriser à répéter la dot qu'il a restituée, lors de la Séparation.

8111. Bourjon, t. 1, p. 524, prétend que l'effet de la Séparation judiciaire est irrévocable; Denisart, au mot *Séparation*, fait une distinction que ne font pas les Auteurs qu'il cite. On doit tenir qu'après une Séparation de biens prononcée & exécutée, le mari & la femme peuvent se remettre en Communauté, en en convenant par un Acte, dont il y ait minute, soit judiciairement, soit devant Notaire, v. Louis sur Maine, art. 160, Pallu, p. 339, 485, Barbier sur Argou, l. 3, c. 20, Valin, t. 2, p. 697 & suiv, Pothier, de la Comm. n. 525.

8112. S'ils ont vécu séparément, le retour & le nouveau mélange de biens peuvent suffire, dit Valin; leur réunion étant publique, il ne faut pas d'Acte authentique, v. ci-après 8150.

8113. Par ce rétablissement de Communauté, la Séparation est effacée; les choses sont remises dans l'état où elles auroient été, s'il n'y avoit point eu de Séparation. Les acquisitions faites & les dettes contractées par l'un ou l'autre, dans le temps intermédiaire, deviennent communes, Pallu, p. 485; tout ce que la femme a fait seule, demeure valable, si elle n'a fait que ce qu'elle avoit droit de faire, en vertu de la Séparation, Auroux, p. 1, p. 117, Pr. de la Jur. fr. n. 355.

8114. Valin, t. 2, p. 700, est d'avis qu'ils peuvent apposer dans l'Acte de rétablissement de Communauté, des conditions; stipuler par ex. que les acquisitions faites dans le temps intermédiaire, ne seront pas communes, v. Pothier, de la Comm. n. 529.

8115. Le rétablissement de Communauté ne peut se demander par la femme contre le gré du mari, v. Denisart, au mot *Séparation*.

SECTION II.

De la Séparation d'habitation.

8116. Le lien formé par le mariage, oblige le mari & la femme d'habiter ensemble, non-seulement pour mettre des enfants au monde, mais encore pour s'aider, se soulager, se consoler l'un l'autre.

8117. Le mari peut obliger en justice la femme de le suivre par-tout où il établit son domicile, v. Sainson, t. 25, art. 9, pourvu que ce ne soit pas hors du Royaume; il peut former, à cet effet, sa demande en adhésion, Durand, au mot *Adhésion*.

8118. Cette demande est de la compétence du Juge d'Eglise, Héricourt, p. 3, c. 5, art. 1, n. 35, v. Decombes, Proc. civ. des Offic. p. 1, p. 251, ci-après n. 8138 & suiv.

8119. La femme qui s'est séparée d'avec son mari, sans en avoir une juste cause, peut-être privée de sa dot & des conventions matrimoniales, v. Arrêt du 29 Décembre 1689, rapporté au Journ. des Aud. ci-après n. 8152.

8120. La femme peut contraindre le mari de la recevoir chez lui, v. ci-après n. 8151.

8121. Excepté le cas où le mari poursuit la femme pour crime d'adultere, la Séparation d'habitation n'a lieu que quand elle la demande.

8122. La femme qui est réduite à former cette demande, doit se retirer chez ses parents, ou dans tel Couvent que le Juge lui indiquera, v. ci-dessus n. 1582.

8123. Sur ce qui peut donner lieu à la Séparation d'habitation, v. Fevret, l. 5, c. 4, n. 17, aux notes, Causes cél. t. 14, p. 587 & suiv.

8124. Il suffit que les traitements du mari rendent la vie insupportable & infiniment triste & disgracieuse, pour que la femme soit admise à en faire preuve; il n'est pas nécessaire que les sévices soient de nature à mettre sa vie en danger.

8125. On ne l'écoute pas, lorsque les faits qu'elle propose, ne sont pas vraisemblables, v. Cochin, t. 4, p. 243 & suiv.

8126. Les injures & calomnies atroces peuvent donner lieu à la Séparation, Duperrai, des Disp. de mar. p. 519 & suiv. Denisart, au mot *Séparation*, en cite des Arrêts de 1706, 1716, 1723, &c. auxquels on peut joindre un Arrêt du 9 Août 1770, rendu contre le sieur H. . . . . Marchand à Tours.

8127. L'adultere du mari n'autorise pas la Séparation, Pothier, du Mar. n. 516. Un Arrêt du 7 Avril 1756, l'a jugé contre la Comtesse de Montboissier, mais v. Héricourt, p. 3, c. 5, art. 4, n. 37, Brillon, au mot *Séparation*, n. 14, Cochin, t. 4, p. 116, Jousse, de la Just. crim. t. 3, p. 225. Nous avons assisté aux Plaidoiries; il y avoit des faits multipliés, qui avoient paru aux 1ers. Juges, assez graves pour opérer la Séparation; ils en avoient admis la preuve.

8128. « Les Canonistes, dit Héricourt, n. 40, marquent, pour une cause de Sépa-
» ration d'habitation, le cas dans lequel l'un des Conjoints professeroit l'hérésie, &
» voudroit engager l'autre Partie à renoncer à la Religion catholique, » v. Pothier, du Mar. n. 513.

8129. La femme dont le mari eſt ſujet à l'épilepſie, peut demander la Séparation d'habitation, ſuivant Varicourt, au mot *Mariage*.

8130. La démence qui eſt une cauſe de Séparation de biens, devient, lorſqu'elle eſt accompagnée de fureur, une cauſe de Séparation d'habitation, Encyclopédie, au mot *Démence*.

8131. La femme doit faire interdire ſon mari; s'il eſt néceſſaire, le faire enfermer; & lui faire nommer un Curateur: c'eſt ordinairement la femme qu'on nomme, Pothier, du Mar. n. 515, quoi que dite Bourjon, t. 1, p. 65, v. Encyclopédie, au mot *Curatrice*, ci-après n. 9589.

8132. La femme doit agir immédiatement après les ſévices dont elle ſe plaint; autrement, on ſuppoſe la réconciliation.

8133. L'action s'intente civilement, Bourjon, t. 1, p. 526; Bardet, t. 2, l. 5, c. 7, rapporte un Arrêt du 21 Février 1636, rendu contre le Lieutenant-Criminel de Tours, qui avoit décrété le mari d'ajournement perſonnel.

8134. La Séparation peut ſe pourſuivre par la voie extraordinaire, dans le cas où il y a une accuſation capitale; comme ſi le mari a voulu faire aſſaſſiner ſa femme.

8135. « Il importe d'expoſer la Procédure qui s'eſt toujours tenue à Tours, ſoit
» pour parvenir à une ſimple Séparation de biens, ou même quand il s'agit de celle
» *à thoro*.

» La femme rend Plainte à fins civiles, & y expoſe les faits de diſſipation, s'il ne
» s'agit que d'une Séparation de biens, ou les ſévices, injures & mauvais traitemens
» du mari, s'il s'agit d'une Séparation de corps & de biens; & demande permiſſion
» d'informer. Au pied de la Plainte, le Juge en donne acte, autoriſe la femme à
» l'effet de la pourſuite, &, avant de permettre l'Information, ordonne que le mari
» ſera aſſigné pour être entendu ſur les faits.

» S'il compare, le Juge lui communique les faits, & reçoit ſes réponſes, dont il
» dreſſe Procès-verbal: s'il ne compare pas, on en donne défaut par un Procès-verbal.
» Au pied de ce Procès-verbal, Ordonnance qui permet d'informer; on informe.

» L'Information faite, Ordonnance portant qu'il en ſera communiqué au Procureur
» du Roi. Sur ſes Concluſions, Ordonnance qui reçoit les Parties en Procès ordinaire,
» convertit l'Information en Enquête, renvoie à l'Audience, ordonne que la Plainte
» & les noms, ſurnoms, âge & qualités des Témoins ſeront ſignifiés au mari, lui per-
» met de faire preuve des faits contraires dans le temps de l'Ordonnance.

» Le mari fournit de reproches, fait ſon Enquête, & tout le reſte de la Procédure,
» comme dans les Inſtances civiliſées; l'Inſtruction en état, on va à l'Audience.

» Sur une pareille Procédure, tenue en 1733, par dame Teſtu, contre le ſieur
» Sain des Arpentils, ſon mari, il s'en porta Appellant. La critique tomboit, 1°. ſur
» la Plainte, qui, entre mari & femme, ne devoit pas être admiſe; 2°. ſur ce que
» M. Decop, Lieutenant-Particulier, qui avoit fait l'Inſtruction, avoit rendu, en
» ſon Hôtel, la Sentence qui renvoyoit à l'Audience, contre le Réglement de 1665.
» On juſtifia l'uſage du Siége, ſur ces deux points, par une multitude d'exemples, qui
» remontoient à plus d'un ſiecle. Par Arrêt contradictoire du 7 Juillet 1733, rendu ſur
» les Concluſions de M. l'Avocat Général Joly-de-Fleury, la Procédure a été con-
» firmée avec amende & dépens, » notes de M. Bernard. Le détail de cette Procédure ſe trouve auſſi dans les notes de M. Dubois, fils, v. ci-deſſus n. 8086, 8102.

8136. Des Arrêts des 26 Avril 1746, & 15 Avril 1747, ont défendu au Lieutenant-Civil du Châtelet, de rendre, en ſon Hôtel, des Ordonnances portant permiſſion de faire preuve en matiere de Séparation, nonobſtant l'uſage juſtifié par un Acte de notoriété, du 21 Juillet 1715. Pareilles défenſes ont été faites au Prévôt de Chaumont en Baſſigny, par un Arrêt du 19 Juin 1747: l'admiſſion de la preuve préjugeant le fond, c'eſt au Siége à la prononcer.

8137. En quelque lieu que les sévices aient été commis, le Juge du domicile du mari doit en connoître.

8138. Parce que la Séparation d'habitation dispense de la Loi imposée par le Sacrement aux personnes mariées, la connoissance en appartient au Juge d'Eglise, Ducasse, p. 2, c. 3, s. 6, Héricourt, p. 3, c. 5, art. 4, n. 30; on n'en a jamais douté, dit Fevret, l. 5, c. 4, n. 18, v. d'Argentré sur Bretagne, art. 429, Brunet, Proc. des Offic. c. 7, s. 1, art. 5, Encyclopédie, au mot *Séparation*, ci-dessus n. 8118.

8139. « Cela se pratique ainsi en Espagne, & nous n'avons en France aucune Or» donnance de nos Rois, qui ôte ce droit au Juge ecclésiastique, pour le donner aux » Juges laïcs. Cependant, en France, les Parlements se sont mis en possession de ju» ger de ces Séparations d'habitation, dont s'ensuit la Séparation *a thoro*. Ils rédui» sent les Juges ecclésiastiques, autant qu'ils peuvent, à la seule connoissance du » point de droit, & veulent que celle du fait soit examinée & instruite dans les » Tribunaux séculiers : or, la Séparation d'habitation emporte avec soi presque tou» jours des questions de fait, sur lesquelles il faut informer, » Confér. de Paris sur le Mar. t. 5, p. 100.

8140. Suivant Boucheul sur Poitou, art. 68, n. 11, cette matière est de l'une & de l'autre Jurisdiction; il y a lieu à la prévention.

8141. En conséquence de la Séparation de corps, qui se traitoit devant lui, le Juge d'Eglise autrefois connoissoit même de la Séparation de biens, v. art. 73 de Bourbonnois.

8142. Les faits articulés par la femme, doivent être prouvés, quand ils seroient avoués par le mari, Pothier, du Mar. n. 519.

8143. Les Témoins domestiques & les Témoins singuliers sont admis, Causes cél. t. 17, p. 530 & suiv.

8144. Si la femme meurt pendant le cours de l'Instruction, ses héritiers peuvent reprendre l'Instance, & la faire décider, soit pour obtenir les intérêts de la dot, qui ont couru depuis la demande en Séparation, soit pour faire révoquer les dons faits au mari, v. Denisart, aux mots *Révocation* & *Séparation*, ci-dessus n. 8104.

8145. La Séparation d'habitation emporte toujours la dissolution de la Communauté, s'il y en avoit une entre les Conjoints, & la femme peut l'accepter; le mari d'un caractère féroce, peut être bon ménager, v. Bourjon, t. 1, p. 526.

8146. Si la femme accepte la Communauté, elle se partage en l'état où elle se trouve, Auroux, p. 1, p. 113, v. ci-dessus n. 8102 & suiv.

8147. Par l'Arrêt du 4 Septembre 1721, qui a prononcé la Séparation des sieur & dame Hatte, il a été ordonné que le sieur Hatte retiendroit, sur la dot, 20000 l. sans payer d'intérêt, à la charge de pourvoir à l'entretien & à l'éducation des enfans communs. Il n'étoit question que d'une Séparation de biens; mais la même chose peut avoir lieu dans le cas d'une Séparation d'habitation, v. ci-dessus n. 8107.

8148. Si la femme n'a pas de quoi vivre, le mari doit lui faire une pension, qui ne se règle pas sur la dot qu'elle a apportée au mari, mais sur sa fortune & sa condition.

8149. Pour faire cesser la Séparation d'habitation, il n'est pas nécessaire d'un Acte par écrit; on présume facilement la réconciliation, dès que la femme est retournée avec le mari, Argou, l. 3, c. 20, v. ci-dessus n. 8112.

8150. Elle peut protester par un Acte devant Notaire, qu'elle n'entend se départir que de la Séparation d'habitation, non de la Séparation de biens, Pothier, de la Comm. n. 524.

8151. La femme qui a fait prononcer la Séparation d'habitation, ne peut retourner chez le mari, malgré lui, v. Denisart, au mot *Séparation*, ci-dessus n. 8120.

8152. La Séparation d'habitation empêche que l'un des Conjoints ne succède à l'autre, Bretonnier sur Henrys, t. 1, l. 3, quest. 19.

LIVRE CINQUIEME.

De la Communauté.

8153. La Communauté entre Conjoints par mariage est de droit commun dans la France coutumiere; presque toutes les Coutumes l'établissent de plein droit.

8154. Par les art. 220 de Paris, 230 de Tours, la Communauté a lieu du jour de la Bénédiction nuptiale; les art. 223 de Loudun, 511 d'Anjou, exigent la condition que les Conjoints aient vécu ensemble un an & jour, à compter du jour de la Bénédiction nuptiale, Proust, p. 402; ce qui avoit lieu à Tours, avant la réformation de la Coutume, faite en 1559.

8155. Si dans le Lodunois ou l'Anjou, l'un des Conjoints meurt avant l'an & jour, les choses se passent, comme s'il avoit été stipulé une simple exclusion de Communauté : le mari ou ses héritiers ont irrévocablement les fruits échus depuis le mariage, des biens de la femme, à qui Proust, p. 402, donne mal-à-propos l'administration de ses biens pendant l'an & jour, Dupineau sur Anjou, art. 511. La femme ou ses héritiers reprennent tout ce qu'elle a apporté, sans rien payer des dettes pour aliments ni médicaments, Bodreau sur Maine, art. 255, Duplessis sur Paris, p. 413, aux notes, v. art. 469 de Bretagne, dont Olivier sur Maine, art. 508, paroit adopter la disposition. L'acquêt qui a été fait, en quelque lieu qu'il soit situé, appartient en entier au mari, v. Froland, des Statuts, p. 393. Si le mariage a duré un an & jour, la Communauté est censée contractée du jour du mariage, par l'événement de la condition dont elle dépendoit. Pendant le temps qu'il est incertain si elle s'accomplira, le mari, qui jouit des biens de la femme, peut être poursuivi pour les dettes qu'elle a contractées avant le mariage, comme il peut poursuivre ses Débiteurs, v. ci-après n. 8169.

8156. On est présumé vouloir contracter une Communauté, suivant l'usage du lieu où l'on se marie, lorsqu'on ne témoigne pas une volonté contraire. La Loi municipale a autant d'effet que la convention, v. ci-dessus n. 7489.

8157. Cet effet est invariable, nonobstant le changement de demeure. C'est la Coutume du domicile du mari, lors du mariage, qui regle la Communauté & les droits qui en dépendent, non celle où il transfere par la suite son domicile, ni celle où les acquêts faits durant le mariage, sont situés, ni celle où la dissolution de la Communauté arrive, v. Proust, p. 403, Pallu, p. 338, Bodreau & Olivier sur Maine, art. 508, Sérieux, des C. de Mar. t. 1, p. 194, Auroux, p. 1, p. 358, 360, Valin, t. 2, p. 692, 693, ci-dessus n. 7495.

8158. La Communauté stipulée par un Contrat de mariage, se regle par la Coutume du lieu où il est passé, s'il n'y a pas une soumission expresse à une Coutume particuliere, R. du Dr. fr. p. 363.

8159. On ne peut, après la célébration du mariage, même dans l'an & jour, faire, au sujet de la Communauté, aucune convention, v. Proust, p. 403, Pocquet sur Anjou, art. 511, obs. 2°. ci-dessus n. 7514.

8160. On a constamment regardé jusqu'à présent la Cout. de Normandie, comme prohibitive de Communauté, mais v. Froland, des Statuts, p. 255 & suiv. qui, p. 267, dit être contraint d'adopter cette opinion, « parce qu'en fait de Jugement, » il est des regles de se conformer à la pluralité des voix, sauf toutes-fois la pro-
» testation,

» teſtation , ajoûte-t-il , que je prends la liberté de faire , ſuivant le pouvoir que le
» Public a l'indulgence d'accorder à tous ceux qui cherchent à lui être utiles , qu'il
» ne feroit pas , ce me ſemble , impoſſible de ſoutenir le contraire. »

8161. La Communauté étoit autrefois en uſage en Normandie , Conſér. de Paris
ſur le Mar. t. 4 , p. 222 ; & on peut dire que l'effet des diſpoſitions de la Cout. de
Normandie, eſt le même que celui de la Communauté , dans les Coutumes qui l'admettent,
Dict. raiſ. des dom. t. 1 , p. 459.

8162. Boullenois , Queſt. mixtes , p. 254 & ſuiv. obſerve que les Cout. de Normandie & de Reims , en rejettant le nom de Communauté , en admettent les effets. Dans ces deux Coutumes , il n'y a pas de Communauté du vivant du mari ;
mais l'inſtant du décès en fait naître une à laquelle la femme parvient , en Normandie , en ſe portant héritiere , & à Reims , en optant de partager. La collaboration eſt le principe de la ſucceſſion dont parle la Cout. de Normandie , & du
partage dont parle celle de Reims : l'un & l'autre eſt un droit de Communauté ; les
biens qui en ſont l'objet , ſont communs , ſont des conquêts.

8163. La femme mariée en Normandie , dont le mari vient demeurer en Touraine
& y fait des acquiſitions , doit avoir ſur icelles , ſuivant Froland , des Statuts , p.
358 & ſuiv. ce qu'elle auroit eu , ſi les acquiſitions euſſent été faites en Normandie , le tiers en uſufruit , v. Boullenois , Queſt. mixtes , p. 126 , Olivier ſur Maine ,
art. 508 ; de même que la femme mariée en Touraine , dont le mari va demeurer
en Normandie , & y fait des acquiſitions , doit avoir ſur icelles ſon droit de Communauté , la moitié en propriété : ce n'étoit autrefois que le tiers , v. Froland , des
Statuts , p. 179 , 190 & ſuiv. 223 & ſuiv. 273 & ſuiv. ci-deſſus n. 8157.

8164. Les acquiſitions que fait le mari pendant le mariage , proviennent des revenus des biens de la femme , comme des ſiens ; il eſt donc juſte qu'elle y participe.
D'ailleurs , l'économie de la femme contribuant ſouvent autant que le travail du
mari , à l'accroiſſement de ſa fortune , il étoit d'une ſage politique d'animer , par le
motif de l'intérêt , ſes ſoins & ſa vigilance. Tel eſt le princip. de la Communauté
légale , qui eſt depuis long-temps en uſage dans ce Royaume , Conſér. de Paris ſur
le Mar. t. 4 , p. 221.

8165. « Tous nos Auteurs conviennent que la Communauté ou ſociété conjugale
» eſt oppoſée au droit romain ; & leur avis a paſſé juſqu'ici pour une vérité très-
» conſtante. Cependant , il eſt indubitable , dit Lauriere ſur Paris , p. 253 , que c'eſt
» des Romains , que nous avons pris le droit de Communauté. » Nous nous borne-
rons à examiner la nature de ce droit , ſans en diſcuter l'origine.

8166. Le mari eſt le chef & le maître de la Communauté ; c'eſt une prérogative
qui eſt l'effet naturel de la ſupériorité que lui donne ſon ſexe.

8167. Quelqu'abſolu que ſoit le pouvoir du mari , la Loi municipale a pourvu à
ce qu'il ne pût préjudicier aux intérêts de la femme , ni diminuer ſes biens , ſans ſon
conſentement , par deux Priviléges qu'elle lui accorde : celui de renoncer à la Communauté ; & celui de n'être tenue , en l'acceptant , des dettes , que juſqu'à concurrence
du profit qu'elle retire de ſon acceptation.

8168. La mort de l'un des Conjoints devroit toujours mettre fin à la Communauté ; l'intérêt des enfants fait qu'en leur faveur , on a admis qu'en certains cas , la
Communauté continuât entr'eux & le Survivant.

8169. Le mari eſt toujours maître des actions mobilieres & poſſeſſoires de la femme ,
Adminiſtrateur & Uſufruitier de ſes biens. Il a ces qualités , & les droits qui en
réſultent , lorſqu'il y a Communauté , à deux titres , & comme mari , & comme chef
de la Communauté ; il les a également , en ſa ſeule qualité de mari , lorſqu'il n'y a
point de Communauté , à moins qu'à la clauſe d'excluſion de Communauté , on n'ait
joint celle de Séparation de biens.

8170. S'il eſt porté , par le Contrat de mariage , que la femme aura , pour tout

droit de Communauté, une somme fixe, elle peut la prendre sur les biens du mari,
Auroux, p. 1, p. 356, sans être tenue d'aucunes dettes, quoique cela ne soit pas
exprimé, Valin, t. 2, p. 689.

8171. Il a été jugé, au Siége de Tours, par une Sentence du 13 Juin 1705, confirmée par un Arrêt, & par une autre du 22 Janvier 1710, que la clause qui exclud la
Communauté, jusqu'après le payement des dettes, & qu'il en ait été fait un acte,
ne peut l'exclure, ni la suspendre; une pareille clause a été jugée exclusive de
Communauté, par un Arrêt du 22 Juillet 1719, dans une espece où il paroissoit,
par plusieurs actes, que les Conjoints s'étoient toujours regardés comme non communs.

8172. Lorsqu'un mariage est déclaré nul, plusieurs années après qu'il a été contracté, il n'y a pas eu de véritable Communauté conjugale, mais une société de
fait; chacune des Parties doit retirer ce qu'elle y a mis, & les profits se partagent
entr'elles, Pothier, de la Comm. n. 508.

8173. Les principes propres à la Communauté, vont être exposés dans cinq Chapitres.

CHAPITRE PREMIER.

Des Biens qui entrent dans la Communauté.

8174. Chez les Gaulois, le mari étoit tenu de mettre dans la Communauté, autant de Bien qu'il en recevoit de la femme, & le tout appartenoit au Survivant
d'eux, Coquille sur Nivernois, t. 23, art. 2; parmi nous, il en est autrement. Après
avoir vu quels Biens sont meubles ou immeubles, nous traiterons des Biens meubles & immeubles qui entrent dans la Communauté, des stipulations de propres, &
des ameublissements.

SECTION PREMIERE.

Quels Biens sont Meubles ou Immeubles.

8175. Tous les Biens sont Meubles ou Immeubles, art. 88 de Paris, dont la disposition contient une maxime du Pays coutumier, où l'on répute Meubles ou Immeubles, les droits incorporels, suivant les divers rapports qu'ils ont avec les Meubles
ou les Immeubles corporels, sans considérer la qualité des Biens sur lesquels on les
exerce, v. ci-après n. 8248.

8176. Immeuble est ce qui ne peut être transporté d'un lieu en un autre, comme
les fonds de terre, & tout ce qui, étant adhérent à la terre, en fait partie, comme
les bâtiments, les plantes & les arbres, lorsqu'ils ont pris racine, les fruits, avant
d'être séparés du fonds, Pr. de la Jur. fr. n. 17.

8177. Meuble est ce qui, n'étant point adhérent au fonds, peut être transporté d'un
lieu en un autre, comme une armoire, un lit, &c. quoiqu'ils ne puissent être ôtés
de la chambre où ils sont, sans en désassembler les parties, Boullai, p. 219.

8178. Il y a des Meubles qui deviennent Immeubles par accession ou par destination, lorsqu'on les place dans un bâtiment pour perpétuelle demeure.

8179. C'est la destination qu'il faut principalement considérer; ce qui est mis dans
une maison pour perpétuelle demeure, quoique non attaché, est réputé en faire par-

tie, par ex. une auge, v. Breche, t. 21, art. 5, Auroux, p. 1, p. 469, Valin, t. 3, p. 282. Une auge servant à un puits, non attachée, a cependant été jugée Meuble, au Siége de Tours, le Janvier 1619.

8180. Le 1er. Septembre 1767, le Siége de Tours a jugé Immeuble une table d'ardoise, quoiqu'elle ne fût pas arrêtée sur le pivot planté en terre pour la supporter; la destination décida.

8181. Lorsqu'on n'apperçoit pas de destination, ce qui est attaché, n'est pas regardé, comme faisant partie de la maison; par ex. un dressoir de cuisine est meuble, quoiqu'il tienne au mur avec des pattes de fer.

8182. La destination est visible, si ce sont des planches scellées en maçonnerie dans un vuide pratiqué dans le mur, v. Pallu, p. 336.

8183. Il n'y a pas de difficulté pour des tapisseries, lits & autres choses semblables, qui sont Meubles, quoique tenant avec des clous, Sainson, t. 21, art. 5.

8184. Pour qu'une chose attachée, soit qu'elle soit scellée en plâtre, en maçonnerie, soit qu'elle tienne à fer & à clou, comme porte l'art. 90 de Paris, ou à clous ou à chevilles, suivant l'expression des art. 225 de Tours, 222 de Loudun, soit censée mise pour perpétuelle demeure, il faut que ce soit le Propriétaire de la maison, qui l'ait fait ainsi attacher, non un simple Locataire ou Usufruitier, art. 226 de Tours, v. Pallu, p. 336, R. du Dr. fr. p. 76.

8185. L'art. 226 de Tours, dont la disposition est généralement reçue, autorise le Propriétaire à empêcher l'Usufruitier, le Locataire ou autre semblable, d'enlever les choses attachées à clous ou à chevilles, en en payant le prix; ainsi, un Locataire, qui a fait placer quelque boiserie dans une chambre, un ratelier dans une écurie, &c. doit les laisser, si on lui en offre la valeur.

8186. Un Arrêt du 9 Juillet 1629, rapporté au Journ. des Aud. a jugé que les ornements faits & appolés par un Chanoine dans une maison canoniale, appartiennent au Chapitre, à l'exclusion des héritiers. « Si un Ecclésiastique a fait faire un pressoir, cuves & autres choses Immeubles, en son bénéfice, sans protestation d'en » être récompensé, ses héritiers n'en pourront rien demander au Successeur du bénéfice . . . . . ce qui a lieu en tout autre Usufruitier; mais la Coutume en » dispose autrement ici, & permet à l'héritier de l'Usufruitier l'enlevement, sinon que » le Propriétaire lui en fasse récompense, » Boullai, p. 220. « Pour l'Usufruitier ecclésiastique, dit M. Dufrementel, en ses notes, lorsqu'il meurt sans avoir disposé, » on présume une destination *ad usum perpetuum*, » v. Boucheul sur Poitou, arr. 259, n. 5 & suiv. R. du Dr. fr. p. 77, Desgodets, p. 89, ci-dessus n. 5964.

8187. La boiserie d'une chambre, y compris les armoires, tableaux, trumeaux de glaces & autres ornements qui y sont enchâssés, de la manière que l'explique Pothier, de la Comm. n. 55, est Immeuble par accession.

8188. Une pendule peut être tellement placée, qu'on soit dans le cas de décider ce qu'on décide à l'égard d'un tableau, d'une glace, &c; mais une tapisserie encadrée dans la boiserie d'une chambre, est toujours Meuble.

8189. On répute Meubles, des corps de menuiserie, qui, renfermant une glace ou un tableau, s'appliquent sur des cheminées, ainsi que des tableaux servant de dessus de portes, lorsque les uns & les autres ne sont arrêtés que par des vis ou pattes tournantes, Bourjon, t. 1, p. 122.

8190. Ces mêmes ornements, n'étant attachés qu'avec des clous, sont simples Meubles; ils sont Immeubles, dit Bourjon, s'ils sont attachés avec des chevilles, v. Desgodets, p. 87.

8191. Un contrefeu attaché avec des pattes de fer à un mur de cheminée, fait partie de la maison, Pothier, de la Comm. n. 57.

8192. Les statues placées dans un lieu, ont été déclarées Meubles ou Immeubles, selon que les circonstances annonçoient ou non, qu'elles y avoient été posées à perpétuelle demeure, v. Pallu, p. 336, Dupleſſis ſur Paris, p. 135, Deſgodets, p. 88, 89, Valin, t. 3, p. 282, Pothier, de la Comm. n. 56.

8193. On répute Immeubles par deſtination, 1°. l'artillerie d'un Château, art. 227 de Tours, ajoûté, lors de la reformation de la Coutume, faite en 1559, conformément à la doctrine de Sainſon, t. 12, art. 1, t. 21, art. 4, t. 25, art. 3.

8194. La menue artillerie eſt Meuble, Pallu, p. 335.

8195. Quel Seigneur, dit Valin, t. 3, p. 281, a droit, aujourd'hui, d'avoir un Château de défenſe avec artillerie ?

8196. 2°. Une horloge & ſa cloche, placées dans une des tours d'un Château, Freminville, Pr. des terr. t. 3, p. 604.

8197. 3°. Les ornements, argenterie, livres, tableaux & cloches d'une Chapelle domeſtique, Boullai, C. M. Pallu, N. M. Brillon, au mot *Chapelle*, n. 10, Deſgodets, p. 94, Valin, t. 3, p. 281.

8198. 4°. Les matériaux tirés d'un bâtiment, pour être replacés, Breche, t. 21, art. 5, Auroux, p. 1, p. 469, Valin, t. 3, p. 282.

8199. 5°. Les échalats qui ont été piqués en terre, & auxquels la vigne a été attachée, tirés l'hiver, pour être remis l'été, Breche, t. 21, art. 5, Pr. de la Jur. ff. n. 18.

8200. On ne diſtingue point, à cet égard, entre le Propriétaire & l'Uſufruitier ou le Fermier, ceux-ci étant obligés d'entretenir la vigne d'échalats, Pothier, de la Comm. n. 38.

8201. 6°. Les oignons de fleurs, qu'on ôte de la terre d'un jardin l'hiver, pour les y replanter au printemps. Ils continuent d'être réputés faire partie de ce jardin, tant qu'ils ſont deſtinés à y être replantés, Pothier, de la Comm. n. 39.

8202. 7°. Les foins, pailles & fumiers d'une métairie. Ils ſont deſtinés à l'exploitation des fonds dont ils proviennent, à l'exception de ceux de réſerve deſtinés pour être vendus, Auroux, p. 1, p. 468, v. Boucheul ſur Poitou, art. 250, n. 17 & ſuiv. ci-deſſus n. 3472.

8203. 8°. Le couvercle, la chaîne ou corde, & les ſeaux d'un puits, Domat, l. 1, t. 2, ſ. 4, n. 10.

8204. 9°. « Les clefs, barres & autres choſes ſemblables, comme ſont les aiſſes » qui ſont ſur les travers des granges & des toits des Villages, » Boullai, p. 219.

8205. 10°. Les preſſoirs, avec tous les uſtenſiles qui en dépendent, art. 223 de Tours, 220 de Loudun. Ils ſont pour les vignes dépendantes des maiſons où ils ont été mis, Pallu, p. 336. L'art. 353 d'Orléans ne répute pas Immeubles toutes les parties du preſſoir ; les planches & autres uſtenſiles, quoique deſtinés pour l'uſage perpétuel du preſſoir, ſont cenſés Meubles : mais c'en eſt l'acceſſoire, ſans lequel le preſſoir eſt incomplet & inutile, v. Brodeau ſur Paris, art. 90, n. 5, Lebrun, de la Comm. l. 1, c. 5, ſ. 2, d. 1, n. 14, ci-après n. 8225.

8206. « Sous le nom d'uſtenſiles, il faut entendre, dit M. Bouault, en ſes notes, » les anſés, le couteau, le cable, la ſouloire, la crapaudine, la couverture du preſ- » ſoir, » v. Breche, t. 21, art. 5, Valin, t. 3, p. 284.

8207. Le 1er. Septembre 1767, le Siége de Tours a décidé que les anſés, les portoires, les jallaies & les entonnoirs, ne ſont pas compris ſous la dénomination d'uſtenſiles de preſſoir. Il doit en être autrement du vaiſſeau deſtiné à recevoir le vin.

8208. 11°. Les cuves, quoiqu'elles ne ſoient pas enclavées dans le ſol, art. 6 du t. 4 de Berri, v. ci-deſſus n. 3191.

8209. Les art. 224 de Tours, 221 de Loudun, expriment deux conditions, 1°. que les cuves aient été miſes dans une maiſon, pour y être perpétuellement ; 2°. qu'elles ne puiſſent être ôtées, ſans les dépecer.

8210. La 2e. condition ſans la 1re. eſt inſuffiſante ; par ex. une perſonne qui n'a

point de vigne , ayant pris à ferme la dixme de vins d'un canton , a fait placer dans
fa propre maifon , pour y mettre la vendange provenante de cette dixme , une cuve
qui ne peut être ôtée fans la dépecer : fi la perfonne meurt pendant le cours du bail
à ferme , la cuve appartient à l'héritier aux Meubles ; elle n'avoit été placée que
pour un temps , que pour le temps du bail à ferme.

8211. La 1re. condition fuffit fans la 2e. & elle fe préfume, fuivant M. Bernard,
en fes notes, lorfqu'une cuve , grande ou petite, eft mife dans une maifon par le
Propriétaire , pour les vignes qui en dépendent.

8212. Le vaiffeau deftiné à recevoir le vin , fuit le fort de la cuve, v. ci-deffus
n. 8207.

8213. « Les chaudieres & cuves des Teinturiers & Braffeurs , étant bâties aux
» maifons des Propriétaires & à eux appartenant, font cenfés Immeubles, pour de-
» meurer à celui qui aura, pour fon partage , la maifon où font lefdites cuves & chau-
» dieres , » art. 418 de Normandie.

8214. Cette difpofition n'eft point fuivie parmi nous ; nous regardons comme Meuble ce qui a été mis par le Propriétaire , non pour l'utilité perpétuelle du fonds, mais
feulement pour l'exercice d'un art ou métier , qui fuit la perfonne.

8215. M. Bouault , en fes notes , après avoir dit que les chaudieres de Teinturiers , les moulins à huile, les moulins à foie , les preffes d'Imprimerie , les métiers
de Paffementiers , de Tifferands , font Meubles , ajoûte que les chaudieres & moulins
à huile , quand c'eft le Propriétaire qui les a fait mettre , appartiennent à celui qui
fuccede à la maifon , v. Pallu , p. 336 ; Boullai , p. 218 , en dit autant des uften-
files d'une huillerie, v. Defgodets & Goupy , p. 93 , 95. M. Bernard , en fes notes ,
doute qu'un moulin ou preffoir à huile , faffe partie de la maifon.

8216. Valin , t. 3 , p. 283 , tient que les preffes d'Imprimerie & tous métiers d'Ar-
tifans font Meubles ; quant aux chaudieres à faire de l'eau-de-vie , & aux chaudieres
de rafineries , v. p. 285 & fuiv. Pothier , de la Comm. n. 59.

8217. Pothier , n. 52 , décide qu'une forge de Maréchal ou de Serrurier fait partie de la maifon où elle eft conftruite.

8218. A la différence des chofes qui ne fervent que d'ornement & d'ameublement,
celles qui fervent à completter la partie de la maifon où elles fe trouvent , font cen-
fées ne faire qu'un feul & même tout avec la maifon , Pothier , n. 53 , 60.

8219. L'art. 90 de Paris répute Immeubles , fans ufer d'aucune diftinction , les moulins à eau , comme les moulins à vent.

8220. Les moulins à eau , affis fur bateaux , & les moulins à vent , font Meubles,
felon l'art. 282 de Bourbonnois , lorfqu'ils peuvent fe mouvoir de place ; « fi tou-
» tes-fois , dit Auroux , ils font placés en un lieu , pour y être perpétuellement , ou
» qu'ils foient tenus à cens ou en taille , ou fous quelqu'autre fervitude annuelle & per-
» pétuelle , ou s'ils font bannaux , ils font réputés Immeubles , » v. Dumoulin fur
Tours , art. 221.

8221. Le moulin à eau , qui a un fondement ftable & immobile , eft Immeuble ,
art. 222 de Tours , v. Breche , t. 21 , art. 5 , Dumoulin fur Tours , art. 222.

8222. Le moulin à eau , étant en bateau , eft Meuble , par l'art. 221 de
Tours , qui exprime deux cas où il peut être Immeuble : le 1er. s'il y a attache
& affiche au moulin , pour y être perpétuellement ; le 2e. fi le moulin eft bannal.
L'une de ces deux conditions fuffit , pour qu'il foit Immeuble.

8223. « Je tiens , dit Prouft , p. 399 , que nous devons mettre entre les Immeubles,
» les moulins à vent , qui font enfoncés dans la terre ; & ceux qui font feulement
» appuyés & foutenus fur terre , entre les Meubles , » v. Dupineau , Obf. fur Anjou , art.
156, Pothier , de la Comm. n. 36.

8224. Les moulins à bras font Meubles , Valin , t. 3 , p. 283. Lathaumaffiere fur

Berri, t. 4, art. 3, les considere comme Immeubles, lorsqu'ils sont destinés pour la défense des Châteaux.

8225. Dans le cas où un moulin est réputé Immeuble, il en est de même des utensiles détaillés par Goupy, p. 21, qui dépendent du moulin, & dont le Fermier, en entrant, se charge, comme des tournants & travaillants, par estimation, v. ci-dessus n. 3514. La destination décide, ainsi qu'à l'égard des utensiles d'un pressoir, v. Breche, t. 21, art. 5, Coquille sur Nivernois, t. 26, art. 8, Auzanet, Mém. p. 27, Pothier sur Orléans, art. 92, ci-dessus n. 8205. L'art. 145 d'Artois ne regarde un moulin comme Immeuble, que pour les parties qu'il spécifie.

8226. Les bateaux & les navires sont Meubles, Duplessis sur Paris, p. 135, Goupy, p. 95, qui jugent Immeuble, le bac d'un Seigneur pour passage public.

8227. On ne regarde jamais que comme Meubles, les gros & menus bestiaux d'une ferme, Pocquet sur Anjou, art. 235, obf. 1e. R. du Dr. fr. p. 76, Auroux, p. 1, p. 468. Lathaumassiere sur Berri, t. 4, divisant les Meubles en morts & vifs, dit que les vifs sont les bestiaux, qui appartiennent à ceux qui ont droit aux Meubles.

8228. Le poisson, étant en étang ou en fosse, est Immeuble; s'il est en boutique ou réservoir, il est Meuble, art. 91 de Paris, v. Sanson, t. 1, art. 33, Loisel, L. 2, t. 1, n. 7, Chailland, au mot *Poisson*. On appelle étang, le lieu où sont les poissons, pour y croître & multiplier; & on appelle réservoir ou vivier, le lieu où l'on en garde après la pêche, Boucheul sur Poitou, art. 158, n. 5.

8229. Le poisson d'un étang est Meuble, à l'égard du Marchand qui a acheté la pêche, & même à l'égard du Propriétaire, dès que la bonde est levée, Desgodets, p. 97, 100, v. ci-après n. 8250.

8230. Les pigeons d'un colombier, les lapins d'une garenne, sont Immeubles; les pigeons qui sont en une voliere, les lapins qui sont en un clapier, sont Meubles, Bourjon, t. 1, p. 116. Lathaumassiere sur Berri, t. 5, art. 47, dit que les lapins d'une garenne forcée ne font pas partie du fonds.

8231. Les ruches des mouches à miel sont Immeubles, à l'égard du Propriétaire de la maison où elles sont, suivant Pallu, p. 66. Si elles appartiennent au Fermier ou à l'Usufruitier, elles sont constamment Meubles dans sa succession. Pothier, de la Comm. n. 42, les soutient Meubles absolument, & avec raison, v. Lemaitre sur Paris, p. 120, Boucheul sur Poitou, art. 250, n. 23, Valin, t. 3, p. 279, Répert. de Jurispr. aux mots *Abeilles* & *Biens*.

8232. Dans nos Colonies, les Esclaves-negres sont Meubles, v. ci-dessus n. 7753.

8233. Les Esclaves-negres ne peuvent être amenés en France, qu'en vertu d'une permission du Gouverneur ou de l'Intendant de la Colonie, enregistrée aux Greffes de l'Amirauté de la Colonie & du port du débarquement, & à la charge d'être renvoyés à la Colonie par leurs Maîtres; la peine de la confiscation au profit du Roi, est prononcée dans plusieurs cas exprimés par une Déclar. du 15 Décembre 1738.

8234. Les arbres des pépinieres, tenant à la terre qui les a produits des pépins qui y ont été semés, sont censés faire partie de cette terre; il en est autrement, lorsqu'ils sont transplantés dans une autre, pour s'y fortifier, jusqu'à ce qu'ils en soient arrachés, pour être vendus, Pothier, de la Comm. n. 34, 46, v. Louis sur Maine, art. 500, Desgodets, p. 91, 92.

8235. Les fruits de la terre, comme les grains, foins, bois, dès qu'ils sont séparés du fonds, sont Meubles; tant qu'ils sont pendants par les racines, quoiqu'après la maturité, on les répute Immeubles, comme le fonds dont ils font partie, art. 92 de Paris.

8236. Nous suivons cette regle, même pour les fruits d'un héritage situé en une Coutume qui les regarde comme Meubles, après un certain temps, quoiqu'ils soient encore sur pied, v. R. du Dr. fr. p. 75, dès que le Propriétaire a son domicile à Tours; c'est la Coutume de son domicile, qui doit fixer l'étendue de son mobilier, Bourjon, t. 1, p. 116.

8237. Les fruits pendants par les racines, Immeubles vis-à-vis du Propriétaire ou de ses héritiers, sont toujours Meubles vis-à-vis du Colon & du Fermier ou de leurs héritiers, v. Valin, t. 3, p. 279.

8238. Valin remarque qu'ils sont Meubles dans la succession de celui qui les a achetés, v. ci-dessus n. 8229.

8239. Ils sont Meubles, étant saisis sans le fonds, Lemaître sur Paris, p. 116.

8240. Les fruits civils, qui sont les redevances dues en argent, soit en vertu de la Loi, comme les amendes & les profits de fief, soit par l'effet de la convention, comme les fermages, les loyers, & les arrérages des rentes, s'ameublissent à leur échéance; & ils échéent, dès qu'ils sont dûs : les fermages, au moment de la récolte des fruits dont ils sont l'appréciation, quand même le terme pour les payer seroit plus reculé; les loyers, & les arrérages des rentes, successivement & de jour à jour, Dupineau sur Anjou, art. 237, Pr. de la Jur. fr. n. 17. Olivier sur Maine, art. 256, dit que quand une terre est affermée, « le fermage des herbages, prés & pâture, s'évalue au tiers du prix » de la ferme, & qu'il court de jour à jour, » v. ci-dessus n. 5901.

8241. Si un Fermier a payé le prix de la ferme au Propriétaire décédé avant la récolte, le payement fait d'avance, opérant une vente consommée des fruits pendants encore par les racines, ne peut donner à celui qui succede à l'Immeuble affermé, aucun recours contre l'héritier aux Meubles, Bourjon, t. 1, p. 118.

8242. Bourjon tient que, par rapport aux Créanciers, les fermages sont censés échoir de jour à jour, dans le cas de saisie-arrêt, v. ci-dessus n. 6299. S'il y a saisie réelle & bail judiciaire, les fruits sont immobilisés, à l'effet d'être distribués par ordre d'hypotheque, comme le prix du fonds.

8243. Les fermages des étangs, garennes, &c. échéent de jour à jour, Duplessis sur Paris, p. 137, aux notes.

8244. Auroux, p. 1, p. 461, est d'avis que les arrérages des cens & des rentes foncieres ne sont ameublis, qu'au moment de l'échéance du terme.

8245. Valin, t. 3, p. 433 & suiv. réfute cette opinion, quant aux rentes foncieres; il l'admet par rapport aux cens & rentes seigneuriales, « à cause, dit-il, de la modi- » cité de leur produit, & de l'embarras de l'opération à cet égard, » Raison trop foible pour appuyer l'exception qu'il veut conserver, d'autant plus qu'il y a des rentes seigneuriales qui sont considérables. D'ailleurs, toutes les redevances dues à une seigneurie, forment ordinairement un objet, quoique chacune soit modique.

8246. Il faut toujours tendre à l'uniformité; pourquoi ne pas tenir que les arrérages de toutes les rentes, quoiqu'ils ne puissent être exigés ni offerts qu'à l'échéance du terme, ainsi que dit Pothier, du Bail à rente, n. 20, naissent & sont dûs chaque jour, se divisant en autant de parties qu'il y a de jours dans l'année, en 365 parties, encore que l'année soit bissextile; le jour intercalaire ne se compte point.

8247. A l'égard des rentes sur l'Hôtel-de-Ville de Paris, on considéroit autrefois l'ouverture du Bureau pour le payement, Bourjon, t. 1, p. 117, 293 & suiv. Aujourd'hui, on juge qu'elles sont censées échoir de jour à jour, v. Lacombe, Arr. mot. c. 100.

8248. La nature des actions se déterminant par la nature de leur objet, Sainson, t. 21, art. 5, Argou, l. 2, c. 1, Bourjon, t. 1, p. 114, t. 2, p. 327, les droits qui tendent à l'acquisition d'une chose mobiliere, comme les cédules & obligations, sont Meubles incorporels, art. 89 de Paris, quoiqu'il y ait hypotheque sur les Immeubles, v. R. du Dr. fr. p. 80; & on regarde comme Immeuble incorporel, le droit de demander un Immeuble. Il faut que ce soit l'Immeuble même ou quelque charge sur icelui.

8249. Le droit de demander le prix de la vente d'un fonds , est mobilier.

8250. Celui qui a vendu un bois à couper, un étang à pêcher, des fruits à recueillir, mourant avant la coupe, la pêche, la récolte ; le prix de la vente n'en est pas moins Meuble dans sa succession, comme ces choses le sont à l'égard de l'Acheteur ou de ses héritiers, R. du Dr. fr. p. 77, v. ci-dessus n. 8238.

8251. Si, un Immeuble & un Meuble étant dûs sous une alternative, le Meuble est donné, la créance est réputée mobiliere, Pothier, des Obl. n. 254, v. ci-dessus n. 7996.

8252. L'art. 259 de Paris déclare mobilier le douaire d'une somme de deniers pour une fois payer, & ainsi adopte la maxime, que les fictions n'operent qu'une fois, comme le remarque Lebrun, de la Comm. l. 3, c. 2, f. 1, d. 2, n. 90.

8253. L'action de remploi qu'a une femme, pour demander le prix d'un propre aliéné, est mobiliere, R. du Dr. fr. p. 81, v. Duplessis, t. 1, consult. 23e, 34e. t. 2, consult. 5e.

8254. Elle est réputée immobiliere, si la femme décede en minorité ; ce qui n'a pas lieu dans la personne de ses enfants mineurs, Bourjon, t. 1, p. 392, 538, Valin, t. 2, p. 617.

8255. La fiction établie par l'art. 94 de Paris, qui subroge de simples deniers, provenants de l'aliénation d'un Immeuble appartenant à un Mineur, à la place de l'Immeuble, n'a lieu qu'autant qu'il lui étoit propre, Pothier, des Propres, f. 3, §. 5, contre Lebrun, des Succ. l. 2, c. 1, f. 3, n. 37 ; & que relativement à ses héritiers, non par rapport à lui-même, ni à l'égard de ses Créanciers, Bourjon, t. 1, p. 123, 284 & suiv. 367, 685, v. ci-après n. 8413.

8256. Cette fiction n'a effet, qu'autant que le Mineur décede en minorité ; il suffit d'un moment de majorité, pour dire que les deniers sont de la succession mobiliere, Auroux, p. 1, p. 462, en faveur même du Tuteur, héritier aux Meubles, encore qu'il n'ait pas rendu compte, Pothier, des Propres, f. 3, §. 4.

8257. La fiction ne se continue pas en la personne de l'héritier mineur qui en a profité, décédé en minorité, Meslé, des Minorités, c. 17, contre Cochin, t. 6, p. 518, Denisart, au mot *Propres*, Pothier, des Propres, f. 3, §. 4 ; cependant, « s'il » y avoit trois enfants mineurs, dont deux fussent décédés, alors, dit Valin, t. 3, » p. 84, dans la succession du 2e. Mineur, il répugneroit qu'au préjudice du tiere » survivant, le pere profitât de la moitié échue à ce 2e. enfant dans la portion affé- » rante au 1er. décédé, des deniers provenants du rachat d'une rente commune » aux trois enfants. »

8258. Quelques - uns prétendent qu'un Interdit, majeur, devant jouir du même Privilége que le Mineur, les deniers de la vente d'un fonds, ou du rachat d'une rente, qui lui appartient, représentent la chose même dans sa succession. Le contraire a été jugé par un Arrêt du 30 Juin 1738, v. Lemaitre sur Paris, p. 126 & suiv. Valin, t. 3, p. 85.

8259. Comme il y a des Meubles qui sont réputés Immeubles, en vertu de la disposition de la Loi ; il y en a qui prennent la même qualité, en vertu de la convention, v. ci-après n. 8422 & suiv.

8260. Le droit de jouir d'un Immeuble, est jugé Immeuble, Pallu, p. 272, 515, sans qu'on en voie la raison, dit Valin, t. 3, p. 278.

8261. Les art. 187 de Tours, 167 de Loudun, semblent mettre le douaire & les autres usufruits au rang des choses mobilieres ; aussi, la lézion d'outre moitié du juste prix n'a pas lieu en vente d'usufruit, v. Pocquet sur Anjou, art. 306, obf. 1e.

8262. Le droit résultant d'un bail emphiteotique, est Immeuble, Bourjon, t. 1, p. 304.

8263. Les baux des boutiques du Palais, des échoppes des marchés, des loges &
étaux

étaux obtenus du Domaine du Roi, lorsqu'ils excedent 9 années, ont la même qualité, Bourjon, p. 303.

8264. Les baux à loyer ou à ferme ou à moitié, faits jusqu'à neuf ans, sont Meubles, Pallu, N. M. v. Lebrun, de la Comm. l. 2, c. 3, f. 3, n. 35. Duplessis sur Paris, p. 134, aux notes, Pothier, de la Comm. n. 71 : aussi, n'en est-il point dû de ventes, v. art. 148 de Tours, 133 de Loudun. Le 30 Août 1768, le Siége de Tours a jugé que le droit résultant d'un bail à ferme, appartient à l'héritier aux Meubles.

8265. Les Huitiemes & autres Aides que le Roi avoit pu aliéner avant la réformation de la Coutume de Tours, faite en 1559, ont été retirés; ce qui rend inutile l'art. 229 de Tours, qui les déclare Immeubles.

8266. Sur le Huitieme, v. Bodreau sur Maine, art. 310, Glossaire du Dr. fr. & Denisart, au mot *Huitieme*, Renauldon, H, n. 89.

8267. On s'est peu-à-peu accoutumé à regarder les Offices comme des biens qui sont dans le Commerce. Quelques Offices, par ex. ceux des Commensaux de la Maison du Roi, considérés encore comme des Offices purs personnels, ne suivent pas les regles auxquelles ont été assujettis les autres Offices, Bourjon, t. 1, p. 336 & suiv.

8268. Aujourd'hui, les Offices héréditaires de Finance & de Judicature sont réputés de vrais Immeubles, par rapport à la Communauté entre Conjoints, aux successions, aux dispositions & à l'hypotheque. On tient encore qu'ils ne sont sujets au douaire que subsidiairement, v. Pocquet sur Anjou, art. 41, Valin, t. 1, p. 613, 614, ci-après n. 9686.

8269. Un Arrêt du 6 Septembre 1762, a jugé Immobilier le droit de lever un Office aux Parties casuelles, Répert. de Jurispr. au mot *Biens*.

8270. Denisart, au mot *Meubles*, remarque un Arrêt du 8 Mars 1736, qui a jugé Immeuble la Finance d'un Office supprimé, qui n'étoit pas encore remboursée, v. ci-après n. 8397.

8271. Les Offices domaniaux, par ex. les Greffes, sont en tout comme les autres Immeubles, R. du Dr. fr. p. 84.

8272. La Pratique qui dépend d'un Office, telle que celle d'un Notaire ou d'un Procureur, est Meuble, Valin, t. 3, p. 278.

8273. Brillon, au mot *Pratique*, n. 5, observe qu'on peut, dans un Contrat de mariage, stipuler la Pratique d'un Notaire ou d'un Procureur, propre au mari, en l'état où elle se trouvera, lors de la dissolution de la Communauté.

8274. Si un Procureur augmente sa Pratique, par des avances considérables, ou en achetant celle d'un autre, on peut dire que cela vient des gains produits par sa Pratique, qu'il s'est réservés, v. Duplessis, t. 2, Consult. 36e.

8275. Les dettes pour salaires, dont il y a arrêtés, obligations ou condamnations, ne font plus partie de la Pratique.

8276. Il y a des Notaires qui ne stipulent propres, que les sommes dues pour salaires lors du mariage, & le prix auquel, lors de la dissolution de la Communauté, l'on évaluera, tant la réputation de l'Etude, que ce qui pourra revenir un jour de l'expédition des Actes dont ils auront les minutes, si ces Actes viennent à être levés.

8277. Bourjon, t. 1, p. 322, tient que si la stipulation de propre est indéterminée, elle n'a effet que jusqu'à concurrence de ce que la Pratique valoit au jour du mariage.

8278. Un Notaire ou un Procureur peut vendre séparément son Office à l'un, & sa Pratique à l'autre, Encyclopédie, au mot *Pratique*; mais un Arrêt du 13 Août 1758, rapporté au Journ. des Aud. a jugé que les Notaires ne peuvent se défaire de leurs minutes, séparément de leurs Offices; & suivant un Arrêt du 10 Juin 1763, cité par Jousse, de l'Admin. de la Just. t. 2, p. 512, la Pratique d'un Procureur, ni partie d'icelle, ne peut être vendue ou donnée à quelque personne que ce soit, séparément de l'Office, à peine de nullité.

8279. On met dans la classe des choses mobilieres, le Privilége obtenu par un Auteur ou par un Libraire, pour faire imprimer ou vendre un Ouvrage, Répert. de Jurispr. au mot *Biens*.

8280. Les Priviléges de Perruquier font une espece de biens réputés Immeubles, Pothier, de la Comm. n. 95, v. ci-dessus n. 5055. « Les Lettres dit Valin, de Maî» trise de Perruquier, Tailleur & autres Arts & Métiers, forment un état; on les » juge Immeubles, comme si c'étoient des Offices. »

8281. Les Contrats pignoratifs font Immeubles, encore qu'il y ait Jugement de remboursement, notes de M. Baudouin, v. Proust, p. 399, Pallu, p. 269, 373, 404, 411, ci-après n. 8397. Ailleurs qu'en Touraine, Anjou & Maine, ils font Meubles, disent Ferriere sur Paris, art. 94, gl. 1, n. 21, Boucheul sur Poitou, art. 251, n. 10, v. Lemaître sur Paris, p. 119.

8282. Les rentes foncieres font partout Immeubles; il en est autrement des rentes constituées.

8283. Les rentes constituées font perpétuelles ou viageres.

8284. Les rentes viageres se constituent en aliénant un Immeuble, ou à prix d'argent, ou par don ou legs; dans les trois cas, elles font Meubles, Chopin sur Paris, l. 1, t. 3, n. 8. Loiseau, des Offices, l. 3, c. 4, n. 23, v. ci-après n. 9224.

8285. Le 26 Septembre 1771, nous avons décidé qu'une personne attaquée, depuis long-temps, d'une pulmonie dont elle est morte, n'avoit pu donner une somme à rente viagere, trois semaines avant son décès, v. ci-dessus n. 3259. Lathaumassiere sur Berri, t. 18, art. 18, rapporte qu'on a jugé nulle une donation faite avec réserve d'usufruit, à la charge de nourrir & entretenir la Donatrice, qui étoit malade, & qui mourut quinze jours après.

8286. Les gens de main-morte ne peuvent prendre des deniers moyennant une rente viagere plus forte que le taux des rentes perpétuelles, Edit d'Août 1661, v. Arrêts des 27 Septembre 1751, & 11 Juillet 1761, cités par Denisart, au mot *Rentes*.

8287. Un Arrêt du 2 Juin 1752, a jugé que l'Acquéreur d'un fonds moyennant une rente viagere, ne peut retenir les 20es. de toute la rente, mais seulement du revenu du fonds; il ne peut retenir que ce qu'il paye; la rente viagere, en ce qu'elle excede le revenu, est le prix du fonds, dont on ne doit pas de 20es. Une maison est aliénée moyennant 1000 l. de rente viagere, ou moyennant une rente constituée de 250 l. & une rente viagere de 500 l. ou moyennant une somme de 4000 l. & une rente viagere de 600 l. Dans les trois cas, on ne doit déduire les 20es. que sur 500 l. de rente.

8288. Le Siége de Tours a jugé, le 9 Février 1765, contre la Communauté des Tailleurs de Tours, que le Débiteur d'une rente viagere, constituée à prix d'argent, ne peut retenir les 20es. que de la moitié de la rente, qui a été créée au denier 10.

8289. Les 20es. peuvent se retenir sur toute la rente, si elle a été constituée par don ou legs.

8290. Le Siége de Tours a jugé, les 7 Mai 1765, & 27 Février 1776, que le Débiteur d'une rente à titre de douaire, peut déduire les 20es. sur toute la rente.

8291. Varicourt, au mot *Aliments*, rapporte une espece où il a été jugé, par un Arrêt de 1768, que la retenue des 20es. ne devoit pas avoir lieu sur une pension alimentaire.

8292. Les rentes viageres ne font pas remboursables, il y en a un Arrêt du 15 Mars 1720, rapporté au Journ. des Aud. Le Siége de Tours l'a jugé le 27 Mars 1749, contre les Chirurgiens de Tours.

8293. L'Arrêt de 1720, a décidé qu'il n'y a pas lieu à restitution, sous prétexte que la rente a été créée plus forte qu'au denier 10.

8294. Denisart, au mot *Remboursement*, remarque un Arrêt du 8 Juillet 1760, qui a condamné le Débiteur d'une rente viagere, qui avoit hypothéqué deux maisons, quoiqu'il ne fût pas Propriétaire de la totalité, à la rembourser.

8295. La rentrée en possession des biens aliénés moyennant une rente viagere, peut avoir lieu, faute de payement des arrérages, sans qu'on soit assujetti à aucun remboursement, Arrêt du 22 Mai 1762, rapporté par Denisart, au mot *Vente*.

8296. Lorsque la rente viagere constituée à prix d'argent, n'excede pas l'intérêt légitime de l'argent, le Contrat est censé renfermer une donation du prix, sous la réserve de la jouissance, pendant le temps que doit durer la rente, qui tient lieu de la jouissance, Pothier, des Rentes const. n. 219.

8297. Cette donation, étant d'une somme de deniers, reçoit sa perfection, dit Pothier, n. 220, 243, par la tradition réelle qui se fait des deniers lors du Contrat; ainsi, les formalités requises pour les donations, sont inutiles. La constitution de rente n'est pas la donation même, mais la charge imposée au Donataire, pour la preuve de laquelle l'Acte seulement se passe.

8298. Pothier, n. 239, remarque que ces constitutions faites avec des personnes à qui on ne peut donner, sont nulles : les arrérages doivent s'imputer sur la somme qu'on peut répéter. Si la rente est au denier 18, cet excédent ne suffit pas pour légitimer la constitution.

8299. S'il est stipulé qu'en cas de mort de Caius, Créancier de la rente, elle sera continuée à Titius, pendant sa vie, c'est valable, quoique Titius ne soit pas intervenu au Contrat; le Constituant, qui n'a reçu les deniers qu'à cette charge, doit continuer la rente à Titius, après la mort de Caius. Si Titius étoit incapable de recevoir de Caius, les héritiers de celui-ci profiteroient de la rente à la place & pendant la vie de Titius, Pothier, n. 241.

8300. Une rente viagere ne se paye qu'à la fin de l'année, Lacombe, au mot *Aliments*. Ferriere, au mot *Pension viagere*, dit que les pensions alimentaires sont payables de quartier en quartier, par avance, quoique le titre ne le porte pas, sauf la répétition, en cas de décès du Pensionnaire, avant l'expiration du quartier ; cette répétition ne doit pas souffrir de difficulté, selon Pothier, des Rentes const. n. 248, qui avoue néanmoins avoir trouvé, sur ce, de la variété dans les avis, v. Perchambault, p. 589.

8301. Les Perruquiers de Tours ayant pris 1000 l. de la dame Pallu, à la charge de 100 l. de rente viagere, jusqu'à son décès, lors duquel la rente seroit réduite à 50 l. au profit de sa domestique, avoient stipulé qu'il ne seroit point payé aux héritiers, ni de l'une ni de l'autre, le temps couru depuis le dernier terme échu avant leur mort. La rente étoit payable par demi-année; la dame Pallu est morte le 13 Mars 1763, & sa domestique le 13 Septembre 1765; nous avons décidé que le 5e. terme, à compter depuis la mort de la dame Pallu, étoit échu, lors du décès de sa domestique, & que les Perruquiers ne pouvoient se dispenser de le payer. Le 1er. terme, composé de 182 jours & demi, étoit échu le 12 Septembre 1763, à 11 h. du matin, en supposant la dame Pallu morte le 13 Mars, à 11 h. du soir : il en est de même du 5e. terme, qui conséquemment se trouvoit échu avant le décès de la Créanciere, la veille. Cela vient de l'inégalité des mois ; les 6 premiers mois n'ont que 181 jours, 1 moins que les 6 autres mois, qui en ont 184; la moitié de l'année n'est pas révolue à la fin de Juin, mais seulement le 2 Juillet à midi.

8302. En cas de résolution du Contrat de rente viagere, les arrérages sont dus jusqu'au jour du Jugement qui ordonne la résolution, tels qu'ils ont été convenus. Ils sont le prix du risque qui cesse en ce moment ; c'est pourquoi, du jour du Jugement, la rente ne doit plus courir que sur le pied du denier 20, Pothier, des Rentes const. n. 330.

8303. Une Déclar. du 26 Juin 1763, pour la perception des rentes viageres, porte que les Juges ne pourront rien prendre pour les Certificats de vie, légalisation d'iceux & autres Actes accessoires.

8304. On peut demander 29 années d'une rente viagere, Olivier sur Maine, art.

31 ; les circonstances peuvent faire réduire la demande à 10 années , Ferriere sur Paris , art. 124, gl. 3 , n. 6. Olivier dit qu'il n'est pas nécessaire d'en exiger de titre nouvel ; mais Pothier , des Rentes const. n. 259 , tient qu'elle est sujette à la prescription trentenaire , qui ne courroit pas pendant le temps d'une longue absence d'un Tiers sur la tête de qui elle auroit été créée , v. ci-dessus n. 7466.

8305. Les rentes viageres sont des jeux ou loteries , où l'on parie à qui vivra le plus. Nous donnerons ici la Table des probabilités de la durée de la vie , rapportée par Buffon , Hist. nat. t. 4 , p. 420 ; elle peut intéresser ceux qui se constituent des rentes viageres.

AGE.	DURÉE DE LA VIE.		AGE.	DURÉE DE LA VIE.		AGE.	DURÉE DE LA VIE.		AGE.	DURÉE DE LA VIE.	
Ans,	Années,	Mois.	Ans,	Années,	Mois.	Ans,	Années,	Mois.	Ans,	Années,	Mois.
	8		22	32	4	44	19	9	65	8	6
1	33		23	31	10	45	19	3	66	8	
2	38		24	31	3	46	18	9	67	7	6
3	40		25	30	9	47	18	2	68	7	
4	41		26	30	2	48	17	8	69	6	7
5	41	6	27	29	7	49	17	2	70	6	2
6	42		28	29		50	16	7	71	5	8
7	42	3	29	28	6	51	16		72	5	4
8	41	6	30	28		52	15	6	73	5	
9	40	10	31	27	6	53	15		74	4	9
10	40	2	32	26	11	54	14	6	75	4	6
11	39	6	33	26	3	55	14		76	4	3
12	38	9	34	25	7	56	13	5	77	4	1
13	38	1	35	25		57	12	10	78	3	11
14	37	5	36	24	5	58	12	3	79	3	9
15	36	9	37	23	10	59	11	8	80	3	7
16	36		38	23	3	60	11	1	81	3	5
17	35	4	39	22	8	61	10	6	82	3	3
18	34	8	40	22	1	62	10		83	3	2
19	34		41	21	6	63	9	6	84	3	1
20	33	5	42	20	11	64	9		85	3	
21	32	11	43	20	4						

On voit qu'il y a lieu d'espérer qu'un enfant qui vient de naitre , vivra 8 ans , & ainsi des autres temps de la vie ; que l'âge de 7 ans est celui où l'on peut espérer une plus longue vie ; qu'à l'âge de 12 ou 13 ans , on a vécu le quart de sa vie , à l'âge de 28 ou 29 ans, la moitié, & à l'âge de 50 ans, plus des trois quarts. Une rente viagere sur la tête par ex. d'un enfant qui vient de naître, vaut moins que celle sur la tête de son pere qui n'a pas encore atteint l'âge de 66 ans; elle vaut moitié moins, s'il n'a que 51 ans, parce qu'il y a 2 contre 1 à parier que l'enfant ne survivra pas son pere, v. Trévoux & Encyclopédie, au mot *Vie*, où il est remarqué que l'âge de 40 à 5 ans n'est pas un temps plus critique pour les femmes que pour les hommes; que celles-là vivent plus long-temps que ceux-ci; & qu'on vit plus long-temps dans l'état du mariage que dans le célibat. Il naît un 13e. plus de garçons que de filles. Des enfants qui naissent, il s'en trouve environ un 8e. de morts avant 4 mois, un quart avant un an, un tiers avant 23 mois, une moitié avant 8 ans, les deux tiers avant 39 ans, & les trois quarts avant 51 ans.

8306. Un Edit de Décembre 1754, divise, par rapport aux rentes viageres, les différents âges en sept classes. Suivant une Table qui se trouve dans l'Encyclopédie, au mot *Rente*, les intérêts étant comptés sur le pied du denier 20, on peut, pour un fonds de 100 l. avoir 6 l. 8 s. 6 d. de rente viagere, à 3 ans & à 20 ans; 6 l. 15 s. à 30 ans; 7 l. 6 s. 9 d. à 40 ans; 8 l. 13 s. 2 d. à 50 ans; 10 l. 16 s. 6 d. à 60 ans; 15 l. 14 s. 6 d. à 70 ans; 25 l. 18 s. 2 d. à 80 ans; 63 l. 5 s. 10 d. à 90 ans.

8307. Dans l'usage, on n'a point égard à toutes ces proportions, les rentes viageres se constituent communément sur le pied du denier 8, 9 ou 10. Lorsqu'il s'agit d'estimer une rente viagere dont le capital n'est point fixé, on l'estime moitié de ce qu'on estimeroit une pareille rente qui seroit perpétuelle; on évalue son capital au denier 10. Par cette regle uniforme, constamment suivie pour la perception des droits de contrôle & de lods & ventes, on évite les contestations & les embarras auxquels on s'exposeroit, en s'en écartant; raison qui doit la faire préférer à toute autre. Celle qu'adopte Valin, t. 1, p. 170, ne paroît pas exacte. Y a-t-il une différence réelle entre la valeur d'une rente viagere de 300 l. qu'elle soit sur la tête d'une personne âgée de 34 ans, ou sur celle d'une personne âgée de 36 ans, une différence assez sensible, pour l'estimer dans un cas 3000 l. dans l'autre 2000 l.

Si l'on prend à rente viagere une somme sur le pied du denier 10, pour acquérir le fonds de cette somme, on en paye, chaque année, le 20e. Soit la somme de 20000 l. aliénée moyennant une rente viagere de 2000 l. De ces 2000 l. payées chaque année, 1000 l. sont l'intérêt que le Débiteur doit retirer de l'emploi qu'il a pu faire des 20000 l. les autres 1000 l. sont la 20e. partie du fonds. Le Créancier vivant 10, 15, 20 ou 25 ans, le Débiteur, pour acquérir un fonds de 20000 l. se trouvera avoir payé 12250, 20250, 29500 ou 40000 l. en y comprenant 2250, 5250, 9500 ou 20000 l. à quoi se monte l'intérêt de chaque somme de 1000 l. payée pendant 10, 15, 20 ou 25 ans à raison du fonds.

La rente étant de 1600 l. au denier 8, comme il ne se paye, chaque année, que 600 l. à raison du fonds, le Débiteur, pour acquérir un fonds de 20000 l. se trouve, au bout de 10, 15, 20 ou 25 ans, n'avoir payé, y compris l'intérêt, que 7350, 12150, 17700 ou 24000 l.

8308. Les rentes perpétuelles constituées par don ou legs, ou en aliénant un fonds, ne sont pas toujours foncieres, v. ci-dessus n. 5420 & suiv.

8309. Les rentes perpétuelles constituées à prix d'argent, commencerent à être en usage, vers l'an 1300, en France: & peu après, elles furent autorisées par les Papes, sous quelques conditions. Celle que les rentes seroient assignées sur des héritages particuliers, n'a plus lieu aujourd'hui; on les admet sans assignat, Auroux, p. 1, p. 220.

8310. Les rentes assignées spécialement sur un héritage, étoient anciennement réputées des charges réelles, semblables aux rentes foncieres; elles emportoient une espece d'aliénation des fonds, v. Lauriere sur Paris, p. 103, 131, Cochin, t. 6, p. 522.

8311. Delà, on appelloit Vendeur celui qui constituoit sur son bien une rente, & Acquéreur celui au profit de qui elle étoit constituée, quoique celui qui aliene son argent, dût être appellé Vendeur, & celui qui en acquiert la pleine propriété, Acquéreur, notes de M. Bernard.

8312. Delà, la création ou le rachat de la rente donnoit lieu au droit de ventes; ce qui a été changé par un Arrêt du 10 Mai 1557, dont la décision a été suivie dans l'art. 123 de Tours, v. art. 83 de Paris, 27 de Poitou, Valin, t. 1, p. 127.

8313. Delà, la rente étoit sujette au retrait, soit seigneurial, soit lignager, Lauriere sur Paris, p. 177, du Droit d'Amortissement, p. 198, 199; parce qu'elle étoit alors non rachetable. L'art. 192 de Tours, par les termes, *ou autre*, qu'il faut, à présent, retrancher, suppose que le rachat de cette rente donne ouverture au retrait.

8314. Delà, si l'héritage sur lequel la rente étoit assignée, étoit un fief, l'Acquéreur de la rente étoit obligé d'en faire la foi, & de payer le droit de rachat, comme s'il eût été Possesseur de partie du fief, art. 5 du t. 5 de Berri; & la rente, réputée féodale, dès que la foi étoit faite, se partageoit dans la succession de l'Acquéreur noblement, v. art. 69 de Blois.

8315. Delà, dans les Cout. de Tours & de Loudun, quand quelqu'un avoit constitué des rentes sur ses biens, à différentes personnes, on préféroit les Acquéreurs qui étoient en possession, aux Acquéreurs qui n'y étoient pas, quoique ceux-ci eussent contracté les 1ers, & on les préféroit tous à des Créanciers hypothécaires de simples dettes personnelles, v. ci-dessus n. 6726 & suiv.

8316. Delà, s'est introduit l'usage qui subsiste encore dans quelques Coutumes, de dispenser les Acquéreurs de rentes, de la discussion, avant d'agir contre les tiers Détenteurs des héritages chargés spécialement d'icelles, v. ci-dessus n. 5125.

8317. Sur l'assiete des rentes, dont font mention les art. 352, 353 de Tours, 177, 326, 327 de Loudun, & qui n'est plus en usage, v. Saindon, t. 34, art. 1, Proust, p. 553, 554, Boullai, p. 364, Pallu, p. 611, Dupineau sur Anjou, art. 162, 491, 492, Dissert. sur le Ten. de 5 ans, Preface, Glossaire du Dr. fr. aux mots *Assiete* & *Assignat*, Auroux, p. 2, p. 370.

8318. Par le nouveau droit, les rentes constituées à prix d'argent, sont des charges personnelles. On les appelle rentes volantes, courantes, hypothécaires; les biens des Débiteurs y sont seulement hypothéqués, comme aux simples dettes. Il n'y a maintenant plus de différence entre l'hypotheque de celles-là & l'hypotheque de celles-ci, Dissert. sur le Ten. de 5 ans, c. 6.

8319. Une rente qui a été créée moyennant une somme d'argent, est nécessairement personnelle. En vain on auroit stipulé la rente réelle & fonciere, en fruits, comme de deux poinçons de vin, ou de deux septiers de bled, à prendre sur telle vigne ou telle terre; l'assignat se résoudroit en hypotheque spéciale. L'obligation ne seroit point restreinte à la seule chose assignée. Tous les biens seroient obligés à la rente, qui seroit réduite en argent, quelqu'ancienne qu'elle fût, au taux de l'Ordonnance; & qui seroit rachetable à perpétuité, sans pouvoir jamais être regardée autrement, que comme une rente constituée, Ord. de Novembre 1565, Loisel, l. 4, t. 1, n. 6, Coquille, Quest. 186, Louet, R, c. 10, 11, Lepêtre, Cent. 1, c. 35, Cent. 4, c. 12, Duperrai, des Dîmes, t. 2, p. 218 & suiv. R. du Dr. fr. p. 412, 540, Auroux, p. 2, p. 221, Valin, t. 2, p. 236.

Lathaumassiere sur Berri, t. 6, art. 23, rapporte une Sentence de 1661, qui a jugé qu'une rente de 25 s. & une poule, constituée avant la rédaction de la Coutume, seroit rachetée, à l'égard de l'argent, au denier 12, suivant l'art. 16 de l'Ord. de Novembre 1441, & à l'égard de la poule, sur le pied de l'estimation portée par la Coutume.

8320. Christophe Gaultier consentit, le 3 Juillet 1742, au profit du Sieur Lasserai, Chanoine de S. Martin de la Besoche à Tours, & de sa sœur, moyennant

150 l. qu'ils lui compterent, une rente d'un septier de bled, froment de l'année, sec & net, deux deniers moins que l'élite, rendable à Tours, maison des Créanciers, distante de trois lieues du domicile du Débiteur. Il fut stipulé qu'il ne pourroit retenir aucune imposition, ni servir la rente en argent, clause sans laquelle ce Contrat n'eût pas été fait. Mais le 3 Septembre 1763, le Siége de Tours a réduit la rente à 7 l. 10 s. sous la déduction des impositions royales, & a ordonné que raison seroit faite de ce qui a été payé d'excédent, & des déductions des impositions royales, dont la liquidation se feroit sur le rapport des quittances & des mercuriales des grains, &c.

8321. On ne peut donner par ex. 10 septiers de bled, à la charge d'en payer jusqu'au rachat, un septier annuellement, Bourjon, t. 1, p. 272.

8322. Toute rente, à moins qu'elle ne soit en grains ou autres espéces, est présumée constituée à prix d'argent, s'il n'apparoît du contraire, Dupineau sur Anjou, art. 478, 486, Louis sur Maine, art. 487.

8323. Le rachat de la rente dont on ignore la constitution, se fait sur le pied du taux qui avoit lieu lors de la plus ancienne existence connue de la rente.

8324. Il suffit que la rente dont on ne rapporte pas le titre primordial, soit qualifiée fonciere, par les reconnoissances, pour être réputée telle, Pothier, des Rentes const. n. 166 & suiv. v. Bourjon, t. 1, p. 262, 273, Pr. de la Jur. fr. n. 270, Valin, t. 2, p. 237.

8325. Sur l'effet des reconnoissances, v. Pothier, des Rentes const. n. 148 & suiv.

8326. Le droit d'une rente peut s'établir par le rapport de simples Actes probatoires de la prestation des arrérages pendant un certain temps, v. Pothier, n. 157 & suiv. ci-dessus n. 7132.

8327. Un Arrêt de Réglement du 2 Septembre 1766, enjoint aux Notaires, d'énoncer, dans les Actes d'emprunts qu'ils passent pour des Corps & Communautés, les Lettres-Patentes & Arrêts d'enregistrement, en conséquence desquels se font les emprunts.

8328. Un Edit de Février 1773, art. 17, veut que, dans les emprunts portant intérêt, faits par des Maisons religieuses, qui doivent être approuvés par les 1ᵉʳˢ. Supérieurs, homologués au Parlement, & même, s'ils excedent 10000 l. autorisés par des Lettres-Patentes, il soit affecté, chacun an, au remboursement une somme égale au moins aux intérêts de celle empruntée.

Les Villes, Corps, Communautés, Hôpitaux, &c. ne sont autorisés à faire des emprunts, qu'en destinant au remboursement un fonds annuel, par ceux qui sont chargés de l'administration de leurs affaires, à peine d'en être responsables, Arrêt du Conseil, du 24 Juillet 1775.

8329. Pour la validité d'un Contrat de constitution, il y en a qui requierent que le principal soit payé en argent; Brillon, au mot *Usure*, rapporte des Arrêts qui ont déclaré nulles des constitutions de rente faites pour prix de bestiaux ou marchandises; sans doute qu'il y avoit des circonstances, sans lesquelles la constitution de rente pour prix de choses mobilieres, est valable, v. Pallu, p. 372, Pothier, des Rentes const. n. 35 & suiv. Jousse, de la Just. crim. t. 4, p. 270.

8330. Si l'on attaque un Contrat de constitution soufert, au profit d'un Marchand, pour des marchandises, il sera bien d'offrir la remise des arrérages d'un an, du jour du Contrat. Par le Contrat, il auroit dû être stipulé que les arrérages ne commenceroient à courir que dans un an, v. Duplessis sur Paris, p. 161, aux notes.

8331. On ne peut former, des arrérages d'une rente constituée, le capital d'une autre rente, Bourjon, t. 1, p. 280.

8332. Le serment peut être déféré, à cet égard, au Créancier, Pothier, des Rentes const. n. 38.

8333. Pothier, n. 39, décide que le Contrat de constitution peut être fait en payement d'arrérages de rentes foncieres, ou de fermages d'héritages.

8334. Une rente peut être conftituée, pour éteindre une dette exigible, Acte de notoriété du Châtelet, du 6 Octobre 1742.

8335. C'eft un principe attefté par Lecamus, des Intérêts, p. 199, que dans tous les cas où un Créancier peut obtenir des intérêts judiciaires, il peut s'en procurer, fans le miniftere du Juge, par la voie de la conftitution de rente, qui opere le même effet que la demande judiciaire, fuivie de condamnation.

8336. La rente ne doit pas excéder le taux réglé par le Prince.

8337. Ce taux a été fixé, pour cent fols,

$$
A \left\{
\begin{array}{l}
\text{20 f. par Ord. de} \qquad \text{1254;} \\
\text{15 f. par Ord. de Juillet 1312;} \\
\text{10 f. par} \qquad \qquad \text{;} \\
\text{8 f. 4 d. par Edit de Mars 1567;} \\
\text{6 f. 3 d. par Edit de Juillet 1601;} \\
\text{5 f. } 6\tfrac{2}{3} \text{ d. par Edit de Mars} \\
\qquad \text{1634;}
\end{array}
\right.
\qquad
A \left\{
\begin{array}{l}
\text{5 f. par Edit de Décembre 1665;} \\
\text{2 f. par Edit de Mars 1720,} \\
\qquad \text{(non enregiftré);} \\
\text{3 f. 4 d. par Edit de Juin 1724;} \\
\text{5 f. par Edit de Juin 1725;} \\
\text{4 f. par Edit de Juin 1766;} \\
\text{5 f. par Edit de Février 1770.}
\end{array}
\right.
$$

8338. Si l'on exprime que, *pour 1000 l. on conftitue 40 l. de rente au fur de l'Ordonnance*, l'erreur s'interprete en faveur du Débiteur; non, s'il eft dit, *50 l. de rente, au fur du denier 25*, Pothier, des Rentes conft. n. 10: & fuiv.

8339. La rente créée pour le prix d'un héritage ou d'un Office, peut excéder le taux réglé, Simon fur Senlis, art. 197, Bourjon, t. 1, p. 266, Pr. de la Jur. fr. n. 540, v. Arrêts des 11 Décembre 1638, 29 Décembre 1648, & 4 Février 1716, rapportés au Journ. des Aud. Loifeau, du Déguerp. l. 1, c. 7, n. 3, Lebrun, de la Comm. L. 3, c. 2, f. 1, d. 3, n. 41, Pothier, de la Vente, n. 283, des Rentes conft. n. 15, Denifart, au mot *Intérêts*, ci-après n. 8346.

8340. La rente excede le taux légitime, lorfqu'on impofe au Débiteur des charges plus dures que la Loi ne le permet.

8341. Il y a excès dans le taux, fi on ftipule le payement d'une rente qui eft conftituée au denier 20, fans retenue des impofitions royales; outre fa rente, auffi forte qu'elle peut être, le Créancier, qui eft fujet à ces impofitions pour tous fes revenus, recevroit l'avantage d'être acquitté de ce qu'il doit au Roi pour fa rente. Le Débiteur fe trouve avoir payé en acquit de fon Créancier, lorfqu'il a payé, à raifon du revenu de fes biens, fans que le Roi lui ait fait aucune déduction, pour la rente dont ils font chargés, Confér. de Paris fur l'Ufure, t. 1, l. 6, conf. 1, §. 8, Pothier, des Rentes conft. n. 13, 125, Encyclopédie, au mot *Dixieme*.

8342. Si le Débiteur ne fe trouve impofé, ni aux rôles des 20es. des biens fonds, ni aux rôles de l'Induftrie, comme il n'a rien payé pour fon Créancier, il ne peut rien retenir.

8343. Pothier, n. 126, 128, dit que le Débiteur doit, par le rapport de fes quitances, juftifier qu'il a payé au moins autant que ce qu'il veut retenir: cependant, le 27 Mars 1760, le Siége de Tours a autorifé le fieur G. . . . . à retenir au fieur R. . . . . à qui il doit une rente, les 20es. fans être obligé de juftifier ce qu'il paye au Roi, comme l'exigeoit le fieur R. . . . . , qui alléguoit que le fieur G. . . . . , payoit moins que ce qu'il vouloit retenir.

8344. Un Débiteur qui, n'étant impofé qu'à 33 l. doit une rente de 200 l. une 2e. de 150 l. & une 3e. de 100 l. ne peut en confcience, fuivant Pothier, retenir au Créancier de la 1re. que 14 l. 13 f. 4 d. au Créancier de la 2e. que 11 l. & au Créancier de la 3e. que 7 l. 6 f. 8 d. v. Olivier fur Maine, art. 472.

8345. Le

8345. Le Siége de Tours a jugé, le 7 Septembre 1758, au profit des Demoiselles Coeffier, contre le sieur Ravenel, & le 27 Mai 1762, au profit des Maçons de Tours, contre René Georget, que la clause, qu'on ne retiendra aucunes impositions, insérée dans un Contrat de constitution, est nulle, v. Olivier sur Maine, art. 472, ci-dessus n. 8341.

8346. Cette clause a son effet, si la rente est le prix d'un héritage ou d'un Office, & a été constituée par le Contrat d'aliénation, Pothier, des Rentes const. n. 15, Olivier sur Maine, art. 472; cela a été jugé par un Arrêt du 14 Mai 1762, au sujet de la vente de l'Office de Procureur du Roi en la Sénéchaussée de Boulogne sur mer; Varicourt, au mot *Impositions*, en cite de 1763, 1766 & 1770, v. ci-après n. 8379.

8347. Si un Office est vendu le prix au-delà duquel il est défendu de le vendre, on ne peut stipuler que l'intérêt du prix se paiera sans rien retenir.

8348. L'exemption de toutes taxes, prévues ou imprévues, ordinaires ou extraordinaires, emporte l'exemption des 10es. & 20es. établis depuis qu'elle a été stipulée.

8349. Par le seul affranchissement de toutes charges, il faut entendre l'affranchissement des Impositions royales; Varicourt, au mot *Impositions*, en cite un Arrêt du 26 Janvier 1770, v. Pothier, des Rentes const. n. 83, 84.

8350. Un Arrêt du 30 Mai 1769, a jugé que l'affranchissement du 10e. nommément, emporte l'affranchissement des autres Impositions qui le représentent, comme les 20es. & leurs accessoires.

8351. On regarde comme une surcharge la convention qui assujettiroit le Débiteur d'une rente constituée, à payer la rente en tel endroit du Royaume, qu'il plairoit au Créancier de la toucher chaque année, Princ. des rentes const. §. 25, Confér. de Paris sur l'Usure, t. 2, l. 5, conf. 1, §. 5, Lacombe, au mot *Rentes*, l. 4, n. 14.

8352. La clause, que la rente se paiera chaque année d'avance, n'est pas valable; de sorte que si, sur 2000 l. prix de la constitution d'une rente de 100 l. le Créancier a retenu, lors du Contrat, pour la 1re. année, 100 l. la rente ne sera que de 95 l. rachetable moyennant 1900 l. Pothier, des Rentes const. n. 86.

8353. Jousse, de la Just. crim. t. 4, p. 269, observe que s'il a été stipulé que des gages exigés par le Prêteur, lui demeureront entre les mains jusqu'au rachat de la rente, la clause est nulle; les gages peuvent être retirés, en donnant Caution.

8354. Pothier, des Rentes const. n. 17, tient qu'on ne peut stipuler que la rente augmentera ou diminuera, selon les changements qui pourront survenir dans le taux des rentes, mais v. Olivier sur Maine, art. 310, ci-dessus n. 3749.

8355. Si, aujourd'hui, une rente est constituée au denier 18, le Contrat est nul; les arrérages payés s'imputent sur le principal, dont le Créancier ne peut pas demander purement & simplement la restitution. Il doit donner au Débiteur le choix, ou de le lui payer, ou de lui constituer, au taux légitime, pour ce qui reste, déduction faite des arrérages payés, une rente qui commencera à courir du jour que le Créancier aura offert ce choix, & dont l'hypothèque sera néanmoins du jour du 1er. Acte, Pothier, des Rentes const. n. 18 & suiv.

8356. Auroux, p. 2, p. 222, Bourjon, t. 1, p. 275, pensent que la rente constituée à un taux plus haut qu'il n'est permis, n'est pas nulle, mais réductible, & que les arrérages payés ne s'imputent sur le principal, qu'en ce qui excede le taux légitime.

8357. Pothier, des Rentes const. n. 23, avoue qu'il n'y a lieu qu'à une simple réformation du Contrat, lorsqu'il n'y a pas une contravention formelle & directe à la Loi qui prescrit le taux des rentes. Ainsi, une rente a été constituée, en 1740, au denier 20, mais avec clause qui exempte de la retenue des Impositions royales; on doit réformer le Contrat, en déclarant nulle la clause, & accorder au Débiteur la répétition de tout ce qu'il a payé, pendant les 29 dernieres années, au-delà du taux légitime, sans qu'il puisse l'imputer sur le principal de la rente.

8358. Une rente constituée au denier 25, en exécution de l'Edit de Juin 1766, peut être exempte de la retenue des Impositions royales, si l'exemption a été stipulée, comme le permet un Arrêt du Conseil, du 17 Juillet suivant.

8359. On peut demander la nullité ou la réformation, même après 100 ans, ainsi que l'imputation des arrérages sur le principal; quant à la répétition de ce qui a été payé, en cas de nullité, au-delà du principal, ou en cas de réformation, au-delà du taux légitime, elle ne peut avoir lieu après 30 ans, Pothier, des Rentes const. n. 25 & suiv. 159.

8360. La rente ne peut commencer à courir, avant le payement de la somme pour laquelle elle est constituée, v. Pothier, n. 29, 30, 41, 42.

8361. Le Créancier ne peut rien recevoir du Débiteur, pour décharger de l'hypotheque un de ses héritages; il peut recevoir quelque chose d'un tiers Détenteur ou d'une Caution, pour les décharger de l'hypotheque ou du cautionnement, si, par-là, il court un risque véritable de la caducité de la rente, par l'insolvabilité du Débiteur, qui est à craindre, Pothier, n. 76 & suiv.

8362. La faculté de racheter à perpétuité une rente constituée, est de droit sous-entendue, art. 119 de Paris.

8363. La faculté de faire le rachat par parties, se prescrit par 30 ans, Auroux, p. 2, p. 221.

8364. Une rente étant stipulée rachetable en trois payements, le Créancier n'est tenu de recevoir que le tiers, ou les deux tiers, ou le total du principal, Pothier, des Rentes const. n. 94.

8365. La clause, que la rente est rachetable en plusieurs payements, doit, dit Pothier, n. 95, être restreinte à deux payements.

8366. Pothier, n. 51, enseigne que si, par une clause, la faculté de racheter est formellement refusée au Débiteur, le Contrat est incapable de produire des arrérages, jusqu'à ce que le Créancier se soit désisté de la clause : les arrérages courus auparavant & payés, doivent s'imputer sur le principal qui en sera d'autant diminué.

8367. Les clauses qui gênent seulement la liberté du rachat, sont nulles, R. du Dr. fr. p. 419, mais elles ne rendent pas nul le Contrat de constitution, Pothier, n. 52, 53.

8368. Telles sont, selon Pothier, les clauses de ne pouvoir rembourser qu'en indiquant un autre emploi; qu'en rendant le même nombre d'especes, dans le cas d'augmentation; qu'en payant en entier l'année courante, quoique le terme n'en soit pas échu; qu'en avertissant six mois auparavant.

8369. Le Siége de Tours, le 7 Septembre 1758, a admis au rachat sans avertissement préalable, quoiqu'il y eût la clause, qu'il ne se feroit qu'en avertissant trois mois auparavant. Ferriere, Parf. not. l. 5, c. 21, Valin, t. 2, p. 235, Olivier sur Maine, art. 310, rejettent tout avertissement; mais Dunod, des Prescr. p. 94, pense, avec raison, qu'on peut convenir de six mois, v. Pontas, au mot *Rente*, cas 8, Conférer. de Paris sur l'Usure, t. 2, l. 5, conf. 1, §. 4, Conférer. d'Angers sur les Contrats, t. 2, conf. 2, quest. 1.

8370. Après l'avertissement, le Débiteur, dit Dunod, peut être contraint à rembourser.

8371. Il est douteux si la clause, que le rachat ne pourra se faire que dans la même espece de monnoie, que celle qui a été payée pour le prix de la constitution, est valable, Pothier, des Rentes const. n. 98.

8372. La clause, que le rachat ne pourra se faire qu'en especes sonnantes, non en papier qui pourroit avoir cours comme monnoie, doit, dit Pothier, n. 99, s'exécuter, à moins que la Loi qui donne cours au papier, ne déroge à toutes conventions précédentes, par lesquelles il auroit été stipulé qu'on ne pourroit payer en cette monnoie, ou que le prix de la constitution n'ait été payé en papier ayant alors cours.

8373. Si le principal d'un Contrat de constitution est exigible pour partie, le Contrat est nul pour cette partie. S'il est exigible pour un temps, comme de trois ans, les arrérages ne peuvent courir pendant ce temps : ce n'est qu'à l'expiration de ce temps, qu'ils commencent à courir, selon Pothier, n. 45, 46.

8374. Un Particulier s'est reconnu Débiteur de 1000 l. dont il a constitué une rente, &, par une clause, il s'est obligé de la racheter dans un an : le Pere de l'Auteur a décidé, en Juillet 1761, que, nonobstant la clause, qu'il falloit regarder comme non écrite, le Contrat devoit avoir son effet, v. Lacombe, au mot *Intérêts*, n. 15, Varicourt, au mot *Rentes constituées*, Olivier sur Maine, art. 310.

8375. Alexis, moyennant 300 l. a créé, à son profit, une rente annuelle & perpétuelle de 15 l. avec la clause, sans laquelle l'Acte n'eût pas été fait, que les arrérages s'en payeroient pendant six années, après lesquelles rachat seroit fait du principal, au moyen de quoi l'Acte demeureroit nul ; ce qui donnoit lieu de penser qu'on n'avoit voulu faire qu'une obligation avec stipulation d'intérêt, sans aliéner le principal ; Alexis, dix ans après, a demandé les 300 l. mais, mieux conseillé, en rectifiant ses Conclusions, il a demandé seulement la continuation de la rente, & 5 années d'arrérages ; c'est ce qui lui a été adjugé, le 11 Août 1762, au Siége de Tours, qui a uniquement déclaré nulle la clause contenant l'obligation de racheter dans un certain temps.

8376. Un Tuteur, en colloquant les deniers de son Mineur, en une rente constituée, ne peut stipuler que le Débiteur en fera le rachat dans un certain temps, Pocquet sur Dupineau, Quest. & Consult. c. 3, Valin, t. 2, p. 598.

8377. Le Débiteur peut s'obliger au rachat envers un tiers, envers la Caution, si elle n'est pas simulée, Pothier, des Rentes const. n. 50 ; il suffit que le Créancier ne puisse, ni par lui-même, ni par aucune personne par lui interposée, exiger le rachat. La circonstance qu'il est moralement sûr du rachat, auquel la Caution ne manquera pas d'obliger le Débiteur, est indifférente.

8378. Il y a pareille certitude, & cependant le Contrat de constitution n'en est pas moins légitime, lorsque la Justice ou le Roi, en autorisant un Tuteur, un Bénéficier ou une Compagnie, à prendre telle somme à constitution, impose l'obligation d'en faire le rachat au bout d'un certain temps, Pothier, du Prêt de consomption, n. 93, 94, des Rentes const. n. 57.

8379. Le Créancier peut stipuler que le Débiteur fera le rachat au bout d'un certain temps, ou qu'il ne pourra le faire pendant un temps limité, si la rente est constituée pour prix d'héritages ou d'Offices, ou pour retour de partage, Loiseau, du Déguerp. l. 1, c. 7, n. 3, Brodeau sur Paris, art. 119, n. 3, Pr. de la Jur. fr. n. 540, Pothier, des Rentes const. n. 47, v. ci-dessus n. 8339.

8380. On ne peut stipuler qu'en cas de perte des hypotheques, par ex. par incendie, le Débiteur pourra être contraint au rachat ; il faut qu'il y ait de sa faute, comme Stellionat, défaut d'emploi ou de Caution qu'il a promis, Auroux, p. 2, p. 220, Pothier, des Rentes const. n. 48, 70, 71, v. ci-dessus n. 6824.

8381. Pothier, n. 72, 73, enseigne que le Débiteur qui a déclaré ses biens francs d'hypotheque, ne peut être contraint au rachat, sous prétexte d'une hypotheque à laquelle ils se trouvent sujets, si elle n'a pu vraisemblablement être ignorée par le Créancier.

8382. Un Débiteur peut éviter le rachat, en acquittant la dette antérieure, qui le constituoit Stellionataire.

8383. Les clauses d'emploi peuvent s'accomplir par équipollent ; le Débiteur en est déchargé totalement, si, sans son fait, les deniers périssent, à moins qu'il ne fût dit que le Contrat seroit nul, si le Constituant ne faisoit ou *ne pouvoit faire* l'emploi stipulé, Pothier, des Rentes const. n. 68, 69.

8384. Si, dans le cas d'une clause d'emploi, les deniers restent chez le Notaire jusqu'à l'emploi, le Contrat, dit Pothier, n. 65, n'est pas parfait; ils sont aux risques du Créancier, & les arrérages ne courent que du jour de l'emploi. Le Créancier peut les retirer, en payant les frais du Contrat, les choses étant entieres de la part du Débiteur, qui n'a, en conséquence, formé aucun engagement, fait aucun acquêt, &c.

8385. On ne peut forcer au rachat, faute de payement des arrérages, Ord. de Janvier 1629, art. 149.

8386. Le rachat peut s'exiger, lorsque les biens du Débiteur sont vendus judiciairément, & dans tous les cas où il est notoirement insolvable, v. ci-dessus n. 6696. Mais la vente volontaire ne donne pas lieu au rachat, Bourjon, t. 1, p. 278, t. 2, p. 437; on ne peut même le stipuler, Lacombe, au mot *Rentes*, f. 4, n. 16. Valin, t. 1, p. 468, Denisart, au mot *Décrets*, remarquent un Arrêt du 23 Janvier 1738, auquel on ne doit pas avoir égard.

8387. Si, le Vendeur ayant consenti, par le Contrat de vente, que l'Acquéreur prît des Lettres de ratification, sans déléguer le Créancier de la rente, l'Acquéreur n'en prend point, ou, en en prenant, se soumer à continuer la rente au Créancier qui a formé opposition, la demande en rachat ne peut avoir lieu vis-à-vis de l'Acquéreur. Elle ne peut avoir effet vis-à-vis du Débiteur dans ces cas, ni dans celui où des Lettres de ratification ont été expédiées sans opposition de la part du Créancier de la rente; à moins que tous les meubles du Débiteur ne soient vendus à la requête d'autres Créanciers.

8388. En vendant, pour un prix payé comptant, le seul Immeuble qu'il possédoit, un Débiteur a déclaré qu'il devoit différentes sommes à plusieurs qu'il a dénommés, s'est obligé de les acquitter, a consenti que l'Acquéreur obtînt des Lettres de ratification, & a promis de rapporter main-levée des oppositions qui pourroient être formées. Un de ceux dénommés, Créancier d'une rente constituée, ayant négligé de former opposition, a demandé le rachat de sa rente au Débiteur, qui y a été condamné, le 24 Avril 1779, au Siége de Tours, si mieux il n'aimoit donner Caution. La demande n'étoit pas fondée. Le Créancier de la rente devoit s'imputer l'effet de sa négligence, v. Arrêt du 12 Janvier 1610, rapporté par Brodeau sur Louet, S, c. 18. L'obligation d'acquitter les dettes déclarées, qui étoit absolument superflue, n'étant qu'une suite de la garantie due de droit à l'Acquéreur, ne lioit point le Débiteur envers le Créancier de la rente, qui n'étoit pas Partie dans l'Acte. On ne pouvoit pas, sans sa participation, lui donner le droit d'exiger le rachat, ce qui auroit anéanti le Contrat de constitution.

8389. La vente d'un Office hypothéqué à une rente, ouvre l'action en rachat, en faveur du Créancier qui a formé opposition au Sceau des provisions, encore que le Vendeur ait chargé de la rente l'Acquéreur, à moins que la vente ne soit faite par un pere à son fils, Bourjon, t. 1, p. 277, 278, 331, v. Lacombe, Arr. not. c. 31. Le Créancier perd la faculté d'exiger le rachat, s'il reçoit des arrérages de la rente, sans réserve, suivant un Arrêt du 16 Mars 1764.

8390. Denisart, au mot *Remboursement*, cite un Arrêt du 18 Juillet 1760, qui a jugé que le Créancier d'une rente, ayant laissé vendre un Office qui y étoit hypothéqué, sans former d'opposition, ne peut exiger le rachat, quoiqu'il ne reste pas au Débiteur d'autre Immeuble.

8391. Un Créancier du Débiteur d'une rente, postérieur en hypotheque à celui à qui elle est due, peut l'obliger à en recevoir le rachat, pour lui être subrogé. Un Créancier antérieur a même ce droit; il assure son hypotheque; en rachetant la rente, il empêche celui à qui elle étoit due, de consommer en frais le gage de sa créance, par une saisie réelle, Pothier, des Rentes const. n. 177, 178.

8392. Un Etranger, dit Pothier, n. 180, qui n'a aucun intérêt au rachat de la rente, peut, pour arrêter les poursuites du Créancier, l'obliger à recevoir les arrérages. Il peut le forcer à en recevoir le rachat, si c'est pour en décharger le Débiteur & éteindre la rente, non fi c'eft pour la faire revivre à fon profit, v. ci-deſſus n. 6127.

8393. L'un de trois héritiers du Créancier d'une rente ne peut refufer le rachat du tiers de cette rente, tant qu'il n'en eſt Propriétaire que pour cette part; l'un de trois héritiers du Débiteur n'a pas droit de faire le rachat, pour un tiers. Si la faillite de cet héritier donne lieu au rachat, ce n'eſt que pour un tiers, Pothier, n. 190, 192.

8394. On ne peut racheter la rente qui fert de Titre clérical, qu'à la charge de l'emploi, par l'autorité de l'Official ou du Grand-Vicaire, fuivant Simon fur Dubois, Max. du Dr. can. t. 2, p. 145.

8395. Le Débiteur d'une rente conſtituée, due à un Bénéficier, doit appeller, dit Héricourt, p. 4, c. 4, n. 17, c. 7, n. 17, le Patron ou Collateur du bénéfice, pour être préfent au rachat, dont les deniers doivent être employés au profit du bénéfice.

8396. Lorfque les Créanciers de celui à qui il eſt dû une rente, ont formé oppofition entre les mains du Débiteur de la rente avant le rachat, il ne peut fe faire fans les y appeller, & les deniers fe diftribuent par ordre d'hypotheque, Bourjon, t. 2, p. 608, Pothier, des Rentes conſt. n. 187, v. Arrêt du 21 Avril 1741, cité par Denifart, au mot *Rembourfement.*

8397. Jufqu'au rachat actuel, la rente demeure en nature de rente, nonobftant le Jugement qui condamne à racheter, art. 228 de Tours, Pallu, p. 404, Auroux, p. 1, p. 461, v. Prouſt, p. 358, Bourjon, t. 1, p. 283, ci-deſſus n. 8270, 8281.

8398. On lit dans Dupleſſis fur Paris, p. 163, aux notes, qu'une rente conſtituée au profit d'un Mineur, rachetable dans un certain temps, eſt Meuble, v. ci-deſſus n. 8376.

8399. La reconnoiſſance d'une fomme payable à la volonté du Débiteur, moyennant intérêt, eſt une véritable conſtitution de rente, Auzanet fur Paris, art. 94, Dupleſſis fur Paris, p. 162, aux notes.

8400. Si la fomme ne produit point intérêt, on préfume qu'il n'y a pas d'aliénation du principal; & quoiqu'elle foit payable à la volonté du Débiteur, le Juge doit fixer un temps dans lequel il foit obligé de payer, v. Ferriere fur Paris, art. 94.

8401. La promeſſe fous fignature-privée, de paſſer Contrat de conſtitution de rente devant Notaire, eſt de même nature que le Contrat qui feroit paſſé, & ainfi eſt Immeuble, Pallu, N. M. Lalande fur Orléans, art. 351, n. 26, Héricourt, p. 42, R. du Dr. fr. p. 82, 420, Valin, t. 3, p. 277.

8402. Le 16 Juin 1764, le Pere de l'Auteur a décidé qu'un Billet conçu en ces termes, « je reconnois avoir emprunté de .... la fomme de 1100 l. dont je promets lui » paſſer Contrat devant Notaire, à fa 1re. réquifition, » doit s'entendre d'un Contrat de conſtitution, felon l'ufage ordinaire; on ne parle pas de Contrat, quand on parle d'obligation; de plus, il n'y a point de terme pour payer, ce qui confirme que la dette n'eſt pas exigible. Elle doit produire intérêt, du jour du Billet, quoiqu'il n'en faſſe pas mention, v. Acte de notoriété du Châtelet, du 6 Octobre 1742, Brillon, au mot *Rentes,* n. 55, Olivier fur Maine, art. 310.

8403. Dans un Billet portant conſtitution de rente, la claufe d'en paſſer Acte devant Notaire, n'eſt qu'un pacte accidentel, qui ne fe fupplée point, & le Créancier ne peut l'exiger; mais, pour acquérir une hypotheque, il peut obtenir un Jugement prononçant la reconnoiſſance du Billet, dont il ne répétera pas les frais, non plus que le droit de Contrôle du Billet, s'il étoit payé de tous les arrérages échus : il doit fe procurer, à fes frais, cette fûreté, dès qu'il n'a pas été convenu que le Débiteur lui procureroit une hypotheque, Pothier, des Rentes conſt. n. 63, v. ci-deſſus n. 5032.

8404. Remarquez que, lorfqu'on paſſe un Contrat, en conféquence d'un Billet portant conſtitution de rente, qui a été contrôlé, ce Contrat doit être contrôlé fur le pied d'un Acte simple , comme une reconnoissance , dès qu'il n'y a aucune novation. Il y en auroit, s'il y avoit changement de Parties , le Créancier ou le Débiteur étant mort, Dict. rais. des dom. t. 1 , p. 481.

8405. L'Acte du Contrat de constitution, dit Pothier, n. 59, 61 , est aux frais du Débiteur seul , qui a le choix du Notaire, quoiqu'il semble que ce devoit être à frais communs, vu qu'il se fait pour l'utilité réciproque des deux Parties.

8406. « Anciennement, dit Boullenois , Quest. mixtes, p. 211 , que l'on ne con-« noissoit pas la véritable nature des rentes constituées, & que l'on ignoroit que la » faculté de les racheter devoit être perpétuelle , comme étant de la substance consti-» tutive de la rente , on en distinguoit de deux sortes : celles qui n'étoient pas » rachetables, ou qui ne l'étoient que par la convention , » & celles qui étoient rachetables par elles-mêmes à perpétuité. Les dernieres étoient toujours Meubles ; les 1res. qui étoient Immeubles , n'étoient considérées comme Meubles , que tant que la faculté de les racheter , accordée par la convention , subsistoit. Cette distinction se trouve dans les art. 66 , 67 de Troies.

8407. L'art. 157 de Blois suppose les rentes constituées, comme les rentes foncieres, non rachetables , & déclare les unes & les autres Immeubles ; à moins qu'il ne soit dit que le Débiteur pourra les racheter , pendant par ex. 10 ans, pendant lequel temps, elles sont regardées comme Meubles. D'après l'esprit de cet article, il faut décider que toutes les rentes constituées, qui sont aujourd'hui rachetables , sont de nature mobiliere ; aussi , la Cout. de Blois est-elle mise par Lalande sur Orléans, art. 351 , n. 17 , Pothier, des Rentes const. n. 112 , au rang des Coutumes où le Créancier d'une rente constituée est censé n'être Propriétaire que d'un Meuble , parce que son droit peut être , à chaque instant , réduit à de purs deniers ; mais Pothier , de la Comm. n. 84 , Fourré , p. 313 , remarquent que l'usage est contraire.

8408. L'art. 37 du t. 2 de Bourgogne regarde comme Meuble l'héritage acquis sous faculté de reméré , parce que , d'un moment à l'autre , le Possesseur peut être forcé de recevoir ses deniers ; ce que l'art. 64 de Chaumont semble restreindre au cas où le reméré s'exerce réellement dans le temps stipulé.

SECTION II.

Des Biens meubles qui entrent dans la Communauté.

8409. La Communauté comprend tous les effets mobiliers , tant ceux que les Conjoints ont lors de la Célébration du mariage , que ceux qui leur aviennent, pendant que la Communauté subsiste , à quelque titre que ce soit , à titre de succession , donation , legs ou autrement, v. cependant Sérieux , des C. de Mar. t. 1 , p. 209, t. 2 , p. 277, pour les Pays où la Communauté n'a pas lieu de plein droit.

8410. Sanson, t. 29, art. 1 , reconnoît que les deniers apportés en dot par une femme , tombent dans la Communauté , s'il n'y a pas de stipulation contraire.

8411. L'argent comptant , même celui qui provient du rachat d'une rente ou de la vente d'un héritage , les meubles , marchandises , bestiaux , grains , vins , &c. que possede chacun des Conjoints , lors de leur mariage , leur deviennent communs.

8412. Il en est de même des actions mobilieres, comme celles pour un reliqua de compte de tutelle , pour le prix qui seroit encore dû , d'un héritage vendu avant le mariage , pour un retour de partage exigible , ou pour un remploi de propre aliéné pendant une 1re. Communauté , Louis sur Maine , art. 254 , Valin , t. 2 , p. 708 & suiv.

8413. Valin excepte le cas de minorité, à cause de l'art. 94 de Paris; mais les actions doivent être considérées telles qu'elles sont dans la vérité, hors le cas de succession, qui est le seul pour lequel la fiction est établie par cet article. Si celui à qui ces actions appartenoient, décede en minorité, ses héritiers les auront en entier, v. Pothier, de la Comm. n. 77, 78, des Propres, s. 3, §. 3, ci-dessus n. 8255.

8414. La créance qu'a, pour la reprise d'une somme réalisée par le Contrat d'un 1er. mariage, celui qui se remarie, tombe, comme meuble, dans la 2e. Communauté, Pothier, de la Comm. n. 80, 338.

8415. Un usufruit de meubles donné à un des Conjoints avant le mariage, n'entre dans la Communauté, que pendant son cours, Pallu, p. 515.

8416. Les rentes viageres étant meubles, le fonds de celles qui appartiennent à l'un des Conjoints lors du mariage, entre en Communauté; on peut excepter celle créée par legs, par la volonté présumée du Testateur, qu'elle tint lieu d'aliments au Legataire, & demeurât attachée à sa personne, v. ci-dessus n. 8284, ci-après n. 8521.

8417. Tous les fruits & revenus des immeubles des Conjoints, à mesure que leur échéance les ameublit, tombent dans la Communauté, aussi-bien que les intérêts d'une somme mobiliere, stipulée propre, la stipulation ne frappant que le capital.

8418. Il y a des Coutumes où les deniers que reçoit un des Conjoints évincé par l'exercice d'un retrait conventionnel, seigneurial ou lignager, considérés comme meubles, entrent dans la Communauté, si, dans le Contrat de mariage, il n'y a pas de clause qui en empêche, v. Proust, p. 439, Dupineau sur Anjou, art. 290, 291, 292, Boucheul sur Poitou, art. 251, ci-après n. 9223.

8419. De Droit commun, ces deniers forment la matiere d'un remploi.

8420. Pothier, de la Comm. n. 598, tient que, l'acquisition d'un héritage, faite par un des Conjoints avant le mariage, étant rescindée, pour cause de minorité, de lézion de plus de moitié du juste prix, ou autre, les deniers que rend le Vendeur, entrent dans la Communauté, v. ci-après n. 9324. Dans le cas de rescision pour lézion, il dépend du Conjoint Acquéreur d'avantager ou de ne pas avantager l'autre, en délaissant l'héritage, ou en le conservant; il peut payer un supplément.

8421. Une succession composée d'un immeuble de 10000 l. & d'un autre de 4000 l. m'est échue, pour une moitié, pendant mon mariage; l'immeuble de 10000 l. est tombé par le partage à mon Cohéritier, à la charge d'un retour de 3000 envers moi; ce retour n'entre point dans ma Communauté, quoi que dise Bourjon, t. 1, p. 537; mais si, la succession étant composée de 7000 l. de meubles & de 7000 l. d'immeubles, tous les meubles forment mon lot, ils deviennent communs, Pothier, de la Comm. n. 100, v. ci-après n. 8739.

SECTION III.

Des Stipulations de Propre.

8422. C'est dans un temps où les Conjoints n'avoient guere d'autres meubles, que ceux nécessaires à l'usage ordinaire de la vie, qu'on a établi que cette sorte de biens entreroit en entier dans la Communauté. Dans la suite des temps, il est souvent arrivé que toute la fortune d'un des Conjoints consistoit en argent, tandis que l'autre n'avoit que des immeubles; delà, il résultoit un grand inconvénient : si celui-là mouroit immédiatement après la Célébration du mariage, ses héritiers étoient privés de la moitié de ses biens, qui appartenoit, en vertu de la Communauté, à l'autre Conjoint survivant. Pour y apporter remede, on a imaginé les Stipulations de Propre, par lesquelles on exclud de la Communauté tout ou partie des effets mobiliers qui appartiennent ou qui appartiendront à l'un des Conjoints, v. Bourjon, t. 1, p. 375 & suiv.

8423. Les deux tiers des effets mobiliers, donnés par les parents d'une fille qui n'a point d'immeubles, sont exclus, de droit, de la Communauté, par l'art. 59 de S. Jean d'Angeli, v. art. 221 de Bourbonnois.

8424. Les Conjoints ayant stipulé qu'ils *seront communs dans les biens qu'ils acquerront*, tout leur mobilier extant lors du mariage, leur est Propre; & chacun peut respectivement, la dissolution de la Communauté arrivant, le reprendre, en prouvant quel en étoit le montant; il en seroit autrement, si, au mot *biens*, on avoit ajoûté ceux-ci, *meubles & immeubles*, Bourjon, t. 1, p. 455, Pothier, de la Comm. n. 317, v. Lebrun, de la Comm. l. 1, c. 5, s. 1, d. 1, n. 26.

8425. Si l'on convient que, *des biens du futur époux*, (ou *de la future épouse*,) *il en entrera en Communauté*, par ex. *la somme de 3000 l.* le surplus est tacitement stipulé Propre, v. Pr. de la Jur. fr. n. 345, Pothier, de la Comm. n. 317.

8426. S'il n'y a pas d'Inventaire qui constate le surplus des biens, qui doit être Propre, il est souvent difficile de le fixer. Lorsqu'il s'agit d'en exercer la reprise, il faut en venir à une enquête de commune renommée, voie peu sûre pour découvrir la vérité, après la dissolution d'un mariage qui aura duré 30 ou 40 années.

8427. Bourjon, t. 1, p. 470, 471, pense que, quand la mise en Communauté est fixe, les fruits pendants par les racines lors du mariage, ne tombent dans la Communauté, qu'à proportion du temps.

8428. Nous conseillons de rédiger la clause d'une maniere qui rende certain ce qui est l'objet de la Stipulation de Propre. Ainsi, une personne qui a environ 12000 l. en mobilier, & qui veut faire entrer dans la Communauté 3000 l. au lieu de déclarer qu'elle met 3000 l. en Communauté, peut se contenter de stipuler Propre 9000 l. Elle peut déclarer que tous ses effets mobiliers entreront en Communauté, sauf 9000 l. qui lui seront propres.

8429. Il est utile de fixer ce qui entre en Communauté, lorsque, la clause étant au profit de la femme, il y en a une autre qui accorde la faculté de reprendre, en renonçant, ce qu'elle a mis en Communauté. Si cela n'est pas justifié par le Contrat de mariage ou par un Inventaire, on est embarrassé pour régler à quoi doit monter cette reprise.

8430. On évite cet embarras, si l'on s'exprime par ex. ainsi : *la future épouse, outre ses immeubles estimés 36000 l. apporte en dot 12000 l. de mobilier, dont 3000 l. entreront dans la Communauté, & 9000 l. lui seront propres.*

8431. La clause, que des deniers seront employés en acquisitions d'héritages ou rentes, a l'effet d'une Stipulation de Propre, v. art. 93 de Paris, 311 de Tours.

8432. Celui qui a promis une somme avec cette clause, ne peut être contraint de la payer, que pour faire l'emploi stipulé.

8433. Lorsqu'un des Conjoints est le présomptif héritier d'une personne dont la fortune consiste principalement en mobilier, comme un Négociant, il est bon de stipuler Propre ce qui aviendra par succession.

8434. Les avantages faits par des Ascendants, sont compris dans la clause qui réalise ce qui avient par succession, comme dans celle qui réalise ce qui avient par donation, Pothier sur Orléans, Intr. gén. n. 96.

8435. La clause qui réalise ce qui avient par donation, « ne s'étend pas, dit » Pothier, de la Comm. n. 322, à ce qui avient par succession ; mais elle com- » prend ce qui peut avenir à titre de legs ou de substitution. »

8436. Quelquefois, l'intention des Contractans est que rien de ce qui leur aviendra pendant le mariage, à titre lucratif, ne tombe dans la Communauté ; alors,

la

la clause doit embrasser *tout ce qui écherra*, *à quelque titre que ce soit.*

8437. Valin, t. 2, p. 723, observe que l'exécution de la clause qui réalise tout ce qui avient pendant le mariage, est embarrassante; & fournit aisément matiere à injustice ou à avantage indirect.

8438. Quoique la clause qui réalise la dot, ne comprenne pas ce qui sera donné pendant le mariage, ce qui est donné dans la suite par supplément de dot, est censé Propre de la même maniere que la dot, Boucheul sur Poitou, art. 285, n. 79, 80.

8439. La réalisation de ce qui écherra par succession, ne rend pas Propre ce qui avient par droit de continuation de Communauté; cependant, on le répute tel, comme représentatif de ce qu'il y avoit au commencement de la continuation, lorsqu'on ne peut distinguer ce qui est un gain fait depuis, Bourjon, t. 1, p. 458, v. ci-après n. 8541.

8440. On peut, dans un Contrat de mariage, stipuler Propres les biens présents & à venir d'une des Parties, sans parler des biens de l'autre, à cet égard. Quand la fortune des deux & les espérances qu'elles peuvent avoir, sont à peu-près les mêmes pour la quantité & la qualité des biens, l'égalité demande que la clause soit réciproque; mais cela n'est nullement nécessaire, Valin, t. 2, p. 717, 718.

8441. Lorsque les biens présents mobiliers des Parties sont à peu-près égaux, & qu'elles ont à peu-près les mêmes espérances, il n'est pas nécessaire de faire aucune Stipulation de propre; il suffit, pour l'intérêt de la femme, de stipuler la faculté de reprendre, en renonçant, ce qu'elle aura apporté. Cette derniere Stipulation produit le même effet, remarque Bourjon, t. 1, p. 574, que la Stipulation de Propre.

8442. Supposons par ex. que les Conjoints aient chacun 24000 l. en mobilier; quelle utilité y a-t-il d'en stipuler une partie Propre? En partageant la Communauté, chacun retrouvera, dans sa moitié, ses 24000 l. Si la Communauté n'est pas avantageuse, la femme y renoncera, &, en vertu de la clause de reprise, elle aura ses 24000 l. comme si elles avoient été stipulées Propres: le mari, dans le cas de renonciation, n'a point de reprise à exercer.

8443. Si l'une des Parties a plus de mobilier que l'autre, ce n'est que l'excédent qui doit être l'objet de la Stipulation de Propre; l'une ayant 36000 l. en mobilier, tandis que l'autre n'en a que pour 24000 l. il suffit que celle-là stipule Propres 12000 l.

8444. L'usage des Stipulations de Propre est tellement passé en droit commun, que si un Tuteur, sans y être engagé par les circonstances d'un établissement avantageux, n'a pas empêché que plus du tiers du bien d'un Mineur entrât dans sa Communauté conventionnelle ou légale, celui-ci est restituable, R. du Dr. fr. p. 198, Pr. de la Jur. fr. n. 344, Pothier, de la Comm. n. 103, v. ci-après n. 8547.

8445. La restitution, qui ne peut avoir lieu que pour le mobilier extant lors du mariage, n'a aucune influence sur le mobilier survenu depuis, Valin, t. 2, p. 611, 719.

8446. Non-seulement on peut exclure de la Communauté les effets mobiliers par une clause apposée en faveur d'un des Conjoints; mais encore on peut porter la précaution jusqu'à les affecter aux enfants, afin qu'ils se succedent les uns aux autres, à l'exclusion de l'autre Conjoint, v. Auroux, p. 2, p. 83, Bourjon, t. 1, p. 380 & suiv.

8447. Pour cette affectation, il suffit de comprendre dans la clause les enfants, en ajoutant à ces mots, *seront Propres au futur époux* (ou *à la future épouse*), qui ne concernent que la Communauté, ceux-ci, & *aux siens*, en conséquence desquels l'ordre des successions est changé.

8448. Cette clause étant apposée, ce ne sera qu'après la mort du dernier des enfants, que le Survivant des Conjoints pourra succéder aux deniers ainsi stipulés Propres; & il y succédera, sans que la minorité de cet enfant y fasse obstacle.

8449. Sans cette clause, à la mort de chaque enfant, le Survivant, comme son

héritier au mobilier, succede à sa part dans les Propres conventionnels du Prédécédé.

8450. Le mot *siens* embrasse, de même que le mot *enfants* ou *hoirs*, tous les
Descendants, Auroux, p. 2, p. 83, même les enfants des précédents mariages,
dit Pothier, de la Comm. n. 328; non les Collatéraux, quoiqu'en matiere de
Contrats, le mot *siens* comprenne tous les héritiers, remarque Boucheul sur Poitou, art. 285, n. 13. Il tient que le mot *héritiers* ne s'entend, en cette rencontre,
que des héritiers en ligne directe.

8451. Lorsqu'on veut stipuler Propre au profit des enfants, une succession que la
femme espere recueillir, on fera bien de déclarer que *ce qui écherra de la succession
de . . . . . à la future épouse, ou, par son prédécès, aux enfants du futur mariage,
leur sera propre*, v. Renusson, des Propres, c. 6, f. 5, n. 19, Lebrun, de la
Comm. l. 1, c. 5, f. 2, d. 1, n. 5, d. 5, n. 22.

8452. On peut convenir que le Survivant des Conjoints ne succédera, en aucun cas, à l'action que les enfants du Prédécédé auront pour raison des effets mobiliers appartenans à celui-ci, & qu'à l'exclusion du Survivant, les autres héritiers du
dernier décédé des enfants, y succéderont; c'est ce que signifie la clause de Propre, lorsqu'elle est conçue ainsi : *seront Propres au futur époux* (ou *à la future
épouse*) *& aux siens de son côté & ligne*, v. Auroux, p. 2, p. 84, Bourjon, t. 1,
p. 384 & suiv.

8453. S'il est dit, *& à ceux de son côté & ligne*, sans autre terme qui désigne les
enfants, ils n'en sont pas moins compris dans la clause, Pothier, de la Comm. n. 334.

8454. La clause ne fait pas un Propre de ligne; apposée par un pere ou une mere
dotant un de leurs enfants, elle n'affecte pas la dot à une ligne plutôt qu'à l'autre,
v. Desaux sur Lebrun, des Succ. add. 23ᵉ. Cochin, t. 3, p. 179 & suiv. 652 &
suiv. 665 & suiv. Valin, t. 3, p. 75, Sérieux sur Renusson, des Propres, c. 6,
f. 1, n. 20, l. 5, n. 55. Les héritiers du côté du pere, s'ils sont plus proches, doivent succéder, à l'exclusion des héritiers du côté de la mere, aux deniers
qu'elle a donnés à sa fille, avec Stipulation de Propre à la Donataire & aux siens
de son côté & ligne; les Ascendants seroient préférés aux Collatéraux; la Stipulation
de Propre ne dérange pas l'ordre de succéder, entre les parents du Conjoint doté,
Bourjon, t. 1, p. 382, 385 & suiv.

8455. Pour conserver les deniers aux héritiers maternels, il faudroit les stipuler
Propres à la Donataire & aux siens du côté & ligne de la Donatrice, Auroux, p. 2, p. 93; ainsi que, pour appeller à une action de remploi de Propres aliénés, les parents de la ligne, il seroit nécessaire de dire que cette action seroit Propre à ceux de la ligne d'où procédoient les Propres aliénés, ou qu'elle seroit Propre de même nature que les Propres aliénés, Pothier, de la Comm. n. 332.

8456. On a prétendu que la Stipulation de Propre au Conjoint & aux siens de son
côté & ligne, est une convention qui ne peut nuire qu'au Conjoint qui l'a consentie, & à ceux qui le représentent, *contra alterum conjugem vel hæredes ejus*, Dumoulin sur Chaumi, art. 21; non à ceux qui, venant de leur chef, n'ont pas été Partie dans la convention, quoique de la ligne de ce Conjoint, parce qu'on ne peut,
par cette voie, appeller certains héritiers par préférence à d'autres, ni même faire
que les enfants se succedent les uns aux autres dans les deniers stipulés Propres, à
l'exclusion de leurs Ascendants, autres que le Survivant de leurs pere & mere dans
le Contrat de mariage desquels la Stipulation a été apposée. Le mari par ex. peut
bien, par cette Stipulation, à cause de la faveur de l'acte qui la contient, renoncer à une succession non ouverte, pour lui, non pour sa famille; la clause est *contrà
maritum, sed non respectu aliorum*, Dumoulin sur Nivernois, t. 23, art. 17.

8457. Ce système a été autorisé par un Arrêt de Réglement du 17 Mai 1762,
v. Pothier, de la Comm. n. 337, 339.

8458. L'Arrêt ayant été caffé par un Arrêt du Confeil , du 9 Février 1767 , avec rétention du fond de la conteftation , le Parlement a ordonné , par un Arrêt du 13 du même mois, que celui du 17 Mai 1762, feroit exécuté , jufqu'à ce qu'il plût au Roi de faire connoître fes intentions dans les formes ordinaires. Le 14 , le Confeil a caffé cet Arrêt.

8459. L'Arrêt de 1762 , eft contraire à un Arrêt du 22 Décembre 1600 , qui eft un Réglement auquel le Barreau fut averti de fe conformer , & à une foule d'Arrêts rendus pendant plufieurs fiecles, & difcutés dans un Mémoire imprimé , où, après avoir expofé le fens & la légitimité des Stipulations de Propre, M. Lalourcé , Avocat de Paris , donne l'hiftoire de la Jurifprudence depuis leur naiffance jufqu'à nos jours. MM. Lherminier , Merlet , Cochu, Cellier , Delambon, Beviere , Duvaudier, Pothouin , Delamonnoie , Boudet, d'Outremont , Gerbier & Tronchet , Avocats de Paris, dans leur avis du 10 Décembre 1765 , difent qu'ils ont toujours fuivi les principes que contient ce Mémoire, & que l'ufage qui y eft attefté, eft inconteftable.

8460. On peut régler le fort des biens apportés dans une fociété , établie par le mariage , entre deux familles, pour le moment où elle viendra à fe diffoudre par l'extinction de toute la defcendance qui pouvoit la perpétuer.

La Stipulation de Propre au Conjoint & aux fiens de fon côté & ligne , eft une condition du mariage , dont l'effet dépend de l'intention du Stipulant , non du confentement de celui à qui elle eft impofée.

Il fuffit que ce foit l'alliance contractée par le mariage , qui ait mis dans la famille les biens auxquels l'héritier le plus proche veut fuccéder , pour qu'il ne puiffe y prétendre , dès que l'alliance n'a été contractée, & les biens n'ont été mis par elle dans la famille , que fous la condition expreffe que, dans le cas qui eft arrivé, il n'y fuccéderoit pas.

Les membres d'une famille peuvent-ils vouloir profiter d'une alliance , & ne pas exécuter les conventions fans lefquelles elle n'eût pas été faite ? Peuvent-ils rejetter les conditions d'un titre qu'ils invoquent ?

La Stipulation dont il s'agit, eft en même-temps une convention entre deux familles , & une difpofition qui n'eft affujettie à aucune forme , dès qu'elle eft dans un Contrat de mariage. A l'égard de ceux qui font appellés , c'eft une fubftitution fous la condition que ce qui en eft l'objet , exiftera, comme à l'égard des Propres réels ; fubftitution qui eft une condition inhérente au mariage , qui ne peut être méconnue par quiconque fe prétend appellé aux biens par les événements que le mariage a produits.

Par la Stipulation , l'on éleve un mur de féparation entre le patrimoine de deux familles , qui s'uniffent par le mariage. Nul événement ne peut détruire ce mur de féparation , élevé par la convention des Parties , & foutenu par la Loi , qui autorife cette convention. La Stipulation étant faite au profit de la femme & de fes héritiers , le mari qui l'a confentie, & tous ceux de fon côté , font exclus.

8461. Lors de l'Arrêt du 17 Mai 1762, on ne fit pas valoir le moyen que le Conjoint, majeur, s'étant doté lui-même , n'avoit pu déroger aux regles des fucceffions , qui font de Droit public ; c'eft le feul moyen qu'on employa , lors d'un Arrêt du 31 Juillet 1755 , qui paroît contraire à un Arrêt de Réglement du 17 Avril 1703 , lequel décide que celui qui fe dote lui-même , peut régler les conditions de la fociété qu'il contracte, comme il juge à propos, v. Sérieux fur Renuffon , des Propres, c. 6, f. 1 , n. 19 , f. 2 , n. 6, f. 6 , n. 19 , 20.

8462. Si un Majeur, maitre de fes biens, ne pouvoit les ftipuler Propres en faveur de fes Collatéraux , il ne le pourroit en faveur de fes enfants , au préjudice de fon Conjoint, qui lui furvivroit ; cela change également l'ordre de fuccéder. Il faudroit dire la même chofe du Mineur ; la Loi ne lui permet pas plus qu'au Majeur, de déroger aux regles qu'elle a établies. Le Majeur ou le Mineur qui se marie ui-même, ne pourroit donc faire une Stipulation de Propre, qu'au 1er. dégré. Ayant droit d'exclure entiérement la Communauté, il lui est libre, en la consentant, de convenir qu'elle ne comprendra pas tels biens.

8463. Une fille qui se marie elle-même, épouse un homme à qui le pere, ou la mere, ou un Etranger, donne une somme avec Stipulation de Propre portée au 2e. & même au 3e. dégré ; cette Stipulation est licite, un Donateur pouvant attacher à sa libéralité telle condition que bon lui semble. Si une pareille Stipulation est apposée en faveur de la fille, il est certain qu'on ne doit pas la contester, afin que le sort des deux Conjoints soit égal ; l'une des deux clauses ayant pu être mise en considération de l'autre, il faut les exécuter toutes deux.

8464. Si l'on stipule qu'une somme donnée en dot à une fille, sera employée en acquisition d'héritage, pour tenir lieu de Propre, & que l'emploi ait été fait & accepté, l'héritage acquis de cette somme, lui sera Propre de Communauté ; & dans la personne de ses enfants, ce sera un Propre naissant maternel, auquel le mari ne pourra, en aucun cas, succéder.

8465. L'emploi n'ayant pas été fait, le mari succede à ses enfants, Créanciers de la somme qui n'a pas été employée, sans qu'on puisse dire qu'il ne doit pas profiter de sa négligence, v. Bourjon, t. 1, p. 378, Valin, t. 2, p. 722.

8466. Pothier, de la Comm. n. 327, excepte le cas où le mari s'est obligé formellement envers la famille de la femme, à faire l'emploi.

8467. Le mari, après la mort du dernier de ses enfants, ayant droit de succéder aux deniers destinés à être employés en acquisition d'héritage, pour tenir lieu de Propre à la femme & aux siens, il peut lui être avantageux de ne jamais faire l'emploi stipulé.

8468. On a tenu, autrefois, que la Stipulation de Propre au 1er. ou au 2e. dégré, appelloit les Collatéraux, lorsqu'il y avoit été joint la promesse d'emploi ou l'assignat ; il faut, à présent, que la Stipulation soit portée au 3e. dégré, v. Duplessis sur Paris, p. 143, aux notes.

8469. La Stipulation de Propre au 3e. dégré a toujours servi aux Collatéraux, quoique seule, sans promesse d'emploi, sans assignat.

8470. Sur l'effet de l'assignat spécial, v. Duplessis sur Paris, p. 449, aux notes.

8471. La clause la plus efficace & la plus étendue dans ses effets, est celle qui porte que jusqu'à l'emploi des deniers stipulés Propres, le mari en constitue rente sur ses biens ; il ne peut jamais succéder à la rente, qui est un acquêt, dans la personne de la femme, & un Propre naissant maternel, dans la personne des enfants, v. Dumoulin sur Nivernois, t. 23, art. 17, Tronçon sur Paris, art. 232, Ferriere sur Paris, art. 93, gl. 3, n. 5 & suiv, art. 232, n. 56, 57, Lebrun, de la Comm. l. 3, c. 2, s. 1, d. 2, n. 92, Pocquet sur Anjou, art. 286, obs. 2e. Bourjon, t. 1, p. 378, 379.

8472. Boucheul sur Poitou, art. 285, n. 45, veut que le mari déclare qu'à défaut d'emploi, il constitue dès-lors la rente sur ses biens ; s'il a simplement stipulé qu'à défaut d'emploi, il fera une rente sur ses biens, ce n'est qu'un assignat pour sûreté de l'emploi.

8473. La Stipulation de Propre qui a pour objet l'action de remploi, n'opere rien, si elle n'est qu'au 1er. dégré ; mais au 2e. ou au 3e. dégré, elle a les mêmes effets que celle qui a pour objet de purs deniers, Bourjon, t. 1, p. 392.

8474. Quand, par le Contrat de mariage, dit Bourjon, p. 393, un immeuble a été stipulé Propre à l'un des Conjoints & aux siens de son côté & ligne, l'action de remploi d'icelui est tacitement Propre ; pour donner à la clause un effet, on fait tomber la Stipulation de Propre imprimée à l'immeuble, sur l'action de remploi, au cas qu'il se trouve aliéné, v. Boucheul sur Poitou, art. 285, n. 42, Pothier, de la Comm. n. 335.

8475. S'il a été dit que les deniers dotaux seroient employés en héritages, qui seroient Propres à la femme & aux siens de son côté & ligne, les héritages acquis en conséquence de cette clause, venant à être aliénés, la Stipulation de Propre opere à l'égard du remploi, v. Boucheul, n. 39.

8476. Lebrun, des Succ. l. 2, c. 1, f. 3, n. 26, tient que s'il a été convenu qu'en cas d'aliénation des héritages de la femme, le mari en feroit remploi en autres héritages, qui seroient propres à elle & aux siens de son côté & ligne, & qu'il n'ait été fait aucun remploi, la réalisation ne tombe point sur l'action de remploi, qui appartient à la femme ou à ses héritiers.

8477. La Stipulation de Propre ne gêne point la disposition des deniers qui en sont l'objet. L'enfant, même mineur, peut léguer à son pere l'action qu'il a pour les deniers de sa mere, stipulés propres jusqu'au 3e. dégré, comme elle auroit pu les lui léguer, Valin, t. 2, p. 471.

8478. Si, en stipulant une somme propre à l'un des Conjoints & aux siens de son côté & ligne, on a ajoûté, *même quant à la disposition*, ou *quant à tous effets*, ni lui, ni ses enfants, ne peuvent disposer de la reprise de cette somme, au profit de l'autre Conjoint, que comme d'un Propre réel, Pothier, de la Comm. n. 330.

8479. Il y en a qui trouvent singulier que celui qui se marie lui-même, puisse se lier les mains, s'ôter la liberté de disposer de ses biens, mais v. Pothier, des Don. entre mari & femme, n. 27.

8480. Les raisons qu'on peut avoir de restreindre la faculté de disposer des Propres conventionnels, n'étant pas les mêmes pour le testament, que pour la donation mutuelle, nous conseillons de ne pas exprimer une restriction indéfinie; on peut stipuler Propre, *quant à la disposition qui pourroit en être faite par donation mutuelle seulement*.

8481. Les Stipulations de Propre peuvent se faire, de la part de celui qui donne, dans une simple donation ou dans un testament, comme dans un Contrat de mariage.

8482. Les Stipulations de Propre sont des fictions de droit, qu'il faut renfermer précisément dans leurs termes, sans extension d'une personne à une autre personne, d'un cas à un autre cas, ni d'une chose à une autre chose. Les personnes sont le mari ou la femme, ses descendants, ses héritiers collatéraux ; les cas sont la communauté, la succession, la disposition ; les choses sont les effets mobiliers, qui sont la matiere de la Stipulation, Renusson, des Propres, c. 6, f. 2.

8483. Ces fictions cessent dès le moment qu'elles ont eu leur effet, par ex. dès que la chose stipulée Propre, est parvenue au dernier des enfants, majeur ou mineur, dans le cas de la réalisation au 2e. dégré ; & dans le cas de la réalisation au 3e. dégré, à un héritier collatéral, majeur ou mineur. Elle reprend la qualité de meuble dans la personne de cet enfant, de cet héritier collatéral, quoiqu'il décede en minorité, Auroux, p. 2, p. 83, 93, Valin, t. 3, p. 85.

8484. La Stipulation de Propre s'évanouit, 1°. si la somme qui en est l'objet, est payée aux enfants ; 2°. si les enfants succedent à leurs pere & mere : étant héritiers purs & simples, & de celui à qui la somme étoit due, & de celui qui la devoit, il se fait en leur personne une confusion qui éteint toute action. Plusieurs, dans ces deux cas, requierent que les enfants soient majeurs, au moins lors de l'ouverture de leurs successions, v. Sérieux sur Renusson, des Propres, c. 6, f. 5, n. 48, Pothier, de la Comm. n. 344, 346, 347.

8485. Valin, t. 2, p. 721, pense que la minorité des enfants n'empêche pas l'efficacité du payement. On convient que si, en exécution d'une Sentence de séparation, la femme a été payée de son Propre conventionnel, ce payement, nonobstant sa minorité, efface la fiction, à moins que le mari n'eût constitué rente ; pour être conséquent, on doit décider de même à l'égard des enfants.

8486. Boucheul sur Poitou, art. 285, n. 92, Fourré, p. 310, n'exigent pas la majorité, dans le cas de la confusion ; c'est la Loi qui opere.

8487. En fuivant l'Arrêt du 17 Mai 1762, cité ci-deffus n. 8457, il n'y auroit point de queftion à faire, touchant l'effet de la confufion. La convention de Propre ne pouvant être oppofée qu'au Conjoint débiteur de la fomme réalifée, dès que ce Conjoint eft mort avant les enfants, & ne peut par conféquent venir à leurs fucceffions, il ne peut plus y avoir, dans ces fucceffions, de Propre conventionnel.

SECTION IV.

Des Biens immeubles qui entrent dans la Communauté.

8488. On appelle conquêts les immeubles qui entrent dans la Communauté, & propres de Communauté ceux qui n'y entrent pas.

8489. L'art. 230 de Tours fe fert des termes *conquêts & acquêts*, qui fignifient ici la même chofe ; à moins qu'on n'entende par *conquêts*, ce qui eft acquis par les deux Conjoints enfemble, & par *acquêts*, ce qui eft acquis par l'un ou par l'autre feul, v. Lathaumaffiere fur Berri, t. 8, art. 7, Boucheul fur Poitou, art. 229, n, 35, Valin, t. 2, p. 106.

8490. Il femble qu'on a eu intention d'expliquer quels font les conquêts, en déclarant que ce font les acquêts immeubles, faits durant le mariage ; ainfi, il faut lire *conquêts ou acquêts*, &c.

8491. La Cout. de Tours n'expliquant point, autrefois, de quelle efpece de Biens étoit la Communauté, on pouvoit douter fi elle étoit de tous Biens, Sainfon, t. 12, art. 1 ; ce doute a été levé, lors de la réformation de la Coutume, faite en 1559.

8492. Tous les immeubles que les Conjoints poffedent lors du mariage, à quelque titre que ce foit, font propres de Communauté.

8493. Une maifon acquife avant le mariage, & payée depuis des deniers communs, eft propre de Communauté, à la charge d'une récompenfe envers la Communauté, R. du Dr. fr. p. 367, dont on ne peut fe décharger, en abandonnant à la Communauté la maifon, Valin, t. 2, p. 714.

8494. On doit regarder comme propre de Communauté l'héritage qui eft délivré à une femme durant le mariage, en vertu d'un traité fait auparavant ; l'héritage qui lui a été légué par une perfonne décédée avant le mariage, mais fous une condition échue depuis ; l'héritage dont elle a accompli le temps de la préfcription pendant le mariage, après avoir commencé de le poffeder auparavant ; l'héritage aliéné avant le mariage, dont elle redevient, pendant le mariage, Propriétaire, en vertu d'une faculté de reméré, ou de Lettres de refcifion, ou d'une condition inhérente au titre d'aliénation, comme fi elle rentre dans un Bien vendu, parce que l'Acquéreur n'en paye pas le prix, dans un Bien arrenté, parce que le Détenteur le déguerpit, dans un Bien donné, parce que le don eft révoqué par furvenance d'enfants, Pr. de la Jur. fr. n. 335, 338 ; enfin, tout héritage qui vient en conféquence d'un droit formé avant le mariage, ou d'un droit perfonnel, Valin, t. 2, p. 712, 713.

8495. L'immeuble reçu en échange d'un autre immeuble, qui étoit propre de Communauté, prend la même qualité, v. Bourjon, t. 1, p. 466. Dupineau fur Anjou, p. 9e. regarde comme conquêt l'héritage donné pour l'extinction d'un droit d'ufufruit acquis avant le mariage.

8496. Si, en aliénant durant le mariage un propre de Communauté, je me réferve une rente fonciere, un droit d'ufufruit, ou tout autre droit immobilier, ce droit eft de même nature.

8497. Un des Conjoints, qui, avant le mariage, étoit Co-propriétaire par indivis d'un héritage, acquérant depuis le droit d'un ou de plusieurs Co-propriétaires, le tout lui est propre de Communauté, sous la charge d'une récompense, Auroux, p. 1, p. 454, v. ci-dessus n. 7910.

8498. L'édifice élevé sur un héritage propre de Communauté, ainsi que tout ce qui y est mis pour perpétuelle demeure, appartient à celui des Conjoints qui est Propriétaire de l'héritage.

8499. Si le mari augmente les dépendances d'une métairie propre de Communauté, les terres ou prés acquis pendant le mariage, sont communs, quoique compris dans un même bail, pour être exploités avec les anciens domaines; ils peuvent en être séparés.

8500. Il en est de même, s'il réunit des fiefs ou des censives au fief dont ils relevent, & qui est propre de Communauté; l'effet de la réunion dépend de l'événement du partage des Biens communs.

8501. La réunion qu'opere la commise, fait un propre de Communauté, Guyot, t. 4, p. 321; c'est une augmentation du fief, sans que la Communauté en soit affoiblie, Boullai, p. 179, Pallu, p. 32.

8502. Pothier, de la Comm. n. 126, regarde comme conquêts les immeubles acquis pendant la Communauté, par droit de confiscation ou de déshérence; l'art. 24 de Tours décide le contraire, par rapport au droit de déshérence, & n'assujettit qu'à tenir compte des deniers communs, qui auroient été déboursés, v. Boucheul sur Poitou, art. 299, n. 23, Fourré, p. 60.

8503. L'héritage acquis par retrait seigneurial, n'est propre de Communauté, que dans les Coutumes où ce retrait n'est pas cessible, Pothier, des Retraits, n. 606.

8504. La Communauté doit être indemnisée, non-seulement des deniers déboursés, mais encore du droit de ventes, dont elle auroit profité, cessant le retrait, selon Bourjon, t. 1, p. 468, v. Sainson, t. 15, art. 30, Proust, p. 305, Boullai, p. 179.

8505. Parmi nous, si, n'y ayant point d'enfants, le Survivant des Conjoints veut jouir de l'héritage acquis par retrait seigneurial, art. 186 de Tours, le payement de la récompense qui lui sera due, ou qu'il devra, sera suspendu jusqu'au jour de son décès, art. 166 de Loudun, qui accorde une année pour le faire.

8506. L'héritage acquis par retrait lignager, est propre de Communauté, Bourjon, t. 1, p. 468, 899, 902, v. Sainson, t. 15, art. 29, avec faculté de le laisser dans la Communauté, pour éviter la récompense, Pothier, des Retraits, n. 451, 453.

8507. Pothier observe que cette faculté n'a pas lieu, si le retrait a été exercé avant le mariage, quoique la Communauté ait fourni les deniers du retrait.

8508. Selon Valin, t. 2, p. 270, il n'est jamais permis de laisser, pour le compte de la Communauté, l'héritage retiré du chef du mari.

8509. Valin, p. 259, 271, 272, tient que, soit que la femme ou ses héritiers acceptent ou répudient la Communauté, ils sont obligés de garder le Bien retiré par le mari du chef de la femme, si elle a concouru au retrait; mais il dépend d'eux de laisser, pour le compte de la Communauté, le Bien retiré de son chef, sans son aveu, ou de le retenir en entier, à la charge d'une récompense. C'est, en ce cas, une espece de retrait, qui purge les hypotheques créées par le mari, qu'il faut exercer, sur peine de déchéance, dans l'an, & qui pourtant n'est sujet à aucune des formalités du retrait lignager, v. Valin, p. 265, 266, 281, 282, qui observe que le mari ne peut aliéner le Bien qu'il a retiré du chef de sa femme, sans qu'elle y ait paru. Plusieurs pensent que, dans les Coutumes muettes, il n'y a pas de temps fatal pour la déclaration de la retenue & le remboursement de la récompense; il ne faut pas appliquer au Bien retiré ce que l'art. 155 de Paris dit du Bien qu'on a acquis directement d'un parent, v. Bourjon, t. 1, p. 899, 902.

8510. L'héritage qu'un parent de l'un des Conjoints lui a vendu pendant le mariage, est conquêt ; l'art. 273 de Bourbonnois a une disposition contraire.

8511. Tout propre de succession est propre de Communauté, Renusson, des Propres, c. 4, s. 1.

8512. Si un Tourangeau va prendre une femme à Reims, avec le dessein de revenir à Tours, les rentes constituées qu'elle a, deviennent immeubles, & ne tombent pas dans la Communauté ; mais celles qu'elle recueille, par la suite, d'une succession ouverte à Reims, y tombent ; ce sont des acquêts, en sa personne, Pothier, de la Comm. n. 89, 109, 280, Olivier sur Maine, p. 7e.

8513. Tout don fait en ligne directe ou collatérale au présomptif héritier, est propre de Communauté, quoiqu'il soit fait au mari & à la femme, v. Saimson, t. 22, art. 1, Proust, p. 406, 423 & suiv. Dupineau sur Anjou, art. 333, 513, Olivier sur Maine, art. 345, 507, Valin, t. 2, p. 715, 716.

8514. « C'est un propre effectif au Conjoint présomptif héritier, puisqu'il en fait le » rapport, art. 304 de Tours, » notes de M. Bernard.

8515. Si l'héritage ainsi donné étoit commun, il y en auroit la moitié dont la propriété seroit donnée à un étranger, contre la disposition de l'art. 233 de Tours.

8516. En parlant du don fait en vertu de l'art. 248 de Tours, Boullai, C. M. dit : « ne sera » tel avantage communicable à la société des Donataires, avec leurs femmes, mais » propre à ceux auxquels il aura été fait, comme leur tenant lieu de légitime na- » turelle en la succession du Donateur ; sinon pour les meubles, qui entrent toujours » en la société conjugale, s'il n'y a convention au contraire. »

8517. Un pere, pendant le mariage de son fils, lui donne une somme de 1000 l. pour le prix de laquelle, il lui constitue, par le même Acte, une rente de 50 l. la rente est un conquêt. C'est une question, s'il en est de même dans le cas où la donation est directement d'une rente de 50 l. dont le pere se constitue Débiteur envers son fils, Pothier, de la Comm. n. 135.

8518. Pothier, n. 174, décide qu'un héritage donné à un pere, pendant son mariage, par un fils, est conquêt.

8519. L'héritage donné ou légué par un étranger à l'un des Conjoints, ne leur est pas commun, si le Donateur ou Testateur a apposé la clause de propre, art. 246 de Paris ; ou si, par le Contrat de mariage, il a été stipulé que ce qui aviendroit aux Conjoints par don ou legs, leur seroit propre : c'est le seul effet que les Stipulations de propre portées dans les Contrats de mariage, peuvent avoir à l'égard des immeubles. Il y en a un autre, quand ils y sont compris nommément, v. ci-dessus n. 8474.

8520. Le don ou legs d'une rente viagere, lorsqu'il est dit que c'est pour les alimens du Donataire ou Légataire, ou qu'il y a lieu, par les circonstances, de le présumer, ne tombe point dans la Communauté, si ce n'est pour les arrérages qui courront jusqu'à sa dissolution, Denisart, au mot *Communauté*, Pothier, de la Comm. n. 181, v. ci-dessus n. 8416.

8521. Bourjon, t. 1, p. 460, 463, suppose une stipulation tacite de propre, dans toute disposition testamentaire, qui a pour objet une rente viagere, & dit avoir vu décider que les arrérages d'une rente donnée ou léguée, même échus pendant la Communauté, étoient propres au Conjoint gratifié, dans le cas où la stipulation de propre étoit expressément apposée à la disposition.

8522. Une disposition étant faite en faveur d'un des Conjoints & de ses héritiers, on ne doit pas en induire une stipulation de propre, Bourjon, t. 1, p. 461.

8523. Si je donne ou legue à un tel la rente qu'il me doit, elle tombe dans sa Communauté. Si je dis que je lui en fais remise, lui seul en profite ; comme lui seul profiteroit d'un droit de servitude, que je lui donnerois ou léguerois, pour la commodité de son héritage, propre de Communauté, sur mon héritage, voisin du sien, Pothier, de la Comm. n. 183, 184, v. Pr. de la Jur. fr. n. 337, ci-dessus n. 6095.

8524. *Pendant*

8524. Pendant mon mariage, je vends une maison que j'ai recueillie de la succession de mon pere, & l'Acquéreur me constitue du prix une rente; la rente, qui sera acquêt dans ma succession, ne sera pas néanmoins conquêt, Pothier, de la Comm. n. 197.

8525. Le Cohéritier d'une femme vendant au mari seul, ou tant au mari qu'à la femme, sa part indivise dans un immeuble de la succession d'un de leurs parents, tout l'immeuble est propre à la femme, suivant Pothier, de la Comm. n. 151, 152; la femme est censée avoir acquis seule, quoique le mari paroisse Co-acquéreur, Lebrun, de la Comm. l. 1, c. 5, s. 2, d. 3, n. 2, d. 5, n. 7, Guyot, t. 1, p. 22, 23: l'Acte de vente est censé tenir lieu du partage qui etoit à faire entre la femme & son Cohéritier. Il en est de même, dit Pothier, n. 153, par rapport au mari, v. ci-dessus n. 8497.

8526. L'immeuble acquis pendant le mariage, pour tenir lieu d'emploi d'une somme stipulée propre par le Contrat de mariage, ou pour servir de remploi du prix d'un propre de Communauté aliéné, ne tombe point dans la Communauté; mais c'est toujours un acquêt de succession, v. Dupineau sur Anjou, p. 9°. M. Poitevin, en ses notes, rapporte qu'il a été jugé, par un Arrêt infirmatif d'une Sentence du Siége de Tours, que la femme qui renonce, ne perd pas les acquêts faits de ses deniers dotaux.

8527. Duplessis sur Paris, p. 446, observe que la femme a souvent intérêt d'avoir plutôt un emploi ou un remploi, qu'une simple action, & que quelquefois aussi une simple action lui est plus avantageuse que l'emploi ou le remploi effectif; il est donc essentiel de connoître quand l'emploi ou le remploi est effectué.

8528. On ne répute pas pour emploi ou remploi, quoi que disent Boullai, p. 299, Chauvelin sur Tours, art. 230, le 1er. immeuble qu'acquiert le mari, après qu'il a reçu la dot de la femme, ou le prix d'un de ses propres aliéné, Boucheul sur Poitou, art. 285, n. 62, 65, 66, Bourjon, t. 1, p. 537, v. art. 328 de Tours.

8529. Pour effectuer l'emploi ou le remploi, il n'est pas nécessaire d'une stipulation préalable d'emploi ou de remploi dans le Contrat de mariage ou dans l'Acte d'aliénation; la déclaration, dans le Contrat d'acquisition, que c'est pour tenir lieu d'emploi ou de remploi, suffit; elle est nécessaire, Bacquet, des Droits de Justice, c. 21, n. 301, Renusson, des Propres, c. 4, s. 5, Lebrun, de la Comm. l. 3. c. 2, s. 1, d. 2, n. 69, Duplessis sur Paris, p. 447, Lemaitre sur Paris, p. 268, Couchot, t. 5, p. 40, Boucheul sur Poitou, art. 230, n. 119, Bourjon, t. 1, p. 536, Ferriere & Denisart, au mot *Remploi*, Pr. de la Jur. fr. n. 334, Valin, t. 2, p. 618, Pothier sur Orléans, t. 10, n. 19, Ollivier sur Maine, art. 290. Quelques-uns, comme Renusson, Lebrun, Duplessis, Denisart, desirent en outre la déclaration, que l'acquisition est faite des deniers dont on veut avoir un emploi ou un remploi. Mais les deniers peuvent ne plus exister, lors de l'acquisition faite 10 ou 20 ans après; le prix de l'acquisition peut n'être pas payé comptant; on peut en payement céder au Vendeur des créances qui procedent d'autres causes.

8530. Pothier, n. 20, tient que la déclaration, que le prix qui est payé, procede des deniers dont l'emploi ou le remploi avoit été stipulé par le Contrat de mariage ou par l'Acte d'aliénation, n'a d'autre effet que d'opérer une subrogation aux droits du Vendeur, Bourjon, p. 465, Pothier, de la Comm. n. 198, ne se font pas exprimés exactement, en insinuant le contraire, ainsi que nous avons décidé, le 11 Décembre 1778, conjointement avec M. Rousseau. L'intention marquée dans le Contrat de mariage ou dans l'Acte d'aliénation, est insuffisante, si on n'annonce pas, dans le Contrat d'acquisition, qu'il est fait pour y satisfaire.

8531. La femme doit accepter l'emploi ou le remploi fait à son profit, v. Dupineau sur Anjou, p. 9°.

8532. L'acceptation expresse n'est pas nécessaire; si la femme a parlé dans le

Part. II.   N

Contrat d'acquisition contenant déclaration d'emploi ou de remploi, ou si, depuis, elle y a donné son consentement, pendant que la Communauté subsistoit, l'emploi ou le remploi est effectué, v. Dict. de Jurispr. au mot *Remploi*.

8533. Valin, t. 2, p. 618, estime que dans le cas d'une lézion considérable, la femme n'est pas obligée de se contenter de l'emploi ou du remploi auquel elle a consenti, mais v. Pothier, de la Comm. n. 199.

8534. Pothier, n. 200, admet la femme à accepter, après la dissolution du mariage, pour son remploi, l'acquisition faite par le mari seul, tant qu'elle n'a pas été mise en demeure de s'expliquer.

8535. Le 16 Juin 1764, le Père de l'Auteur a décidé qu'un mari ayant déclaré que les deniers dont une rente étoit acquise, provenoient de la succession d'un frere de la femme, & qu'il ne paroissoit dans l'acte, que pour l'autoriser, la rente étoit propre de Communauté. Le mari n'avoit pas acquis la rente; il avoit seulement autorisé la femme pour l'acquérir.

8536. L'emploi ou le remploi, au profit de la femme, ne peut être fait en acquisition d'office; quelque déclaration & acceptation qu'il y ait de sa part dans le Contrat d'acquisition, il n'en résulte qu'une hypotheque privilégiée sur l'office, qui est toujours un conquêt, Bourjon, t. 1, p. 324.

8537. L'acquêt fait par l'un des Conjoints après le Contrat de mariage, & avant la Célébration, n'est pas commun, à cause de ces mots de l'art. 230 de Tours, *au jour de la Bénédiction nuptiale*, Pallu, N. M. qui cite l'Arrêt remarqué par Louis sur Maine, art. 299. Il y a lieu à une récompense, v. Valin, t. 2, p. 687, 708.

8538. Tous les profits que font le mari & la femme, pendant le mariage, sont communs, v. cependant Serieux, des C. de Mar. t. 2, p. 277, pour les Pays où la Communauté n'a pas lieu de plein droit.

8539. Les acquêts faits même en Pays de droit écrit, entrent dans la Communauté contractée en Pays coutumier, v. ci-dessus n. 8163.

8540. Ce qui, lors du décès d'une femme qui se feroit réservé la jouissance d'un certain bien, Serieux, des C. de Mar. t. 1, p. 359, se trouve provenir de ses épargnes, fait partie de la Communauté, suivant Bourjon, t. 1, p. 471, mais v. Pothier, de la Comm. n. 466.

8541. Un enfant marié restant en continuation de Communauté avec le survivant de ses pere & mere, ce qu'il acquiert par cette voie, tombe dans la Communauté, à moins que son Contrat de mariage ne contienne la clause, que ce qui lui écherra, lui sera propre; dans ce cas, ce qui se trouve lors de la dissolution de la Communauté continuée, est propre de sa Communauté, comme représentant le mobilier existant lors de la mort du prédécédé, ce qui souffre cependant difficulté, v. Bourjon, t. 1, p. 581, t. 2, p. 224, Lacombe, au mot *Communauté*, p. 4, n. 15, ci-après n. 9080.

8542. Ce qui a été acquis pendant la continuation de Communauté, avant le mariage de l'enfant, est toujours propre de sa Communauté.

8543. Tout immeuble, entre Conjoints, est présumé conquêt, Dupineau sur Anjon, p. 92, Bourjon, t. 1, p. 356, 465, si le contraire n'est pas prouvé par écrit ou par témoins, Valin, t. 2, p. 681.

SECTION V.

Des Ameublissements.

8544. Les immeubles qui, par la disposition de la Loi, n'entrent point dans la Communauté, peuvent y entrer par l'effet d'une convention, comme lorsqu'on stipule une Communauté de tous biens, qui comprend, outre les meubles, tous les immeubles que les Conjoints possedent lors du mariage, Valin, t. 2, p. 723; ou lorsqu'un Conjoint fait entrer dans la Communauté, seulement une partie de ses immeubles, par ex. un quart, ou un immeuble particulier, ce qu'on nomme Ameublissement.

8545. Si la Communauté est de tous biens, toutes les dettes immobilieres, ainsi que les dettes mobilieres, deviennent communes: dans le cas d'Ameublissement, de quelque façon qu'il se fasse, aucune portion des dettes immobilieres du Conjoint qui ameublit, n'entre dans la Communauté.

8546. On peut ameublir au-delà de ce qu'il est permis de donner, notes de M. Bernard, par ex. tous ses propres, Lebrun, de la Comm. l. 1, c. 5, s. 1, d. 2. n. 18, Fourré, p. 324, v. Valin, t. 2, p. 448, 449.

8547. Le Mineur peut ameublir ses immeubles, lorsque par-là son apport à la Communauté, n'excede pas le tiers de ses biens; s'il l'excede, le Mineur peut être restitué, quoique d'ailleurs il ne soit pas restituable contre les clauses de son Contrat de mariage, Bourjon, t. 2, p. 482, v. Valin, t. 2, p. 724, 725, ci-dessus n. 8444.

8548. Bodreau sur Maine, art. 456, Boucheul sur Poitou, art. 229, n. 21, disent qu'un Tuteur peut ameublir plus du tiers des immeubles de son Mineur, de l'avis des parents, sans l'autorité du Juge, v. Sérieux, des C. de Mar. t. 1, p. 166.

8549. Lorsque, dans un Contrat de mariage, on déclare qu'un héritage est ameubli, ou qu'il entrera en Communauté, sans parler d'Ameublissement, l'héritage est réputé conquêt; le mari a, sur cet héritage, le même pouvoir que sur les autres conquêts, Valin, t. 1, p. 509, t. 2, p. 726.

8550. Le mari peut seul aliéner en entier, quoi que dise Pallu, p. 490, l'héritage ameubli, sans qu'il y ait lieu à aucun remploi.

8551. Bourjon, t. 1, p. 456, 491, 497, tient que le mari ne peut vendre un héritage ameubli par une femme mineure, si le Contrat de mariage contient, en sa faveur, la faculté de reprendre ce qu'elle a apporté, v. Auroux, p. 1, p. 368.

8552. Dans tous les cas, le Conjoint à qui appartient l'héritage ameubli, en conserve la propriété, jusqu'à l'aliénation; s'il est encore en nature, lors de la dissolution de la Communauté, il le reprend, en tenant compte de l'estimation.

8553. Si l'héritage ameubli est un propre de succession, la disposition n'en est permise, que comme d'un Propre; & les héritiers de la ligne dont il procede, y succedent. L'Ameublissement, dont l'effet se borne à la Communauté, ne lui fait perdre, ni la qualité d'immeuble, ni celle de propre, relativement aux dispositions entrevifs ou testamentaires & aux successions, v. Valin, t. 2, p. 727, 728.

8554. L'héritage ameubli par le pere, est, dans la personne du fils qui l'a recueilli, un propre paternel, si ce n'est pour la part qui seroit échue à la mere par un partage de Communauté fait avec elle, & qu'il auroit trouvée dans sa succession, Valin, t. 3, p. 39 & suiv. v. Auroux, p. 1, p. 451.

8555. S'il a été dit, par le Contrat de mariage, que tel héritage appartenant à la femme, seroit ameubli jusqu'à concurrence de 10000 l. l'héritage n'est point un conquêt; il répond seulement des 10000 l. qui entrent dans la Communauté; le mari peut bien l'hypothéquer jusqu'à concurrence des 10000 l. sans le consentement de la femme, mais il ne peut en vendre la moindre partie, suivant Ferriere, au mot *Ameublissement*, v. Valin, t. 2, p. 726.

8556. Pothier, de la Comm. n. 313, enseigne qu'une femme ayant ameubli jusqu'à concurrence de telle somme, ses héritages, le mari peut aliéner ceux qu'il juge à propos, jusqu'à concurrence de cette somme. « Il y a de la futilité, dit M. Bernard, en ses notes, à dire que le mari peut disposer, si on particularise le fonds » qui entre en Communauté ; non, si l'Ameublissement est fait en général. »

8557. Si la femme a fait signifier à son mari, qu'elle détermine son Ameublissement à tels héritages, il ne peut plus disposer des autres.

8558. Dans le cas d'un Ameublissement indéterminé, le mari venant à mourir, sans avoir disposé d'aucun héritage de la femme, l'enfant qu'ils ont eu de leur mariage, a le droit d'obliger sa mere à comprendre dans la masse des biens de la Communauté, qui sont à partager, des héritages jusqu'à concurrence de la somme portée par la clause d'Ameublissement. Comme c'est une créance immobiliere à laquelle l'enfant succede, s'il décede avant le partage, elle appartient à ses héritiers aux propres paternels, à l'exclusion de sa mere, Pothier, de la Comm. n. 314.

CHAPITRE II.

Des Charges de la Communauté.

8559. On ne peut poursuivre, pour les dettes de la Communauté, tant qu'elle subsiste, la femme, qui n'est pas personnellement obligée ; mais le mari peut être poursuivi pour le tout, même à l'égard de celles qu'il n'a pas contractées lui-même, Valin, t. 2, p. 739.

8560. Nous distinguerons les dettes des Conjoints antérieures au mariage, les dettes contractées par les Conjoints pendant le Mariage, & les Charges des successions échues & des donations & legs faits aux Conjoints pendant le Mariage, v. Auroux, p. 1, p. 378.

SECTION PREMIERE.

Des Dettes des Conjoints antérieures au Mariage.

8561. Toutes les Dettes passives mobilieres des deux Conjoints lors du Mariage, deviennent Charges de la Communauté qu'ils contractent, art. 221 de Paris, v. Pr. de la Jur. fr. n. 341, où on lit : « pourvu néanmoins qu'elles soient échues, » ou du moins que le terme en échée ensuite pendant le Mariage ; s'il n'échéoit » qu'après sa dissolution, la Communauté, qui ne subsiste plus, n'en pourroit plus » être tenue. »

8562. La Communauté n'est chargée que des Dettes passives mobilieres dont les Conjoints sont débiteurs personnels, non de celles dont ils ne sont tenus qu'hypothécairement, à cause des héritages qu'ils possedent, Pothier, de la Comm. n. 237, 238.

8563. Les Dettes passives mobilieres entrent dans la Communauté, quelque supérieures qu'elles soient aux effets qui y tombent, encore qu'il ait été stipulé une égalité d'apport à la Communauté, Valin, t. 2, p. 735.

8564. On excepte de la regle générale certaines Dettes mobilieres, comme » le
» prix d'un acquêt fait avant le Mariage, un retour de partage pour caufe d'im-
» meuble, & autres Dettes créées pour raifon d'un héritage ou autre immeuble pro-
» pre de Communauté, » R. du Dr. fr. p. 372, v. Bourjon, t. 1, p. 477, 478,
Poullain fur Bretagne, art. 431.

8565. Ces Dettes font mobilieres de leur nature, mais, par équité, on les juge immobilieres relativement à la Communauté, par rapport aux Conjoints, dit Auroux, p. 1, p. 382; non par rapport aux Créanciers, à qui il fuffit qu'une Dette
foit mobiliere, pour qu'ils puiffent exercer leurs droits fur la Communauté, Valin,
t. 2, p. 737.

8566. Les Dettes dont nous parlons, deviennent communes, fi, lors du Mariage,
le Conjoint qui en eft tenu, n'eft plus Poffeffeur des immeubles pour raifon defquels
elles ont été créées. Pothier, de la Comm. n. 239.

8567. Ce qui eft dû pour remploi ou pour reliqua de compte, fans examiner s'il
y a quelque portion du reliqua, qui repréfente un immeuble de l'oyant-compte, eft
à la charge de la Communauté, même à l'égard des Conjoints, Valin, t. 2, p. 736.

8568. Les Dettes paffives mobilieres, contractées entre le Contrat de Mariage &
la Célébration, n'entrent pas dans la Communauté, qui n'en a pas profité; mais Valin
accorde l'action perfonnelle contre le mari aux Créanciers de la femme, pour de
pareilles Dettes.

8569. Suivant Valin, le mari peut être pourfuivi pour de fimples billets confentis par la femme avant le Contrat de Mariage, à moins qu'il n'y ait des préfomp-
tions de fraude de la part du Créancier, parce que le mari doit s'imputer de n'a-
voir pas pris fes précautions, en ftipulant la féparation de Dettes, v. Cochin, t. 1,
p. 656, t. 6, p. 508.

8570. Le bail à loyer ou à ferme, n'excédant pas 9 ans, qui a été fait par un des Conjoints avant le Mariage, devient une obligation commune; de forte que fi la Communauté fe diffout avant l'expiration du bail, les loyers ou fermages qui échéent après,
en font une charge, v. Dupineau fur Anjou, art. 504, Dupleffis fur Paris, p. 414, aux
notes, Fourré, p. 380, ci-deffus n. 8264, ci-après n. 9097.

8571. Si l'un des Conjoints doit, lors du Mariage, à l'autre une fomme, cette
Dette s'éteint & fe confond dans la Communauté, qui comprend le paffif comme
l'actif mobilier; Valin, t. 2, p. 738, n'admet la confufion que pour moitié.

8572. Toutes les Dettes paffives immobilieres ne regardent la Communauté, que
pour les arrérages qui font échus lors du mariage, & qui échéent depuis; le paffif
fe regle comme l'actif, il n'y a que les revenus des immeubles, qui tombent dans
la Communauté.

8573. Le 14 Juin 1755, le Pere de l'Auteur a eftimé que la Communauté n'eft pas
chargée du principal des Dettes immobilieres, quoique celui des Conjoints qui en
eft Débiteur, n'ait point d'immeubles; M. Duffememel avoit décidé le contraire,
le 17 Avril précédent.

8574. Si, lorfque je me marie, je dois une rente conftituée à un Rémois, la rente,
étant meuble, eft une charge de ma Communauté, Pothier, de la Comm. n. 246.

8575. Pour empêcher que les Dettes paffives mobilieres ne tombent dans la Communauté, on peut ftipuler que chacun des Conjoints paiera, fur fes biens, fes
Dettes.

8576. Cela a lieu, fans être ftipulé, fuivant Pothier, de la Comm. n. 352, Fourré,
p. 379, lorfque chacun des Conjoints apporte à la Communauté une fomme certaine, non l'univerfalité de fon mobilier.

8577. Les dépens faits depuis le Mariage, fur une conteftation formée auparavant
par ou contre le mari, ayant une caufe antérieure au Mariage, ne font point une
charge de la Communauté, lorfque la féparation de Dettes a été ftipulée; il n'en

eft pas de même des dépens faits fur une demande incidente formée depuis le Mariage, Pothier, de la Comm. n. 357, v. ci-après n. 8606.

8578. Il n'eft « pas douteux, dit Valin, t. 1, p. 490, qu'une femme qui fe re-
» marie, ayant des enfans, & qui, fans diftinguer leurs droits, fait en général l'ap-
» port d'une fomme à fon mari, ne foit cenfée y confondre ce qu'elle peut de-
» voir à fes enfants; en telle forte que ce qui leur eft payé dans la fuite, eft fu-
» jet à déduction fur l'apport & les reprifes de leur mere. »

8579. Un pere fait faire un Inventaire des meubles communs entre lui & fes enfants; & dans un Contrat de Mariage, fait le lendemain, il fe dote de la moitié de
cet Inventaire, & il ftipule que chacun des Conjoints paiera fes Dettes contractées
avant le Mariage, fur fes biens. La moitié de l'Inventaire, qui appartenoit aux enfants
du 1er. lit, ayant augmenté la 2e. Communauté, nous avons eftimé, le 9 Novembre
1762, qu'elle étoit tenue, envers eux, de cette moitié.

8580. Si l'un des Conjoints eft Tuteur ou Héritier d'un Tuteur, le reliqua dû au
moment du Mariage, n'eft pas, dans le cas de féparation de Dettes, à la charge de
la Communauté, qui n'eft tenue que de l'augmentation du reliqua, furvenue depuis le Mariage, foit par la continuation de la geftion, foit par le cours naturel
des intérêts, Valin, t. 2, p. 741.

8581. La claufe de féparation de Dettes a indiftinctement fon effet entre les Conjoints, Auroux, p. 1, p. 383, Valin, t. 2, p. 741.

8582. Elle n'empêche pas les Créanciers du mari, antérieurs au Mariage, de fe
pourvoir fur les biens de la Communauté, dont leur Débiteur eft le maître, fauf la
récompenfe due à la femme, qui ne peut empêcher la faifie & vente de fes meubles, à moins qu'elle ne fe faffe féparer de biens; auquel cas elle a droit de revendiquer
fes meubles extants en nature, Boucheul fur Poitou, art. 239, n. 17, v. ci-deffus n. 6509.

8583. Le mari peut, en vertu de la claufe de féparation de Dettes, empêcher
les Créanciers de la femme, antérieurs au Mariage, de fe pourvoir fur les biens
de la Communauté, en leur abandonnant tout le mobilier qu'elle lui a apporté.

8584. Il ne peut rien retenir de ce mobilier, à titre de dot ou autrement, Valin,
t. 2, p. 740.

8585. Il doit, dit Valin, abandonner le mobilier échu à la femme depuis le
Mariage.

8586. Plufieurs eftiment qu'il ne peut être privé des fruits des immeubles de la
femme, à moins que les Créanciers ne les faffent faifir réellement.

8587. Il eft certain qu'il n'eft pas obligé de compter des fruits perçus durant le
Mariage, jufqu'à la demande des Créanciers, Pothier, de la Comm. n. 363.

8588. Le mobilier de la femme, que le mari peut abandonner pour fe difpenfer de
payer les dettes, antérieures au Mariage, doit avoir été conftaté, ou par le Contrat de Mariage, ou par un Inventaire fait avant le Mariage, comme l'obferve Pallu,
N. M. par la femme, en préfence du mari, art. 222 de Paris, Prouft, p. 403, R.
du Dr. fr. p. 371.

8589. Le compte de tutelle rendu à la femme, avant ou depuis le Mariage, tient
lieu d'Inventaire.

8590. Si la quantité du mobilier de la femme n'eft pas conftatée, la claufe de
féparation de Dettes eft infuffifante, pour arrêter l'action des Créanciers de la femme,
fur les biens de la Communauté; mais, lors de fa diffolution, le mari en fera ré-
compenfé fur les biens de la femme.

8591. Dans le cas même d'exclufion de Communauté, il convient que le mari
faffe conftater ce que la femme lui apporte, v. Sérieux, des C. de Mar. t. 2, p. 154.

8592. Il n'y a point d'Inventaire à faire du côté du mari.

8593. La claufe de féparation de Dettes ne produit rien par rapport aux arrérages des
rentes, échus pendant le mariage.

8594. « Quoiqu'il n'y ait pas d'état des biens des Conjoints, la clause opere contre
» les Créanciers, après la dissolution de la Communauté, » Bourjon, t. 1, p. 480.
Les Créanciers de la femme ne peuvent alors, dit Pothier, de la Comm. n. 364,
demander au mari le payement de leurs créances; ils n'ont que la voie de saisir-
arrêter ce qu'il peut lui devoir.

8595. « Comme la simple clause de séparation de Dettes, dit Valin, t. 2, p. 742,
» est assez peu utile à la femme, & que d'ailleurs elle ne lui assure point la reprise
» de ses droits sur les biens de son mari, lorsqu'elle le prend majeur, on a ima-
» giné une clause singuliere, extrémement dangereuse pour les pere & mere qui
» veulent bien s'y soumettre. Cette clause consiste dans la déclaration qu'ils font, que
» leur fils est franc & quitte de toutes Dettes. Je me contenterai de dire, à ce su-
» jet, que l'effet de cette clause est borné naturellement à garantir la bru des Det-
» tes de son mari, de maniere qu'elles ne l'empêcheront nullement d'exercer ses re-
» prises, dons & avantages sur les biens de son mari; mais qu'elle ne peut s'en pré-
» valoir, pour se procurer une Communauté plus ample. A plus forte raison, cette
» clause n'engage-t-elle pas les pere & mere envers les Créanciers de leurs fils, » v.
Pothier, de la Comm. n. 365 & suiv.

SECTION II.

Des Dettes contractées par les Conjoints pendant le Mariage.

8596. La femme ne peut seule obliger la Communauté, si ce n'est par les Actes
pour lesquels elle est censée tacitement autorisée, v. ci-dessus n. 7847 & suiv.

8597. Les engagements que la femme contracte, étant autorisée par Justice, ne
peuvent, dit Bourjon, t. 1, p. 503, nuire à la Communauté. Ceux auxquels elle
s'est obligée, ne peuvent se venger, que sur la nue propriété de ses biens, l'usufruit réservé au mari, tant que durera la Communauté : ils doivent attendre l'instant
de sa dissolution, pour exercer leurs droits sur la part qui en reviendra à leur Débitrice, Lathaumassiere sur Berri, t. 1, art. 12.

8598. Les condamnations prononcées contre la femme, pendant le Mariage, ne
peuvent s'exécuter sur les biens de la Communauté, tant qu'elle dure, pourvu que
le mari ne l'ait pas autorisée à plaider en demandant ou en défendant, ou que, s'il
s'agit de quelque délit, la Communauté n'en ait pas profité, Pocquet sur Anjou,
art. 145, R. du Dr. fr. p. 375, Bourjon, t. 1, p. 494, 495, Valin, t. 1,
p. 532.

8599. En matiere d'injures, du moins entre gens de basse condition, les maris
peuvent être obligés à payer les dommages - intérêts & les dépens auxquels leurs
femmes ont été condamnées, quoiqu'ils ne les aient pas autorisées & n'aient pas été
Parties en l'instance; & les effets de la Communauté peuvent, à raison de ce, être
exécutés, suivant Jousse, de la Just. crim. t. 1, p. 120.

8600. Lorsque les biens de la femme sont confisqués pour crime, de droit commun, le mari, qui perd la jouissance de ses propres, profite de sa part dans la Communauté, au préjudice du Fisc, Pothier, de la Comm. n. 501, 502, 504, v. Valin,
t. 1, p. 534.

8601. L'art. 255 de Tours admet le Fisc à prendre la part de la femme dans la
Communauté, outre ses propres, v. Auroux, p. 1, p. 425, ci-après n. 8609.

8602. Lorsque la femme est condamnée à mort naturelle ou civile, pour un crime
où il n'y a pas lieu à la confiscation de ses biens, ses héritiers, même collatéraux, sont
en droit, non-seulement de se mettre en possession de ses propres, mais encore de

partager avec le mari la Communauté par moitié, à la charge de payer, tant la réparation civile & les dépens, que l'amende tenant lieu de confiscation, au profit du Fisc, & de fournir des aliments à la femme, si la condamnation n'emporte que la mort civile, mais v. Valin, t. 1, p. 536, Richer, de la Mort civ. p. 367.

8603. Les engagements que contracte, pendant le Mariage, le mari, soit seul, soit conjointement avec la femme, sont charges de la Communauté.

8604. On n'examine pas la nature de la Dette; la Communauté en est chargée, qu'elle soit mobiliere ou immobiliere.

8605. Un cautionnement contracté par le mari, regarde la Communauté, v. Dupineau sur Anjou, art. 289; M. Dubois, pere, en ses notes, se trompe, lorsqu'il dit que la femme n'en est pas tenue, quoiqu'elle accepte la Communauté.

8606. Les dépens d'un Procès doivent se payer des deniers de la Communauté, encore qu'il ait pour objet un propre d'un des Conjoints, v. Renusson, de la Comm. p. 1, c. 10, n. 33, Lebrun, de la Comm. l. 3, c. 2, s. 1, d. 11, n. 4, Duplessis sur Paris, p. 415, ci-dessus n. 8577.

8607. La Communauté doit acquitter les réparations civiles, amendes & dépens adjugés contre le mari, Arrêt du 7 Septembre 1624, rapporté au Journ. des Aud. Brodeau sur Tours, art. 255, Pallu, N. M. v. Louis & Bodreau sur Maine, art. 160; le mari peut obliger la Communauté par son délit, sans que la femme ait droit de demander aucune récompense, Valin, t. 1, p. 519.

8608. Si le délit donne lieu à une condamnation à mort naturelle ou civile, qui emporte la dissolution de la Communauté, les peines pécuniaires ne se prennent que sur la part du mari dans la Communauté, Pallu, N. M. Bouillé, p. 245, 246, Lathaumassiere sur Berri, t. 1, art. 12, Pocquet sur Anjou, art. 145, R. du Dr. fr. p. 373, Bourjon, t. 1, p. 494.

8609. Lorsque le Jugement de condamnation prononce la confiscation des biens du mari, la moitié de la femme dans la Communauté, n'y est pas comprise, art. 255 de Tours, Pallu, p. 613, v. ci-dessus n. 8601.

8610. Le mari confisque toute la Communauté, lorsque la femme y renonce; elle conserve son douaire & ses autres droits sur les biens du mari, Dupineau sur Anjou, art. 318, Bodreau sur Maine, art. 330, Auroux, p. 1, p. 424, v. ci-dessus n. 2794. Elle peut reprendre son propre ameubli, quoiqu'il n'y ait pas de clause de reprise, insérée dans le Contrat de Mariage, Richer, de la Mort. civ. p. 360.

8611. Celui à qui un mari a vendu, pendant la Communauté, un de ses propres, obtenant, depuis la dissolution de la Communauté, des dommages-intérêts, à raison de l'éviction de ce propre, la femme n'en doit rien, Bodreau sur Maine, art. 302.

8612. La Communauté doit acquitter les arrérages des Dettes immobilieres des deux Conjoints, qui courent jusqu'au jour de sa dissolution; ils deviennent Dettes mobilieres, à mesure qu'ils échéent, Auroux, p. 1, p. 379, Valin, t. 2, p. 741, 743.

8613. Les réparations d'entretien, & les grosses réparations survenues par le défaut d'entretien, qui sont à faire dans les propres de chacun des Conjoints, sont charges de la Communauté, dont sa dissolution ne l'affranchit pas, Bourjon, t. 1, p. 552, 567.

8614. Toutes les Dettes naturelles entrent en Communauté, Auroux, p. 1, p. 369, nonobstant la clause de séparation de Dettes, v. Pothier, de la Comm. n. 490, ci-dessus n. 8027.

8615. Ceux qui convolent en 2es. noces, font bien, afin d'éviter toutes contestations, de stipuler que leurs enfants seront nourris & entretenus aux dépens de la Communauté, pour le revenu de leurs biens, v. Auroux, p. 1, p. 362, Valin, t. 1, p. 506.

8616. Si un mari fournit des aliments à un de ses parents collatéraux, son héritier présomptif,

présomptif, qui est dans l'indigence; ou s'il a auprès de lui, pour lui tenir compagnie, sans exiger de pension, son héritier présomptif, qui pourroit en payer, il n'y a pas lieu à récompense au profit de la femme, Pothier, de la Comm. n. 492, 493.

8617. Les frais funéraires du prédécédé des Conjoints, n'ayant lieu qu'après la dissolution de la Communauté, ne peuvent en être une charge; sa succession doit les payer, art. 305 de Tours, 287 de Londun : c'est le Droit commun, R. du Dr. fr. p. 390.

8618. Si les biens du prédécédé ne sont pas suffisants, pour acquitter les frais funéraires, « le survivant est obligé d'y satisfaire, voires aux médicaments, « dit Boullai, p. 300, v. Sainson, t. 27, art. 11, Dupineau sur Anjou, art. 238, Bodreau sur Maine, art. 255, Despeisses, t. 1, des Contrats, t. 13, s. 5, n. 1, Valin, t. 2, p. 572, v. ci-après n. 8963.

8619. Le deuil dû à la femme, fait partie des frais funéraires, v. ci-dessus n. 7973.

8620. Les Créanciers auxquels la femme s'est obligée, avec l'autorisation du mari, ont, sur les biens de la Communauté, les mêmes droits que ceux avec qui le mari a contracté. Les uns & les autres peuvent, pendant que la Communauté subsiste, les faire saisir, & conséquemment les fruits & revenus des biens du mari & de la femme, qui font partie des biens de la Communauté. Ceux-ci peuvent, en outre, s'adresser à la propriété des biens du mari, leur Débiteur; & ceux-là, à la propriété des biens de la femme, leur Débitrice.

8621. En autorisant, le mari engage les biens de la Communauté, non les siens propres.

8622. Si le mari & la femme se font obligés tous deux envers le même Créancier, il peut exercer ses droits, & sur les biens de la Communauté, & sur les biens, tant du mari, que de la femme.

8623. Bourjon, t. 1, p. 446. ne pense pas que le revenu d'un bien dont la femme s'est réservé la jouissance, soit saisissable de la part d'un Créancier de la Communauté, envers lequel la femme n'est point obligée.

SECTION III.

Des Charges des Successions échues & des Dons & Legs faits aux Conjoints pendant le Mariage.

8624. Si une Succession échue à l'un des Conjoints pendant le Mariage, n'est composée que de meubles, la Communauté qui profite de tout l'actif, doit payer toutes les dettes, les immobilieres & les mobilieres.

8625. La Succession n'étant composée que d'immeubles, le Conjoint qui la recueille, est tenu de toutes les dettes, tant des mobilieres que des immobilieres; il n'y a que les arrérages qui ont couru depuis l'ouverture de la Succession, qui regardent la Communauté.

8626. Lorsqu'il y a, dans la Succession, des meubles & des immeubles, la Communauté n'est chargée que des dettes passives mobilieres, n'y ayant que les meubles, qui augmentent la Communauté; elle doit acquitter les arrérages des dettes immobilieres, parce qu'elle profite des revenus des immeubles.

8627. Si les revenus des immeubles de la Succession ne suffisent pas pour acquitter les arrérages des rentes dont elle est chargée, il n'y a pas de récompense à exiger du Conjoint à qui la Succession est échue, suivant Valin, t. 2, p. 744.

8628. Pothier, de la Comm. n. 261, estime que, dans les Coutumes où chaque espece de biens d'une Succession est chargée d'une portion dans toutes les dettes, mobilieres ou immobilieres, on doit décider qu'en ſuppoſant par ex. que le mobilier de la Succeſſion déférée à l'un des Conjoints, en faſſe le tiers, la Communauté, qui profite de ce tiers, doit acquitter le tiers de toutes les dettes mobilieres ou immobilieres.

8629. Si le mari n'autoriſe pas la femme, pour accepter une Succeſſion, & qu'elle ſe faſſe autoriſer, à ſon refus, par Juſtice, la Communauté ne ſera tenue des dettes de la Succeſſion, que juſqu'à concurrence de ce qu'elle aura profité de cette Succeſſion, pourvu qu'il ait fait faire un Inventaire fidele ; ſon refus ne le diſpenſe pas de cette formalité, v. Poullain ſur Bretagne, art. 449.

8630. En faiſant raiſon du produit de l'Inventaire, & des jouiſſances des immeubles de la Succeſſion, aux Créanciers, il ſe met à couvert de leurs pourſuites, tant pour les dettes mobilieres de la Succeſſion, que pour les arrérages des rentes dont elle eſt chargée, Valin, t. 2, p. 745 & ſuiv.

8631. Il en eſt de même, ſi la femme, autoriſée par le mari, n'accepte la Succeſſion que ſous bénéfice d'Inventaire.

8632. Le mari fera bien de ne jamais autoriſer, pour accepter purement & ſimplement une Succeſſion, afin que ſa Communauté ne ſoit pas tenue des dettes de la Succeſſion au-delà de l'amendement. « Le plus ſûr pour lui, eſt de refuſer d'au-
» toriſer, de faire porter ſa femme héritiere bénéficiaire, & de faire un bon & fi-
» dele Inventaire, » Auroux, p. 1, p. 385.

8633. Encore que le mari ait déclaré formellement renoncer à tout ce qui pourroit abſolument provenir de la Succeſſion ; néanmoins, s'il y a du profit, tant en meubles qu'en fruits d'immeubles, il entre dans la Communauté, Valin, t. 2, p. 746.

8634. Lorſque la Communauté profite du Don ou Legs fait à l'un des Conjoints, il eſt juſte qu'elle acquitte les Charges qui y ſont attachées ; mais, relativement à la Communauté, comme à l'égard du Donataire ou Légataire, la Charge ne peut excéder l'émolument, il eſt de la nature du bienfait, qu'il ne devienne pas onéreux.

8635. Si, en vertu d'une ſtipulation de propre, portée dans le Contrat de Mariage, ou appoſée dans la donation ou le teſtament, la Succeſſion, le Don ou le Legs ne tombe pas dans la Communauté, elle n'eſt point tenue des Charges, ſi ce n'eſt des arrérages pour le temps qu'elle profite des fruits des immeubles avenus par Succeſſion, Don ou Legs.

CHAPITRE III.

De la Régie des Biens de la Communauté.

8636. Cette Régie appartient au mari, qui eſt le chef de la Communauté ; ſon pouvoir ſur les Biens qui la compoſent, eſt très-étendu. Il en eſt ſeul le Maître, le Seigneur, le Propriétaire, tant qu'elle dure, Pallu, p. 337 ; il peut les diſſiper à ſon gré, Prouſt, p. 403 ; la femme eſt ſimple ſpectatrice de ſon adminiſtration, qu'elle ne peut critiquer, R. du Dr. fr. p. 372, ſauf à elle à demander la réparation de Biens, s'il y a lieu, v. ci-deſſus n. 8072.

8637. Le droit de la femme dans la Communauté, n'eſt pas un droit actuel ; ce n'eſt que le droit de partager, un jour, ce qui ſe trouvera la compoſer, au moment de ſa diſſolution, Pr. de la Jur. fr. n. 348.

8638. Une femme attaquée d'une pulmonie, trois mois avant ſa mort, a vendu, conjointement & ſolidairement avec ſon mari, au fils que ce dernier avoit eu d'un 1er.

mariage, sa part dans les conquêts, moyennant une rente viagere sur sa tête. Le 2 Mars 1772, nous avons estimé que, tant que la Communauté dure, le mari étant seul Propriétaire de la totalité, la femme n'y a point de part indivise, dont elle puisse disposer ; elle n'a qu'un droit informe, un droit habituel, qui pourra se convertir en droit actuel, lors de la dissolution de la Communauté. Le mari ayant vendu, la vente est bonne, en faisant abstraction des autres circonstances ; mais ce n'est pas plus la part de la femme, que celle du mari, qui a été vendue ; c'est la moitié des conquêts, dans laquelle moitié la femme avoit une simple espérance d'avoir moitié, ainsi que dans la moitié qui n'a pas été vendue ; de sorte qu'on ne peut refuser aux Héritiers de la femme, la moitié dans la moitié qui n'a pas été vendue. Pendant la Communauté, le mari ne peut faire aucun acte de commerce, qu'il ne soit censé le faire, tant en son nom, qu'au nom de la femme, au cas qu'elle ou ses Héritiers acceptent la Communauté. Vend-il une part indivise des conquêts, c'est la Communauté qui vend par le ministere de son chef, & c'est la Communauté qui profite du prix ; de maniere que si, dans l'espece, la femme eût survécu, les Héritiers du mari auroient pu demander la moitié de la rente viagere, & auroient partagé avec la femme la moitié des conquêts, qui restoit, v. Duplessis sur Paris, p. 377, aux notes, ci-après n. 8645.

La qualité de l'Acquéreur, qui donnoit lieu de soupçonner un avantage indirect, & la lézion qu'il y avoit dans le prix, v. ci-dessus n. 3259, étoient des circonstances qui pouvoient faire attaquer la vente.

Pour ne pas laisser expirer le délai du retrait, les Héritiers de la femme pouvoient, en protestant de se pourvoir par la suite, si bon leur semble, contre la vente, commencer par demander à être reconnus au retrait de la moitié dans la moitié vendue. Si le retrait eût réussi, ils n'auroient plus eu d'intérêt de demander la nullité de la vente.

8639. La femme est dans une interdiction absolue de disposer, de quelque façon ce soit, des effets de la Communauté ; interdiction qui s'étend à ses habits, linges, bijoux & autres choses destinées à son usage personnel, Valin, t. 1, p. 530.

8640. Elle peut disposer de sa part dans les Biens communs, par testament, parce que cet acte ne commence à avoir effet, que dans un temps où la Communauté ne subsiste plus. Dupineau sur Anjou, art. 238, Olivier sur Maine, art. 255, disent que le legs d'un effet de la Communauté s'évanouit, si les Héritiers renoncent à la Communauté, v. ci-après n. 8648.

8641. Le mari peut aliéner, à titre onéreux, les Biens communs, sans le consentement de la femme, art. 225 de Paris, 254 de Tours, 242 de Loudun.

8642. Le pouvoir est le même, quoique la femme ait parlé dans le Contrat d'acquisition, Dupineau sur Anjou, art. 289, Bodreau sur Maine, art. 304. On ne doit pas avoir égard à la restriction qui se trouve dans l'art. 242 de Loudun, v. Proust, p. 434, Valin, t. 1, p. 510 & suiv.

8643. Le pouvoir qu'a le mari, non-seulement d'hypothéquer ou d'échanger tous les conquêts indistinctement, mais encore de les vendre & d'en perdre le prix, s'entend des choses particulieres, non de l'universalité des meubles & conquêts, ou d'une quotité notable, Boullai, p. 245, Auroux, p. 1, p. 369.

8644. Quelqu'étendu que soit le pouvoir du mari sur les Biens de la Communauté, il ne peut les appliquer à son profit particulier, observe Boullai, directement ni indirectement ; s'il le fait, il en doit récompense.

8645. Il peut vendre un conquêt, moyennant une rente viagere sur sa tête ; mais la rente viagere doit se partager, s'il survit, entre les héritiers de la femme & lui, Lebrun, de la Comm. l. 1, c. 5, s. 2, d. 2, n. 17, Bourjon, t. 1, p. 492. Ainsi, la rente viagere tournant au profit de la Communauté, après sa dissolution, comme auparavant, il n'y a point d'avantage pour le mari. Une pareille vente n'est pas contraire, comme l'a supposé un Arrêt du 1er. Août 1708, remarqué par Bourjon, à l'art. 304 du Maine, auquel se rapportent les art. 254 de Tours, 242 de Loudun, v. ci-après n. 8655, 8783 & suiv.

8646. Le mari ne peut, par aucun legs, diminuer la part de la femme dans la Communauté, art. 296 de Paris, encore que le legs soit fait par forme de restitution, v. Dupineau sur Anjou, art. 289, Bodreau sur Maine, art. 304.

8647. La femme doit, en conscience, examiner si la cause du legs fait par forme de restitution, a quelque fondement; &, en ce cas, elle doit exécuter une disposition qui renferme une dette plutôt qu'une libéralité : c'est un devoir indispensable, que lui imposent la religion & l'équité naturelle, Auroux, p. 1, p. 370, Valin, t. 1, p. 504. Quand il n'y auroit pas de testament, la femme qui sait que son mari a perçu des intérêts usuraires, ne peut accepter la Communauté, qu'en se chargeant, jusqu'à concurrence de la part qui lui en revient, de les restituer, non-seulement pour une moitié, mais même pour le tout, si les héritiers du mari n'en ont aucune connoissance, Confér. de Paris sur l'Usure, t. 3, l. 6, conf. 4, §. 5, où il est décidé que sa conscience, dans ce cas, l'engage à accepter la Communauté, pour faire ces restitutions.

8648. S'il paroît que le mari ait voulu léguer en entier un corps certain de la Communauté, ses héritiers sont obligés de racheter de la femme la moitié qui lui appartient, ou d'en payer au légataire l'estimation, Pr. de la Jur. fr. n. 349; on peut léguer la chose d'autrui, Bourjon, t. 1, p. 493, Valin, t. 1, p. 518, v. Pothier, de la Comm. n. 476 & suiv.

8649. La remise faite par le mari à un de ses héritiers, de ce qu'il devoit à sa Communauté, ne peut préjudicier à la femme, Dupineau sur Anjou, art. 289.

8650. Par l'art. 225 de Paris, le mari peut, indépendamment de la femme, disposer, par donation entre-vifs, des Biens de la Communauté, pourvu que ce soit au profit d'une personne capable & sans fraude; c'est le Droit commun, Bourjon, t. 1, p. 492.

8651. On répute incapables les héritiers présomptifs du mari, autres que les enfants communs des deux Conjoints, ceux dont il est héritier présomptif, ses concubines, ses bâtards & toutes personnes interposées. S'il leur fait des libéralités, la femme doit en être récompensée, Valin, t. 1, p. 503. C'est au temps du don, qu'on doit avoir égard, pour décider s'il a été fait à une personne capable, Pothier, de la Comm. n. 484, 485.

8652. Les dispositions universelles de tous les Biens ou d'une quotité des Biens de la Communauté, quoique faites au profit de personnes capables, passent pour faites en fraude du droit que la femme doit y avoir, Auroux, p. 1, p. 369. « Par la seule » universalité, dit Chasme sur Loisel, l. 1, t. 2, n. 19, la fraude est présumée, » v. Bourjon, t. 1, p. 491, 492.

8653. Une disposition universelle a tout son effet, si la femme ou ses héritiers renoncent à la Communauté, Valin, t. 2, p. 570.

8654. Parmi nous, le mari ne peut disposer, par donations entrevifs, particulieres & faites à personnes capables, sans fraude, que des effets mobiliers de la Communauté, Salviat, t. 24, art. 10, Pallu, p. 336, 421, Dupineau sur Anjou, art. 289. « Si le mari peut donner des meubles de sa Communauté, j'y trouve, dit M. Augeard, » en ses notes, grande difficulté. »

8655. Le don des meubles ne préjudicie pas à la femme, dit Pallu, s'il contient une réserve d'usufruit au profit du mari. Si ce don est universel, il est censé fait en fraude; s'il n'est que de quelques meubles en particulier, il est valable. La Communauté, tant qu'elle dure, profite de l'usufruit réservé, qui, lors de la dissolution de la Communauté par la mort de la femme, se partage, étant un effet de la Communauté, entre ses héritiers & le mari, Pothier, de la Comm. n. 480, v. ci-dessus n. 8645.

8656. En rejettant le don de meubles fait aux enfants du 1er. lit, Pallu, p. 421, reconnoît que le mari peut disposer des meubles au profit des enfants communs, pourvu que la libéralité soit proportionnée à son état & à sa fortune, Bourjon, t. 1, p. 490, 492, Pothier, de la Comm. n. 487, 648, 656, qui refusent la récompense à la femme, v. Valin, t. 1, p. 505, ci-après n. 8746. Pothier excepte le cas où il paroît que l'intention du mari a été de doter sur sa part seulement, comme lorsqu'il a donné une somme *en avancement de sa succession*.

8657. Le don fait par le mari, ne pouvant comprendre que sa part dans les conquêts, suivant les art. 254 de Tours, 242 de Loudun, s'il en a donné davantage, en mariant un enfant commun, la femme doit en être récompensée.

8658. « Le mari peut, en un cas, donner entre-vifs plus que sa part des Biens » de la Communauté, comme maître d'icelle, savoir pour récompenser quelques » bons offices & notables services, » Louis sur Maine, art. 304.

8659. V. Prousl, p. 433, sur la différence que la Loi municipale met entre la donation & la vente ou l'échange.

CHAPITRE IV.

De la Dissolution de la Communauté.

8660. La Dissolution de la Communauté arrive par la séparation judiciaire, & par la mort naturelle ou civile de l'un des Conjoints.

8661. De Propriétaire que le mari étoit de tous les effets de la Communauté, il ne devient Propriétaire, au moment de sa Dissolution, que d'une moitié indivise, v. art. 229 de Paris ; il n'a plus aucuns droits sur l'autre moitié, dont la femme *est faite dame & maîtresse*, dit Dupineau sur Anjou, art. 511, sous la condition toutesfois que la Communauté soit acceptée : l'événement de cette condition, en quelque temps qu'il arrive, a un effet rétroactif.

8662. Si cette condition manque, la femme est réputée n'avoir point été commune, & n'avoir jamais eu aucune part dans la Communauté ; le mari est censé n'avoir pas cessé d'être maître & seigneur de tout, v. ci-dessus n. 8637.

8663. Nous allons examiner séparément ces deux cas.

SECTION PREMIERE.

De l'Acceptation de la Communauté.

8664. L'Acceptation peut être expresse ou tacite.

8665. C'est un principe, que la Communauté ne doit pas profiter aux dépens de l'un des Conjoints, ni l'un des Conjoints aux dépens de la Communauté.

8666. Ainsi, la Communauté est Débitrice, non-seulement des deniers appartenants à l'un des Conjoints, qui ne dévoient pas en faire partie, comme les sommes stipulées propres, & celles qui le sont par la disposition de la Loi ; mais encore des indemnités ou récompenses dues à l'un des Conjoints.

8667. D'un autre côté, la Communauté est Créanciere des indemnités ou récompenses dues par celui des Conjoints à l'avantage de qui a tourné partie des deniers communs.

8668. Le mari, comme la femme, peut être Créancier & Débiteur de la Communauté.

8669. Ce que l'un & l'autre doivent à la Communauté, en augmente la masse, comme elle seroit diminuée par ce que la Communauté leur devroit.

8670. Il se fait, jusqu'à due concurrence, une compensation de ce que la Communauté doit à l'un des Conjoints, avec ce qu'il doit à la Communauté ; de sorte qu'il ne peut exiger sa créance, que sous la déduction de ce qu'il doit lui-même.

8671. Varicourt, au mot *Veuve*, observe que c'est au moment de la dissolution de la Communauté, que se font les compensations respectives de ce que le mari doit à la femme, & de ce que celle-ci doit à la Communauté.

8672. Ce sont les dettes qui produisent intérêt, qui s'éteignent préférablement aux autres, par la compensation, v. ci-dessus n. 6026.

8673. Si, les deniers stipulés propres au profit du mari, montant à 10000 l. il doit une récompense de 12000 l. il sera Débiteur de 2000 l. envers la Communauté, ce qui en augmentera d'autant l'actif.

8674. Un mari qui doit une récompense de 3000 l. est Créancier d'un remploi de 5000 l. & d'un préciput de 4000 l. il aura 2000 l. pour le remploi, l'intérêt depuis le jour de la dissolution de la Communauté, & 4000 l. pour le préciput.

8675. Quand le droit des Conjoints n'est pas le même sur les meubles & sur les immeubles, il faut opérer autrement que par voie de compensation, v. Pothier, des Don. entre mari & femme, n. 227, ci-après n. 8687, 8747, 9147, 9248.

8676. Lorsqu'il y a une Communauté acceptée, la reprise des deniers stipulés propres s'exerce au profit du mari, comme au profit de la femme; & il peut y avoir des remplois & des récompenses du chef de l'un, comme du chef de l'autre, v. ci-dessus n. 7989 & suiv.

8677. Il y a deux différences considérables entre les créances du mari & celles de la femme : 1°. celles-ci s'exercent avant celles-là : 2°. lorsque les biens de la Communauté sont insuffisants, la femme se venge subsidiairement sur les biens du mari; au lieu que le mari n'est rempli de ses créances, qu'autant qu'il y a, dans la Communauté, de quoi le payer, après l'acquittement des créances de la femme, Auroux, p. 1, p. 396. Il faut excepter les récompenses dues par la femme, qui se prennent sur ses propres, quand sa part en la Communauté, est épuisée, Valin, t. 2, p. 620.

8678. La femme peut prendre, jusqu'à concurrence du montant de ses créances, des effets de la Communauté; c'est une distraction préalable au partage de la Communauté, dont on peut donner pour motif, que la femme consigne, par une espece de dépôt, ses deniers réalisés & le prix de ses propres aliénés entre les mains du mari, & qu'ils se confondent dans la Communauté. On doit présumer qu'ils existent encore, ou que les meubles & les conquêts sont subrogés à leur place, v. Lebrun, de la Comm. l. 3, c. 2, s. 1, d. 2, n. 46.

8679. Il n'importe que le conquêt que prend une femme, en payement de son remploi, ait été acquis avant l'aliénation de son propre, qui y donne lieu.

8680. Au sujet de l'exaction des deniers réalisés, Lebrun, de la Comm. l. 3, c. 2, s. 1, d. 3, n. 46, observe qu'elle fait partie du partage, qu'elle doit toujours être renvoyée au partage, que c'est l'usage du Châtelet.

8681. On pratique, au Châtelet, de faire prendre à la femme, pour ses reprises, des biens de la Communauté; & cela se fait par forme de partage, par une distraction préalable, parce qu'elles « sont des corps effectifs confus en la masse de la » Communauté, qui en a été enflée, lesquels en doivent être distraits, » Duplessis sur Paris, p. 453.

8682. S'il n'y a pas des deniers suffisans, chacun des Conjoints doit prendre, en payement, des effets de la Communauté, suivant l'estimation, avant de partager; &

la femme doit choisir la 1re. Bourjon, t. 1, p. 529, 530, 535, v. Pocquet sur Anjou, p. 9e. Pothier, de la Comm. n. 701.

8683. La femme a un droit de propriété sur les conquêts, jusqu'à concurrence de ses reprises, Pallu, p. 196, Pocquet, des Fiefs, p. 191.

8684. Lacombe, au mot *Communauté*, p. 3, §. 3, n. 4, dit que l'usage est de payer, en effets de la Communauté, les créances de la femme.

8685. Denisart, au mot *Partage*, rapporte que douze Avocats de Paris ont estimé, en 1733, qu'un mari, qui, du prix de ses propres, a payé la dot de sa femme, dont les héritiers ont accepté la Communauté, peut, pour s'en remplir, choisir tels immeubles de la Communauté qu'il veut, sur le pied de l'estimation.

8686. L'art. 318 de Tours suppose que le mari peut exercer ses remplois, en prenant des conquêts, jusqu'à concurrence de la valeur des propres aliénés, dont il étoit Propriétaire lors du mariage ; ce qui s'applique également aux propres aliénés, qui lui sont avenus depuis le mariage.

8687. Ordinairement, on épuise les effets mobiliers, avant de prendre des conquêts ; mais les remplois & les propres conventionnels du mari & de la femme doivent se prendre, au sol la livre, sur les effets mobiliers & sur les conquêts, quand il est de l'intérêt de l'un d'eux, ou de quelques-uns de ses héritiers, qu'ils ne se prennent pas sur une espece de biens, plutôt que sur l'autre, v. Pocquet sur Anjou, art. 235, obs. 4e. ci-après n. 8756 & suiv. 9233 & suiv. 9401, 9402.

8688. La femme qui a la faculté de prendre des effets de la Communauté, en payement, peut-elle y être obligée ? Auroux, p. 1, p. 397, tient la négative ; l'affirmative paroît mieux fondée, dans le cas où la femme accepte la Communauté, v. Dupineau sur Anjou, p. 9e. Sérieux, des C. de Mar. t. 1, p. 313 & suiv. Denisart, au mot *Payement*.

8689. On ne peut exercer la reprise, que de ce qui, ne devant pas entrer dans la Communauté, est justifié l'avoir augmentée. Cette justification se fait par le Contrat de mariage, ou par des Actes postérieurs, ou par Témoins, v. Pothier, de la Comm. n. 297 & suiv.

8690. Un mari, beaucoup plus âgé que celle qu'il a épousée, pour l'engager à prendre tous les soins nécessaires de sa personne, & pour l'en récompenser, a reconnu, ne pouvant lui faire aucun don, qu'elle a apporté en dot une somme qu'elle n'avoit réellement pas : Lanet, au mot *Mariage*, cas 53, décide que cela n'est pas valable. Quelques motifs que le mari eût de gratifier sa femme, la gratification ne peut avoir lieu, faute de pouvoir. Le bien du mari ne lui appartient qu'en vertu de la Loi ; c'est de la Loi qu'il tient le droit qu'il a sur son bien ; il ne peut en disposer que conformément à ce qu'elle prescrit ; les Loix concernant la disposition des biens, obligent en conscience, comme les autres, v. ci-dessus n. 7 & suiv. 4999. La reconnoissance faite au profit de la femme, est une fraude faite à la Loi, par un mensonge, qui ne seroit pas tolérée en Justice, si elle étoit avouée ou autrement connue ; la femme seroit privée de l'avantage qui en résulte. Comme on ne doit pas suivre d'autre regle, v. ci-dessus n. 71, il faut décider qu'en conscience le mari n'a pu lui faire cet avantage, qu'elle n'en peut profiter, & que, si elle l'a reçu, elle doit le restituer. Fourré, p. 365, regarde comme criminelles les reconnoissances faites pour éluder l'Edit des 2es. nôces.

8691. Supposons que l'avantage eût pu avoir lieu par la voie directe du don ; que la somme reconnue avoir été apportée par la femme, n'excede pas la valeur de la propriété de la totalité du mobilier, & de l'usufruit de la moitié des acquets, dont le mari pouvoit disposer à son profit, par l'art. 236 de Tours ; que le mari, ayant par ex. 4000 l. d'argent stipulées propres, & un acquêt estimé 12000 l. dont l'usufruit, pour moitié, peut être évalué 3000 l. eût reconnu que sa femme lui a apporté 7000 l. il n'y a rien contre la Justice, puisqu'il n'en résulte pas un avantage plus grand que celui qui eſt permis par la Loi. On peut même dire qu'il n'y a rien contre la vérité, en prenant les termes ſelon l'uſage commun en pareilles occaſions, Lamet, au mot *Notaire*, cas 1, v. ci-deſſus n. 4108; c'eſt une maniere de faire préſent, avec honneur, de la ſomme, Confér. de Paris ſur le Mar. t. 4, p. 128. On ne regarde pas que ce ſoit un menſonge, lorſqu'un créancier, voulant gratifier ſon débiteur, lui donne, ſans rien recevoir, une quittance qui énonce un payement réel.

8692. Il eſt beaucoup mieux de prendre la voie directe du don ; on évite l'objection, que les donations doivent être expreſſes, v. ci-après n. 8707, & dans les formes requiſes, dont il n'eſt pas permis de ſe départir, Confér. d'Angers ſur le Mar. t. 2, p. 276, où cependant on n'oblige pas la femme à reſtituer, quand l'avantage n'excede pas ce que le mari pouvoit lui donner. S'il l'excede, il n'y a que l'excédent, qui ſoit ſujet à reſtitution.

8693. Il faut quelquefois en venir à l'enquête de commune renommée, pour prouver la quantité du mobilier extant lors du mariage, ou avenu depuis, qui eſt l'objet de la ſtipulation de propre, portée dans un Contrat de mariage. Cette preuve, comme très-équivoque, ne doit s'ordonner, que lorſqu'elle eſt abſolument néceſſaire, Serpillon, p. 107, v. ci-après n. 9091.

8694. Elle ſe pratique en faveur du mari, comme de la femme. Le 14 Mai 1776, nous avons été d'avis, conjointement avec M. Gaudin, qu'un mari pouvoit prélever le mobilier qui lui étoit échu par ſucceſſion, en vertu de la clauſe du Contrat de mariage, qui le réaliſoit, quoiqu'il ne l'eût pas fait conſtater ; autrement, un mari qui voudroit avantager ſa femme contre la prohibition de la Loi, négligeroit de faire conſtater les ſucceſſions mobilieres qui lui écherroient, v. Pothier, de la Comm. n. 300.

8695. « La quantité du mobilier de chacun des Conjoints, peut ſe juſtifier par » un état fait entr'eux, quoique depuis leur mariage & ſous leurs ſignatures - pri- » vées, » Répert. de Juriſpr. au mot *Apport*. Cependant, par cette voie, il ſeroit aiſé aux Conjoints de ſe faire des avantages indirects ; lorſqu'il s'agit de mobilier avenu, pendant le mariage, à l'un des Conjoints, il faut que l'état ſoit fait avec ſes Cohéritiers.

8696. La clauſe portée dans le Contrat de mariage, qu'une telle ſomme ſera propre au mari, ſuffit pour lui donner droit d'en faire la repriſe, Bourjon, t. 1, p. 532 ; il ne faut pas d'autre preuve, pour établir qu'il l'avoit effectivement : la femme pouvoit s'en informer, avant de ſigner le Contrat, Sérieux, des C. de Mar. t. 1, p. 310, Pothier, de la Comm. n. 297.

8697. On juge même que le mari eſt cenſé avoir apporté ce qu'il a promis ; il ne ſe donne pas quittance à lui-même, v. Arrêt du 30 Juillet 1712, rapporté au Journ. des Aud.

8698. Une quittance de dot, donnée à la femme depuis le mariage, n'eſt une preuve ſuffiſante de la dot, qu'autant qu'il paroît d'où procedent les deniers, Coquille, Queſt. 120.

8699. Sur les quittances de dot, v. Dunod, des Preſcr. p. 180, Boucheul ſur Poitou, art. 209, n. 18 & ſuiv. Cochin, t. 6, p. 512, Deniſart, au mot *Dot*, Valin, t. 2, p. 444 & ſuiv. 588, 589, Olivier ſur Maine, art. 346.

8700. Valin tient que la femme peut prouver par témoins le payement de ſa dot, ſoit qu'il n'y en ait point de quittance, ſoit que la quittance qui en a été donnée, eſtimé de la critique, v. Serpillon, p. 323.

8701. Si la Communauté a duré 10 ans, la femme peut exercer la repriſe de la dot qui lui a été promiſe, quoiqu'elle n'en prouve pas le payement. Le mari eſt préſumé l'avoir reçue, dès qu'il a laiſſé paſſer 10 ans, ſans faire les diligences néceſſaires pour s'en faire payer : ſauf au mari ou à ſes héritiers leur recours contre ceux qui ont conſtitué la dot, s'ils ne ſont pas à couvert par la preſcription de 30 ans : 10 ans ne ſuffiſent pas, à leur égard, v. Boullai, p. 275, Lemaitre ſur Paris,

p. 160,

p. 160, Vigier sur Angoumois, art. 83, Pecquet sur Anjou, art. 334, obf. 1re. Auroux, p. 1, p. 58, Bourjon, t. 2, p. 378, 455 & suiv. Pr. de la Jur. fr. n. 324, Olivier sur Maine, art. 346.

8702. Autrefois, le prix d'un propre vendu tomboit dans la Communauté ; ce qui faisoit dire que le mari ne pouvoit se lever trop matin, pour vendre le bien de sa femme. Cette chute étoit irrévocable, on ne pouvoit y déroger par des déclarations portées dans des Contrats d'acquisitions postérieures ; mais il y avoit deux voies pour la prévenir : on pouvoit stipuler le remploi dans le Contrat de mariage, ou dans le Contrat de vente.

8703. Cette stipulation n'est plus nécessaire, par l'art. 232 de Paris, qui établit le remploi de plein droit.

8704. Le remploi de plein droit a lieu dans les Coutumes muettes, Pallu, p. 588, & même dans toutes les autres, v. Proust, p. 241, Lebrun, de la Comm. l. 3, c. 2, s. 1, d. 2, n. 10, Auroux, p. 1, p. 372, Olivier sur Maine, art. 458.

8705. Boullai, p. 314, après avoir dit « que si l'un des Conjoints a vendu ses » propres durant le mariage, dont le prix est dû lors de la dissolution d'icelui, il y » a apparence qu'il appartient au Vendeur ou à ses héritiers, car le prix succede » au lieu de la chose, » ajoûte, « je ne trouve pas néanmoins que cette résolution » soit assurée en Touraine, où les deniers dus pour achat d'héritages, sont purs » meubles. » La résolution est aujourd'hui certaine.

8706. Le remploi de plein droit a été admis, en Touraine, par un Arrêt du 6 Mars 1624, contraire à un autre du 3 Mai 1596.

8707. Le remploi a lieu au profit, soit du mari, soit de la femme, nonobstant la faculté qu'ont les Conjoints de s'avantager. Les avantages ne se présument point ; il faut que « celui qui a intention de donner, déclare sa volonté par un acte pré- » cis, formel, ordinaire & légitime, » Brodeau sur Louet, R, c. 30 : c'est ce qu'enseignent Renusson, des Propres, c. 4, s. 3, n. 13, Lebrun, de la Comm. l. 3, c. 2, s. 1, d. 2, n. 10, 20, 34, Lacombe, au mot *Restitution*, s. 1, n. 4, Valin, t. 3, p. 20, 22, 23. Valin regarde comme un principe, que dès qu'un acte dégénere en avantage entre Conjoints, il doit être revêtu des formalités requises pour assurer une libéralité, v. ci-dessus n. 8692.

8708. Par une clause du Contrat de mariage, on ne peut exclure le remploi, v. ci-dessus n. 7497, 7498, ni changer la maniere de l'exercer, Valin, t. 2, p. 616 ; comme on ne peut changer la maniere de reprendre les propres conventionnels, Coquille sur Nivernois, t. 23, art. 12, Olivier sur Maine, art. 254.

8709. Si le mari qui a vendu un héritage avant le mariage, ayant, pendant icelui, intenté l'action en restitution, compose avec l'Acquéreur, & en reçoit un supplément, il y a lieu au remploi ; de même que si, la vente étant sous faculté de reméré, l'Acquéreur amortit cette faculté, moyennant une somme, Auroux, p. 1, p. 458.

8710. La coupe d'un bois de futaie est sujette à remploi, Valin, t. 2, p. 616.

8711. Un Arrêt du 7 Septembre 1758, qui avoit adjugé le remploi du prix d'un Office de Fourier des logis de la maison du Roi, dont un mari étoit pourvu avant son mariage, & qu'il avoit vendu pendant la Communauté, a été cassé, en ce chef, par un Arrêt du Conseil, du 6 Avril 1759. Dans le Contrat de mariage, après la mise en Communauté, d'une somme de 3000 l. on avoit stipulé que le surplus des biens du mari lui resteroit propre, & qu'en cas d'aliénation de ses propres, il en seroit fait remploi, dont l'action seroit réputée immobiliere.

8712. Après l'épuisement des biens de la Communauté, la femme se venge sur les biens du mari, pour les remplois, sans en confondre moitié, v. ci-après n. 8803.

8713. L'indemnité due à la femme, pour une dette à laquelle elle s'est obligée, s'exerce, dans le même cas, sur les biens du mari, pour le tout, v. ci-après n. 8922 & suiv.

8714. Sur les cautionnements des femmes, au profit de leurs maris, v. Pocquet fur Anjou, art. 328.

8715. La Communauté eft refponfable de toutes les fautes du mari, qui préjudicient à la femme; pour l'indemnité qui lui eft due, elle peut fubfidiairement fe venger fur les biens du mari. Olivier fur Maine, art. 311, dit qu'un mari ayant laiffé préfcrire une de fes rentes, fes héritiers peuvent en demander la récompenfe fur la Communauté.

8716. Les biens des deux Conjoints, qui font en mauvais état, faute d'entretien, doivent être réparés aux dépens de la Communauté, qui a joui des fruits, Valin, t. 2, p. 636, v. ci-après n. 9253.

8717. La Communauté, qui ne profite pas des fruits pendants par les racines fur les biens de chacun des Conjoints, lors de fa diffolution, doit être indemnifée des frais de culture.

8718. Pothier, de la Comm. n. 218, Fourré, p. 393, regardant comme des ftatuts perfonnels, les art. 284 de Bourbonnois, 256 du Maine, 184 de Blois, 23 du t. 8 de Berri, &c. décident que, fi des Conjoints ont été mariés fous l'une de ces Coutumes, les fruits pendants, lors de la diffolution de la Communauté, fur des terres labourées & enfemencées, ou fur des vignes béchées & taillées, aux frais de la Communauté, le mari les faifant valoir par fes mains, doivent appartenir à la Communauté, quoiqu'elles foient régies par les Cout. de Paris, de Tours, &c. v. Olivier fur Maine, art. 256.

8719. Il peut être dû une récompenfe, parce qu'il a été planté une vigne, femé un bois, défriché une terre, fait un étang, élevé un mur de clôture, reconftruit une voûte, placé une poutre neuve au lieu d'une vieille, &c. v. ci-deffus n. 8018.

8720. En fixant la récompenfe due pour un bâtiment élevé fur un fonds propre à l'un des Conjoints, il faut avoir égard à la circonftance que le bois, la pierre & autres matériaux, ont été pris fur le même fonds, Louis fur Maine, art. 302.

8721. « Jugé par Arrêt de 1591, qu'une Eglife bâtie au fonds de l'un des Con» joints, aux dépens de la Communauté, n'eft don, & l'autre n'en peut deman» der récompenfe. Le Procès étoit au fujet de la Chapelle bâtie au Bourg de Paul» mi, entre Pierre de Voyer, Seigneur d'Argenfon, Bailli de Touraine, & Louis » de Voyer, fils de René, auffi Bailli de Touraine, » Boullai, C. M.

8722. La récompenfe due à raifon d'un retrait exercé par l'un des Conjoints, embraffe tout ce qui a été payé pour l'exécuter; le principal, les loyaux coûts & les frais, tant ceux faits par le Retrayant, que ceux rembourfés à un autre Lignager, auquel il auroit été préféré.

8723. Si l'un des Conjoints, lors du mariage, devant le prix d'un bois abattu, & d'une ferme dont il a la moiffon dans fon grenier, a réalité fes meubles, qui confiftent principalement dans ce bois & dans cette moiffon, fans ftipuler la féparation de dettes, il eft dû une récompenfe, à raifon des deniers tirés de la Communauté, pour acquitter le prix du bois & de la ferme; c'eft le prix d'un propre conventionnel, Lebrun, de la Comm. l. 3, c. 2, f. 1, d. 5, n. 29.

8724. Un héritage ayant fervi à acquitter, en principal & intérêts courus durant le mariage, une dette propre à l'un des Conjoints; fi c'eft un conquêt, il en devra récompenfe pour le principal; fi c'eft un de fes propres, il en aura remploi pour les intérêts, Dupleffis fur Paris, p. 419.

8725. Le payement d'une taxe qui produit une augmentation de gages, fait par le mari, pour une charge qui lui eft propre, donne ouverture à une récompenfe, Bourjon, t. 1, p. 322, 544: à moins que la charge n'ait été fupprimée, Pocquet fur Anjou, art. 511, obf. 1º. parce que, dit-il, « les Conjoints ne doivent fe ré» compenfer que des impenfes faites fur le fonds de l'un ou de l'autre, dont ils » profitent: enforte que fi elles deviennent inutiles, par le dépériffement du fonds, » pendant la Communauté, l'action de récompenfe ceffe. »

8726. Le mari furvivant a droit de retenir l'Office acquis pendant la Communauté, dont il fe trouve revêtu.

8727. Il eft cenfé l'avoir retenu, lorfqu'il a laiffé paffer, fans avoir fait de déclaration contraire, un temps notable, que plufieurs fixent à trois mois, après lefquels l'Office eft à fes rifques.

8728. La récompenfe qu'il doit, n'eft que du prix de l'acquifition, & ne comprend pas les frais de l'acquifition, des provifions & de la réception, ni les taxes fechet, R. du Dr. fr. p. 86, Pr. de la Jur. fr. n. 372, Denifart, au mot *Offices*, Sérieux, des C. de Mar. t. 1, p. 225 & fuiv. Pothier, de la Comm. n. 664, 666, 668, v. Valin, t. 2, p. 658 & fuiv.

8729. Boucheul fur Poitou, art. 229, n. 43, 44, qui fait entrer dans la récompenfe, les frais des provifions, enfeigne que le mari ne doit faire raifon, que du prix de l'acquifition de l'Office, quoiqu'il ait augmenté de valeur, & que, s'il vaut moins, lors de la diffolution de la Communauté, on n'a égard qu'à ce qu'il eft eftimé, v. Pothier, de la Comm. n. 667.

8730. La récompenfe eft mobiliere, de forte que le pere y fuccede, encore que fes enfants, à qui il la doit, décedent en minorité.

8731. Le mari ne peut retenir un Office domanial, v. Pothier, de la Comm. n. 673.

8732. Le Pere de l'Auteur a décidé, le 28 Juillet 1769, que le mari doit une récompenfe, à raifon des deniers débourfés pour fa réception de Maitre dans fon état, quoiqu'il n'en foit pas dû des frais de réception dans un Office. Il en eft dû, pour le prix de l'Office, &, dans le cas d'une Maitrife, il n'y a point de prix à diftinguer, des frais de réception; ce font ces frais qui forment le prix de l'état, qui en font l'unique dépenfe. Il faut donc en faire récompenfe; autrement, il n'y en auroit pas du tout, ce qui ne feroit pas jufte. D'ailleurs, le mari eft affranchi de la récompenfe des frais de réception dans un Office, parce qu'il a la liberté de le laiffer dans la Communauté, & que s'il ufoit de cette liberté, la Communauté perdroit également ces frais, Renuffon, des Propres, c. 5, f. 4, n. 39, Lebrun, de la Comm. l. 1, c. 5, f. 2, d. 1, n. 66; il n'eft pas raifonnable que l'héritier de la femme vende fa part plus cherement au mari, qu'à un étranger. Ceci ne peut s'appliquer à l'état du mari, qui eft inféparablement attaché à fa perfonne.

8733. Les dettes d'un des Conjoints ayant été acquittées pendant le mariage, il en eft dû une récompenfe, Dupineau fur Anjou, art. 238.

8734. Si c'eft une rente qui a été rachetée, n'y a-t-il lieu qu'à une fimple récompenfe, ou cela forme-t-il un conquêt ? Par les art. 244, 245 de Paris, fur lefquels v. Renuffon, de la Comm. p. 2, c. 3, n. 9, 21, Pothier, de la Comm. n. 615 & fuiv. c'eft un conquêt; mais on ne doit pas les fuivre ailleurs, Valin, t. 2, p. 418, 574, 625, v. art. 298 d'Anjou, Bodreau fur Maine, art. 312, Poullain fur Bretagne, art. 442, 593.

8735. Par des Arrêts des 27 Juillet 1724, & 3 Juillet 1737, il a été jugé, en la Cout. du Perche, que l'action de récompenfe, pour rachat de rentes dues par un mari, comme mobiliere, eft confufe en la perfonne de la femme, donataire mutuelle. Le dernier Arrêt confirme une Sentence arbitrale du 27 Octobre 1731; & le 1er. infirme une Sentence des Requêtes du Palais, du 22 Avril 1718, par laquelle une rente rachetée par le mari, avoit été déclarée appartenir, pour une moitié, comme conquêt, à la femme, au profit de qui l'autre moitié feroit continuée pendant fa vie. Olivier fur Maine, art. 334, cite un Arrêt conforme du 4 Septembre 1710.

8736. Les fieur & dame Anguille ayant fait une donation mutuelle, par Acte du 31 Juillet 1734, il s'eft élevé, entre les héritiers aux propres de la dame Anguille & fon mari, des conteftations, fur lefquelles eft intervenue une Sentence du Siége de Tours, le 27 Août 1754. Le fieur Anguille s'eft plaint de ce qu'en ordonnant la délivrance des propres aux héritiers, on n'a parlé, ni du tiers de l'ufufruit des

propres, ni de la récompenſe qu'il prétendoit, ſoit pour les augmentations, impenſes & améliorations faites ſur iceux, ſoit pour les rentes de la femme, qu'il
avoit rachetées. Par un Arrêt du 3 Juillet 1758, il a été ordonné que la délivrance
des propres ne ſeroit faite qu'à la charge de l'uſufruit du tiers, au profit du ſieur
Anguille, & qu'il lui ſeroit fait raiſon des augmentations, impenſes & améliorations, ſans rien prononcer à l'égard des rentes rachetées. On a regardé la récompenſe due à cauſe de ce rachat, comme une dette mobiliere, que le mari confondoit ; elle étoit mobiliere, mais il ne devoit pas la confondre, ſuivant un Arrêt
de 1709, cité par M. Bouault, en ſes notes, v. ci-après n. 9252.

8737. « L'on tient ici, dit M. Bouault, que le rachat d'une rente due par l'un
» des Conjoints, ne fait pas un conquêt, & ne donne lieu qu'à une récompenſe,
» qui eſt une dette mobiliere. » Nous ne diſſimulerons pas que MM. Dubois, fils,
& Bernard, en leurs notes, tiennent le contraire, v. ci-après n. 9245.

8738. Sur la queſtion, ſi un mari doit récompenſer la Communauté, des deniers
qu'il en a tirés, pour acquérir une charge de la maiſon du Roi ou des Princes, un
gouvernement ou un autre emploi, dont le mari ſurvivant profite, & qui ſe perd par
ſa mort, v. Sérieux, des C. de Mar. t. 1, p. 222, Bourjon, t. 1, p. 338, 549 ;
ſix Avocats de Paris ont embraſſé l'affirmative, en 1718, Cochin, t. 6, p. 519, mais
v. Arrêt du Conſeil, du 12 Décembre 1761, cité par Deniſart, au mot *Offices*.

8739. Si, y ayant 12000 l. de meubles & 30000 l. d'immeubles, dans une ſucceſſion échue durant le mariage, dont le tiers appartenoit à l'un des Conjoints, il
lui eſt tombé, par le partage, 3000 l. de meubles & 11000 l. d'immeubles, il
devra, ſelon quelques-uns, une récompenſe de 1000 l. à la Communauté, au
lieu qu'elle lui devroit une pareille récompenſe, dans le cas où le lot auroit été
compoſé de 5000 l. de meubles & 9000 l. d'immeubles. D'autres eſtiment qu'il
n'y auroit pas lieu à récompenſe, quand même le Conjoint héritier auroit eu tous
les meubles, ou n'auroit eu que des immeubles, v. Pothier, de la Comm. n. 631,
ci-deſſus n. 8421 ; ſur-tout, ſi deux circonſtances concourent : la 1re. que les lots
n'aient pu commodément ſe faire autrement ; la 2e. qu'ils aient été tirés au ſort, cependant v. Valin, t. 2, p. 621, 622, 711.

8740. Un des Conjoints a fait le rapport effectif d'une ſomme qui lui avoit été donnée avant le mariage par ſon pere, au partage de la ſucceſſion de ce dernier,
qui s'eſt fait depuis le mariage, & il ne lui eſt échu que des immeubles ; il doit à
la Communauté la récompenſe de la ſomme dont la Communauté a été privée par
le rapport. Il en ſeroit autrement, ſi la ſomme avoit été donnée pendant le mariage, v. Renuſſon, de la Comm. p. 1, c. 3, n. 12, 13, Pothier, de la Comm.
n. 630.

8741. Ce qui étoit dû à un enfant d'un 1er. lit, lui ayant été payé pendant la
2e. Communauté, ſa mere n'en doit pas de récompenſe, malgré la clauſe de ſéparation de dettes, ſi ce qu'elle a apporté, n'a pas été fixé, v. Bourjon, t. 2, p. 394,
ci-deſſus n. 8578 & ſuiv.

8742. La dot conſtituée à un enfant d'un 1er. lit, & due lors du convol, doit
être acquittée des deniers de la 2e. Communauté, ſans récompenſe, Boucheul ſur
Poitou, art. 231, n. 71.

8743. La dot promiſe depuis le convol, & fournie en effets de la Communauté,
par le mari ſeul, à ſon enfant d'un 1er. lit, donne lieu à une récompenſe. La
femme ne peut rien demander à raiſon des intérêts, Lebrun, de la Comm. l. 3,
c. 2. ſ. 1, d. 6, n. 16, contre Lacombe, au mot *Communauté*, p. 3, ſ. 3, n. 2 ;
encore que le mari ait ordonné, par un Teſtament, qu'elle en ſeroit récompen-
ſée du jour que les deniers ont été tirés de la Communauté, ſuivant une Sentence arbitrale que cite Lathaumaſſiere ſur Berri, t. 1, art. 19.

8744. Un mari ayant donné à ſon enfant d'un 1er. lit un propre, ſa femme, dit

Lathaumassiere, ne peut demander une récompense, pour les jouissances dont, par ce don, la Communauté a été privée ; à moins que le don ne soit excessif, v. Lebrun, de la Comm. l. 2, c. 2, l. 1, n. 36, l. 3, c. 2, f. 1, d. 6, n. 16, ci-après n. 9154.

8745. Le mari qui a doté seul l'enfant d'un 1er. lit de sa femme, ne peut prétendre de récompense, quoiqu'elle renonce à la Communauté, Bourjon, t. 1, p. 539.

8746. Le mari ayant doté seul des effets de la Communauté un enfant commun, la femme peut en demander une récompense, Valin, t. 2, p. 577, contre Auroux, p. 1, p. 361, v. ci-dessus n. 8656 & suiv.

8747. Si le mari & la femme ont également doté, celle-ci acceptant la Communauté, il ne faut point, dit Auroux, parler de récompense, quand il y a de quoi payer les dettes & les reprises. Lorsqu'il n'y a pas de quoi remplir le mari & la femme de leurs reprises, les récompenses dues par l'un & par l'autre, à raison de la dot, doivent augmenter fictivement la masse de la Communauté. Si la dot est de 8000 l. les biens de la Communauté extants lors de sa dissolution, de 16000 l. les reprises de la femme, de 12000 l. & les reprises du mari, de 10000 l. il restera, les prélevements faits, 2000 l. à partager. Des 16000 l. extantes, le mari aura 7000 l. v. Sérieux, des C. de Mar. t. 1, p. 246, ci-dessus n. 8675.

8748. « Un fils doté par ses pere & mere, d'un propre de celle-ci de 20000 l.
» ne peut rien demander de plus, comme Donataire, dit le Pere de l'Auteur, dans
» un avis du 13 Septembre 1763 ; mais, comme héritier de sa mere, il a le droit,
» ainsi qu'elle l'auroit eu, en cas de dissolution de Communauté, de demander à
» son pere la récompense, le remploi ou l'indemnité de la moitié des 20000 l. Cette
» récompense est due, Bourjon, t. 1, p. 539. Lebrun, de la Comm. l. 3, c. 2,
» f. 1, d. 2, n. 35, la met au rang des remplois ; & d. 6, n. 8, il la comprend
» parmi les indemnités. En effet, c'est l'un & l'autre ; c'est l'indemnité ou la ré-
» compense d'une dette acquittée pour celui qui la doit, & c'est le prix d'un fonds
» aliéné, v. Renusson, des Propres, c. 4, f. 4, n. 9. Il y a hypotheque, pour
» cette récompense, du jour du Contrat de mariage, R. du Dr. fr. p. 430. De-
» nisart, au mot *Hypotheque*, en rapporte un Jugement de 1752, qu'il dit ne de-
» voir pas servir de regle ; mais on ne goûte pas les raisons qu'il en donne, » v.
ci-dessus n. 8009, ci-après n. 9158.

8749. S'il a été promis à l'un des Conjoints une dot de 9000 l. dont 4000 l. devoient entrer en Communauté, & qu'il n'en ait été payé que 3000 l. 4 années après le mariage, la Communauté doit être récompensée de 1000 l.

8750. Le mobilier avenu, pendant le mariage, par succession ou donation, ne doit pas s'imputer sur la somme qui devoit entrer en Communauté, par la clause de dotation, v. Pothier, de la Comm. n. 296.

8751. Il semble qu'on devroit faire raison des intérêts de 3000 l. pour 4 années, & des intérêts de 6000 l. pour autant d'années que la Communauté a duré ; c'est ce que plusieurs ne veulent pas, v. Auroux, p. 1, p. 359, Boucheul sur Poitou, art. 231, n. 49, Bourjon, t. 1, p. 531, 560, Pr. de la Jur. fr. n. 345, 364, Valin, t. 2, p. 623, 732, 733.

8752. Un mari, qui, en renonçant, par une contre-lettre, à exiger partie des intérêts de la dot qui lui avoit été promise, en a privé sa Communauté, devroit l'en récompenser. v. Bardet, t. 1, l. 3, c. 96, Confér. de Paris sur le Mar. t. 4, p. 42 & suiv. Confér. d'Angers sur le Mar. t. 2, p. 280.

8753. Si une récompense se paye à la masse de la Communauté, le payement doit embrasser la totalité ; celui qui la paye, en retrouve la moitié dans la moitié de la Communauté, qui lui revient, v. ci-après n. 9252, 9401.

8754. Si, par le compte ou le partage de la Communauté, il n'a pas été fait raison d'un remploi ou d'une récompense à l'un des Conjoints, il peut en former la demande, v. Lebrun, de la Comm. l. 3, c. 2, f. 1, d. 7, n. 26, encore que l'omission n'emporte pas une lézion du tiers au quart, Bourjon, t. 1, p. 548.

8755. Le Survivant des Conjoints est ordinairement en possession des effets communs, ce qui l'oblige à en rendre compte à l'héritier du Prédécédé.

8756. Ce compte, par lequel se liquident leurs droits respectifs, peut se faire de deux manieres.

8757. 1°. Le compte de Communauté se rend par confusion, en faisant, par le rendant compte, recette effective de la moitié du contenu en l'Inventaire, de même que s'il n'y avoit aucun prélevement à faire, & se chargeant en recette de la moitié des reprises appartenantes à l'oyant ; puis, lui faisant dépense de la moitié des siennes : les deux autres moitiés demeurent confuses dans leurs personnes.

8758. 2°. Le compte se rend par délibation, en prélevant sur toute la masse les reprises du rendant & celles de l'oyant, & ne faisant recette à l'oyant, que de la moitié de ce qui reste d'effectif, après ce double prélevement.

8759. Sur ces opérations v. Bourjon, t. 1, p. 530, 540, 609, t. 2, p. 387 & suiv. Valin, t. 2, p. 660 & suiv. ci-après n. 9402.

8760. La derniere opération, qui éclaircit mieux les choses, est impraticable, s'il n'y a pas des deniers comptants, suffisants pour la consommer ; à moins qu'on ne convienne de se payer en effets, ce qui ne peut se consommer qu'au partage. L'autre opération est la plus usitée au Châtelet.

8761. Si, lors de la dissolution du mariage, les fruits d'un domaine propre à l'un des Conjoints, qui est affermé, se trouvent recueillis, la ferme, quoiqu'elle ne soit payable que quelque temps après, appartient à la Communauté, Dupineau sur Anjou, art. 238 ; & ainsi elle doit entrer dans le compte. Le loyer d'une maison n'y entre qu'à proportion du temps, v. ci-dessus n. 7931, 7932.

8762. Dupineau sur Anjou, art. 239, parle des différentes especes de fruits.

8763. Le compte de Communauté, qui est, en même temps, compte de tutelle, est ordinairement, dit Bourjon, t. 1, p. 490, pour un quart à la charge du rendant.

8764. Sur le compte d'une 1re. Communauté, dû par une 2e. v. Bourjon, t. 2, p. 393, 394.

8765. Dans le compte, on ne parle des conquêts, qui font la matiere du partage, que par forme de mémoire, en faisant mention des titres de propriété compris dans l'Inventaire, comme l'observe Bourjon, t. 2, p. 388.

8766. Le Survivant est ordinairement chargé du recouvrement des dettes actives. M. Bernard, en ses notes, remarque qu'il n'est pas obligé de justifier qu'il a fait des poursuites, pour les dettes qu'il a déclarées caduques ; il doit être cru, étant intéressé pour une moitié.

8767. « Les meubles & instruments d'un fonds n'en doivent pas être ôtés, si le » Seigneur de ce fonds veut bien en rembourser le prix ; tels sont tous les instruments » du labourage, les bœufs, les fumiers, le foin, la paille, les ustensiles du pressoir, » & autres choses semblables, » Dupineau sur Anjou, art. 511, v. ci-après n. 9225.

8768. Les effets mobiliers peuvent se partager en nature, art. 307 de Tours, 275 ou 290, 301 de Loudun.

8769. Celui qui veut avoir sa part en nature, peut s'opposer à la vente, à moins qu'il n'y ait nécessité de vendre, pour acquitter des dettes exigibles de la Communauté. Le 5 Juin 1721, le Siege de Tours a ordonné que les meubles de la Communauté seroient partagés entre une femme & ses enfants mineurs.

8770. On ne comprend point, dans le partage, les choses recélées. Le Conjoint, ou son héritier, qui a commis le recélé, est privé du droit de Communauté qu'il y avoit, Duplessis sur Paris, p. 438, aux notes, Poullain sur Bretagne, art. 437, Valin, t. 2, p. 644, v. ci-après n. 8836.

8771. « La simulation de dettes non dues n'assujettit le mari qu'à des dommages-

» intérêts ; s'il recele la quittance de remboursement, par lui fait, d'une rente qu'il
» devoit avant son mariage, en ce cas, il doit continuer la totalité de la rente aux
» héritiers de la femme, moitié à cause de la Communauté, & l'autre à cause du
» recélé. » Bourjon, t. 1, p. 520.

8772. Boucheul sur Poitou, art. 252, n. 20, dit que les enfants, « après la mort
» de leur pere, & pour ne pas déshonorer sa mémoire, ne sont pas recevables à l'arguer
» de recélé, pour le faire priver de sa part dans les choses prétendues recélées. »

8773. Lors d'un partage de Communauté, l'aîné des enfants, qui suivoit le Barreau,
a demandé par préciput les livres ; « l'aîné, porte l'art. 586 de Bretagne, aura les
» livres principaux de la Profession du Prédécédé. » Cette exception, que Perchambault, p. 729, dit être contre l'équité, ne doit pas avoir lieu parmi nous, la Coutume ne l'admettant pas. De droit commun, on borne la prérogative de l'aînesse
aux manuscrits & aux livres notés de la main du pere, R. du Dr. fr. p. 254. La
mere ni les freres ne peuvent contester cette prérogative à l'aîné ; ce sont des titres
d'honneur dans une famille ; la bienséance ne permet pas de l'en priver, ni de les
lui faire acheter, notes de M. Bernard.

8774. « Dumoulin dit qu'un Avocat ou un Docteur peut retenir sa Bibliotheque,
» en donnant la moitié du prix, eu égard à la valeur lors du décès ; il en dit au-
» tant de la pratique d'un Procureur, » Duplessis sur Paris, p. 441, aux notes.

8775. Valin, t. 2, p. 631, observe que le Survivant peut empêcher la vente,
non-seulement de sa Bibliotheque, mais de ses chevaux, équipages, tableaux, es-
tampes, médailles & autres curiosités, & les prendre, à la charge de faire raison de
la moitié de leur valeur aux héritiers du Prédécédé.

8776. Valin donne au mari la même faculté, par rapport aux bijoux de la femme, v. ci-dessus n. 7961. Il a sa verge d'or, sans qu'elle soit estimée.

8777. Il y a, dit Valin, un préciput de pure bienséance, qui est que le Survivant a droit de retenir, sans récompense, non-seulement son portrait, mais encore celui du Prédécédé, sous la condition de rendre ce dernier, en cas de convol.

8778. Pothier, de la Comm. n. 681, atteste qu'on n'inventorie point les por-
traits de famille. Chacune des Parties prend ceux de sa famille ; sauf que le portrait
du Conjoint prédécédé doit être laissé à l'autre, pendant sa vie, pour, après sa
mort, être rendu à l'aîné de la famille du Prédécédé.

8779. Le mari, survivant, doit avoir les marques des ordres de Chevalerie, dont
il est décoré, ainsi que les manuscrits des Ouvrages qu'il a composés. Ces choses ne
sont pas censées faire partie d'une Communauté de biens, ni même d'une succession ;
Pothier dit qu'elles appartiennent à l'aîné de la famille, quoiqu'il ait renoncé à la succession. Observez qu'après le décès des Grands-Croix, Commandeurs & Chevaliers de
l'Ordre de S. Louis, on doit renvoyer les Croix au Secrétaire Général de l'Ordre,
Ord. du 21 Août 1779, art. 10.

8780. Il y a des Coutumes où le Survivant a droit de prendre, hors part, une
partie ou la totalité des meubles, v. ci-après n. 9162 & suiv.

8781. Les partages de Communauté se font en la même forme, suivent les mêmes
regles, & ont les mêmes effets que les autres partages ; la même égalité y est requise, Pr. de la Jur. fr. n. 372.

8782. Outre les Offices, par rapport auxquels le mari a un droit qui lui est particulier, v. ci-dessus n. 8726 & suiv. les propres ameublis peuvent être distraits de
la masse qui est à partager, en tenant compte, par celui des Conjoints du chef
de qui l'ameublissement a été fait, ou par ses héritiers, de leur valeur actuelle, à
dire d'Experts, Valin, t. 2, p. 658.

8783. Une rente viagere, qui est le prix d'un conquêt, ou qui a été constituée,
moyennant des deniers de la Communauté, étant payable au Survivant des deux
Conjoints, appartient à lui seul, sans que les héritiers du Prédécédé puissent rien

y prétendre, Ferrière sur Paris, art. 220, gl. 3, n. 20, contre Lebrun, de la Comm. l. 1, c. 5, s. 2, d. 2, n. 17, v. art. 89, 120 d'Artois, ci-dessus n. 8645.

8784. Cela est décidé par l'Arrêt de 1715, cité ci-après n. 8790, & par un autre de 1769, que remarque Varicourt, au mot *Don mutuel.*

8785. On suit la décision de ces Arrêts parmi nous : il y a eu, après avoir l'avis de plusieurs Avocats, une transaction conforme, en Décembre 1774, devant Me. Gervaize, Notaire à Tours, entre le sieur Bouchet, Donataire mutuel, & les héritiers de sa femme.

8786. Valin, t. 3, p. 19, 22, distingue, à cet égard, la Cout. de Paris, des Coutumes où les Conjoints peuvent se donner ; mais, du principe qu'il pose, que la stipulation d'une rente au profit du Survivant des Conjoints, est, entr'eux, un forfait que l'incertitude de l'événement & l'espérance que chacun a de survivre, rendent légitime & exempt de tout soupçon d'avantage indirect, ne s'ensuit-il pas que, dans toutes les Coutumes, un pareil traité doit être admis.

8787. Valin convient que les héritiers du Prédécédé n'ont aucun droit sur une rente créée au profit du Survivant nommément, si une pareille rente a été créée au profit du Prédécédé. Par ex. un mari, ayant mis une femme à rente viagere sur sa tête, en met une plus ou moins forte, qui produit une rente égale sur la tête de sa femme, Cochin, t. 3, p. 705, estime qu'il n'y a point d'avantage auquel les héritiers du Prédécédé puissent demander à participer.

8788. Bourjon, t. 1, p. 289, assure qu'un Arrêt a jugé qu'il n'y a pas là d'avantage prohibé ; c'est aussi ce qui résulte des Arrêts des 5 Août 1769, & 9 Mai 1770, que cite Varicourt, au mot *Don mutuel.*

8789. Il est indifférent, selon Bourjon, qu'il y ait don mutuel, ou non : c'est vaine subtilité, dit-il, & abus de la Loi prohibitive d'avantages entre Conjoints, que de soutenir qu'il y en a où les Conjoints n'ont fait qu'un partage égal. Dans tous les cas, il ne peut y avoir d'avantage, qu'en ce que la rente constituée sur la tête de l'un des Conjoints, excede la rente constituée sur la tête de l'autre.

8790. Si une rente étant de 300 l. l'autre est de 400 l. le Survivant sur la tête de qui est celle-ci, laissera les héritiers du Prédécédé jouir annuellement de 50 l. ou il leur paiera une indemnité, qui sera du 8e. du prix moyennant lequel la rente a été constituée, v. Arrêt du 5 Septembre 1715, rapporté par Brillon, au mot *Avantage*, n. 2. Il jouiroit de la totalité, sans indemnité & sans charge d'aucune restitution, s'il étoit Donataire de la propriété des meubles, les rentes viageres étant meubles, v. ci-dessus n. 8284.

8791. Chacun des Conjoints n'est tenu des dettes passives de la Communauté, que par la part qu'il a dans l'actif, art. 306 de Tours, 288 de Loudun ; ce qui a lieu indistinctement entr'eux, mais vis-à-vis des Créanciers, il n'y a que les dettes que le Conjoint n'a pas contractées lui-même, ou qui ne procedent pas de son chef, dont il n'est tenu que pour sa part.

8792. Le mari peut être poursuivi solidairement, 1°. pour les dettes mobilieres qu'il a contractées avant le mariage ; 2°. pour les dettes mobilieres qui, procédant du chef de la femme, sont devenues à la charge de la Communauté, lorsqu'avant sa dissolution, il a été condamné au payement ; 3°. pour les dettes mobilieres ou immobilieres qu'il a contractées pendant la Communauté, seul ou conjointement avec la femme, quoique sans expression de solidité, v. Bourjon, t. 1, p. 489, Valin, t. 2, p. 656, Pothier, de la Comm. n. 727 & suiv.

8793. La femme peut être poursuivie solidairement, 1°. pour les dettes mobilieres qu'elle a contractées avant le mariage ; 2°. pour les dettes mobilieres, formées de son chef pendant la Communauté ; 3°. pour les dettes mobilieres ou immobilieres, contractées pendant la Communauté, si elle s'y est obligée solidairement avec le mari, ou si elle possede des conquêts qui y sont hypothéqués. Sans l'une ou

sans

fans l'autre de ces circonftances, on ne peut lui en demander que la moitié, v.
Boullai, p. 301, Valin, t. 2, p. 648.

8794. M. Poitevin, en fes notes, rapporte qu'une femme a été condamnée à
payer une moitié d'une dette hypothécaire, comme commune, & l'autre moitié,
comme détentrice des conquêts, fauf fon recours contre les héritiers du mari, fi
mieux elle n'aimoit les délaiffer. Lebrun, de la Comm. l. 2, c. 3, f. 1, n. 27, obferve que les propres de la femme ne font hypothéqués, que du jour que l'obligation a été déclarée exécutoire contr'elle.

8795. Valin, t. 2, p. 649 & fuiv. tient qu'un des Conjoints, quoiqu'il poffede des
conquêts, ne peut être pourfuivi, après la diffolution de la Communauté, pour la totalité des dettes mobilieres, contractées par l'autre avant le mariage, & qu'il n'eft fujet qu'à l'action perfonnelle pour une moitié, v. Dupineau, Obf. fur Anjou, art. 299,
Bodreau fur Maine, art. 304, Auroux, p. 1, p. 379, Bourjon, t. 1, p. 476, 489,
Pothier, de la Comm. n. 753; à moins qu'il ne lui foit échu, par le partage de la
Communauté, un propre ameubli par l'autre Conjoint, qui l'auroit hypothéqué à
fes Créanciers avant le mariage.

8796. Un Créancier ayant fait faifir les effets de la Communauté, la femme ne
peut en avoir main-levée, qu'en payant toute la dette; il ne fuffit pas d'offrir la moitié
de la dette, pour obtenir la moitié des effets, Boucheul fur Poitou, art. 245, n. 6.

8797. L'un des Conjoints ne peut être pourfuivi, pour des dettes où il n'a pas parlé,
que les Créanciers n'aient fait déclarer leurs titres exécutoires contre lui, v. Valin,
t. 2, p. 738, ci-deffus n. 7820.

8798. Lorfqu'un des Conjoints ou fes héritiers font forcés par les Créanciers, de
payer plus que fa part perfonnelle, ils ont leur recours contre l'autre Conjoint ou
fes héritiers.

8799. La femme ou fes héritiers jouiffent du Privilége de n'être tenus du paffif
de la Communauté, que jufqu'à concurrence de ce qu'ils amendent dans l'actif, vis-à-vis du mari ou de fes héritiers, & même vis-à-vis des Créanciers auxquels la femme n'eft pas obligée, R. du Dr. fr. p. 386, v. Prouft, p. 494, Boullai,
p. 284, Pallu, p. 338, Dupineau fur Anjou, art. 238, Louis fur Maine, art. 255,
Lathaumaffiere fur Berri, t. 8, art. 7, 9; Brodeau fur Louet, C, c. 53, en rapporte
un Arrêt de 1607, pour la Cout. de Loudun.

8800. Ce Privilége, établi par l'art. 228 de Paris, eft fi favorable, que la claufe
qui en priveroit, feroit rejettée, Valin, t. 2, p. 646, 665.

8801. Sur le compte dû, en ce cas, par la femme ou fes héritiers, v. Valin,
t. 2, p. 668 & fuiv.

8802. La femme, rendant compte de fon amendement aux Créanciers qui la
pourfuivent, peut coucher en dépenfe, outre ce qu'elle a payé à d'autres Créanciers, & les frais de l'appofition & de la levée des fcellés, de l'Inventaire & du
compte, la fomme dont elle étoit elle-même Créanciere, déduction faite de ce
qu'elle devoit, Pr. de la Jur. fr. n. 357, Pothier, de la Comm. n. 748.

8803. La femme ne perd rien des créances qu'elle avoit contre la Communauté,
Dupleffis fur Paris, p. 435, 444, Bourjon, t. 1, p. 516, 517, contre Pallu,
p. 338, Boucheul fur Poitou, art. 239, n. 27.

8804. Si la femme, déduction faite de ce qui lui étoit dû, s'eft trouvée Débitrice envers la Communauté, d'une fomme qui lui a été précomptée fur fa part,
au partage de la Communauté, elle doit s'en charger en recette.

8805. « Elle doit, dit Bourjon, t. 1, p. 515, compter de tout ce qu'elle a tiré
» de la Communauté, & par conféquent de fon préciput, ainfi que de fa mife. »

8806. La femme, qui, ayant, conjointement avec le mari, doté un enfant commun aux dépens de la Communauté, ne doit aucune récompenfe aux héritiers du
mari, doit faire recette aux Créanciers, de la moitié de la dot, v. Valin, t. 2, p. 576.

Part. II. Q

8807. La femme est déchargée des dettes de la Communauté, en abandonnant tout le profit qu'elle en a tiré, à moins qu'elle n'y soit obligée. Lorsque la moitié des dettes excede son amendement, l'excédent est à la charge du mari ou de ses héritiers, v. ci-après n. 8815.

8808. Les recélés font un obstacle au Privilége de ne payer les dettes, que jusqu'à concurrence de l'amendement, v. ci-après n. 8887.

8809. Un Arrêt du 12 Avril 1723, a jugé « qu'une femme étoit recevable à » renoncer à une Communauté, après l'avoir acceptée, en rendant compte, & lors- » qu'elle a fait Inventaire. Dans ces circonstances, elle a le même Privilége que » l'héritier bénéficiaire. . . . . Quand elle accepte, elle n'est tenue que jusqu'à con- » currence; quoiqu'elle ne renonce pas, elle est reçue à rendre compte. Sa renon- » ciation, en rendant compte, après avoir accepté, produit le même effet; les » Créanciers de la Communauté retrouvent toujours les mêmes biens; acceptant, » elle peut rendre compte, pour n'être pas tenue au-delà ; renonçant & rendant » compte, elle doit être quitte de tout, » de Grainville, p. 31.

8810. La Communauté ne s'accepte pas sous bénéfice d'Inventaire, Proust, p. 478, 495, Boullai, p. 285, Pallu, p. 338.

8811. Valin, t. 2, p. 666, Pothier, de la Comm. n. 745, ne regardent pas l'Inventaire comme absolument nécessaire contre le mari ou ses héritiers.

8812. Il n'y a pas de temps fatal pour faire Inventaire, il suffit qu'il ne puisse être argué d'infidélité, « qu'il n'y ait faute ni fraude, de la part de la femme ou » de ses héritiers, » art. 228 de Paris.

8813. Il faut un légitime Contradicteur, notes de M. Bernard. L'Inventaire doit être tel que celui requis pour renoncer à la Communauté, Pothier, de la Comm. n. 742.

8814. Si le mari n'a laissé aucuns effets mobiliers, il faut en prendre Acte devant Notaire, v. Boullai, p. 301, Couchot, t. 5, p. 15, ci-après n. 9029.

8815. Les charges mobilieres communes excédant la valeur de tous les biens de la Communauté, qui a été acceptée par la femme, l'excédent se prend sur les effets mobiliers non-communs du mari, & subsidiairement, au sol la livre, sur ses acquêts & sur ses propres ; si, après l'épuisement de tous les biens de la Communauté, il restoit des charges immobilieres, elles se prendroient sur les acquêts & sur les propres du mari, au sol la livre, & subsidiairement sur ses effets mobiliers non-communs.

Toutes les fois que la Communauté est acceptée, les biens qui la composent, doivent être considérés séparément des autres biens, à l'effet d'être seuls sujets à ses charges. Pallu, p. 366, Pocquet sur Anjou, art. 321, obs. 8e. en convient, dans le cas d'une donation faite par le Prédécédé des Conjoints au profit du Survi- vant. Mais, dans tous les cas, toutes les opérations que nécessite l'existence d'une Communauté, doivent se faire sur sa masse, lorsqu'elle est acceptée ; ceux qui ont droit dans les effets mobiliers communs & dans les conquêts, ne peuvent prétendre que ce qui reste à partager après ces opérations ; ainsi, ils doivent souffrir seuls du payement de toutes les dettes communes, mobilieres & immobilieres, comme du prélevement des reprises des deux Conjoints. Ce payement doit le précéder, parce qu'on ne peut fixer ce que les effets mobiliers & les conquêts peuvent proportion- nellement porter des reprises, que les dettes communes mobilieres n'ayent été prises sur les uns, & les dettes communes immobilieres sur les autres. Il n'y a réellement de biens dans une Communauté, qu'après que les dettes contractées pour les acquérir ou pour les conserver, ont été acquittées. Autrefois, on obligeoit l'héritier aux biens non-communs du Prédécédé de contribuer au payement des reprises du Survivant, & de toutes les dettes communes ; aujourd'hui, plusieurs avouent que les reprises ne le regardent pas ; il doit en être de même pour ce que la Communauté doit à des étrangers. Si les biens de la Communauté ne suffisent pas pour l'acquittement de ce qui est dû à la femme ou à des étrangers, ce qui en manque, est une dette de la succession du mari, à laquelle son heritier aux biens non-communs doit contribuer. Dans le cas de renonciation à la Communauté, tout ce qui est dû à la femme & à des étrangers, devient dette de la succession du mari, v. Valin, t. 2, p. 657, Pothier, des Succ. c. 5, art. 2, §. 1, ci-après n. 9252, 9261, 9334 & suiv. 9402, 9405.

SECTION II.

De la Renonciation à la Communauté.

8816. La faculté de renoncer est contre la regle ordinaire des Sociétés; elle n'est point accordée au mari ni à ses héritiers. Il étoit juste de ne pas la refuser à la femme, qui n'a aucune part au gouvernement de la Communauté, qui ne peut empêcher la mauvaise administration du mari; autrement, il pourroit facilement la ruiner, sans sa participation.

8817. Sur cette faculté, v. Maillart sur Artois, art. 161, Valin, t. 2, p. 556 & suiv.

8818. La femme peut renoncer à la Communauté, non-seulement après la mort du mari, art. 290 de Tours, 274, 275 ou 290 de Loudun, mais de son vivant, art. 291 de Tours, 276 de Loudun.

8819. Brodeau sur Tours, art. 291, dit que la femme peut renoncer, « sans » qu'il soit besoin de demander & faire juger la séparation de biens, comme aux » autres Coutumes & Provinces, où la séparation de biens en connoissance de » cause, qui emporte dissolution de la Communauté, doit précéder la Renoncia- » tion; &, en ce cas, le douaire a lieu, art. 293, bien que régulièrement il n'ait » point lieu du vivant du mari, » v. ci-dessus n. 8106, ci-après n. 9631, 9761.

8820. Un Arrêt du 19 Juin 1730, cité ci-dessus n. 8085, a confirmé une Sentence qui avoit admis la Renonciation d'une femme, sans prononcer de séparation, v. Pallu, p. 486, Augeard, t. 3, c. 55.

8821. M. Bernard, en ses notes, dit que la Renonciation suffit, pour dissoudre la Communauté, décharger la femme des dettes, & lui assurer la jouissance de ses biens; & que la vente des meubles n'est pas nécessaire.

8822. La Renonciation se fait devant Juge compétent, art. 290 de Tours, 274 de Loudun, « en l'Audience, au jour ordinaire des Plaids, iceux tenants, » Pallu, N. M. & en présence du Procureur du Roi, si le mari avoit le maniment des deniers royaux, Argou, l. 3, c. 4.

8823. « Ce Juge compétent est celui de la demeure du Défunt, soit royal ou in- » férieur, » Boullai, C. M.

8824. Maillart sur Artois, art. 162, dit que, dès que la Renonciation est pu- blique, il n'importe qu'elle soit faite dans une Justice compétente ou non.

8825. Une Renonciation à la Communauté, faite devant Notaire en temps de peste, a été déclarée bonne, Proust, p. 498.

8826. « Les Renonciations, faites & jugées, doivent être publiées par les Carrefours » des Villes, ou au Prône de la Grand'Messe; &, à faute de ce, on a coutume de » les déclarer nulles, en Touraine. La Coutume n'en parlant pas, je ne sais pour- » quoi on desire la publication, voires par forme essentielle de la Renonciation; mais, » puisque c'est un usage envielli, il vaut mieux le garder, afin de mettre la Renon- » ciation en sûreté, » Boullai, C. M.

8827. « Si la Renonciation se fait, dit Pallu, N. M. en cette Ville, *vivente ma-* » *rito*, elle doit être publiée à son de trompe par les Carrefours: & aux champs, » la publication s'en doit faire au Prône, par pratique que nous gardons, » v.

Boullai, p. 285, Coquille sur Nivernois, t. 23, art. 1, ci-dessus n. 8086.

8828. L'Ord. de 1673, t. 8, art. 2, preserit la publication à l'Audience de la Jurisdiction consulaire, à l'égard des Marchands & des Banquiers.

8829. La femme a la faculté de renoncer, quoiqu'elle ne l'ait pas stipulée par le Contrat de mariage ; la clause par laquelle elle se seroit soumise à n'en pas faire usage, seroit nulle, Auroux, p. 1, p. 387, Bourjon, t. 1, p. 513, Pr. de la Jur. fr. n. 359.

8830. Cette faculté n'est pas personnelle à la femme, ses héritiers en jouissent, quoiqu'il n'en soit rien dit dans le Contrat de mariage, notes de M. Poitevin, R. du Dr. fr. p. 388, Jouy, au mot *Communauté*, n. 8.

8831. On ne peut les en priver par une clause particuliere, Valin, t. 2, p. 556, Pothier, de la Comm. n. 551, contre Boullai, p. 282.

8832. De deux héritiers de la femme, l'un peut accepter, l'autre renoncer ; ils usent d'un droit que la Loi leur donne personnellement.

8833. S'il s'agit d'accepter ou de renoncer du chef d'autrui, par ex. du chef d'un enfant, qui, après avoir survécu sa mere, est décédé, sans avoir pris de parti, on considere ce qui lui auroit été plus utile, v. Pothier, de la Comm. n. 586.

8834. L'héritier qui accepte, partage la Communauté avec le mari survivant par moitié, à la charge de faire raison à l'héritier qui renonce, de ce qu'il auroit eu, s'ils eussent tous deux pris le parti de renoncer, suivant Valin, t. 2, p. 557.

8835. Pothier, de la Comm. n. 578, 579, n'accorde à l'héritier qui accepte, que le quart dans la Communauté, & charge le mari survivant de payer à l'héritier qui renonce, la moitié de la reprise stipulée en faveur des héritiers de la femme, v. ci-après n. 9088.

8836. Le Légataire universel peut, comme l'héritier, renoncer à la Communauté, Lalande sur Orléans, art. 204, n. 7.

8837. L'Ord. de 1667, t. 7, art. 5, donne aux femmes un délai de 3 mois pour faire Inventaire, & de 40 jours pour renoncer.

8838. Ce délai n'est que comminatoire, du moins dans la Cout. de Paris, qui n'en détermine aucun.

8839. Un Arrêt du 28 Juin 1622, rapporté par Bardet, t. 1, l. 1, c. 99, a admis une Renonciation faite, dans la Cout. du Maine, 5 ans après le décès du mari ; on l'admettroit également aujourd'hui, si la femme n'avoit fait aucun Acte de commune.

8840. Maillart sur Artois, art. 161, Pocquet sur Anjou, art. 238, Vigier sur Angoumois, art. 43, Auroux, p. 1, p. 388, Poullain sur Bretagne, art. 432, Valin, t. 2, p. 558, Pothier, de la Comm. n. 553, Olivier sur Maine, art. 255, remarquent que l'usage est d'accorder le délai de l'Ordonnance, même dans les Coutumes qui prescrivent un délai plus court.

8841. Le délai pour renoncer est fixé, par rapport à la femme noble, à 43 jours, par l'art. 290 de Tours, à 40 jours, par l'art. 274 de Loudun ; & par rapport à la femme roturiere, à 20 jours, par l'art. 290 de Tours, à 8 jours, par l'art. 275 ou 290 de Loudun : tout cela n'est point suivi.

8842. Nous distinguons le délai pour la confection de l'Inventaire, & le délai pour la Renonciation.

8843. En 1er. lieu, plusieurs tiennent que l'Ordonnance établit la nécessité de faire Inventaire, en même-temps qu'elle en fixe le terme, v. Pocquet sur Anjou, art. 238.

8844. L'art. 270 de Tours assujettit la femme noble, qui veut renoncer, à faire Inventaire ; ce qui étoit étendu à la femme roturiere, même avant l'Ord. de 1667, v. Pallu, p. 448, 486, 602, où il dit que la femme, faute d'Inventaire, n'est pas « déchue de l'effet de la Renonciation, mais elle est tenue vers les Créanciers de » son mari. »

8845. L'Inventaire peut être fait dans les 3 mois. MM. Carré & Bernard, en leurs notes, reconnoissent que la regle prescrite par l'Ord. de 1667, est celle qu'il faut suivre en Touraine.

8846. L'héritier qui n'a pas fait Inventaire dans les 3 mois, a la liberté de le faire dans les 40 jours suivants, Serpillon, p. 77; on peut dire la même chose de la femme. Renusson, de la Comm. p. 2, c. 1, n. 25, semble l'obliger à faire Inventaire dans les 3 mois; & quelques-uns l'exigent. Qu'importe aux Créanciers que la femme fasse Inventaire dans les 3 mois ou dans les 40 jours? La différence entre l'héritier qui n'est pas obligé de faire Inventaire, pour renoncer à une succession, & la femme qui est obligée de faire Inventaire, pour renoncer à la Communauté, n'est pas ici à considérer. La Loi les met sur la même ligne, pour le délai de faire Inventaire, quoique l'obligation de le faire, ne soit pas la même pour l'un, que pour l'autre. La faculté de renoncer à la Communauté, est un Privilége dont la femme ne peut jouir, qu'en remplissant une condition; pour la maniere de la remplir, elle est assimilée à l'héritier, v. Ferriere sur Paris, art. 237, gl. 2, n. 6, Valin, t. 2, p. 558.

8847. Une femme, faute d'avoir fait Inventaire dans le délai de 3 mois & 40 jours, sera-elle réputée commune? La Cout. de Tours ne fixe point de délai pour faire Inventaire; en adoptant celui que donne l'Ordonnance, on ne doit pas lui donner un autre effet, à l'égard de la femme, qu'à l'égard de l'héritier. L'héritier n'est pas réputé héritier, pour n'avoir pas fait Inventaire dans le délai de 3 mois & 40 jours, s'il ne s'est pas immiscé; pourquoi cette omission de la part de la femme, qui ne s'est pas immiscée, la sera-t-elle réputer commune? « Il est bien difficile de définir » le temps dans lequel l'Inventaire doit se faire, dit M. Augeard, en ses notes; elle » est toujours en état de le pouvoir faire, pourvu qu'elle ne se soit point im- » miscée. » Ferriere sur Paris, art. 237, gl. 3, n. 13, reconnoit que, « la Cou- » tume ne prescrivant point le temps de faire Inventaire, tant que la veuve n'est » point poursuivie comme commune, elle le peut faire en tout temps, pourvu qu'elle » ne se soit point immiscée, comme Lebrun en tombe d'accord. » C'est aussi l'avis de Bourjon, t. 1, p. 520, conformément à un Acte de notoriété du Châtelet, du 23 Février 1708, qui atteste, à cet égard, l'usage.

8848. Nous remarquerons que cet usage est désapprouvé par Duplessis sur Paris, p. 439; & que Valin, t. 2, p. 561, met de la différence entre la femme & l'héritier.

8849. La femme qui reste en possession des biens de la Communauté pendant le délai de 3 mois & 40 jours, sans faire Inventaire, s'expose au reproche d'immixtion qui la rend commune, à moins qu'elle n'ait une autre qualité pour gérer, par ex. celle de Tutrice; auquel cas, il suffit qu'elle rende un compte exact aux Créanciers. L'inexactitude la feroit déclarer commune.

8850. Quoique Tutrice, si elle est un temps considérable sans faire Inventaire, elle peut être déclarée commune, Renusson, de la Comm. p. 2, c. 1, n. 28.

8851. Quelques-uns pensent que le défaut d'Inventaire dans le délai de 3 mois & 40 jours, ne rend pas commune la femme qui n'est pas Tutrice, si, dans ce délai, elle a manifesté, d'une maniere précise, son intention de renoncer, si par ex. elle a, le dernier jour de ce délai, commencé l'Inventaire.

8852. L'opinion la plus commune est qu'en Touraine, le délai de 3 mois & 40 jours est fatal, pour la confection de l'Inventaire; & que la femme ne peut valablement renoncer, si l'Inventaire n'est pas achevé dans ce délai, parce que, n'étant pas achevé, on ne peut pas dire qu'il soit fait, il y a des fraudes à craindre, pour ce qui reste à inventorier.

8853. Le délai peut être prorogé par le Juge, Ord. de 1667, t. 7, art. 4, Pallu, p. 483, qui dit qu'il peut être plus long en vertu d'une clause du Contrat de mariage.

8854. Les 3 mois courent du jour du décés du mari, si la femme est sur le lieu où il est décédé ; sinon, du jour qu'elle en a eu connoissance ; elle est présumée l'avoir eue au bout du temps nécessaire pour l'avoir, si le contraire n'est pas justifié.

8855. Un Inventaire où l'on a omis des effets, par inadvertance, n'est pas nul.

8856. L'Inventaire doit être fait avec un légitime Contradicteur, mais v. Bourjon, t. 1, p. 515, 520, Valin, t. 2, p. 569. Si les héritiers du mari, ayant été sommés de se trouver à l'Inventaire, n'y comparoissent pas, il faut appeller le Procureur du Roi ou Fiscal ; cette sommation suffit, quoi que disent Pothier, de la Comm. n. 687, Olivier sur Maine, art. 506. On n'en fait point, lorsque les héritiers ne demeurent pas sur le lieu, v. ci-après n. 9018.

8857. Une femme, voulant renoncer à la Communauté, somma la Tutrice de Mineurs qui étoient héritiers du mari, de se trouver à l'Inventaire qu'elle entendoit faire. Celle-ci ne comparoissant pas, le Notaire donna défaut, & on appella deux voisins, avec qui l'Inventaire se fit, puis la femme renonça. M. Bernard, en ses notes, rapporte que, le 15 Mars 1731, le Siége de Tours déclara nul l'Inventaire, &, sans avoir égard à la Renonciation, condamna la femme à contribuer au payement d'une dette. Il ne suffisoit pas qu'elle eût appellé ses voisins, gens dans ses intérêts, que rien n'engageoit à la contredire, & dont n'étoient pas même connus les héritiers du mari. Il falloit un légitime Contradicteur, qui ne pouvoit être que les héritiers du mari ou le Procureur du Roi.

8858. Bourjon, t. 1, p. 520, écrit que » si l'Inventaire est nul par l'absence d'un » des héritiers, cette nullité n'ôte pas à la veuve le droit de renoncer. »

8859. « L'Inventaire se paye, dit Dupineau sur Anjou, art. 88, sur le prix des » biens inventoriés, eu égard aux personnes à qui ils appartiennent ; ensorte que la » veuve qui a répudié la Communauté, n'en paye rien, » ni des frais de l'apposition & de la levée des Scellés, quoiqu'elle les ait requis, Valin, t. 2, p. 681, Pothier, de la Comm. n. 576.

8860. Il semble, par les notes de MM. Bernard & Dufreinentel, que notre usage étoit, autrefois, contraire ; si cela est, il est changé.

8861. Si la femme a renoncé du vivant du mari, le défaut d'Inventaire, lors de son décès, n'opere rien ; elle ne peut être poursuivie, que pour la représentation des effets dépendants de sa succession.

8862. Quoique la femme soit donataire des meubles, elle doit faire Inventaire, pour renoncer, suivant Proust, p. 497, v. Lebrun, de la Comm. l. 3, c. 2, s. 2, d. 2, n. 6.

8863. « La femme n'est pas tenue de faire Inventaire, lorsqu'elle ne s'est pas im-» miscée, » notes de M. Augeard ; lorsqu'elle ne se trouve pas en possession des effets de la Communauté, v. Pocquet sur Anjou, art. 238, Pothier, de la Comm. n. 563, Olivier sur Maine, art. 255.

8864. L'obligation de faire Inventaire, doit être la même, pour la femme qui veut renoncer à la Communauté, que pour un héritier qui veut renoncer à une succession ; elle a, pour l'un & pour l'autre, le même objet, qui est d'écarter les soupçons qu'ils se soient immiscés, qu'ils aient fait Acte de commune ou d'héritier. Lorsqu'ils se sont trouvés en possession des effets de la Communauté ou de la succession, sans avoir fait Inventaire dans les 3 mois & 40 jours, ils sont présumés avoir fait Acte de commune ou d'héritier, à moins qu'ils ne rapportent des preuves du contraire. On assujettit à l'Inventaire l'héritier qui se trouve en possession des effets de la succession, s'il veut renoncer, quoique la Loi municipale ne l'y oblige dans aucun cas. Son silence vient de ce qu'ordinairement l'héritier, n'étant pas dans la maison du Défunt, ne se trouve pas en possession des effets de la succession ; les Loix ne s'occupent pas des cas qui arrivent rarement. La femme se trouvant presque toujours en possession des effets de la Communauté, la Loi municipale lui a imposé indistinctement l'obligation de faire Inventaire, pour pouvoir renoncer, sans prévoir le cas très-rare où elle n'a pas à sa disposition les effets de la Communauté. Le motif qui a introduit l'obligation de faire Inventaire, ceffant, cette obligation doit ceffer en faveur de la femme, comme on la fupplée contre l'héritier, lorfque le motif qui l'a introduite, paroît l'exiger.

8865. Quand tous les effets de la Communauté font à la difpofition d'une autre perfonne que la femme, comme de l'héritier du mari, quoiqu'elle refte dans la maifon du mari, le défaut d'Inventaire ne doit pas l'empêcher de renoncer, dès qu'elle n'a fait aucun Acte qu'on doive regarder comme Acte de commune.

8866. Le mari n'ayant pas laiffé de meubles, la femme doit le faire conftater par un Procès-verbal de carence de biens, à fes frais, notes de M. Bernard. M. Duffe-mentel, dans les fiennes, obferve que ce Procès-verbal fuffit, & qu'il peut fe faire devant Notaire, comme l'Inventaire, v. ci-deffus n. 8814.

8867. Les héritiers de la femme n'ont pas befoin d'Inventaire, pour faire valoir leur Renonciation; Valin, t. 2, p. 568, excepté le cas où, le mari étant abfent, ils demeureroient dans fa maifon.

8868. En 2e. lieu, dès que l'Inventaire a été fait dans le temps prefcrit, la Renon-ciation peut fe faire en quelque temps que ce foit. Dans notre ufage, il n'y a de délai fatal, que pour la confection de l'Inventaire. La Renonciation peut avoir lieu, quoiqu'il fe foit écoulé plus de 30 ans depuis la diffolution de la Communauté. On n'eft pas obligé de prendre qualité, tant qu'on n'eft pas pourfuivi à cet effet. Une femme peut renoncer, tant qu'elle n'a pas déclaré qu'elle accepte, tant qu'elle n'a pas pris la qualité de commune, tant que la chofe eft entiere, art. 237 de Paris, tant qu'elle ne s'eft pas immifcée ès-biens communs, art. 290 de Tours, 274 de Loudun.

8869. On a, autrefois, agité la queftion, fi le délai prefcrit par une Coutume, pour renoncer, eft fatal. Ricard fur Amiens, art. 99, tient la négative; Debon dit que la femme qui a omis de renoncer, peut fe faire reftituer, v. Dupineau fur Anjou, art. 238, ci-après n. 8877.

8870. « La faculté de répudier, en cette Coutume, ne fe perd par 43 jours, dit
» Boullai, C. M. fi la veuve a fait loyal Inventaire, & elle paffe à fon héritier;
» mais, à faute d'Inventaire, la veuve ne fera recevable après le terme, comme
» cette omiffion prive l'héritier de la falcidie. Je confeillerois à la femme, laquelle
» n'a fait la répudiation, au-dedans du temps de la Coutume, d'obtenir lettres pour
» être reftituée d'avoir laiffé couler le temps ordonné pour cet effet, auxquelles elle
» fera fondée, pourvu qu'elle ait fait Inventaire, ne foit obligée, & n'ait rien fouf-
» trait; voirez que fi elle a eu quelque caufe légitime, qui l'ait empêchée de faire
» Inventaire, elle en pourra être relevée. Nonobftant l'art. 351, la Mineure peut
» être relevée de n'avoir fait Inventaire ni renoncé, autrement, elle pourroit fouf-
» frir perte de fon patrimoine. » v. ci-après n. 8879.

8871. Pallu, p. 483, enfeigne que « la Mineure peut, ne s'étant point immifcée,
» fe faire reftituer de fon défaut d'avoir renoncé dans le temps prefcrit par l'art.
» 160; mais, pour la Majeure, fi elle n'avoit caufe raifonnable, elle n'y peut être
» admife. » Les caufes raifonnables font la pefte, la guerre, l'inondation ou autre accident femblable, Boullai, p. 182.

8872. MM. Carré & Bernard, en leurs notes, difent que l'Ord. de 1667, a dé-roge au délai de l'art. 290 de Tours.

8873. Auroux, p. 1, p. 383, après avoir dit qu'autrefois, on regardoit, en fon Siege, comme commune, la femme qui ne faifoit pas la Renonciation dans les 40 jours, ajoûte qu'aujourd'hui, on lui accorde, pour renoncer, le temps de 3 mois & 40 jours, & même un plus long délai, s'il eft juftifié que l'Inventaire n'a pu être fait dans les 3 mois; ce qui annonce qu'on ne l'admet pas à renoncer en tout temps.

8874. Suivant Héricourt fur Laon, art. 26, Poullain fur Bretagne, art. 432, Lacombe , au mot *Communauté* , p. 3 , f. 1 , n. 3 , dans les Coutumes qui fixent un délai pour renoncer , la Renonciation n'est pas recevable en tout temps ; Lebrun , de la Comm. l. 3 , c. 2 , f. 2 , d. 2 , n. 13 , prétend que tel est l'usage , dans ces Coutumes.

8875. Maillart sur Artois , art. 161 , atteste un usage contraire , depuis l'Ord. de 1667 , qui a égalé , dit-il , les Renonciations des femmes à celles des héritiers. Valin , t. 2 , p. 561 , ne répute commune , faute d'avoir renoncé dans le délai de l'Ordonnance , que la femme qui est demeurée en possession des effets de la Communauté , sans faire Inventaire ; & il admet , ainsi que Vigier sur Angoumois , art. 43 , Olivier sur Maine , art. 255 , celle qui a eu soin de faire Inventaire dans ce délai , à renoncer quand bon lui semble.

8876. En Touraine , l'usage est conforme à ce sentiment , quoique quelques-uns , considérant comme fatal le délai de la Coutume , veulent qu'il en soit de même du délai que l'Ordonnance y a substitué.

8877. 1°. Il n'est pas constant que le délai de la Coutume fût fatal. La Coutume dit que la femme peut renoncer dans le délai qu'elle détermine , mais elle ne dit pas que la femme y soit tenue , v. Boullai , p. 261. Quand elle le diroit , il n'en résulteroit pas plus que le délai est fatal , que dans le cas de l'art. 313 , où très-certainement il ne l'est pas , v. ci-dessus n. 8869 , 8870.

8878. 2°. Quand le délai de la Coutume auroit été fatal , ce n'est pas une raison pour que celui de l'Ordonnance le soit. En faisant courir le délai pour renoncer , du jour de la clôture de l'Inventaire , non du jour du décès du mari , & en supposant ce délai de 40 jours , pour la femme roturiere , aussi bien que pour la femme noble , on abandonne la disposition de la Coutume , pour ne s'attacher qu'à celle de l'Ordonnance. On met entiérement à l'écart l'une , pour suivre pleinement l'autre. Or , le délai de l'Ordonnance n'est fatal que dans le sens que l'explique Jousse , p. 87 ; la femme , comme l'héritier , après l'expiration du délai de 40 jours depuis la clôture de l'Inventaire , est admise à renoncer , v. Lemaître sur Paris , p. 269 , Pr. de la Jur. fr. n. 361 , Pothier , de la Comm. n. 556 , 557. Le délai de l'Ordonnance est de même nature pour toutes les Coutumes , puisqu'elle ne distingue point ; elle n'a pas prorogé le délai plus court que quelques Coutumes prescrivent , avec la qualité de fatal , qu'il pouvoit avoir ; elle l'a abrogé , en abrogeant les dispositions de Coutumes , contraires à ce qu'elle prescrit ; elle y a substitué un autre délai , qui n'est pas fatal ; elle déclare qu'il est *le même que celui accordé à l'héritier.* « L'Ord. » de 1667 , dit Maillart sur Artois , art. 165 , qui déroge à toutes les Coutumes » contraires , a établi les mêmes regles aux Renonciations des veuves , qu'elle a » prescrites à celles des héritiers. La parité est entiere entre la veuve & les héritiers. »

8879. « Une femme ayant inconsidérément pris la Communauté de biens , & » étant déçue , elle peut être restituée , même majeure , si elle a fait Inventaire in- » continent après le décès , & non autrement ; cela a été ainsi résolu par MM. les » Consultants de Paris , en 1586. Un Mineur peut être aussi restitué contre l'omis- » sion d'Inventaire , s'il n'a rien pris ou enlevé , » Dupineau sur Anjou , art. 145 , v. ci-dessus n. 8869 & suiv.

8880. M. Bernard , en ses notes , se fait la question , si , une femme s'immisçant après l'Inventaire , cette immixtion lui imprime la qualité de commune , dans le cas même où elle a une autre qualité pour administrer les biens de la Communauté , où par ex. elle est Tutrice de ses enfants : il répond que cela est décidé par un Arrêt du 31 Août 1724 , que cite Denisart , au mot *Renonciation à la Communauté* , qui a jugé , dit il , que la qualité de Tutrice ne limite point l'effet de l'immixtion , & qu'une femme ne peut renoncer , que quand les choses sont entieres ; il ajoûte que la décision d'un Arrêt du 16 Février 1679 , rapporté au Journ. du Pal. ne peut avoir d'application à notre Coutume , qui fixe un délai fort court pour renoncer.

8881. L'art. 46 de la Rochelle n'accorde que 40 jours pour renoncer ; néanmoins ,
Valin ,

Valin, t. 2, p. 562, s'exprime ainsi : « à l'Inventaire près, dont je ne crois pas
» que la veuve puisse être dispensée, lorsqu'elle reste en possession de tout, j'adop-
» terois volontiers la décision de l'Arrêt de 1679, » v. Olivier sur Maine, art. 255.

8882. Ricard sur Senlis, art. 147, qui oblige de renoncer dans les 3 mois, rapporte qu'un Arrêt de 1605, a jugé qu'une femme qui n'avoit rien pris des biens de
la Communauté, que comme ayant la garde de ses enfants, avoit pu y renoncer,
10 ans après sa dissolution.

8883. La femme n'est pas censée faire Acte de commune, en payant des dettes de
la Communauté auxquelles elle est obligée en son propre nom, d'autres deniers, que
de ceux de la Communauté, Pr. de la Jur. fr. n. 360; ni en restant dans la maison,
& y vivant des provisions qui y sont, jusqu'à ce que l'Inventaire soit fait, Valin,
t. 2, p. 641; ni en faisant ce qui est nécessaire pour la conservation des biens de
la Communauté, comme des réparations urgentes, la vente d'effets périssables, Pothier, de la Comm. n. 541.

8884. La femme d'un Marchand ou d'un Artisan, qui, sans autorité de Justice,
sans aucune protestation, a continué le train de la boutique de son mari, peut
néanmoins renoncer, en comptant de ce qu'elle a reçu & dépensé, s'il n'y a pas
de soupçons de recelé.

8885. Le recelé qui a précédé la Renonciation, en empêche l'effet.

8886. Ayant été prouvé qu'une femme avoit commis des recelés, avant de renoncer, sa Renonciation a été déclarée nulle, le 14 Mai 1765, au Siége de Tours, qui
a ordonné que partage seroit fait des biens de la Communauté, les dettes prélevées;
que remploi seroit fait de sa dot & autres conventions matrimoniales; qu'il seroit
procédé à l'assignat de son douaire; qu'elle seroit privée de la part qu'elle auroit
pu prétendre dans les effets recelés; & qu'elle payeroit 200 l. de dommages-intérêts.

8887. La femme qui a commis des recelés, est commune vis-à-vis des héritiers du
mari & vis-à-vis des Créanciers; elle doit payer la moitié des dettes indéfiniment,
Auroux, p. 1, p. 392, Valin, t. 2, p. 647, Pothier, de la Comm. n. 690, Olivier sur Maine, art. 255, contre Coquille sur Nivernois, t. 23, art. 15.

8888. Les recelés commis après la Renonciation, ne donnent lieu qu'à une action
pour la restitution des effets recelés, avec dépens & dommages-intérêts, Boullai,
p. 283; à moins que, par une affectation visible, on eût commencé par renoncer,
pour commettre ensuite plus impunément les recelés, Auroux, p. 1, p. 393, v.
Ord. de Janvier 1629, art. 127.

8889. Avant la Renonciation, la femme a le droit de prendre une moitié de la
vaisselle d'argent, dont le mari n'a pas disposé, en substituant des deniers à la
place. L'héritier du mari, qui a le même droit pour l'autre moitié, peut l'exercer
pour la totalité, si la femme a renoncé, sans user de son droit, Bourjon, t. 1, p. 676.

8890. Denisart, au mot *Vaisselle*, dit que la femme, après sa Renonciation, peut
demander la vaisselle d'argent, en déduction de son préciput.

8891. La Renonciation ne l'empêche pas de poursuivre la réparation civile, pour
la mort de son mari, & d'y prendre part, v. Dupineau sur Anjou, art. 145, Pallu,
p. 426, Richer, de la Mort civ. p. 411.

8892. Au moyen de la Renonciation à la Communauté, tout ce qui y a été apporté du chef de la femme, est perdu pour elle ou ses héritiers, v. ci-après n. 8917.

8893. Le propre ameubli est perdu en entier, Bourjon, t. 1, p. 554, 559, 562,
contre Pallu, p. 489.

8894. On a coutume de stipuler la faculté de reprendre ce qui a été apporté; par-là,
la femme ne court aucun risque de perdre; elle n'est commune, que pour avoir
part au profit, s'il y en a.

8895. La clause portant faculté de reprendre, est de droit étroit; elle ne se supplée pas en faveur d'un Mineur, marié par un Tuteur étranger, Bourjon, t. 1, p.

559, Valin, t. 2, p. 580, contre Couchot, t. 5, p. 11, Boucheul fur Poitou, art. 252, n. 66.

8896. Elle n'eft pas fufceptible d'extenfion d'un cas à un autre cas, d'une chofe à une autre chofe, d'une perfonne à une autre perfonne, R. du Dr. fr. p. 389, Auroux, p. 1, p. 395.

8897. 1°. On a douté fi la reprife ftipulée pour le cas *de la diffolution du Mariage*, a lieu dans le cas de la diffolution de la Communauté pendant le mariage, v. Sérieux, des C. de M. t. 2, p. 84, 233. L'affirmative eft embraffée par Boucheul fur Poitou, art. 252, n. 78, Bourjon, t. 1, p. 561, Pothier, de la Comm. n. 381.

8898. 2°. La claufe faifant mention de ce que la femme *a apporté en Communauté*, on ne l'étend pas à ce qui y eft entré depuis le mariage, Pothier, de la Comm. n. 399.

8899. Les termes *ce que la femme aura apporté*, dit Pothier, n. 401, comprennent tout ce qui eft entré pendant le mariage, v. Valin, t. 2, p. 580.

8900. Il eft inconteftable que rien n'eft excepté, fi la claufe exprime ce que, *lors de la diffolution de la Communauté, la femme fe trouvera y avoir apporté*.

8901. Pothier, de la Comm. n. 411, tient que quand la reprife eft de l'univerfalité des biens apportés à la Communauté, elle ne s'exerce que fous la déduction des dettes mobilieres qu'avoit la femme, lors du mariage, quoique la féparation de dettes n'ait pas été ftipulée, v. Boucheul fur Poitou, art. 249, n. 7, ci-après n. 8926.

8902. 3°. Les enfants ne peuvent exercer la reprife qui n'eft accordée qu'*à la femme & à fes Collatéraux*, Valin, t. 2, p. 583.

8903. Valin décide de même dans le cas où la claufe eft en faveur *de la femme & de fes héritiers collatéraux*; mais il y a « lieu de penfer que ce terme *Collaté-* » *raux*, a été ajouté plutôt pour étendre le terme *d'héritiers* aux Collatéraux, que » pour exclure les enfants. » Pr. de la Jur. fr. n. 366.

8904. Pothier, de la Comm. n. 389, 390, eftime que cette claufe comprend les Defcendants & les Afcendants.

8905. Si la claufe ne parle que de la *femme* & *des fiens*, les Collatéraux ne peuvent s'en aider; fuivant Boucheul fur Poitou, art. 252, n. 61, il en eft de même, lorfqu'il eft ftipulé que *la femme & fes héritiers reprendront*.

8906. Pothier, de la Comm. n. 387, dit que ces termes, *enfants, fiens, hoirs*, comprennent non-feulement les enfants du 1er. dégré, mais ceux de tous les dégrés; non-feulement les enfants qui naîtront du mariage, mais ceux qui font iffus des mariages précédents, v. Sérieux, des C. de M. t. 2, p. 92.

8907. Une femme ayant ftipulé, par le Contrat de fon 2e. mariage, la faculté de reprendre pour elle & *fes enfants à naître*, fi ceux-ci l'exercent, les enfants du 1er. lit y participent, Sérieux fur Renuffon, de la Comm. p. 4, c. 3, n. 88.

8908. Lorfqu'on a ftipulé que *la femme & fes héritiers pourront renoncer, quoi faifant, la femme reprendra*, &c. doit-on préfumer qu'en affociant les héritiers à la faculté de renoncer, qu'ils ont de droit, on a entendu les affocier tout de même à celle de reprendre ? v. Valin, t. 2, p. 583, Pothier, de la Comm. n. 392.

8909. Après avoir accordé à une femme *la faculté de renoncer & de reprendre fon lit garni & fes vêtements*, on s'eft exprimé ainfi : *auront les enfants pareille faculté de renoncer & de reprendre, & les Collatéraux reprendront ce qui eft ftipulé propre*. Nous avons décidé, le 10 Mars 1779, que l'intention des Parties paroiffoit avoir été que la femme pût reprendre ce qui devoit entrer en Communauté, & pareillement les enfants; que c'eft par erreur, qu'on ne l'avoit pas énoncé; qu'autrement, la faculté donnée aux enfants, feroit fans objet, & il n'y auroit pas de différence entre les enfants, affimilés cependant à la femme, & les Collatéraux, dont on a borné le droit à ce qui eft ftipulé propre, dans la fuppofition que la femme & les enfants pouvoient reprendre autre chofe, v. ci-deffus n. 2999, 3002.

8910. Si la femme, après la dissolution de la Communauté, décede, sans avoir déclaré si elle l'accepte ou non, elle transmet à ses héritiers la faculté de reprendre, en renonçant, stipulée en sa faveur seulement, Auroux, p. 1, p. 396. Son Légataire universel ou ses Créanciers peuvent, en ce cas, l'exercer, Valin, t. 2, p. 582, Pothier, de la Comm. n. 393 & suiv. v. ci-dessus n. 8836.

8911. Lorsque le mari a fait un abandon de ses biens à ses Créanciers, ceux « de la femme peuvent, dit Valin, exercer ses reprises, même malgré elle. »

8912. Pothier est d'avis que, la femme étant prédécédée, laissant un héritier compris dans la clause, & un Légataire universel, celui-là fait passer à celui-ci le droit de reprendre, qui lui a été acquis par l'acceptation de la succession, avec les autres objets du legs universel, en en faisant la délivrance.

8913. Lathaumassiere sur Berri, t. 8, art. 9, tient que, quand les meubles qu'a apportés une femme, ont été estimés, il faut en payer l'estimation, sans distinguer ceux qu'elle avoit lors du mariage, de ceux qui lui sont échus depuis. Malgré l'estimation, on peut rendre en nature par ex. une tapisserie, non un cheval, un troupeau de moutons, v. Renusson, des Propres, c. 6, f. 3, n. 11, Lebrun, de la Comm. l. 2, c. 2, f. 4, n. 56, Boucher d'Argis, de la Crue, c. 9, n. 1, Pothier, de la Comm. n. 325, 407, ci-dessus n. 7919, 8582.

8914. Les nourritures que les pere & mere de la femme lui ont fournies, & au mari, depuis le mariage, font, suivant Valin, t. 2, p. 586, partie de la dot, qui est sujette à reprise.

8915. Lorsque le bien d'une femme consiste en rentes viageres ou en usufruit de fonds, il faut examiner si elle a entendu s'en constituer une dot, de sorte qu'elle ait droit d'exercer la reprise de tous ses revenus, & que le mari ne puisse s'en appliquer que les intérêts, v. Serieux, des C. de Mar. t. 1, p. 365 & suiv.

8916. « Si la femme a un intérêt, dit Valin, t. 2, p. 587, dans l'achat de la coupe d'une forêt dont l'exploitation s'acheve durant la Communauté; si elle a un intérêt dans un navire & sa cargaison, le navire étant au voyage, lors du mariage; ou enfin si elle a un intérêt dans toute autre société, & que rien de tout cela ne soit apprécié à forfait, pour former la dot de la femme, de maniere que le mari ne prenne pas ces objets pour son compte & risque; nul doute que tout ce qui en proviendra par l'événement des comptes à régler, ne soit sujet à reprise, de la part de la femme, comme formant une augmentation de ses droits dotaux, & cela sans aucune distraction pour raison des profits que ces mêmes objets auront pu engendrer durant le mariage. »

8917. Par la Renonciation à la Communauté, tout appartient au mari ou à ses héritiers; le passif, comme l'actif, ne regarde qu'eux, Valin, t. 2, p. 570.

8918. Ils doivent laisser à la femme quelques-uns de ses habits, Bourjon, t. 1, p. 569, un habillement complet à son usage, Pr. de la Jur. fr. n. 364, avec quelques menus linges, Olivier sur Maine, art. 255.

8919. Parmi nous, elle a tous ses habits, linges, &c. à quelque Coutume que l'on se soit soumis par le Contrat de mariage, v. ci-dessus n. 7947 & suiv.

8920. Thérese a apporté en dot, par son Contrat de mariage, quelques effets mobiliers de valeur de 300 l. avec 20000 l. Il a été stipulé que 2000 l. en seroient employées en trousseau, & qu'elle pourroit « reprendre tout ce qu'elle aura apporté, son lit garni, ses hardes & linges, & tout ce que la Coutume attribue à femme qui renonce. » Le 6 Février 1777, le Siége de Tours a ordonné que Thérese prendroit en nature les effets mobiliers de valeur de 300 l. & en payement des 2000 l. jusqu'à due concurrence, ses vêtemens & linges destinés à son usage personnel, formant son trousseau, distraction faite de ceux attribués par la Coutume. En conséquence, on a fait la distraction, suivant le Procès-verbal qui en a été dressé, de « 4 robes, dont 2 de soie & 2 d'indienne, 4 jupons pareils, 3 mantelets, 3 jupons pareils,

» 4 corsets , une cape , 2 pelisses , 12 chemises , 6 coëffures , 8 bonnets de nuit,
» 8 camisoles , 8 jupons de coton & futaine , 4 paires de poches , 18 mouchoirs,
» 6 paires de chaussons, 6 paires de bas, 2 paires de souliers & 2 paires de pan-
» toufles ; lesquels effets n'ont été estimés au desir de l'art. 293 de Tours. » La distraction pouvoit se faire d'une maniere plus favorable à Thérese ; par ex. 12 chemises
n'étoient pas assez , & ainsi de quelques autres articles. Pour ce qui lui restoit dû
des 2000 l. ainsi que pour le surplus de ses reprises, elle devoit venir , avec les autres
Créanciers, au sol la livre , sur les effets mobiliers du mari. Si, la distraction des
objets ci-dessus faite, il se fût trouvé pour plus de 2000 l. de vêtements & linges,
elle auroit dû les avoir , en vertu de la clause du Contrat de mariage , indépendamment de l'usage dont on a parlé ci-dessus n. 7958 ; & il n'auroit pas été question
des 2000 l. destinées au trousseau, v. ci-dessus n. 7960, ci-après n. 8936.

8921. En cas de Renonciation à la Communauté, le mari ou ses héritiers confondent
tout ce qu'ils pouvoient lui devoir & tout ce qu'elle pouvoit leur devoir ; ainsi s'éteint
toute action de reprise , de remploi & de récompense , du chef du mari. Ils deviennent
Débiteurs de tous les droits de la femme , & Créanciers des récompenses dont elle
étoit tenue envers la Communauté.

8922. L'indemnité pour les dettes de Communauté , acquittées par la femme ou
ses héritiers , a lieu, pour le tout, sur les effets mobiliers & immobiliers de la Communauté , Pallu, p. 484 , 516 ; mais , après leur épuisement , elle ne s'exerce que
pour une moitié, sur les biens du mari, par l'art. 308 de Tours , dont la disposition
est dure & expose les dots des femmes, v. Arrêt du   1697, rapporté au Journ.
des Aud. ci-après n. 8942.

8923. L'art. 308 de Tours, dit M. Bernard , en ses notes, ne peut concerner que
les Roturiers, & ne peut avoir lieu que dans le cas de Renonciation à la Communauté ; il ajoûte qu'on ne peut l'invoquer, lorsque l'indemnité a été stipulée par le
Contrat de mariage, v. ci-dessus n. 8007.

8924. M. Bernard semble penser que la femme a toujours indistinctement, pour le
tout, une indemnité, à raison des dettes créées au profit de la Communauté, ou , pour
mieux dire , pendant la Communauté ; & on lit dans les notes de M. Dufrementel,
que le sentiment de Pallu « n'est plus suivi. L'acquittement a lieu , pour le tout, sur la
» succession du mari, à défaut de biens dans la Communauté. Nous sommes rentrés
» dans le droit commun , à cet égard , & nulle raison de distinguer entre la Noble
» & la Roturiere, Renusson, de la Comm. p. 2, c. 6 , n. 14 , Boucheul sur Poi-
» tou , art. 252 , n. 83 , 84. L'Arrêt contraire de 1697, est sans date , incertain , in-
» connu , contraire aux principes ; l'ancienne Jurisprudence s'est corrigée dans la Pro-
» vince même ; un Acte de notoriété l'attesteroit au besoin. »

8925. Un mari & une femme s'étant rendus Cautions solidaires d'un Etranger,
l'indemnité qu'a la femme , qui a renoncé , n'est que pour une moitié, Bourjon, t.
1 , p. 570.

8926. Nonobstant la clause de séparation de dettes, l'acquittement des dettes mobilieres, antérieures au mariage , ne donne pas lieu à une récompense, lorsque la mise
en Communauté n'a pas été fixée ; si elles existoient encore, ceux qui ont les biens
de la Communauté , devroient les acquitter. La mise n'a été que de ce qui restoit,
déduction faite des dettes mobilieres, v. ci-après n. 8941.

8927. En cas de Renonciation, il n'y a pas de récompense, pour une dot fournie par le mari seul ; mais il en est dû au mari, à ses héritiers ou à ses Créanciers,
pour la moitié d'une dot fournie à un enfant commun, par le mari & la femme, en
héritages propres au mari, Auroux, p. 1, p. 362, ou en effets de la Communauté,
Valin, t. 2 , p. 575 , Olivier sur Marne, art. 334, v. ci-après n. 8939.

8928. Valin, p. 576, tient qu'encore que la Communauté soit mauvaise , il peut
être avantageux de prendre, en ce cas, le parti de l'acceptation , qui affranchit

de la récompense , du moins vis-à-vis du mari ou de ses héritiers. La mise en Communauté est perdue par l'acceptation , mais elle peut être inférieure à la moitié de la dot , v. ci-dessus n. 8747 , 8806.

8929. Lorsqu'une femme a stipulé que la portion pour laquelle elle contribue à la dot d'un enfant , ne lui sera nullement imputée sur ses reprises , après la dissolution de la Communauté ; si elle est obligée de la payer , les biens de la Communauté & ceux du mari seront affectés , dit Valin , à sa garantie , à l'effet de lui procurer ses reprises franches , tant qu'il y aura , dans la succession du mari , de quoi y satisfaire & à la dot.

8930. Si , par ex. pour des améliorations faites sur les propres , il est dû une récompense de 15000 l. du chef du mari , & une de 16000 l. du chef de la femme ; dans le cas d'acceptation , il suffit de payer 500 l. au mari ou à ses héritiers , au lieu que , dans le cas de Renonciation , les 16000 l. leur sont dues , v. Bourjon , t. 1 , p. 555 , 556 , Valin , t. 2 , p. 620.

8931. Suivant Valin , p. 623 & suiv. les intérêts des récompenses ne courent que du jour de la demande , & il n'y a pas d'hypotheque du jour du mariage. Cela devient indifférent , lorsque celui qui doit des récompenses , a des reprises aussi considérables à exercer , la compensation s'en faisant de droit.

8932. Il n'y a point de reprise à exercer , à raison d'un héritage de la femme , qui a été vendu , & dont le prix est encore dû à l'Acquéreur ; elle ne peut le demander qu'à celui-ci ; il n'a pas été confondu dans la Communauté , v. ci-après n. 9752. La qualité de propre de la Communauté a passé , par la voie de la subrogation , au prix , Pothier , de la Comm. n. 197 , comme le décide l'art. 311 du Maine , qui ne fait pas la distinction entre le mari & la femme , dont parle Denisart , au mot *Remploi*. La Communauté ne seroit garante du prix , que dans le cas où le mari auroit négligé de faire payer l'Acquéreur , qui seroit devenu insolvable , Pr. de la Jur. fr. n. 369.

8933. La femme qui renonce , doit obtenir , contre les héritiers du mari , une Sentence qui liquide ses droits , v. Bourjon , t. 1 , p. 569.

8934. Si elle a , en sa possession , les biens de la Communauté , elle en rend compte , comme dépositaire , & elle se paie par ses mains , en retenant jusqu'à concurrence , suivant l'estimation.

8935. Sur ce compte , v. Bourjon , t. 2 , p. 395.

8936. Si l'on vend les effets mobiliers de la Communauté , la femme ne vient qu'au sol la livre , sur le prix d'iceux , ainsi que sur le prix des autres effets mobiliers , appartenants au mari , avec les autres Créanciers , v. ci-dessus n. 6450 , 6509 , 8920.

8937. Elle peut demander la distraction des effets qu'elle justifie avoir apportés , & qui se trouvent en nature , comme un collier , une tapisserie , &c. sans être , à raison de ces effets , sujette à aucune contribution , Brodeau & Ferriere sur Paris , art. 179 , Lebrun , de la Comm. l. 3 , c. 2 , s. 2 , d. 5 , n. 84 , v. ci-dessus n. 8913.

8938. Sur les immeubles , la femme a une hypotheque qui remonte au jour du Contrat ou de la célébration du mariage. Cette rétrogradation d'hypotheque sert aux Créanciers envers qui la femme s'est obligée , v. ci-dessus n. 5046 , 6758 , 8530 , 8536.

8939. Un Arrêt du 2 Avril 1689 , rapporté par Pocquet , Arr. cél. l. 6 , c. 22 , a jugé qu'une fille , à qui ses pere & mere ont promis solidairement une somme pour dot , a , à l'effet d'en être payée , hypotheque sur les biens du pere , pour une moitié , du jour du Contrat de mariage de la mere , qui a renoncé à la Communauté , comme exerçant ses droits à cause de son indemnité ; & pour l'autre moitié , du jour de l'Acte par lequel la dot a été constituée , v. ci-dessus n. 8748 , 8927.

8940. La femme doit être payée , sur les biens du mari , de tous ses frais , même de ceux de sa Renonciation.

8941. « La femme , en renonçant , dit Pallu , N. M. est fondée reprendre tous ses
» meubles & immeubles ; elle doit acquitter toutes les dettes qu'elle devoit avant le

» mariage, car, par sa renonciation, *retrò fingitur non fuiffe communis.* On doit,
» sur ses reprises, déduire ses dettes payées pendant la Communauté, & créées
» avant le mariage, lesquelles doivent être considérées comme charges du bien qui
» en étoit autant diminué, & les frais faits utilement par le mari pour la conserva-
» tion de son bien, si, par la jouissance d'icelui, il n'en a été récompensé. » La
femme qui renonce, ne reprend pas ses meubles; ses dettes mobilieres contractées
avant le mariage, regardent le mari; s'il en existe encore de cette nature, les Créanciers peuvent s'adresser à lui ou à son héritier; il en est devenu le Débiteur personnel, en qualité de Propriétaire de tous les biens de la Communauté, dès que le
Contrat de mariage ne contient pas la clause de séparation de dettes, v. Valin,
t. 2, p. 570, ci-dessus n. 8741, 8901.

8942. Pallu, p. 516, conclud de l'art. 308 de Tours, que si le mari ou son héritier, après l'épuisement des biens de la Communauté, acquitte des dettes de
Communauté sur ses biens, il a un recours, pour une moitié, sur ceux de la femme,
quoiqu'elle ait renoncé, v. ci-dessus n. 8922 & suiv.

8943. « Si la dette, dit Boullai, p. 283, procede du côté de la femme, elle la
» doit payer, nonobstant sa Renonciation, » v. ci-après n. 8947.

8944. La Renonciation n'empêche pas les Créanciers de poursuivre la femme ou
son héritier, pour les dettes de Communauté auxquelles elle s'est obligée, art. 290,
291 de Tours, 273, 275, 276 de Loudun.

8945. La femme qui s'est obligée à une dette de Communauté, n'en est tenue
que vis-à-vis du Créancier, non vis-à-vis du mari, comme le remarque M. Dubois,
pere, en ses notes, dès qu'elle renonce : elle doit en être indemnisée.

8946. Une femme qui a vendu un propre appartenant au mari, solidairement
avec lui, peut, nonobstant sa Renonciation, être poursuivie seule pour la garantie
de la vente, sauf son recours, pour le tout, contre l'héritier du mari, Dupineau
sur Anjou, art. 238.

8947. Lorsque la dette à laquelle le mari & la femme se sont obligés solidairement, est personnelle à la femme, elle doit l'acquitter seule, sans aucun recours contre
l'héritier du mari, qui auroit un recours contr'elle, s'il l'acquittoit.

8948. La dot constituée par le mari & la femme, étant encore due à la mort du
mari, Pallu, p. 484, dit que la femme qui renonce, nonobstant toute clause d'acquittement portée en son Contrat de mariage, en doit une moitié sans aucun recours.

8949. « Dans les engagements souscrits par la femme, ne sont compris les arrê-
» tés qu'elle a faits seule, au sujet des fournitures faites à la maison ; tels arrêtés
» ne l'engagent, qu'autant qu'elle est commune, » Bourjon, t. 1, p. 512, 569;
encore qu'elle ait fait elle-même les emplettes, & que les emplettes la concernent,
Pothier, de la Comm. n. 574.

8950. La Renonciation met la femme ou son héritier à l'abri de toutes poursuites, à raison des dettes de Communauté auxquelles elle ne s'est pas obligée.

8951. Les art. 290, 291 de Tours, 273, 275, 276 de Loudun, n'exceptant que
les dettes auxquelles la femme s'est expressément obligée, c'est ajoûter à la Loi, que
d'excepter les dettes alimentaires. Les Créanciers qui ont suivi la foi du mari, ne
peuvent s'adresser à la femme. S'ils eussent voulu se procurer plus de sûreté, ils
eussent exigé qu'elle s'obligeât envers eux.

8952. Dira-t-on qu'elle doit être tenue d'une moitié du pain & de la viande dont
le prix est dû, comme l'ayant consommée, & que l'autre moitié, consommée par
le mari, la regarde également, parce qu'elle lui doit les aliments. Ayant abandonné,
pendant le mariage, les fruits de ses biens, de son industrie & de son économie,
elle a payé au mari le pain & la viande qu'elle a consommés, & elle a contribué à la
nourriture de celui-ci, autant qu'il dépendoit d'elle. Elle ne peut pas plus être poursuivie pour le pain & la viande qu'elle a consommés chez le mari, qu'un Pension-

naire peut l'être pour le pain & la viande qu'il a consommés chez celui à qui il a payé sa pension; ni l'un, ni l'autre, ne doivent pas payer deux fois la même chose. Le mari devoit être nourri; il l'a été, & la femme a fourni tout ce qu'elle devoit; il a touché les fruits qui y étoient destinés; les fruits à venir sont destinés aux aliments de la femme; Dupineau, Obf. sur Anjou, art. 238, Pothier, de la Comm. n. 574, pensent que son obligation, à l'égard des aliments du mari, n'embrasse que les fruits du temps du mariage.

8953. Un Arrêt du 22 Juillet 1762, a déchargé entiérement une femme qui avoit renoncé, de la demande du Boucher, pour viande fournie pendant la Communauté.

8954. » La Jurisprudence du Châtelet, dit Denisart, au mot *Renonciation à la* » *Communauté*, est de condamner la femme à payer moitié des aliments & des » loyers. »

8955. Valin, t. 2, p. 571, assujettit la femme à payer les fournitures privilégiées.

8956. M. Bernard, en ses notes, tient que la Renonciation n'affranchit pas la femme, ni ses enfants, de payer les dettes alimentaires en entier; « ces dettes, » dit-il, ne se divisent pas en ligne directe; le mari doit tous les aliments à sa » femme & à ses enfants; la femme les doit au mari & aux enfants; tous les en- » fants aux pere & mere. » Il en cite des Sentences du Siége de Tours, des 27 Juin 1742, & 21 Mars 1744.

8957. Le 16 Janvier 1754, on a condamné, au Siége de Tours, une femme qui avoit renoncé, à payer tout ce qui étoit dû au Boucher.

8958. Le Siége de Tours, en confirmant, le 26 Juillet 1775, une Sentence du Juge des Bains, du 4 Avril précédent, a condamné une femme dont le mari étoit décédé le 1er. Avril 1774, à payer, malgré sa Renonciation, 48 l. pour viande fournie depuis le 10 Avril 1773, jusqu'au 28 Août suivant, dont la demande avoit été formée le 20 Août 1774.

8959. Les frais de maladie du mari ou de la femme sont sujets aux mêmes regles, que les dettes alimentaires; on oblige la femme ou ses héritiers à les payer, sauf leur recours sur les biens du mari. Des enfants ayant renoncé à la Communauté, & à la succession du pere, & accepté celle de la mere; l'un d'eux a été condamné, au Siége de Tours, le 16 Mars 1759, à payer à un Chirurgien un billet du pere, pour médicaments fournis à la mere, v. Bourjon, t. 1, p. 490.

8960. Lorsqu'on a colloqué une femme pour ses reprises, suivant l'ordre de son hypotheque, sur le prix des immeubles du mari, on prend, sur ce qui lui revient, à cet égard, ce qui est dû à des Créanciers, pour nourriture & entretien, soit d'elle soit du mari, qui n'ont pu être payés sur les biens de celui-ci, comme le Boulanger, le Boucher, le Marchand de bois, le Marchand d'étoffes, le Tailleur, le Cordonnier, &c.

8961. Comme le mari est le Tuteur de la femme, plusieurs pensent qu'elle peut être poursuivie pour les dépens faits pendant la Communauté, à cause d'un de ses propres, quoiqu'elle renonce, sauf son recours sur les biens du mari, v. ci-après n. 9591.

8962. La femme doit les dépens d'un Procès intenté pour une cause dont le mari n'a pas profité; le mari, à qui on peut les demander, s'il l'a autorisée à plaider, les ayant payés, en a la répétition, v. ci-dessus n. 7801.

8963. La femme qui renonce, n'est pas tenue des frais funéraires du mari, à moins qu'il n'y ait un ordre d'elle par écrit, Arrêt du 29 Avril 1688, rapporté par Augeard, t. 2, c. 12, v. ci-dessus n. 8618.

CHAPITRE V.

De la Continuation de la Communauté.

8964. Par la mort d'un des Conjoints, la Communauté est dissoute ; cependant, il y a quelquefois lieu d'en demander la Continuation.

8965. La Cout. d'Orléans a, sur cette matiere, des principes particuliers.

8966. C'est une question, si, pour la Continuation de la Communauté, on doit suivre la Coutume suivant laquelle des Conjoints ont contracté leur Communauté, ou celle sous laquelle ils ont leur domicile lors de la mort du Prédécédé, v. Pothier, de la Comm. n. 775 & suiv.

8967. La Continuation de la Communauté n'est point, parmi nous, une nouvelle Communauté qui se contracte entre le Survivant & ses enfants. C'est la même Communauté qui étoit entre les deux Conjoints, Pallu, p. 603 ; laquelle est censée continuer sous certaines modifications, Pothier, de la Comm. n. 772.

8968. Cette Continuation a trois causes, la faveur de la minorité, la confusion des biens & la négligence du Survivant des Conjoints, Proust, p. 544.

8969. Nous diviserons ce Chapitre en six Sections.

SECTION PREMIERE.

De la précaution que doit prendre le Survivant des Conjoints, pour éviter la Continuation de la Communauté.

8970. Si, lors de la mort du Prédécédé des Conjoints, il y a un de leurs enfants, qui soit mineur, il faut un Inventaire des titres & des effets de la Communauté, pour qu'elle ne continue pas, art. 240 de Paris, 348 de Tours, 323 de Loudun.

8971. Si les enfants qui sont mineurs lors de la mort du Prédécédé, deviennent majeurs dans les 3 mois suivants, le défaut d'Inventaire ne produit pas la Continuation de la Communauté, suivant Valin, t. 2, p. 757, Denisart, au mot *Continuation*, contre Pothier, de la Comm. n. 784.

8972. L'Inventaire est nécessaire même dans le cas où la femme survivante renonce à la Communauté, Arrêt de Réglement du 4 Mars 1727, Valin, t. 2, p. 754.

8973. L'Inventaire est nécessaire, tant pour empêcher qu'elle ne continue, que pour arrêter la Continuation, v. Pallu, p. 603.

8974. L'Inventaire n'a le 1er. effet, que lorsqu'il est fait dans les 3 mois, de sorte que la date de la derniere vacation soit au moins le dernier jour des 3 mois. Si, depuis la mort du Prédécédé, avant que l'Inventaire soit commencé, avant que le Survivant ait fait aucun Acte dérogeant à la Communauté, il lui avient du mobilier, par la succession d'un de ses enfants, ou autrement, il n'est pas commun, pourvu qu'après, il soit fait un Inventaire, qui soit clos, c'est-à-dire, achevé & parfait dans les 3 mois de la mort, Pallu, p. 605, Boucheul sur Poitou, art. 237, n. 13, Olivier sur Maine, art. 254, v. Valin, t. 2, p. 757, ci-après n. 8986. Pour le cas où il y a un empéchement légitime de faire Inventaire, v. Proust, p. 544.

8975. L'effet

8975. L'effet rétroactif a lieu , même pour des héritages acquis avant l'Inventaire , qui ne font pas communs , quoi que dife Bourjon , t. 1 , p. 586 ; le Survivant doit feulement faire raifon des deniers qu'il a déboursés.

8976. Un Inventaire eft parfait , lorfque , n'y ayant plus rien à inventorier , il en eft fait mention à la fin de la derniere vacation , encore qu'une des Parties fe foit oppofée à la clôture , & qu'elle fe foit retirée , fans figner. La mention qu'il n'y a plus rien à inventorier , & que l'Inventaire eft clos , n'eft pas abfolument effentielle.

8977. Pour que l'Inventaire ait un effet rétroactif , il fuffit qu'il ait été fait dans l'an & jour de la mort du Prédécédé , dans le Maine , où , la Communauté ne s'établiffant que par an & jour , on exige le même temps pour former la continuation de la Communauté , v. Augeard , t. 2 , c. 95 , Olivier fur Maine , art. 506.

8978. Dans le cas où l'Inventaire ne diffout la Communauté , que du jour qu'il eft parfait , les enfants majeurs , qui ont provoqué l'Inventaire , ont néanmoins l'option de fixer la diffolution au jour de leur demande , ou au jour de l'Inventaire , Bourjon , t. 1 , p. 594 , 608 , Sérieux fur Renuffon , de la Comm. p. 3 , c. 8 , n. 2.

8979. La claufe portée dans le Contrat du 2e. mariage , par laquelle le Survivant qui s'eft remarié , s'eft affujetti à diffoudre la Communauté fubfiftante entre lui & fes enfants , n'opere la diffolution , ni à l'égard des enfants , ni à l'égard du nouveau Conjoint , qui a dû veiller à ce que la claufe fût exécutée avant le mariage ; les enfants ne font pas garants de fon inexécution , Valin , t. 2 , p. 769 , v. Boullai , p. 353 , Pothier de la Comm. n. 964 , Gaz. des Trib. t. 5 , p. 246 , où eft cité un Arrêt du 16 Mai 1778.

8980. Denifart , au mot *Continuation* , rapporte qu'un Arrêt du 3 Mai 1758 , a jugé que l'Inventaire le plus régulier , fait après la célébration du 2e. mariage , ne peut diffoudre la Communauté ; mais Denifart fur l'Acte de notoriété du Châtelet , du 18 Janvier 1701 , reconnoît lui-même qu'on oppofoit , dans l'efpece de cet Arrêt , des défauts d'exactitude dans l'Inventaire , qui ont pu influer fur la décifion.

8981. Les enfants majeurs peuvent faire ceffer la Communauté , en en demandant le partage ; le Survivant la diffout , en partageant réellement les effets entre lui & fes enfants majeurs , Argou , l. 3 , c. 5.

8982. La déclaration faite par le Survivant , en dotant une fille , que c'eft pour lui tenir lieu de tous fes droits mobiliers du chef du Prédécédé , & de tout droit de continuation de Communauté , ne fuffit pas pour la diffoudre , cependant v. Valin , t. 2 , p. 766.

8983. Héricourt fur Laon , art. 265 , dit que fi un pere donne à fon fils mineur une fomme , pour faire un commerce féparé , par un Acte devant Notaire , avec la condition expreffe que , moyennant ce , il n'y aura plus , entr'eux , de Communauté , cela la fait ceffer.

8984. Lorfque toutes les Parties font majeures , leur feul confentement , dit Pothier , de la Comm. n. 857 , de quelque maniere qu'il foit exprimé , pourvu que ce foit par écrit , fuffit pour diffoudre la Communauté.

8985. A quelque Coutume qu'on fe foit foumis par le Contrat de mariage , pour la Communauté , l'opinion la plus commune eft qu'il faut fuivre les formalités en ufage dans le lieu où fe fait l'Acte qui doit la diffoudre , v. Boucheul fur Poitou , art. 234 , n. 34 , Valin , t. 2 , p. 759 , ci-deffus n. 20. Froland , des Statuts , p. 411 & fuiv. rapporte un Arrêt du 23 Mars 1628 , au fujet d'un Inventaire fait à Tours.

8986. La clôture en Juftice , de l'Inventaire fait dans ou après les 3 mois , requife par l'art. 241 de Paris , & dont parle Prouft , p. 544 , n'a pas lieu en Touraine , où , pour la validité de l'Inventaire , à l'effet de diffoudre la Communauté , on n'exige que quatre conditions.

8987. 1°. L'Inventaire doit être fait par autorité de Justice, art. 348 de Tours , 323 de Loudun ; c'est - à - dire , par le ministere de personnes publiques , telles que sont les Notaires , notes de MM. Carré & Bouault , v. ci-aprés n. 9478.

8988. M. Augeard , en ses notes , dit que l'Inventaire doit être fait devant le Juge. Sainson , t. 32 , art. 2 , qui reconnoît que la Coutume ne décide pas que l'Inventaire doive être fait *coram Judice* , desire qu'il se fasse *Judice jubente* ; & dans quelques Justices seigneuriales , on s'y fait autoriser par le Juge, devant qui l'Appréciateur prête serment. Cette formalité, conseillée par les Praticiens , pour leur propre intérêt , augmente les frais sans nécessité , v. ci-dessus n. 5999 ; l'usage anciennement & universellement suivi dans toute la Province , y est contraire ; il est autorisé par une multitude de Sentences & d'Arrêts , qui ont confirmé des Inventaires faits sans cette formalité ; on ne s'avise même pas d'en objecter l'omission. Delavillelette sur Péronne , art. 127 , qui requiert un Inventaire & prisée par autorité de Justice , observe qu'il y en a qui estiment que l'article veut que l'Inventaire soit autorisé de l'Ordonnance du Juge, ou affirmé devant lui ; que néanmoins ce n'est pas nécessaire , puisque l'usage est contraire ; & que quoique ce » soit aucunement » contraire au droit commun, il faut pourtant y donner les mains, comme l'on » feroit à une Loi mieux réglée, puisqu'au dire même des plus savants, il n'y a rien » qui soit à garder comme le style & l'usage en ces occurrences : c'est assez qu'une » chose soit faite *more majorum* , pour dire qu'elle est bien faite, » v. ci - dessus n. 7105. A quoi serviroit l'Ordonnance du Juge , qui ne pourroit la refuser ?

8989. Il ne peut assister que deux Notaires à l'Inventaire ; l'un choisi par le Survivant des Conjoints , l'autre choisi par l'Exécuteur testamentaire qu'a nommé le Prédécédé. A défaut de choix fait par l'un ou par l'autre , ou par les deux , le plus ancien , ou les deux plus anciens des Notaires choisis par les héritiers, doivent être préférés , v. Arrêt du 7 Juillet 1761 , remarqué par Denisart , au mot *Inventaire*.

8990. L'Inventaire doit être revêtu des formalités requises pour la validité des Actes devant Notaire , v. ci-dessus n. 2931 & suiv.

8991. Il doit être signé , à chaque vacation , de tous ceux qui doivent y assister & de deux Notaires , ou d'un Notaire & de deux témoins , cependant v. Duplessis , t. 1 , Consult. 10°. Cochin , t. 1 , p. 74.

8992. Il y a des Coutumes où un Inventaire sous signature-privée suffit pour dissoudre la Communauté , v. Poullain sur Bretagne , art. 584 , Olivier sur Maine , art. 506 , Varicourt , au mot *Inventaire*.

8993. 2°. L'Inventaire doit contenir l'appréciation des meubles. Il faut garder l'art. 348 qui le prescrit , dit Pallu , p. 606, v. Boullai , p. 352 , Boucheul sur Poitou , art. 306 , n. 11 , ci-aprés n. 9480.

8994. Le défaut d'appréciation de quelques articles n'emporte pas toujours nullité.

8995. L'Appréciateur doit prêter serment , Lathaumassiere sur Berri, t. 1 , art. 44 , qui est reçu par le Notaire.

8996. Entre Majeurs , l'Inventaire sans appréciation est valable , Louis sur Maine , art. 106.

8997. 3°. Il doit assister quelqu'un à l'Inventaire , pour veiller aux intérêts des enfants , Boucheul sur Poitou , art. 306 , n. 16.

8998. Simon , Laboureur , est décédé, ayant deux enfants d'un 1er. mariage avec Louise , & deux enfants d'un 2e. mariage avec Marguerite , qui lui a survécu. Les Scellés ont été apposés à la Requête du Ministere public. Six parents se sont assemblés chez le Juge , savoir trois freres de Simon & trois freres de Louise. Un de ceux-ci, Etienne , a été nommé Curateur aux personnes & biens des enfants de Simon. Suivant la lettre du Procès-verbal de nomination , Etienne étoit le Curateur des quatre enfants ; de ceux du 2e. lit, dont il n'est pas parent, comme de ceux du 1er. lit. Il n'est pas dit un mot de Marguerite , à qui on n'a pas ôté la tutelle de ses enfants ;

aucun de leurs parents maternels n'a été appellé à l'assemblée. Etienne a représenté que les enfants du 1er. lit n'avoient aucun bien, & qu'il n'étoit pas en état de leur donner les secours dont ils avoient besoin ; deux parents s'en sont chargé. Il ne s'est point occupé du sort des enfants du 2e. lit ; ce qui prouve qu'il ne se regardoit pas comme leur Curateur ; ils sont restés chez Marguerite. Etienne, comme Curateur des enfants du 1er. lit seulement, a requis la levée des Scellés, a fait faire Inventaire de tous les effets, les a tous fait vendre, & en a employé tout le prix à payer les dettes ; il a passé une Transaction & autres Actes, toujours en la même qualité.

Dans ces circonstances, nous avons estimé, le 23 Mars 1778, que la Communauté a continué entre les enfants du 2e. lit & leur mere, nonobstant l'Inventaire qui a été fait. Quand même Etienne seroit considéré comme le Curateur des enfants du 2e. lit, n'en ayant pas pris la qualité dans l'Inventaire, peut-on dire que l'Inventaire a été fait avec leur Curateur ? On ne peut pas dire que, par eux-mêmes ou par ceux que la Loi municipale autorise à veiller à leurs intérêts, ils aient été Parties dans un Acte qui doit se faire avec eux, puisqu'elle veut qu'ils contribuent aux frais qu'il occasionne. Etienne a été seul Partie dans cet Inventaire ; au commencement, on n'a point parlé de la présence de la mere ; aussi, à la fin, elle n'a, ni signé, ni déclaré ne le pas savoir ; dans le corps de l'Inventaire, on lui a fait déclarer les dettes actives & les dettes passives ; c'est toute la part qu'elle y a prise. Le Survivant est tenu, par l'art. 348 de Tours, de faire faire Inventaire ; c'est à sa diligence, qu'il doit se faire ; s'il se fait à la Requête d'un autre, il doit au moins y être Partie, il doit y manifester son intention de dissoudre la Communauté. Il est évident, dit-on, que les enfants n'ont rien apporté à la Communauté. La réponse est que, s'attachant à la lettre de la Loi municipale, qui veut un Inventaire fait avec un légitime Contradicteur, on tient que, toutes les fois qu'il n'y a pas un Inventaire ainsi fait, il y a Continuation de Communauté, quoiqu'il soit notoire que le Prédécédé n'a laissé aucuns biens, Valin, t. 2, p. 752, v. ci-après n. 9029. Il n'est pas impossible que l'Inventaire ne comprît pas tout. Simon pouvoit avoir par ex. des bestiaux à chetel, chez différents Particuliers ; un Curateur des enfants du 2e. lit, qui auroit assisté à l'Inventaire, auroit pu les y faire comprendre.

8999. Le légitime Contradicteur que l'art. 240 de Paris demande, est le Tuteur des enfants ; ou, lorsque le Survivant est leur Tuteur, un Subrogé Tuteur, un Tuteur quant à l'Inventaire, nommé par le Juge du domicile, sur un avis de parents, Denisart, au mot *Tuteur*, que Boullai, p. 341, appelle Curateur légitimement ordonné, & qui doit, lors de sa nomination, prêter le serment accoutumé, Valin, t. 2, p. 756, v. Cochin, t. 1, p. 73.

9000. Le Tuteur, ou le Subrogé Tuteur, doit assister & signer à toutes les vacations de l'Inventaire, v. Ricard sur Paris, art. 240, ci-dessus n. 8991, par lui-même, ou par une personne fondée de sa Procuration spéciale, autre que le Survivant, Pothier, de la Comm. n. 797.

9001. Le Tuteur, ou le Subrogé Tuteur, suffit parmi nous, Brodeau sur Tours, art. 348, notes de M. Bernard, sans appeller des parents, comme le conseille Proust, p. 544. Ce n'est que lorsque, le Survivant ayant la tutelle naturelle de ses enfants, il n'a point été nommé de Subrogé Tuteur, ainsi que le reconnoît Pallu, p. 592, 606, que la présence de deux parents ou de deux amis, ou, à leur défaut, du Procureur du Roi ou Fiscal, est nécessaire, art. 348 de Tours, 323 de Loudun.

9002. Le Subrogé Tuteur a trois avantages sur ceux qu'on appelleroit : 1°. le choix de la famille, 2°. l'institution du Juge, 3°. le serment qu'il a prêté.

9003. Les parents ou les amis que la Loi municipale permet d'appeller, doivent être du lieu où demeuroit le Prédécédé. On les présume plus instruits & plus affectionnés pour les enfants, que ceux qui demeurent ailleurs ; de sorte que, s'il n'y en a point sur le lieu, on doit appeller le Procureur du Roi ou Fiscal, suivant M. Bernard, en ses notes; ce n'est pas une nécessité; quelque-fois, au lieu de l'appeller, on fait l'Inventaire avec des parents demeurants dans une autre Province, qui y assistent par des Fondés de procuration. Il peut se faire avec le Fondé de Procuration d'un Oncle qui demeure dans une autre Province, quoiqu'il y ait des Cousins sur le lieu. On n'est pas obligé de faire instituer un Subrogé Tuteur.

9004. Les parents ou les amis qui sont appellés, doivent être des parents ou des amis des enfants, non du Survivant, des parents du côté du Prédécédé; autrement, ils auroient intérêt d'affoiblir la portion des enfants, pouvant être les héritiers du Survivant, en cas de décès des enfants, notes de MM. Bouault & Bernard. Une Cousine, une Tante, n'est point admise, mais bien son mari pour elle; nous avons vu admettre une Aïeule avec un autre parent, v. ci-après n. 9008.

9005. Nous avons décidé, le 24 Mars 1776, conjointement avec M. Gaudin, qu'un Inventaire fait à la Requête d'une mere, en présence de ses deux freres, & d'un frere du pere, étoit nul: il falloit un autre parent paternel, ou un ami du pere.

9006. L'Inventaire fait avec deux enfants majeurs, est bon, même à l'égard de leurs freres mineurs, notes de M. Bernard. Dans un Inventaire dissolutif de Communauté, il n'y a proprement que deux Parties, le Survivant & les enfants; ceux-ci n'ont qu'un intérêt commun, savoir que l'Inventaire soit fidele. Les Majeurs ne peuvent préjudicier aux Mineurs, sans se préjudicier à eux-mêmes. Ce n'est pas comme dans un partage, où chacun, ayant un intérêt personnel à défendre, ne peut stipuler que pour soi; il faut un Curateur à chaque Mineur.

9007. On peut appeller un parent & un ami, notes de M. Bernard.

9008. M. Bernard assure avoir toujours vu tenir que l'Aïeul, étant appellé seul, suffit. L'usage, à cet égard, dit-il, est constant. L'art. 7 de l'Ord. de Février 1731, distingue l'Aïeul, des parents collatéraux, en l'autorisant à accepter une donation pour les petits-enfants. L'affection qu'il a ordinairement pour eux, répond de son zele; il y auroit du risque à étendre cela à une Aïeule, qu'il est plus aisé de surprendre.

9009. En 1762, des Juges, Avocats, Procureurs & Notaires de Tours, attesterent que la présence de l'Aïeul seul est suffisante, pour la validité de l'Inventaire.

9010. L'Aïeul n'est pas plus obligé que les autres parents ou les amis, de prêter serment.

9011. Il est naturel de choisir, parmi les parents qui sont sur le lieu, les plus proches; & de n'appeller des amis, que lorsqu'il n'y a pas de parents sur le lieu: cependant, on peut préférer des parents éloignés à des parents proches, ou des amis à des parents éloignés.

9012. A défaut de Tuteur, de subrogé Tuteur, de parents ou d'amis, on appelle le Procureur du Roi ou Fiscal; quelque-fois, on l'appelle, quoiqu'il y ait, sur le lieu, des parents, sans leur en parler, v. ci-dessus n. 8856. Ce n'est pas se conformer à la disposition de la Loi municipale. Combien de Procureurs du Roi ou Fiscaux, qui, s'ils ne se contentent pas de signer l'Inventaire, sans y assister, au moins n'assistent pas à toutes les vacations, depuis le commencement jusqu'à la fin, & ne veillent pas aux intérêts des enfants, avec ce scrupule que la Loi municipale attend d'eux, v. ci-dessus n. 5999: c'est un motif de toujours leur préférer des parents, & même des amis.

9013. A Paris, il faut nécessairement un Tuteur ou un subrogé Tuteur.

9014. L'Inventaire fait avec l'enfant même qui est en continuation de Communauté, devenu majeur, est valable, pour la dissoudre.

9015. 4°. L'Inventaire doit être exact, v. Boucheul sur Poitou, art. 234, n. 35, Denisart, au mot *Continuation.*

9016. Il doit comprendre les titres & papiers communs, le livre journal du Survivant.

9017. Des omissions ne rendent pas nul un Inventaire, si l'on peut les attribuer à oubli, plutôt qu'à infidélité, v. Valin, t. 2, p. 758, Pothier, de la Comm. n. 688, 793, Répert. de Jurispr. au mot *Continuation.*

9018. Lorsqu'il n'y a, sur des domaines, que des bestiaux & des ustensiles de labourage, il n'est pas d'usage que le Notaire s'y transporte; l'Appréciateur, nommé pour les estimer, en fait son rapport au Notaire. Il convient que ceux qui assistent à l'Inventaire, pour les enfants, se transportent sur les lieux, & que l'Inventaire en fasse mention. « Quelque-fois, on se contente de la déclaration que fait le Survivant, » qu'il y a, dans tel & tel lieu, tels effets; *putà*, tant de muids de bled, un trou- » peau de tant de bêtes, &c. qu'on estime de valeur de tant, » Pothier, de la Comm. n. 685, v. Arrêt du 26 Avril 1760, que cite Denisart, au mot *Inventaire.* Sans faire mesurer les grains, on peut évaluer chaque monceau à tant de boisseaux.

9019. Souvent, on énonce qu'il y a tant d'arpents de terre ensemencés, du produit desquels il sera fait déclaration, lors de la récolte. L'omission de cette déclaration n'emporte pas nullité; on est en tout-temps recevable à la faire. Il y en a qui ont la précaution de faire estimer, au moment de l'Inventaire, l'espérance de la récolte, que le Survivant prend à ses risques.

9020. Si c'est le mari qui fait faire Inventaire, il est essentiel qu'il exprime les dettes passives, qui n'ont pas de date certaine, Lebrun, de la Comm. l. 3, c. 3, s. 1, n. 13.

9021. Une Sentence arbitrale, citée ci-après n. 9504, a jugé nul un Inventaire, en ce qu'au lieu d'inventorier & estimer, pièce par pièce, les bêtes aumailles, on avoit estimé 9 vaches dans un seul article & 6 dans un autre, toutes au même prix de 15 l. &c. & qu'au lieu de faire une déclaration détaillée des dettes actives & des dettes passives, on s'étoit contenté de dire que les dettes actives, déduction faite des dettes passives, pouvoient monter à telle somme, avec promesse, que si, compte fait avec les Débiteurs, elles se trouvoient monter plus haut, il en seroit fait déclaration.

9022. Il se commet souvent, lorsqu'on fait un Inventaire, des injustices; le Notaire, l'Appréciateur, le Tuteur & autres qui y coopèrent, sont obligés solidairement à réparer le tort qu'en souffrent les enfants, si le Survivant néglige de le réparer, Confér. de Paris sur le Mar. t. 5, p. 157.

9023. Un mari qui s'apperçoit que l'Inventaire fait avant le mariage par sa femme, pour dissoudre la Communauté qui étoit entr'elle & ses enfants, est nul, peut en requérir un nouveau, ju'squ'auquel la Communauté est censée avoir continué, si les enfants se portent à demander la continuation. Le 20 Avril 1611, le Siége de Tours a jugé, qu'en ce cas, les enfants ne doivent rien payer des frais du 1er. Inventaire; cependant, c'est une dette de la continuation.

9024. « Les formalités de l'Inventaire n'ont été établies qu'en faveur des Mi- » neurs, & l'inobservation ne fonde pas une nullité absolue, mais relative aux Mi- » neurs, seuls en droit de s'en prévaloir ou de la rejetter, » notes de M. Bernard, v. Meslé, des Minorités, c. 16, Pr. de la Jur. fr. n. 379, Pothier, de la Comm. n. 799, 857; sauf à eux à demander que le Survivant y ajoûte les effets qu'ils justifient avoir été omis, & même qu'il soit privé de la moitié qu'il avoit droit d'y prétendre, v. Arrêt du 7 Septembre 1738, remarqué par Denisart, au mot *Continuation.*

9025. Le Survivant des pere & mere ne peut être obligé de faire Inventaire, à moins qu'il ne soit suspect de dissipation, ou qu'il n'y ait quelqu'autre cause légitime, v. Lathaumassiere sur Berri, t. 8, art. 19, Boucheul sur Poitou, art. 306, n. 1, art. 308, n. 11.

9026. « Le pere qui se remarie, ne peut être obligé par les parens des enfants » mineurs, de faire Inventaire, la Coutume n'ayant établi d'autre peine, que la

» continuation de la Communauté ; ainsi jugé , au Siége de Tours, les 7 Février
» 1696 , & 30 Avril 1704. Il y a Arrêt conforme, rendu sur un appel d'une Sen-
» tence du même Siége , du 5 Avril 1696. On y a jugé , le 28 Janvier 1706, que
» la mere qui se remarie , peut être obligée à faire Inventaire ; elle perd la Tu-
» telle ; on doit nommer aux Mineurs un Tuteur, qui doit régir leurs biens ; il faut
» les lui remettre entre les mains , après les avoir inventoriés , » notes de M.
Bouault , v. Dupineau , Obf. sur Anjou , art. 88.

9027. M. Bernard , en ses notes, estime que le Juge , sur un avis de parents , peut
forcer le Survivant à faire Inventaire , lorsqu'il est grevé d'une substitution pour
cause de dissipation, & lorsqu'il veut se remarier, dès qu'il y a un Contrat de mariage passé , ou des bans publiés; sur-tout si , étant riche, il épouse une personne
qui est sans biens , v. Reglements sur les Scellés , p. 20 , Messe , des Minorités, c. 7.

9028. L'Inventaire se fait à frais communs , art. 348 de Tours , selon l'émolument ; si les titres des propres du Survivant ou des enfants , occupent une grande
partie de l'Inventaire , c'est , à proportion , une dépense particuliere, Dupineau sur
Anjou, art. 88. Lebrun , de la Comm. l. 3, c. 3, s. 4, d. 1, n. 16.

9029. S'il n'y a point de meubles , la continuation de la Communauté n'a pas
lieu, dit Boullai , p. 353 ; l'usage est de faire faire un Procès-verbal de carence de
biens, auquel il desire que des parents des enfants assistent , v. Bourjon, t. 1, p.
579 , ci-dessus n. 8998 , ci-après n. 9037, 9482.

SECTION II.

De ceux qui peuvent demander la continuation de la Communauté.

9030. La continuation de la Communauté peut être demandée par les enfants
des Nobles, comme par les enfants des Roturiers.

9031. Lathaumassiere sur Berri , t. 8 , art. 19 , atteste que la continuation de
la Communauté a lieu entre Nobles , » quoique le contraire fût observé dans les an-
» ciennes Coutumes, qui n'admettent la continuation qu'entre Roturiers. »

9032. A quelque titre que le Survivant , noble ou roturier, ait les meubles , la
continuation de la Communauté peut avoir lieu, à défaut d'Inventaire.

9033. « J'estime, dit Lathaumassiere sur Berri , t. 8 , art. 13 , que le gain des meu-
» bles ne dispense le Survivant de faire Inventaire , parce qu'il n'est pas seulement
» nécessaire pour les meubles, mais principalement pour les titres & papiers; autre-
» ment, il seroit facile au Survivant d'ôter aux héritiers du Prédécédé la connoif-
» sance des rentes constituées & des acquêts : à joindre que l'art. 19 & 20 de ce
» titre, qui décide que la Communauté continue faute d'Inventaire & partage, ne
» distingue pas si le Survivant fait gain des meubles ou non. »

9034. Ricard sur Senlis, art. 169, M. Bernard , en ses notes , sont d'avis d'admettre , entre Nobles , la continuation de la Communauté, faute d'Inventaire des
titres, v. ci-après n. 9048.

9035. La continuation de la Communauté n'a pas lieu parmi nous , entre No-
bles , faute d'Inventaire , parce que , dit M. Bouault , en ses notes , l'art. 348 de
Tours est relatif à l'art. 346; & parce que les enfants n'ont rien à mettre dans la
Communauté.

9036. 1°. L'art. 346 , en ce qu'il donne la Tutelle naturelle au Survivant des
pere & mere , s'entend des Nobles , aussi bien que des Roturiers , v. ci - après
n. 9416.

9037. 2°. Les enfants n'ont rien à mettre dans la Communauté, entre Roturiers, lorsque le Survivant des pere & mere est donataire des meubles ; & a droit de jouir de leurs immeubles, en vertu de l'art. 319 de Tours ; cependant, on admet, en ce cas, la continuation, v. ci-après n. 9059.

9038. Pallu, p. 602, tire argument de ce que l'art. 348 de Tours est sous le titre des Tuteurs, qui ne regarde, dit-il, que les Roturiers.

9039. 1°. Outre partie des dispositions de l'art. 346, celles de l'art. 350, qui est sous le même titre, conviennent aux Nobles, comme aux Roturiers.

9040. 2°. L'art. 348 peut s'appliquer au Survivant noble, qui n'a pas le bail de ses enfants, parce qu'alors, ceux-ci « ont, dit M. Bouault, en ses notes, les fruits » de leurs immeubles, qui entrent en la continuation de la Communauté, » v. Arrêtés, art. 127, Pr. de la Jur. fr. n. 385, Pothier sur Orléans, art. 216 ; & même leurs meubles y entrent, s'il ne les prend pas.

9041. Pallu cite les art. 216 d'Orléans, 4 du t. 9 de Lorris, qui, en établissant la continuation de la Communauté, ne parlent nommément que des Roturiers.

9042. 1°. L'art. 348 de Tours differe de ces articles, en ce qu'il ne parle pas plus des Roturiers, que des Nobles.

9043. 2°. La mention des seuls Roturiers dans un article, n'est pas toujours un motif pour que les Nobles ne soient pas sujets à sa disposition ; on vient de le remarquer par rapport à l'art. 346 de Tours ; l'art. 233 en fournit un autre exemple.

9044. 3°. Pothier reconnoît que les Nobles ne peuvent pas, dans tous les cas, se soustraire à la disposition de l'art. 216 d'Orléans.

9045. 4°. La raison que donne Lalande, qu'on peut supposer plus de bonne foi dans les Nobles, que dans les Roturiers, n'en est pas une ; & la raison, que le Survivant noble gagne les meubles, n'est pas suffisante, tant que le don des meubles n'aura aucun effet à l'égard du Survivant roturier.

9046. Pallu dit que l'art. 341 de Tours ne charge le Survivant de faire Inventaire, que des successions qui échéent, pendant le bail, à ses enfants, & que le retardement de l'Inventaire des titres ne peut donner lieu à la continuation de la Communauté, parce qu'il n'y a point de confusion à craindre pour les immeubles.

9047. 1°. L'art. 341, ne parlant que des successions qui échéent, pendant le bail, aux enfants, ne devoit pas faire mention de l'Inventaire à faire à l'ouverture de la succession qui donne lieu au bail.

9048. 2°. Sans l'Inventaire des titres de cette succession, comment constater les promesses sous signature-privée, de passer Contrat de constitution de rente ? Le Survivant pourra, au préjudice des enfants, qui y ont moitié, les convertir en deniers, pour en profiter seul ; il retardera, à cette fin, l'Inventaire des titres. Il peut avoir été fait des acquisitions par des Actes sous signature-privée, comme le remarquent Brodeau sur Louet, C, e. 30, Pocquet sur Anjou, p. 16e. obs. 3e. Il peut y avoir des Contre-lettres de conséquence, & autres Actes sans minute ou inconnus aux enfants, que le Survivant pourra, à leur préjudice, supprimer ou rendre sans effet, v. ci-dessus n. 9033, 9034.

9049. Les raisons qu'on apporte pour prouver qu'entre Nobles, le défaut d'Inventaire ne doit pas emporter la continuation de la Communauté, étant détruites, il reste l'usage ; on sait quelle force a l'usage, lorsqu'il est constant, v. ci-dessus n. 8988.

9050. 1°. Il y a bien de l'apparence qu'on a suivi le sentiment de Boullai, p. 353, qui s'appuie de celui de Baret, & qu'on n'en a fait aucune difficulté ; autrement, il y auroit eu des contestations qui auroient donné lieu à des Jugements, dont Pallu feroit part, ainsi que MM. Bouault & Bernard.

9051. 2°. Pallu semble attester l'usage, en disant qu'entre Nobles, faute d'Inventaire, la continuation de la Communauté *n'a lieu* : s'il eût dit qu'elle ne doit point avoir lieu, ce n'auroit été que déclarer son sentiment, qu'interpréter la Coutume ; mais, paroissant supposer l'usage certain, il en cherche le fondement, dans l'intention qu'il présume que les Rédacteurs ont eue, en plaçant l'art. 348 sous le titre 32.

9052. 3°. Dans une Consultation du 4 Mai 1719, que nous avons sous les yeux, M. Dubois, fils, décide qu'une « fille n'a pas droit de demander la continuation de » Communauté, faute, par le pere, d'avoir fait Inventaire, parce que, les meubles » lui appartenant, il n'étoit pas obligé d'en faire Inventaire, & d'en rendre compte » à sa fille. » La question n'est point présentée comme problématique, comme souffrant difficulté ; ce qui paroît annoncer que c'étoit un point de droit certain au Barreau de Tours, fondé sur un usage constant.

9053. Si, entre Nobles, la continuation de la Communauté a lieu, faute d'Inventaire des titres, le Survivant, lors de sa dissolution, ne peut pas prétendre, à titre de préciput légal, tous les meubles ; ceux qu'il a acquis à ce titre, à la mort du Prédécédé, sont entrés dans la Communauté continuée, avec les charges qui y étoient attachées ; il ne peut avoir que le préciput qui auroit été stipulé par le Contrat de mariage, v. ci-après n. 9155, 9402.

9054. « Dupineau approuve la note de Chopin, portant que le seul Aîné, no- » ble, peut demander la continuation de Communauté, comme étant seul héritier » des meubles ; cette décision n'est pas juste, » Pocquet sur Anjou, p. 16°. obf. 2°. Il pouvoit y avoir des promesses sous signature - privée, de passer Contrat de constitution de rente, dans lesquelles les Puînés avoient un tiers. Le défaut d'Inventaire des titres, qui auroit assuré l'existence de ces promesses, suffit, pour autoriser les Puînés à demander à participer aux profits de la continuation.

9055. Ricard sur Senlis, art. 169, n'admet la continuation de la Communauté, que pour les acquêts : mais la masse des effets mobiliers peut avoir augmenté, soit par le remboursement de promesses sous signature-privée, de passer Contrat de constitution de rente, soit par les fruits des immeubles dont un tiers appartient aux Puînés. Ils doivent donc prendre part dans les effets mobiliers, ainsi que l'Aîné ; & le Survivant ne doit y avoir qu'une moitié.

9056. Chaque Puîné a autant que l'Aîné, dans les effets mobiliers & immobiliers de la Communauté continuée, Olivier sur Maine, art. 299, contre Renusson, de la Comm. p. 3, c. 7, n. 10.

9057. Supposons qu'à la mort du Prédécédé de deux Conjoints nobles, qui, par leur Contrat de mariage, ont stipulé que le Survivant n'auroit, pour préciput, qu'une certaine somme, il y ait trois enfants mineurs ; que les titres seuls soient inventoriés ; & que le Survivant fasse un acquêt : il semble que l'Aîné peut, en soutenant que la Communauté a continué à son profit seul, demander à partager seul avec le Survivant, par moitié, l'acquêt, comme le mobilier de la Communauté continuée. Mais le mélange des revenus des biens des Puînés, avec ceux des biens du Survivant, peut être regardé comme suffisant, pour leur donner droit aux profits de la continuation, v. Renusson, de la Comm. p. 3, c. 7, n. 4, Pothier, de la Comm. n. 807. L'Aîné doit, ou s'en tenir à la moitié des effets mobiliers extants à la mort du Prédécédé, ou consentir que la moitié des profits de la continuation soit partagée également.

9058. Le Survivant qui, comme Baillistre, a les meubles & les revenus des biens de ses enfants, « les rapporte & confond dans la Communauté qu'il continue avec eux, » dit Lathaumassiere sur Berri, t. 8, art. 19 ; on ne pourroit pas demander la continuation de la Communauté, s'il avoit fait faire Inventaire des titres, v. ci-dessus n. 9049, 9053.

9059. Le Survivant, donataire des meubles, doit en faire faire Inventaire, parce que les enfants ont intérêt de savoir la valeur des meubles que le Survivant doit leur réserver, s'il se remarie, v. ci-dessus n. 9048. Ils apportent à la Communauté les revenus de leurs biens ; & le Survivant qui ne fait point faire Inventaire, est présumé, en laissant les choses dans le même état, vouloir que ses enfants con

tinuent

tinuent d'avoir, dans la Communauté, le même droit qu'ils auroient eu, si le Prédécédé eût continué de vivre, v. R. du Dr. fr. p. 393, Lemaître sur Paris, p. 283, ci-dessus n. 8862.

9060. La continuation de la Communauté, qui a lieu contre un Survivant donataire des meubles & même des acquêts en propriété, faute d'Inventaire, lui fait perdre l'effet du don, par rapport aux acquêts, comme par rapport aux meubles, Ricard, du Don mutuel, n. 288, Ferriere sur Paris, art. 240, gl. 1, n. 16, Pocquet sur Anjou, p. 16°. obf. 3°. v. ci-dessus n. 9096.

9061. Quelques-uns estiment que le don des meubles empêche la continuation de la Communauté, v. Pr. de la Jur. fr. n. 385, Valin, t. 2, p. 752, 753, Pothier, de la Comm. n. 789.

9062. Tout enfant, mineur lors de la mort du Prédécédé de ses pere & mere, a le droit de demander la continuation de la Communauté, encore qu'il fût marié, Proust, p. 545.

9063. « Cette continuation de Communauté, dit Pallu, p. 603, demeure, no-» nobstant la majorité depuis arrivée de l'un des enfants, ou le mariage, » v. ci-dessus n. 8971.

9064. Les enfants, majeurs lors de la mort du Prédécédé de leurs pere & mere, font réduits à faire affirmer le Survivant, qui n'a point fait faire Inventaire des effets appartenants au Prédécédé, dont il a continué de jouir ; ou à en prouver la quantité, tant par titres, que par témoins, joint la commune renommée, Cochin, t. 5, p. 632, Valin, t. 2, p. 775.

9065. Pallu, p. 604, M. Augeard, en ses notes, enseignent que les enfants majeurs peuvent, à la faveur des enfants mineurs, demander la continuation de la Communauté ; mais l'art. 348 de Tours femble n'accorder cette faculté qu'aux enfants mineurs, nés du mariage.

9066. A Paris, on tient que, lorsque la continuation est demandée par un enfant né du mariage, qui étoit mineur lors de la mort du Prédécédé de ses pere & mere, les enfants majeurs, même ceux nés de précédents mariages, peuvent la demander. Celui-là n'usant pas de la faculté qui lui est accordée, il n'y a pas, au profit de ceux-ci, ouverture à la continuation, suivant Pothier, de la Comm. n. 815, v. Valin, t. 2, p. 754.

9067. Un petit-fils, mineur, peut demander la continuation, Dupineau sur Anjou, p. 16°. Renusson, de la Comm. p. 3, c. 4, n. 16, c. 8, n. 3, Meslé, des Minorités, c. 16, Poullain sur Bretagne, art. 584, Pothier, de la Comm. n. 780, notes de M. Carré.

9068. La continuation peut être demandée, quoique tous les enfants soient majeurs, si l'un d'eux est interdit pour démence ; il jouit des Priviléges des Mineurs, Bourjon, t. 1, p. 580, Pothier, de la Comm. n. 785, v. ci-dessus n. 7388.

9069. Lebrun, de la Comm. l. 3, c. 3, f. 2, n. 14, enseigne que l'enfant qui a été marié avec la clause de ne demander compte ni partage, ne peut, durant la vie du Survivant, qui l'a doté, demander la continuation de la Communauté ; c'est au moins un forfait pour les jouissances, Bourjon, t. 2, p. 225. La clause n'assujettit, parmi nous, l'enfant, qu'à rapporter la dot, s'il veut faire faire le partage de la Communauté continuée, v. ci-dessus n. 7537, 8982.

9070. Lorsque le Survivant a fait, pour l'éducation des garçons, des dépenses qui absorbent leurs revenus, & qu'il n'en ait fait aucunes pour les filles, il peut être de l'intérêt de ceux-là de demander la continuation, & de celles-ci d'y renoncer ; en ce cas, chacun ayant le droit de choisir ce qu'il croit lui être avantageux, Pallu, p. 604, les filles peuvent exiger le partage de la Communauté, en l'état où elle étoit, lors de la mort du Prédécédé, v. ci-dessus n. 9064. Elles ne font pas tenues des dettes contractées, si ne profitent pas des acquisitions faites depuis cette mort.

T

9071. On ne peut diviser les temps; il faut accepter la continuation ou y renoncer, pour le total, Valin, t. 2, p. 766.

9072. Le convol de la part du Survivant, dit Valin, p. 768, ne change rien à cette regle, v. Dupleffis sur Paris, p. 472, Denifart, au mot *Continuation*.

9073. Il y a des opinions différentes sur la question, si la continuation de la Communauté se transmet à d'autres qu'aux Descendants.

9074. 1°. Pallu, p. 605, Renuffon, de la Comm. p. 3, c. 5, Maillart sur Artois, art. 139, Meffé, des Minorités, c. 16, Pocquet sur Anjou, p. 165, obf. 1e, R. du Dr. fr. p. 395, Denifart, au mot *Continuation*, Pothier, de la Comm. n. 875, Fourré, p. 386, Olivier sur Maine, art. 506, M. Bernard, en ses notes, admettent la tranfmiffion.

9075. 2°. Elle est rejettée par Valin, t. 2, p. 755, v. Bouillai, p. 354, Poullain fur Bretagne, art. 584. M. Dufrementel, en ses notes, dit que la continuation est de rigueur contre le Survivant: & qu'il n'y a que les enfants qui aient l'option de la demander ou de ne pas la demander.

9076. 3°. Argou, l. 3, c. 5, diftingue entre les héritiers collatéraux & les Etrangers; ceux-là, non ceux-ci, peuvent demander la continuation de la Communauté.

9077. Les Etrangers font un Légataire univerfel, Arrêt du 17 Août 1677, rapporté au Journ. du Pal. des Créanciers, Brodeau fur Louet, C, c. 30, le Fité, Chauvelin fur Tours, art. 233.

9078. Lebrun, de la Comm. l. 3, c. 3, f. 2, n. 22, penfe qu'on ne doit pas regarder comme Etranger, le Conjoint par mariage de l'enfant qui est en continuation de Communauté; mais il ajoute que les Arrêts font contraires. Cochin, t. 3, p. 489, tient que ces Arrêts font dans des circonftances particulieres. « Le 27 Mars » 1588, dit M. Poitevin, en ses notes, a été reçue la veuve du fils décédé mi-» neur, à exciper de la continuation de Communauté entre son beau-pere & son » mari, à faute de lui avoir fait Inventaire des biens maternels. »

9079. 4°. On fait une autre diftinction, qu'on prétend concilier le sentiment des Auteurs & le préjugé des Arrêts; on veut qu'encore que le droit de demander la continuation de la Communauté, foit tranfmiffible, il cesse de l'être, quand il y a lieu au droit d'accroiffement, au profit de freres & sœurs de l'enfant décédé. Cette diftinction a fervi de bafe à une Sentence arbitrale, rendue par cinq Avocats, dont font mention Brillon, au mot *Communauté*, n. 7, Ferriere, au mot *Continuation*; Bourjon, t. 1, p. 604, dit qu'elle a été adoptée dans une Confultation de trois Avocats.

9080. Suppofons que Louis, après avoir marié Jeanne, sa fille, à Pierre, foit décédé; que Marie, sa femme, n'ait point fait faire d'Inventaire diffolutif de Communauté; que Jeanne foit auffi décédée, laiffant deux filles mineures, Julie & Anne; que Pierre, pour faire cesser la Communauté qui étoit entre lui & les filles, ait fait faire un Inventaire; & qu'Anne, & enfuite Marie, viennent à mourir.

Les acquêts faits par Marie, depuis le décès de Louis jufqu'à celui de Jeanne, font entrés, du chef de celle-ci, pour une moitié, dans la Communauté qui étoit entr'elle & Pierre, v. ci-deffus n. 8439; ainfi, Pierre a, dans ces acquêts, un quart, & Julie les trois quarts, une moitié, comme héritiere de son Aïeule, un 8e comme héritiere de sa mere, un autre 8e, comme héritiere de sa sœur. Si, du vivant de Jeanne, la Communauté qui continuoit entr'elle & Marie, eût été diffoute, Jeanne eût apporté sa moitié, non-feulement des effets mobiliers, mais des acquêts faits depuis le décès de Louis, dans la Communauté qui exiftoit entr'elle & Pierre. Le défaut d'Inventaire, qu'on ne doit pas imputer à ce dernier, peut-il lui nuire? Il y auroit de l'injuftice, difons mieux, de l'indécence à foutenir cette prétention; ce feroit le punir de n'avoir pas demandé la diffolution de la Communauté. Le refpect pouvoit le retenir; pour avoir laiffé jouir paifiblement la mere de sa femme, de biens sur lesquels la Loi lui donnoit des droits certains, & ne les avoir pas, par considération, exercés, doit-il, par la mort de sa femme, en être privé ?

La décision doit être la même, en faveur de Pierre, pour les acquêts faits par Marie, depuis le décès de Jeanne jusqu'à l'Inventaire de Pierre. Ils ont été payés avec des deniers dans lesquels il avoit droit.

Sur ce que prend Julie, & sur ce qu'avoit, à son décès, Anne, dans les effets mobiliers communs entr'elles & Marie, & dans les acquêts faits par Marie, depuis l'Inventaire de Pierre, il faut prélever, au profit de Pierre, au sol la livre, le quart de ce que pouvoient valoir, à l'instant de cet Inventaire, les effets mobiliers communs entre ses filles & Marie. Ces effets représentoient ceux qui existoient du vivant de Jeanne, & ont été augmentés du revenu de ses biens.

Le droit de continuation de Communauté, n'ayant relation qu'à des meubles & à des acquêts, fait partie de la succession mobiliere d'Anne ; elle l'a transmis à son héritier, dès que ce n'est pas celui par la négligence de qui la continuation a eu lieu. Pierre doit donc avoir, comme héritier d'Anne, le quart qu'elle auroit pu prétendre, à son décès, dans les effets mobiliers : le 8e. dans les acquêts faits par Marie, depuis le décès de Jeanne jusqu'à l'Inventaire de Pierre ; & le quart dans ceux faits depuis cette époque jusqu'au décès d'Anne.

Julie doit avoir seule les acquêts faits par Marie, depuis le décès d'Anne, comme ceux faits pendant le mariage de Louis.

9081. Lorsqu'un des enfants qui sont en continuation de Communauté, meurt sans Descendants, sa part accroît aux autres ; le Survivant des pere & mere ne peut rien y prétendre ; la moitié dans la Communauté continuée appartient conjointement & solidairement à tous les enfants, qui ne font tous qu'une tête. C'est la disposition de l'art. 243 de Paris, qui fait le droit commun, Renusson, de la Comm. p. 3, c. 4, n. 45, Olivier sur Maine, art. 254 ; & auquel notre usage est conforme, Pallu, p. 604, ainsi que l'ont attesté MM. Bernard, Barbet, Martineau, Scullay & le Pere de l'Auteur, dans une Consultation donnée en Janvier 1762.

9082. Celui à qui la part de son frere accroît, est tenu de toutes ses dettes, comme héritier, Pothier, de la Comm. n. 867.

9083. Il doit rapporter ce qui lui a été donné, Renusson, de la Comm. p. 3, c. 4, n. 24, Cochin, t. 3, p. 716.

9084. S'il y a des enfants de deux lits, intéressés dans la continuation, chaque lit forme une souche ; ensorte que si l'un des enfants décede, sa part accroît seulement aux autres enfants du même lit, v. Pallu, p. 605, Valin, t. 2, p. 773.

9085. Tous les enfants d'un lit mourant, le Survivant des pere & mere succede ; mais, remarque Valin, il fait entrer dans la Communauté qui continue avec les enfants de l'autre lit, le mobilier qu'il recueille, ce qui lui en fait perdre la moitié.

9086. Si l'enfant qui décede pendant la continuation, laisse des enfants, ils le représentent dans son droit indivis ; & l'un des petits-enfants venant à mourir, il est évident, dit Valin, que sa portion accroît à ses freres, préférablement à ses oncles, Auroux, p. 1, p. 438.

9087. Le droit d'accroissement ne peut avoir lieu au profit de ceux qui ne sont pas en société ; ainsi, le Survivant qui étoit en continuation de Communauté avec deux de ses trois enfants, le 3e. s'étant fait rendre compte de la Communauté, succede au dernier mourant des deux susdits enfants, même pour la portion du 1er. décédé, à l'exclusion du 3e. v. Bourjon, t. 1, p. 604.

9088. Dans le cas où les uns acceptent la continuation de la Communauté, les autres s'en tiennent au compte que leur doit le Survivant, du mobilier & des revenus des immeubles de la succession du Prédécédé, le droit d'accroissement a-t-il lieu au profit de ceux-là, à la charge de fournir seuls ce qui revient à ceux-ci ? v. Auroux, p. 1, p. 438, Valin, t. 2, p. 767, Pothier, de la Comm. n. 884, ci-dessus n. 8835.

9089. Ceux qui s'en tiennent au compte qui leur est dû , ont, pour ce qui leur revient , une hypotheque sur les biens du Survivant , du jour de la mort du Prédécédé , parce que , dès ce jour , il a commencé à avoir l'administration de leurs biens, Boucheul sur Poitou , art. 234 , n. 24 , v. ci-après n. 9413.

9090. Lorsque c'est le mari qui survit , les enfants peuvent renoncer , non-seulement à la continuation de la Communauté , mais même à la Communauté qui a duré pendant le mariage.

9091. Des enfants qui partagent la succession du Survivant , avec d'autres enfants d'un 1er. lit , sans demander aucune distraction pour ce qu'ils ont droit de prétendre à titre de continuation de Communauté , sont censés y renoncer , & s'en tenir à la créance qu'ils ont contre la succession du Survivant , pour le compte qu'elle leur doit de celle du Prédécédé , & de la Communauté qui a été entre le Survivant & le Prédécédé , en l'état qu'elle étoit au temps de la mort du Prédécédé , Pothier , de la Comm. n. 880. Cet état se prouve par une Enquête de commune renommée , joint le serment des enfants ; ce qui ne peut être que fort dangereux pour le Survivant , Fourré , p. 384 , 385 , v. ci-dessus n. 8426, 8693.

9092. Lorsque les enfants ne sont plus recevables à demander compte au Survivant , ils ne sont plus recevables , dit Pothier , n. 876 , à lui demander la continuation de la Communauté , qui en tient lieu.

SECTION III.

Des Biens dont est composée la Communauté continuée.

9093. Les conquêts faits pendant la Communauté , ne tombent point dans la Communauté continuée , si ce n'est pour les fruits , v. Proust , p. 545 , 546 , Pallu, p. 607 , Bodreau sur Maine , art. 506 , Lathaumassiere sur Berri , t. 8 , art. 19, Poullain sur Bretagne , art. 584 ; mais tout ce qui , d'ailleurs , faisoit partie de la Communauté , y reste.

9094. Non-seulement la part du Survivant des Conjoints , dans le mobilier de la Communauté , ainsi que les récompenses qu'il peut lui devoir , tombe dans la Communauté continuée ; mais encore tous les Biens qui lui aviennent pendant qu'elle subsiste , s'ils sont tels qu'avenus avant la continuation , ils eussent été communs , v. Pallu , p. 603.

9095. Pothier , de la Comm. n. 828 , tient que les clauses du Contrat de mariage du Survivant avec le Prédécédé , qui réalisent , n'ont pas plus d'effet , pour ce qui avient pendant la continuation, que celles qui ameublissent , v. Auroux , p. 1 , p. 438 , aux additions, Bourjon , t. 1 , p. 589, Poullain sur Bretagne , art. 584, ci-après n. 9099.

9096. Le Survivant confond , dans la continuation , les meubles & les immeubles que lui a donnés le Prédécédé , v. Boucheul sur Poitou , art. 235 , n. 3 , 4 , v. ci-dessus n. 9060. L'immeuble donné par un Etranger , tombe dans la Communauté continuée , Pothier , de la Comm. n. 816.

9097. Les baux à ferme , pris avant ou depuis la mort du Prédécédé , sont des effets communs , v. ci-dessus n. 8570. A la mort du Survivant , les enfants les licitent entr'eux. Si le pere survivant , s'étant remarié , & ayant stipulé une séparation de biens , a pris un bail à ferme , conjointement avec sa 2e. femme , elle y a moitié , Olivier sur Maine , p. 16e. le mari un quart ; ses enfants du 1er. lit l'autre quart.

9098. Au moyen de la continuation , le Survivant perd la succession mobiliere de celui de ses enfants qui décede ; ce qui s'entend pour toute sa part dans le mobilier de la Communauté continuée , par l'effet de l'accroissement qui a lieu au profit des autres enfants, & pour moitié de tout autre mobilier appartenant à l'enfant décédé, par une suite de l'obligation où est le Survivant, de communiquer à ses enfants le mobilier qui lui échet, Bourjon, t. 1, p. 595, 605, v. ci-dessus n. 9081, 9085.

9099. La perte de cette moitié n'a pas lieu, si ce qui pouvoit échoir, avoit été stipulé propre par le Contrat de mariage, dans le sentiment de ceux qui pensent que ces stipulations s'exécutent dans la continuation de la Communauté, v. ci-dessus n. 9095. Nous avons adopté ce sentiment, le 8 Mars 1780.

9100. L'acquêt fait par l'enfant décédé, auquel le Survivant succede, ne tombe pas dans la Communauté continuée.

9101. Il n'y entre, du chef des enfants, outre leur part dans le mobilier de la Communauté, & les récompenses dont étoit débiteur le Prédécédé de leurs pere & mere, que les revenus des Biens qui leur sont échus de sa succession, R. du Dr. fr. p. 397; ce qui comprend l'intérêt de leurs propres conventionnels, de leurs remplois & de leurs indemnités, Bourjon, t. 1, p. 588, 590.

9102. Tout ce que les enfants ont d'ailleurs, & tout ce qui leur avient, à quelque titre que ce soit, pendant la continuation, n'est commun, ni pour le fonds, ni pour les revenus, R. du Dr. fr. p. 398; ce que Valin, t. 2, p. 769, désapprouve.

9103. Le Survivant, s'il en a joui, doit leur en rendre compte, sans rien déduire pour leurs aliments, qui leur sont dus par la Communauté continuée, Pothier, de la Comm. n. 829, Olivier sur Maine, art. 506.

9104. Il a été décidé que les successions mobilieres échues aux enfants, ne tombent point dans la Communauté continuée, mais bien celles échues au Survivant, par une Sentence du Siége de Tours, du 20 Mai 1695, confirmée par un Arrêt du 17 Mars 1698, notes de MM. Carré & Bouault, v. Remission, de la Comm. p. 3, c. 3, n. 21, Poullain sur Bretagne, art 584. MM. Dubois, pere, Bernard & Dufrementel, en leurs notes, ne suivent pas non plus ce qu'a écrit, à cet égard, Pallu, p. 603.

9105. Les gains & profits que peuvent faire les enfants, leur appartiennent; les immeubles qu'ils acquierent, ne sont pas des conquêts, v. Pallu, p. 603.

9106. Ce qu'ils gagnent dans la maison du Survivant, ne fait pas partie de la Communauté continuée; Valin, t. 2, p. 770, excepté les profits que fait un enfant, servant de Commis ou Facteur au Survivant. Selon plusieurs, il peut demander moitié des appointemens qu'on donneroit à un autre Commis ou Facteur, v. ci-après n. 9525, sans pouvoir les laisser arrérager plus de deux ans, ni les conserver par des reconnoissances. La demande n'en seroit pas recevable, après le partage de la Communauté continuée, fait sans réserve.

9107. Nous pensons que, dans les Campagnes, un enfant qui demande la continuation de la Communauté, doit avoir les gages des années que le Survivant avoue lui devoir. Si celui-ci soutient n'être pas convenu de lui en donner, il ne peut en obtenir. Lorsqu'il allegue, après la mort du Survivant, qu'on étoit convenu de lui donner, annuellement, telle somme, il faut la lui accorder, sur son affirmation, à raison de trois années, s'il les demande, v. ci-dessus n. 7294, pourvu qu'elle n'excede pas pas de beaucoup ce qu'il auroit gagné chez un Etranger, ou la moitié, s'il étoit, en outre, entretenu à la maison. Sans cette convention, il est à présumer, ou qu'il a consenti à travailler gratuitement pour le bien commun, ou qu'on a récompensé ses services par des présens donnés de la main à la main. Il n'a pas entendu gagner des gages, puisqu'il n'en a pas demandé, ou que, s'il en a demandé, on a refusé de lui en promettre.

S'il y a une reconnoissance pour plusieurs années, pourquoi ne l'admettroit-on pas? Est-il surprenant que le Survivant, qui pouvoit n'être pas en état de payer, ait trouvé, dans un enfant, que d'ailleurs le respect a pu retenir, autant de facilité que dans un Etranger ? Voudroit-on que l'enfant eût eu la dureté de se procurer le payement de ses gages par des pourfuites ?

L'enfant à qui on ne peut pas payer les gages qui lui ont été promis, fera bien de se faire paffer une reconnoiffance devant Notaire, de deux ans en deux ans.

Si, après le partage de la Communauté continuée, fait sans réferve, le Survivant paye ou s'engage à payer des gages pour le temps de la continuation, cela eft bon, à son égard ; mais il ne peut plus obliger les autres enfants à y contribuer.

9108. Agathe a marié sa fille, qui eft décédée un an après, laiffant un enfant ; le gendre, après avoir demeuré 7 ans chez la mere de sa femme, l'a quittée ; un an auparavant, il avoit pris, en son nom, une ferme qu'elle avoit, & dont il l'a laiffée toucher les profits ; pendant les 7 ans, elle a également perçu le revenu du bien de son gendre. La femme & l'enfant ont dû être nourris & entretenus aux dépens de la Communauté qui continuoit avec Agathe. Si le gendre n'eût rien ou prefque rien fait dans la maison, on auroit pu dire qu'il auroit été nourri & entretenu pour le revenu de son bien ; mais, ayant rendu des services, il a au moins gagné sa nourriture & son entretien ; ainfi, on doit lui tenir compte du revenu de son bien pendant les 7 ans, comme des profits de la ferme. Du chef de sa femme, & du chef de son enfant, avec qui il a continué d'être en Communauté, il doit participer aux profits de la Communauté continuée avec Agathe, auxquels il a contribué. Sa nourriture & son entretien sont la seule récompenfe qu'Agathe eft tacitement convenue de lui donner ; il a paru s'en contenter, puifqu'il n'en a pas exigé d'autre. Il n'y a point eu, entre Agathe & son gendre, de société, qui donne droit à Agathe de prendre part dans le revenu du bien de son gendre, & à celui-ci de participer, de son chef, aux profits de la Communauté d'Agathe ; les sociétés tacites n'ont pas lieu parmi nous. Tel a été l'avis que nous avons donné le 28 Janvier 1779, v. ci-deffus n. 3594, 9080.

Le gendre, ou le fils, qui, avec sa femme & ses enfants, demeure dans la maison commune, y apporte quelquefois, non-feulement son travail, mais le revenu du bien qu'il a de son chef, ou du chef de sa femme, sans quoi le pere ou la mere n'auroit pu ou voulu les nourrir & entretenir tous. C'eft par les circonftances qu'on doit en juger. Dans ce cas, il ne se fait aucun prélevement, à raison de ce revenu, dont l'apport ne donne pas néanmoins un plus grand droit dans la Communauté.

9109. Le Survivant qui eft en continuation de Communauté avec les enfants, se remariant, la Communauté, relativement au nouveau Conjoint, ne comprend pas les Biens immeubles extants lors du convol, si ce n'eft pour les fruits, ni ce qui en a été exclus par le Contrat du 2e. mariage, Boucheul fur Poitou, art. 236, n. 14, Bourjon, t. 1, p. 597, Valin, t. 2, p. 770.

SECTION IV.

Des Charges de la Communauté continuée.

9110. La continuation de la Communauté eft chargée des dettes mobilieres dont la Communauté étoit tenue au temps de la mort du Prédécédé des Conjoints.

9111. Dans ces dettes, on doit comprendre les propres conventionnels, les remplois & les indemnités de l'un & de l'autre des Conjoints.

9112. Les arrérages des dettes immobilieres, tant de celles créées pendant le mariage, que de celles dues féparément par chacun des Conjoints, lefquels échéent durant la continuation, en font une charge.

9113. Le fonds des dettes plus réelles que perfonnelles, créées pendant la Communauté, ne regarde point la continuation, R. du Dr. fr. p. 400, v. ci-deffus n. 8564.

9114. Tous les engagements que le Survivant contracte, sont dettes de la Communauté continuée, à moins qu'il ne soit constant qu'ils aient tourné au profit de ses propres biens, Bourjon, t. 1, p. 591, qu'ils n'aient pas été contractés pour l'intérêt commun : « delà, il résulte que la continuation de Communauté n'est point » chargée des dettes qui proviennent d'un délit commis par le Survivant ; de celles » qu'il a contractées par pure libéralité ; celles qui doit pour raison de sa mauvaise » administration, dans les Affaires dont il étoit chargé ; la garantie qu'il devroit à » celui à qui il auroit vendu des propres de ses enfants, » Pr. de la Jur. fr. n. 376.

9115. Les dettes mobilieres ou immobilieres, contractées par les enfants, les frais funéraires du Prédécédé, & les legs qu'il a faits, ne sont pas des charges de la Communauté continuée, v. Valin, t. 2, p. 772.

9116. Elle est tenue, pour le temps qu'elle dure, des arrérages d'une pension qui a été léguée par le Prédécédé, & des intérêts du douaire, Pothier, de la Comm. n. 842.

9117. Le Survivant & ses enfants, quand même ils auroient d'autres biens, doivent être nourris & entretenus aux dépens de la Communauté continuée.

9118. Celui qui a vécu à ses dépens, ne peut rien prétendre pour cela.

9119. L'enfant qui a été marié pendant la continuation de la Communauté, ne rapporte pas les intérêts de la dot, à moins qu'elle ne soit excessive ; on les compense avec les nourritures & entretien qui lui eussent été fournis, s'il n'eût pas été marié, v. Bodreau sur Maine, art. 506, Bourjon, t. 1, p. 589, 592, 610, 611, Valin, t. 2, p. 773, ci-après n. 9149.

9120. Le principal de la dot tirée de la Communauté continuée, s'impute sur la part qui revient à l'enfant marié, d'abord dans les biens de cette Communauté, ensuite dans les autres biens de la succession du Prédécédé. Si la dot excede cette part, l'excédent est censé avoir été donné par le Survivant, sur ses biens, Pothier, de la Comm. n. 895, v. ci-dessus n. 7545, 7546.

9121. Un enfant qui a été doté, pendant le mariage, également par ses pere & mere, compense avec les nourritures & entretien, les intérêts de la moitié de la dot : il n'est pas tenu des intérêts de l'autre moitié, tant qu'il n'y a pas lieu au rapport d'icelle.

9122. Cet enfant qui ne rapporte à ses freres, que la moitié du principal, rapportera l'autre moitié à la mort du Survivant.

9123. Les dettes immobilieres que le Survivant a contractées pendant la continuation, s'il se remarie, ne concernent point la Communauté, relativement au nouveau Conjoint, Bourjon, t. 1, p. 597.

9124. Les enfants qui acceptent la continuation de la Communauté, ne sont tenus des dettes contractées pendant la continuation, que jusqu'à concurrence de l'émolument, v. Pothier, de la Comm. n. 905. Ce Privilége est une suite de l'impuissance où est le Survivant, de donner atteinte à leurs propres.

9125. Ils ne jouissent du même Privilége, par rapport aux dettes contractées avant le décès du Prédécédé qu'ils représentent, qu'autant qu'il auroit pu lui-même en jouir, Valin, t. 2, p. 772.

9126. La femme ne peut renoncer à la Communauté, dès qu'elle l'a continuée, en ne faisant pas faire un Inventaire dissolutif de Communauté, régulier, dans les 3 mois du décès du mari, v. ci-dessus n. 8974 ; elle viendroit contre son propre fait ; ainsi, elle est tenue indéfiniment de la moitié des dettes, Pr. de la Jur. fr. n. 383.

SECTION V.

Du Pouvoir du Chef de la Communauté continuée.

9127. Le Survivant des Conjoints, soit le mari, soit la femme, est le Chef de la Communauté continuée; lorsque la femme se remarie, elle perd cette qualité, qui passe au nouveau Conjoint, associé par le mariage à la Communauté continuée.

9128. Le Chef de la Communauté continuée n'est que libre Administrateur, non Seigneur & Maître, comme le mari l'est de la Communauté; en cas de convol, son pouvoir est absolu à l'égard de l'autre Conjoint, mais il est limité à l'égard des enfants des 1^{rs}. lits, Valin, t. 2, p. 771.

9129. Il peut vendre indistinctement tous les effets mobiliers de la Communauté.

9130. » Quoique le mari puisse donner les meubles de la Communauté, j'estime » que cette faculté ne peut lui être attribuée pendant la continuation, parce qu'il » a la qualité de Tuteur, qui lui ôte le moyen de pouvoir donner le bien de ses » Mineurs; & même j'estime qu'ils ne pourroient pas être tenus des cautionnements » qu'il auroit faits après la mort de sa femme, par seul office d'ami, & *extrà So-* » *cietatem*, » Pallu, N. M.

9131. Le don de quelques effets mobiliers communs, & le cautionnement pour obliger un ami, valent, en cas de convol, pour les parts des deux Conjoints, non pour celles des enfants des 1^{rs}. lits, v. Valin, t. 2, p. 771. La continuation se considere, à l'égard des Conjoints, comme Communauté entre mari & femme; & comme simple Société, à l'égard des enfants des 1^{rs}. lits, Pr. de la Jur. fr. n. 377.

9132. Le Chef de la Communauté continuée ne peut hypothéquer la part des enfants dans un conquêt de la 1re. Communauté.

9133. La vente de ce conquêt, faite pendant la continuation, est nulle pour une moitié, à moins que les enfants ne l'aient souscrite; auquel cas, ils ont seulement l'action de remploi, comme le Survivant. Ce conquêt, par la mort du Prédécédé, est devenu propre de Communauté au Survivant, pour une moitié, & pour l'autre moitié, propre, non-seulement de Communauté, mais de succession aux enfants.

9134. Le Chef de la Communauté continuée peut disposer, à titre onéreux, des immeubles acquis pendant la continuation, v. Proust, p. 545, Duplessis sur Paris, p. 468, aux notes.

9135. Il lui est libre de la dissoudre, quand bon lui semble.

9136. Une femme qui est en continuation de Communauté avec ses enfants, se remarie; le mari peut, malgré elle, la dissoudre, dès le lendemain du mariage, Bourjon, t. 1, p. 601, v. ci-dessus n. 8980, & en diviser les biens.

9137. En abandonnant un tiers des biens aux enfants de la femme, le mari pourra disposer des deux autres tiers; l'un lui appartient de son chef; l'autre, du chef de la femme, par l'effet de la Communauté qui est entr'eux.

9138. Si la Communauté avoit été dissoute la veille du 2e. mariage de leur mere, au lieu du tiers, les enfants auroient eu la moitié des effets de la Communauté; ç'auroit été, pour eux, un avantage, dans le cas où le nouveau Conjoint n'a point ou presque point de mobilier, qui augmente la masse des biens de la Société.

9139. Supposons que les effets mobiliers de la Communauté, avant le 2e. mariage, valent 10000 l. en partageant par moitié la veille de ce mariage, les enfants auroient eu 5000 l. Le partage par tiers, fait le lendemain de ce mariage, ne leur attribue que 4000 l. si l'apport du nouveau Conjoint dans la Société, n'est que de 2000 l. mais ils ont 6000 l. si l'apport est de 8000 l.

SECTION VI.

SECTION VI.

Du Partage de la Communauté continuée.

9140. C'est la dissolution de la Communauté continuée, qui donne lieu au Partage; cette dissolution arrive de différentes manieres, v. ci-dessus n. 8978 & suiv. elle arrive par la mort de tous les enfants décédés sans enfants, ou par celle du Survivant des Conjoints.

9141. Quoique le Survivant soit remarié, la Communauté, après sa mort, ne continue pas entre ses enfants & son nouveau Conjoint, Bourjon, t. 1, p. 595, Valin, t. 2, p. 754, Pothier, de la Comm. n. 930.

9142. Nonobstant la mort du nouveau Conjoint, la Communauté continue entre le Convolant & ses enfants, v. ci-après n. 9177.

9143. Pour parvenir au Partage, il faut examiner ce dont les Conjoints étoient Créanciers ou Débiteurs de la Communauté, & ce dont le Survivant & ses enfants sont devenus Créanciers ou Débiteurs de la continuation.

9144. Les enfants prélevent les deniers stipulés propres en faveur du Prédécédé, & le prix de ses propres de Communauté aliénés pendant le mariage.

9145. Un mari & une femme ont recueilli chacun une succession mobiliere, dont il n'a point été fait Inventaire, quoiqu'il y eût, dans leur Contrat de mariage, une clause qui réalisoit ce qui leur écherroit par succession; le mari mort, la femme s'est remariée. Lors du partage, fait après la mort du 2e. mari, de la Communauté qui avoit continué entre elle, les enfants du 1er. lit, & un enfant du 2e. lit, elle a exercé le prélevement de la succession mobiliere qui lui étoit échue; & nous avons estimé, conjointement avec M. Gaudin, le 24 Mai 1776, que les enfants du 1er. lit avoient également le droit de prélever la succession mobiliere échue à leur pere. Faire tomber dans la Communauté les successions mobilieres, en pareil cas, c'est ouvrir une porte aux avantages indirects. Un mari qui voudra avantager sa femme, négligera de faire Inventaire des successions qui lui écherront, afin qu'elle en ait moitié, contre le vœu de la clause de réalisation insérée dans leur Contrat de mariage.

9146. Les enfants font raison des récompenses que le Prédécédé pouvoit devoir, sous la déduction de celles pour lesquelles il pouvoit avoir action.

9147. Ils prélevent le mobilier que le Survivant a touché des successions qui leur sont échues, ou des dons qui leur ont été faits pendant la Continuation, l'intérêt de ce mobilier, aussi-bien que les fruits des immeubles qu'ils ont d'ailleurs que de la succession du Prédécédé, & le prix de leurs propres de Communauté aliénés pendant la Continuation.

9148. Ils comptent des récompenses qu'ils peuvent devoir, & il leur est fait raison de celles qui peuvent leur être dues.

9149. Il leur est déduit ce qu'ils ont emprunté de la société, ou ce qui leur a été donné, avec les intérêts du jour du prêt ou du don, v. ci-dessus n. 9119.

9150. Le Survivant préleve, en vertu de la stipulation de propre, ce qu'il a apporté en mariage, ce qui lui est avenu, pendant icelui, & même, suivant plusieurs, pendant la Continuation, v. ci-dessus n. 9095.

9151. Il exerce le remploi des propres aliénés & des rentes rachetées.

9152. Il n'y a point d'exception à faire pour les aliénations & rachats faits pendant la continuation, Boucheul sur Poitou, art. 230, n. 130, Valin, t. 2, p. 770, contre Simon sur Senlis, art. 169.

9153. Valin observe que le retour payé, pendant la Continuation, au Survivant, pour lui tenir lieu de sa part dans les immeubles d'une succession, est sujet à reprise à son profit.

9154. Le Survivant doit faire raison, tant des récompenses qu'il pouvoit devoir à la Communauté, que de celles dont il est tenu envers la Continuation, sous la déduction de celles qu'il peut prétendre ; il rapporte la dot constituée à un enfant d'un 1er. lit, pendant la Continuation qui ne le regarde pas, & les intérêts du jour de la dissolution, v. ci-dessus n. 8744.

9155. Le Survivant préleve son préciput, Lacombe, au mot *Communauté*, p. 4, n. 11, Pr. de la Jur. fr. n. 376, Valin, t. 2, p. 770, Pothier, de la Comm. n. 823, contre Fourré, p. 183, v. ci-dessus n. 9053.

9156. Ces opérations faites de la même maniere que si la Communauté eût été partagée aussitôt après la mort du Prédécédé, Valin, t. 2, p. 774, ce qui reste de net, se divise par moitié entre le Survivant & les enfants.

9157. Les enfants, après avoir prélevé les legs faits par le Prédécédé, les frais funéraires, le deuil de la femme & le capital de son douaire, sur leur part, la subdivisent entr'eux sans droit d'ainesse, v. Louis sur Maine, art. 506, Pocquet sur Anjou, p. 16e. obs. 2e. ci-dessus n. 9056, ci-après n. 9402.

9158. La Communauté, en cas de convol de la part du Survivant, continuant par tiers entre le Survivant, ses enfants & le nouveau Conjoint, art. 242 de Paris, 349 de Tours, lorsqu'il s'agit de la partager, il faut faire plusieurs masses.

« Il y a des choses qui demeurent communes entre le Survivant qui se remarie,
» & ses enfants du 1er. lit, auxquelles la 2e. femme ou le 2e. mari n'a point de
» part : tels sont, 1º. les immeubles acquis par le Survivant entre le décès du Pré-
» décédé & le 2e. mariage; 2º. les meubles qu'il s'est réservés propres par le 2e.
» Contrat de mariage ; 3º. les dettes de la Continuation, lorsque le 2e. Contrat
» porte la clause de séparation de dettes.

» Il y a des choses qui sont communes entre le Survivant & son 2e. Conjoint,
» auxquelles les enfants du 1er. lit n'ont point de part : ainsi, par ex. les actions
» que la femme survivante avoit contre ses enfants, pour ses reprises & remplois,
» lui sont propres vis-à-vis d'eux, quoiqu'elles soient communes entr'elle & son 2e.
» mari, si elle ne se les est pas réservées propres.

» Il en est de même des dettes contractées durant le 2e. mariage, & qui sont de
» nature à ne pouvoir être présumées contractées pour les affaires de la société con-
» tinuée avec les enfants du 1er. lit, » Pr. de la Jur. n. 377.

9159. Le 24 Mai 1776, nous avons décidé, conjointement avec M. Gaudin, qu'une somme stipulée propre par le Contrat du 2e. mariage d'une femme qui étoit en Continuation de Communauté avec ses enfants du 1er. lit, devoit, lors du partage par tiers de la Communauté continuée, fait après la mort du 2e. mari, se prélever, pour être partagée par moitié entre la femme & les enfants du 1er. lit, v. Bourjon, t. 1, p. 599.

9160. Les enfants profitent des clauses du 2e. Contrat de mariage qui leur sont avantageuses; & ils ne peuvent souffrir, selon Bourjon, t. 1, p. 613, de celles qui leur sont préjudiciables.

9161. 1º. La stipulation de propre en faveur du Convolant, est avantageuse à ses enfants; celle faite en faveur du nouveau Conjoint, milite indistinctement contr'eux, Lemaitre sur Paris, p. 280.

9162. Bourjon, t. 1, p. 598, 612, exige que, nonobstant cette stipulation, le nouveau Conjoint ait apporté dans la Communauté, à peu-près, autant de mobilier que les enfants y en avoient; autrement, leur pere ou mere doit, pour les indemniser, leur payer le tiers de la somme qu'il auroit fallu ajoûter à la mise du nouveau Conjoint, pour la rendre égale à celle des enfants, v. Valin, t. 2, p. 774.

9163. 2º. L'ameublissement fait par le Convolant, d'un conquêt de la Communauté continuée entre lui & ses enfants, milite contr'eux, v. Pothier, de la Comm. n. 910.

9164. Bourjon, t. 1, p. 601, restreint cette décision au cas où l'ameublissement est balancé par une mise proportionnée de la part du nouveau Conjoint.

9165. L'ameublissement de tout autre immeuble, appartenant au Convolant, n'intéresse point ses enfants ; & ils profitent de l'ameublissement fait par le nouveau Conjoint, Bourjon, t. 1, p. 612.

9166. 3°. La clause exclusive de dettes produit son effet entre les Conjoints, non contre les enfants, que le Convolant doit acquitter, sur sa part personnelle, du tiers des dettes, que le nouveau Conjoint devoit supporter relativement à eux, suivant Bourjon, t. 1, p. 598, 611 ; à moins que, par d'autres clauses, ils ne soient indemnisés de l'affranchissement de dettes stipulé au profit du nouveau Conjoint.

9167. 4°. Bourjon, t. 1, p. 600, tient que le préciput accordé par le Contrat du 2e. mariage, ne peut se prendre que sur les deux tiers des Conjoints, mais v. Pothier, de la Comm. n. 944, 952.

9168. 5°. Le don fait par le nouveau Conjoint à celui qui étoit en Continuation de Communauté avec ses enfants, leur profite pour moitié.

9169. Quoi que dise Bourjon, t. 1, p. 598, il faut excepter le cas où le Donateur a imprimé la qualité de propre à sa libéralité.

9170. 6°. La faculté de reprendre ayant été stipulée dans le Contrat du 2e. mariage d'une femme qui étoit en Continuation de Communauté avec ses enfants, ceux-ci, renonçant à la Communauté continuée, dont la masse reste au nouveau mari, reprennent toute la mise, s'ils sont compris dans la clause, moitié de leur chef, moitié du chef de leur mere. Si la clause n'est qu'en faveur de leur mere, ils exercent, seulement de leur chef, la reprise de moitié de la mise, par un droit qui leur est personnel, légal & indépendant de la clause, dit Bourjon, t. 1, p. 599. La reprise, dans les deux cas, continue-t-il, est censée tenir lieu aux enfants, de tout leur droit dans la Continuation, & leur être plus avantageuse, sans quoi ils ne renonceroient pas.

9171. Les héritiers d'une 2e. femme reprenant, en renonçant, la mise, les enfants se retrouvent dans le même état qu'ils étoient avant le convol de leur pere, c'est-à-dire, avec le droit de partager par moitié les biens de la Communauté continuée.

9172. Les enfants qui étoient en Continuation de Communauté, décédant avant leur pere ou leur mere, qui a convolé, la Communauté devient une Communauté à l'ordinaire, qui se partagera par moitié entre les deux Conjoints.

9173. Ne pourroit-on pas dire que le tiers des conquêts faits depuis le convol jusqu'au décès du dernier enfant, appartient uniquement, à titre de succession, à son pere ou à sa mere, à la charge des dettes immobilieres créées dans le même temps ? v. Bourjon, t. 1, p. 606.

9174. Pour ce qui est du tiers revenant à cet enfant dans le mobilier extant lors de son décès, le Conjoint qui y succede, en communique à son nouveau Conjoint le profit, à moins que le Contrat de leur mariage ne contînt une stipulation de propre, qui empêcheroit la chute de ce mobilier dans la Communauté, Bourjon, t. 1, p. 607.

9175. Ni l'un, ni l'autre des Conjoints, dit Bourjon, ne profitent du tiers du mobilier extant lors du décès du dernier enfant, s'il en a disposé par testament.

9176. Si ceux qui se remarient, ont, de part & d'autre, des enfants d'un précédent mariage avec lesquels ils soient en Communauté, elle continue par quart ; & elle se multiplie, s'il y a un plus grand nombre de divers lits, les enfants de chaque lit faisant une tête dans la Communauté, art. 242 de Paris, 349 de Tours.

9177. Si, dans le cas d'une Communauté continuée par quart, l'un des Conjoints vient à mourir, le Survivant ne continue plus la Communauté qu'avec ses enfants ; ceux du Prédécédé lui sont étrangers, v. ci-dessus n. 9141, 9142.

V ij

9178. Héricourt fur Laon, art. 266, dit qu'une femme ayant eu des enfants de fix lits, fans avoir fait aucun Inventaire, la Communauté continuée doit fe partager en fept portions.

LIVRE SIXIEME.

Des Avantages que peut procurer la Survie.

9179. La Loi municipale accorde quelques avantages, fur les biens de la Communauté, au mari ou à la femme qui furvit ; l'un ou l'autre, après la mort du Prédécédé, a le Bail & la Tutelle naturelle de leurs enfants : la femme a, de plus, un droit qu'on nomme Douaire.

CHAPITRE PREMIER.

Du Droit de Survie fur les Biens de la Communauté.

9180. Ce Droit a pour objet les meubles ou les immeubles de la Communauté qui a exifté entre les Conjoints par mariage ; il eft favorable. « La Coutume des an- » ciens Gaulois, dit Maillart fur Artois, art. 120, étoit que la propriété de tous » les effets de la Communauté paffât au Survivant ; d'où l'on infere que ces Cou- » tumes là ne font pas contraires au droit commun, qui déferent au Survivant » l'ufufruit de la portion du Prémourant, ou qui lui donnent la propriété de cer- » tains meubles, ou qui permettent aux Conjoints de difpofer, au profit de l'un » d'eux, des effets de la Communauté. »

SECTION PREMIERE.

Du Droit du Survivant des Conjoints par Mariage fur les Meubles de la Communauté.

9181. Le Survivant des Conjoints par Mariage a le droit, en vertu de la Loi ou de la convention, de prélever, lors du partage des biens de la Communauté, un avantage qu'on nomme Préciput : il peut confifter dans une partie ou dans la totalité des Meubles.

ARTICLE PREMIER.

Du Préciput légal.

9182. Dans les Coutumes qui n'accordent point de Préciput, le Survivant des Conjoints prend feulement, hors part, un habillement complet ; &, fi c'eft le mari, l'épée qu'il a coutume de porter, ou sa robe de cérémonie, Pothier, de la Comm. n. 682, v. ci-dessus n. 8777 & suiv. 8918.

9183. Les art. 307 de Tours, 289 de Loudun, accordent au Survivant roturier, & au Survivant noble, lorsqu'il n'use pas d'un autre avantage dont il sera question ci-après n. 9189 & suiv. partie de ses vêtements, à titre de Préciput, & la faculté de prendre le surplus, en faisant raison de la moitié de la valeur.

9184. Dans l'usage, ce Préciput a, parmi nous, plus d'étendue, quelle que soit la Coutume à laquelle les Conjoints se soient soumis par leur Contrat de mariage. On donne au mari ou « à la femme généralement tout son linge & ses vêtements, » lorsqu'ils n'excedent, ni le bien, ni la condition, » dit M. Bouault, en ses notes; on a rejetté l'exception que la Loi municipale fait de quelques habillements, « les » plus précieux, lesquels ne se portent, selon Buridan sur Laon, art. 22, qu'aux » Fêtes solemnelles & aux honnêtes Assemblées, » v. Sainson, t. 27, art. 13, ci-dessus n. 8919. L'usage est si constant, qu'ordinairement, tout ce qui compose la garde-robe du Survivant, ne s'inventorie pas. Si l'un des Conjoints, voyant l'autre menacé d'une mort prochaine, a augmenté considérablement la quantité de ses vêtements, il peut y avoir lieu à une réduction. Il y a un autre cas où le Préciput est borné à une partie des vêtements, v. ci-après n. 9268.

9185. Lorsqu'il n'y a point de Créanciers, l'usage, aujourd'hui, est de ne pas inventorier les bagues, les boucles d'oreilles, les colliers, les bracelets, l'étui, la montre, la tabatiere, la canne, l'épée du Survivant. Il ne convient pas aux héritiers du Prédécédé, de lui disputer ces objets & autres semblables, si leur valeur est proportionnée à son état & à sa fortune. Il en est autrement de la toilette de la femme, à moins que ce ne soit peu de chose.

9186. Parmi les gens de campagne, on laisse au mari sa tasse d'argent; il est juste que la femme, outre sa croix d'or, &c. ait le gobelet d'argent, marqué à son nom.

9187. Le mari, s'il est homme de lettres, par l'art. 307 de Tours, a ses livres, sans en payer l'estimation; un Avocat a sa bibliotheque, aussi qu'un Juge, un Médecin, un Professeur.

9188. Si le mari est noble, suivant les armes, l'art. 307 de Tours lui donne le droit de prendre ses armes; « on peut ajoûter ses chevaux, parce que la noblesse » ne combattant qu'à cheval, les chevaux font partie des armes, » notes de M. Bouault. Cet avantage n'est accordé, ni au Noble qui ne suit pas les armes, ni au Roturier qui les suit.

9189. Il y a un Préciput particulier aux Nobles, qui est fort considérable: le mari ou la femme peut prendre tout le mobilier, art. 247 de Tours, 165, 228 de Loudun.

9190. En convenant, par le Contrat de mariage, que le Survivant aura, par Préciput, des meubles jusqu'à concurrence d'une somme, on n'est pas censé, par cela seul, avoir renoncé au Préciput légal, suivant Pothier, de la Comm. n. 427. Nous l'avons ainsi décidé, le 13 Janvier 1772. Il faut une renonciation expresse à un droit déféré par la Loi municipale, Pallu, p. 488, v. ci-après n. 9276.

9191. Voici comme s'exprime M. Dubois, fils, dans la Consultation citée ci-dessus n. 9052 : « Le Chevalier de Messards, ayant survécu, doit avoir tous les meu-» bles & effets mobiliers de la Communauté, suivant l'art. 247 de notre Coutume. » La clause du Contrat de mariage portant que le Survivant prendra ses vêtements » & la somme de 1500 l. sur les meilleurs effets de la Communauté, ne peut pas » empêcher cet avantage de la Coutume, parce qu'elle ne contient point d'exclusion » du surplus. . . . Si la fille renonce, son pere sera tenu de lui rendre tout ce que » la dame sa mere a porté dans la Communauté, suivant la clause du Contrat, & » les revenus & intérêts du jour que la garde-noble finira. »

9192. La Noble, femme d'un Roturier, n'a pas les meubles, notes de M. Bouault.

9193. La femme, anoblie par son mariage avec un Noble, les a, quoiqu'elle ait des enfants d'un 1er. lit , roturiers ; le mari étant de qualité à jouir de cet avantage , la femme doit l'avoir également , Boullai , p. 240, Pallu , p. 398 , Lathaumaffière fur Berri , t. 8 , art. 13 , Boucheul fur Poitou , art. 238 , n. 6 , notes de M. Bouault.

9194. Les anoblis par lettres du Prince ou par charges , peuvent prétendre le gain des meubles , Ricard fur Senlis , art. 146 , notes de M. Bouault.

9195. Le gain des meubles n'a pas lieu en faveur d'un mari anobli depuis fon mariage , ni en faveur de fa femme , s'il y a un enfant , qui étoit né lors de l'anobliffement ; ainfi l'ont décidé M. Barbet & le Pere de l'Auteur , en 1769.

9196. Quoiqu'il n'y ait point d'enfant , la décifion fera la même , fi l'on regarde le gain des meubles , comme un droit fixé dès le moment du mariage , v. Pothier , de la Comm. n. 417, ci-après n. 9217.

9197. Ceux qui regardent le gain des meubles , comme un droit fixé dès le moment du mariage , l'accorderont au Survivant de Conjoints nobles , qui , depuis leur mariage , ont dérogé , en faifant le commerce , ou autrement ; & ils décideront qu'une femme qui a cru époufer un Noble , fon mari s'étant qualifié tel & s'étant marié en cette qualité , doit prendre les meubles , au moins par forme de dommages-intérêts , v. Boucheul fur Poitou , art. 238 , n. 8.

9198. M. Bernard , en fes notes , qui avoue que les enfants communs , ni les enfants d'un précédent lit , du Survivant , ne font pas obftacle au gain des meubles , ajoûte qu'il en eft autrement des enfants d'un précédent lit , du Prédécédé ; ce qui eft contraire à un Arrêt de 1583 , cité par Pallu , p. 398 : auffi , M. Bouault , dans les fiennes , dit , fans ufer de diftinction , que le Survivant , quoiqu'il y ait des enfants d'un 1er. lit , a le gain des meubles , qui n'eft pas fujet au retranchement de l'edit des 2es. nôces.

9199. Nous tenons , avec Dupleffis fur Paris , p. 459 , que le gain des meubles n'a pas lieu , s'il y a eu exclufion de Communauté , s'il eft intervenu féparation de biens , ou fi la femme renonce à la Communauté. Lemaître fur Paris , p. 273 , l'admet , dans ce dernier cas , v. Bourjon , t. 1 , p. 673 , Pothier , de la Comm. n. 419, ci-après n. 9314.

9200. MM. Dufrementel & Gaudin ont eftimé que le gain des meubles , parmi nous , eft indépendant de la Communauté ; & que , néanmoins , parce que c'eft la récompenfe de l'union qui a regné entre les Conjoints , la dame de Bellefonds , féparée d'habitation d'avec fon mari , ne pouvoit le prétendre. C'eft punir la femme des mauvais procédés du mari , qui ont donné lieu à la féparation , comme le remarquerent unanimement MM. Gillet , Delambon & Duverne , Avocats de Paris , dans les Confultations qu'ils donnerent chacun féparément , & où ils foutinrent qu'elle devoit avoir les meubles. Ils ont depuis foufcrit , avec MM. Cellier , Aubri , Legouvé & Racine , Avocats de Paris , une Confultation conforme , qui a été imprimée en 1772. MM. Barber & Moreau déciderent que , felon nos mœurs , le gain des meubles n'a pas lieu fans communauté. Dans cette contrariété d'avis , le Comte de Bellefonds nous engagea d'approfondir la queftion ; c'eft ce que nous avons tâché de faire dans la Confultation rapportée ci-après n. 9263. M. Gaudin , dans une Confultation donnée au fieur de Lépinaffe , le 16 Octobre 1773 , a adopté notre fentiment.

9201. Par le Contrat de mariage , on peut renoncer au gain des meubles.

9202. On eft cenfé y avoir renoncé , fuivant Boucheul fur Poitou , art. 238 , n. 35 , fi la faculté de reprendre tout ce qui a été apporté à la Communauté , en y renonçant , a été accordée à la femme & à fes héritiers , par une claufe du Contrat de mariage.

9203. La claufe par laquelle il eft dit que la femme ou fes héritiers auront une certaine fomme , pour tout droit de Communauté , emporte dérogation au droit de prendre les meubles.

9204. Bourjon , t. 1 , p. 673 , tient que le Prédécédé ne peut , par teftament , donner atteinte au gain des meubles, v. Dupineau fur Anjou, art. 238, Ricard, p. 3, n. 1095, 1494, Lathaumaffiere fur Berri, t. 8, art. 13, Dupleffis fur Paris, p. 458, aux notes, Ferriere fur Paris, art. 238, gl. 3, n. 20, Boucheul fur Poitou, art. 242, n. 6, 7, Fourré, p. 706, Pothier, du Préciput légal, art. 2.

9205. Suivant l'art. 20 de Laon, dans le cas où le Prédécédé a difpofé de fes meubles par teftament, les héritiers doivent en récompenfer le Survivant.

9206. L'art. 228 de Loudun rejette la récompenfe, en ne déférant au Survivant les meubles, qu'au cas où le Prédécédé n'en a pas difpofé.

9207. Si, par une claufe d'un Contrat de mariage paffé à Loudun, entre Nobles, il a été déclaré fimplement que le Survivant auroit tous les meubles ; on peut dire que les Conjoints font cenfés n'avoir exprimé que la difpofition de la Loi municipale, à laquelle ils ont eu intention de fe conformer ; de forte que, fi le Prédécédé a difpofé de fes meubles, la claufe n'a aucun effet, parce qu'elle n'attribue les meubles au Survivant, que de la maniere dont la Loi municipale les lui attribue.

9208. Pallu, p. 396, enfeigne qu'au préjudice du gain des meubles, on peut faire des dons & legs particuliers. En renvoyant à ce qu'il dit, p. 391, il annonce qu'on ne peut pas plus y déroger, qu'à l'avantage réfultant d'une donation mutuelle, v. ci-après n. 9230, 9305.

9209. M. Bouault, en fes notes, écrit que le Survivant n'a pas un droit moins fort fur les effets mobiliers, que s'il avoit, pour titre, une donation mutuelle.

9210. Le 5 Février 1743, MM. Bernard & Dufrementel ont eftimé que le legs univerfel fait par la dame de Vildon, étoit une fraude à la Coutume, en ce qu'elle difpofoit de tous les effets mobiliers au préjudice du mari, à qui ils appartenoient. C'étoit le bien du mari, fur lequel la femme n'avoit aucun pouvoir, Sanfon, t. 14, art. 3.

9211. Si l'art. 247 de Tours porte que les meubles appartiennent au Survivant, l'art. 260 déclare auffi qu'ils appartiennent à l'aîné ; & néanmoins l'art. 248 en permet expreffément la difpofition à fon préjudice. Par l'art. 165 de Loudun, les meubles appartiennent au Survivant ; mais fa propriété eft conditionnelle, elle n'a lieu qu'au cas où le Prédécédé n'en a pas difpofé, l'art. 228 le décide formellement.

9212. « Le Survivant prend les meubles, dit Boullaï, C. M. s'entend, fi, par le » Contrat de mariage, n'y a autre difpofition, comme s'il eft dit que les futurs époux » feront communs en biens, felon la Cout. de Touraine ; néanmoins, fi, par après, » ils transferent leur domicile ailleurs, où les meubles fe partagent, voires même que, » lors du mariage, le mari eût fa demeure ailleurs qu'en Touraine, néanmoins, » après la mort de l'un, les meubles appartiendront au Survivant. A ce propos, de-» moifelle Madeleine Forget & le fieur de Quincé, de Normandie, contraĉtent ma-» riage avec cette claufe, que les futurs époux feront communs, fuivant la Cout. » de Touraine ; peu de mois après, le mari meurt ; la femme demande tous les meu-» bles ; on lui dit que le mari demeuroit & étoit mort en Normandie, que la femme » a dû fuivre le domicile de fon mari. Par Arrêt du 17 Mars 1585, les Parties font » appointées au Confeil, au principal, &, par provifion, il eft dit que partage feroit » fait par moitié des meubles ; & le 6 Juillet enfuivant, le tout eft adjugé à la veu-» ve, » v. Froland, des Statuts, p. 209, 245, 325, 394 & fuiv.

9213. Pallu, p. 399, donne le gain des meubles au Survivant, nonobftant le changement de domicile, lorfque le Contrat de mariage contient une foumiffion expreffe à la Cout. de Tours, pour régler la Communauté ; condition que n'exige pas Boullenois, Queft. mixtes, p. 375.

9214. Le Survivant de Conjoints qui, s'étant établis à Orléans, avoient leur domicile à Tours, lors de la mort du Prédécédé, peut prétendre le gain des meubles, fuivant Pallu, pourvu qu'il y eût entr'eux Communauté de biens.

9215. M. Carré, en fes notes, obferve que Pallu n'eft pas conféquent ; en effet,

pourquoi le changement de domicile procureroit-il un avantage qu'il ne peut ôter ?
v. Héricourt sur Laon, art. 20 , Froland, des Statuts, p. 402 , Fourré , p. 703. Ne
peut-on pas dire que c'est un moyen d'avantage indirect ? Un Orléanois , qui verra
sa femme d'une santé chancelante, transférera, sans qu'elle en soupçonne l'effet , son
domicile à Tours , afin d'avoir, en cas de survie , tous les meubles. M. Bouault , en
ses notes , dit , à ce sujet , que « l'état des Conjoints & les droits qui leur étoient
» acquis lors de leur mariage , ne peuvent augmenter ni diminuer. »

9216. Pothier, de la Comm. n. 415 , 416 , tient que , pour savoir si le Survivant
doit avoir tous les meubles , il ne faut avoir égard qu'à la Coutume où les Conjoints ont leur domicile , lors de la mort du Prédécédé ; il ajoute que c'est l'opinion la plus autorisée : c'est celle de Boucheul sur Poitou , art. 238 , n. 26 , M. Bernard , en ses notes.

9217. Boullenois , Quest. mixtes , p. 348 , 377 , distingue les droits des Conjoints
comme Conjoints , & les droits qui leur appartiennent en toute autre qualité , quoiqu'accessoire à celle de Conjoints , par une suite du mariage. De la 1re. espece sont
les droits de Communauté , Préciput , &c. Les droits de Garde , Tutelle , &c. sont
de la 2e. espece. A la différence de ceux-ci , ceux-là , fixés dès le moment du mariage , se reglent par la Loi du domicile matrimonial , à l'autorité de laquelle les
Conjoints se sont tacitement abandonnés , en n'y dérogeant pas , v. ci-après n. 9218.

9218. D'après cela , il faudroit dire que le Survivant des Conjoints mariés à
Tours , qui ont été demeurer à Paris , doit jouir du bénéfice de l'art. 247 de Tours ;
& le Survivant des Conjoints mariés à Paris , qui sont venus demeurer à Tours ,
du bénéfice de l'art. 238 de Paris , v. Boullenois , des Dém. p. 137, 155 & suiv.

9219. Le bénéfice de l'art. 238 de Paris , qui a lieu , dès qu'il n'y a point d'enfants du Prédécédé , encore que le Survivant en ait d'un précédent mariage , Pothier , de la Comm. n. 425 , embrasse tous les meubles *étant hors la Ville & Fauxbourgs de Paris sans fraude ;* & ainsi ceux qui se trouvent à Tours , Duplessis , t.
1 , Consult. 24e.

9220. Des Conjoints Parisiens ont coutume de porter à leur terre , lorsqu'ils y
vont passer un certain temps de l'année , leur argenterie , & de la remporter , lorsqu'ils s'en retournent ; l'un d'eux venant à prédécéder pendant leur séjour à la Campagne , le Survivant ne peut prétendre , dit Pothier , de la Comm. n. 432 , l'argenterie , qui , par sa destination , est un meuble de Paris.

9221. Plusieurs refusent au Survivant les effets mobiliers incorporels , v. Ferriere
sur Paris , art. 238 , gl. 2 , n. 6 , Bourjon , t. 1 , p. 674 , Pothier , de la Comm. n. 429.

9222. Parmi nous , le Survivant a tous les effets mobiliers de la Communauté ,
quels qu'ils soient ; & même quoiqu'il n'y ait point d'immeubles , suivant M.
Bouault , en ses notes , la subrogation de l'art. 238 de Tours , n'étant que pour
les donations , v. ci-après n. 9411.

9223. Par l'art. 165 de Loudun , le Survivant a les deniers qui procedent de
retraits lignagers , conventionnels & seigneuriaux des choses acquises durant le mariage , v. art. 251 de Poitou , ci-après n. 9324.

9224. Soit à Tours , soit à Loudun , on ne peut disputer au Survivant les rentes
viageres , qui appartiennent , dit Valin , t. 3 , p. 20 , à celui qui prend les meubles ,
v. ci-dessus n. 8284, 8783 & suiv.

9225. « Le Survivant noble , qui prend les meubles , doit laisser les métairies
» garnies de bestiaux propres au labourage : ainsi a été arrêté par la Cour , le 22 Mars
» 1577 , comme témoigne Chopin sur Anjou. Je ne l'ai pourtant jamais vu garder
» en Touraine ; car j'ai toujours reconnu que , hors le Baillistre , le Survivant no-
» ble emporte tout , comme la Coutume lui laisse les meubles indéfiniment , ce qui
» s'entend de tous , » Boullai , C. M. v. ci-après n. 9408. Le Survivant à qui on offre
la valeur des bestiaux , ne peut les exiger en espece , suivant un Arrêt qui a « jugé
» que

» que les meubles servants & destinés pour la culture de l'héritage, ne devoient être
» donnés & délivrés en espece à une veuve donataire, & qu'elle n'en pouvoit pré-
» tendre que l'estimation, » Boucheul sur Poitou, art. 155, n. 16.

Le Survivant, domicilié en Touraine, doit avoir les Esclaves-negres, attachés à
une habitation; ils sont meubles, v. Acte de notoriété du Châtelet, du 13 Novembre 1705, ci-dessus n. 6392, 8232. D'après l'esprit de l'art. 342 de Tours, il ne doit
point les avoir, lorsqu'il a le bail de ses enfants.

9226. Il confond la récompense due pour un Office qu'il a retenu, v. ci-dessus
n. 8730.

9227. Le gain des meubles, étant une suite de la Communauté, ne comprend que
les effets mobiliers qui en font partie; non les propres conventionnels, ni le remploi de propres aliénés, v. Fourré, p. 704, ci-après n. 9263.

9228. Les dettes mobilieres de la Communauté sont une charge de ce gain; l'art.
126 de Peronne 7 est précis; elles comprennent celles dues par les Conjoints, » &
» chacun d'eux, *acrues*, tant constant leur mariage, comme par-avant, s'il n'y
» avoit Contrat passé au contraire, » art. 17 de Chauni. Michel veut qu'on lise,
crées; il est repris par Vrévin, qui dit, ainsi que Delasons sur Laon, art. 20,
qu'*acroire*, c'est prendre à crédit.

9229. Parmi nous, le Survivant doit acquitter les dettes mobilieres du Prédécédé, autres que celles de la Communauté, les frais funéraires, les dons & legs particuliers, modérés, à une fois payer, qu'il a faits, v. Pothier, de la Comm. n.
435, ci-dessus n. 9204 & suiv. ci-après n. 9263.

9230. Le Prédécédé peut dispenser le Survivant, d'acquitter les charges qui lui
sont imposées par la Loi municipale, s'il reste, pour y satisfaire, assez d'effets mobiliers qu'il ne prend pas. M. Dubois, fils, en ses notes, qui pense que les propres conventionnels n'entrent pas dans le don mutuel, entre Conjoints, comme
meubles, décide que le Prédécédé peut en disposer, en faveur d'Etrangers, comme
de purs deniers, « ou y assigner des legs particuliers, sans que le Survivant soit
» tenu de faire l'acquittement de ces legs assignés sur ces deniers stipulés propres,
» quoique donataire universel, parce qu'il ne l'est pas de ces propres fictifs, &
» que, comme le Prédécédé a pu en disposer en faveur de ses Légataires parti-
» culiers, il a pu de même y assigner des legs de sommes particulieres. » L'application de cette décision est facile.

9231. Quoiqu'il y ait un Donataire ou Légataire universel, qui prenne tous les
propres conventionnels & les remplois, toutes les charges de l'art. 247 de Tours,
selon quelques-uns, regardent le Survivant; cet article les a attachées à l'avantage
qu'il lui defere; sa disposition a son effet, si le Prédécédé n'a pas fait une disposition
contraire. Mais les charges de cet avantage n'étant que les charges de tous ceux
qui ont les meubles, à titre universel, le Survivant qui use du bénéfice de l'art. 247,
ne doit les acquitter, que conjointement avec celui qui, à titre de Donataire ou
Légataire universel, ou à titre d'héritier, prend les effets mobiliers non - compris
dans ce bénéfice; c'est sur ce dernier seul que tombent toujours les dons & legs particuliers, à une fois payer, en ce qu'ils sont excessifs, v. ci-après n. 9402.

9232. La femme d'un Noble meurt; sa succession mobiliere est composée d'un propre conventionnel de 16000 l. & de sa part dans les effets mobiliers communs, qui
monte à 8000 l. Il y a une dette mobiliere de 5700 l. contractée avant le mariage,
qui n'est pas devenue dette de Communauté, le Contrat de mariage contenant la
clause de séparation de dettes; la femme a légué 6000 l. il a été dépensé, pour
les frais funéraires, 300 l. Le mari, qui prend les 8000 l. doit payer le tiers, &
l'héritier aux meubles, qui prend les 16000 l. les deux tiers des 5700 l. & des 300
l. Le mari, suivant la même proportion, doit payer 2000 l. du legs; s'il en obtient
la réduction à son égard, par ex. à 1000 l. les 5000 l. restantes seront acquittées

par l'héritier aux meubles. Dans cette hypothefe , le mari aura 5000 l. & l'héritier aux meubles 7000 l.

Ceffant l'exiftence du propre conventionnel, le mari ne peut fe difpenfer de payer les 5700 l. & les 300 l. mais il a le droit de fe faire décharger du legs : un legs pieux de 2 ou 300 l. auroit fon exécution.

S'il avoit , comme Survivant & comme Donataire ou Légataire univerfel , les 24000 l. d'effets mobiliers , il acquitteroit les 12000. l. de charges.

9233. On doit toujours commencer à prendre fur les biens de la Communauté les dettes communes, mobilieres ou immobilieres, v. ci-deffus n. 8815. Suppofons qu'aprés le payement de ces dettes, il y ait 20000 l. d'effets mobiliers & autant de conquêts ; & que les propres conventionnels du Prédécédé montent à 5000 l. fes remplois à 3000 l. les propres conventionnels du Survivant à 1600 l. & fes remplois à 2400 l. Le Survivant, qui prend les effets mobiliers & la moitié des conquêts , ne doit confondre que les trois quarts de fes propres conventionnels & de fes remplois ; il lui fera fait raifon de l'autre quart par les héritiers du Prédécédé, aux-quels il tiendra compte des trois quarts des propres conventionnels & des remplois de celui-ci. Cela fe confommera, en leur comptant 5000 l. v. ci-aprés n. 9248.

9234. Ce feroit une erreur, que de prétendre que les propres conventionnels & les remplois ne doivent pas s'acquitter par ceux qui prennent les effets mobiliers & les conquêts , à proportion de leur valeur, v. Pothier, de la Comm. n. 436, ci-deffus n. 8687.

9235. Au fujet des remplois, Brodeau fur Tours, art. 268, s'exprime ainfi : « l'u-
» fage conftant en cette Coutume, dont j'ai été informé par les Officiers du Pré-
» fidial de Tours, eft, depuis que le remploi a été introduit par les Arrêts, que
» le mari qui prend tous les meubles de fa femme en pleine propriété , en vertu de
» don, ne paie point les remplois, ainfi ils fe prennent par forme de délibation &
» détraction fur les acquêts & meubles de la Communauté, qui en eft dépofitaire,
» à proportion de l'émolument, dont, à cette fin , ventilation doit être faite ; ce
» qui a lieu pareillement à l'égard de ce qui a été donné ou promis pour l'ingrès
» en religion, parce qu'il affecte indiftinctement tous les biens de la fille qui fait
» profeffion, & n'eft pas jufte qu'il fe prenne entiérement fur les meubles, fuppofé
» même qu'ils fuffent plus que fuffifants pour décharger les immeubles de cette
» dette, » v. Pallu , p. 365, 397, 637.

» Le remploi a été ainfi pratiqué, dit Pallu, N. M. en diverfes rencontres de
» fucceffions & Communautés notables en cette Coutume ; entr'autres, entre Her-
» cules de Maillé , Chevalier, Seigneur de la Guéritaude, auquel , comme Survi-
» vant noble, les meubles appartenoient, & les héritiers d'Antoinette Filleule , fa
» 1re. femme, décédée fans enfants, par tranfaction reçue par Jouie, Notaire, le
» 1er. Septembre 1655 ; entre Françoife Cottereau, donataire des meubles de. . . .
» Chauvet, fieur de la Periere, Préfident des Tréforiers de France à Tours, fon
» mari, & les héritiers de fondit mari, par le partage des biens de leur Commu-
» nauté, portant remploi de leurs propres, reçu le. . . . . par Gerbaut, Notaire ;
» entre les héritiers de Catherine Gaultier, defquels étoit ma femme, fa fœur aînée,
» & les héritiers de Charles Péquineau, Ecuyer , fieur de Charentais , Lieutenant
» Particulier en ce Bailliage , donataire des meubles de ladite Gaultier, fa femme,
» par tranfaction & partage des biens de leur Communauté, reçu par Vénier, en-
» fuite de l'Inventaire du 6 Mars 1662 ; & encore , en la même année , le 11 Dé-
» cembre, par autre partage reçu par ledit Gerbault, entre Suzanne Morin & les
» héritiers de noble Chriftophle Houdri, fon mari. Je remarque tous ces partages &
» accords , faits enfuite de plufieurs Confultations faites en cette Ville , pour ce qu'il
» s'étoit rencontré quelque contrariété entre MM. les Confultants de Paris, qui ont
» depuis donné les mains ; & a été cette pratique autorifée par Arrêts. »

MM. Augeard, Dubois, fils, Bouault & Bernard, en leurs notes, attestent le même usage; il a lieu en Anjou & au Maine, Pocquet sur Anjou, p. 9e. Olivier sur Maine, art. 252, 254, 311, 334.

Dans nos Coutumes, on reconnoît des dettes mobilieres qui n'ont pas le sort des autres dettes mobilieres. Vraisemblablement, selon Ricard sur Senlis, art. 252, les Rédacteurs de la Coutume, lorsqu'ils ont assujetti le Donataire des meubles à payer les dettes mobilieres, n'ont pas pensé au remploi, qui, alors, n'avoit pas lieu de plein droit; autrement, ils l'eussent excepté. Le prix des propres aliénés pendant qu'a duré une Communauté, servant plus souvent à l'acquisition des conquêts, qu'à l'achat des meubles, il ne seroit pas juste qu'on ne le prît que sur les meubles. L'Arrêt du 2 Août 1631, que cite Pallu, p. 392, en ne condamnant une femme, donataire des meubles, à acquitter tous les remplois, que parce qu'elle n'avoit pas fait faire d'Inventaire, a décidé qu'elle n'en eût pas été tenue seule, à raison des meubles, s'il y avoit eu un Inventaire; les Arrêts des 27 Juillet 1629 & 21 Août 1655, qu'il rapporte, sont précis.

9236. L'Arrêt de 1655, fait, entre les remplois & les propres conventionnels, une distinction qui est rejettée par Simon sur Amiens, art. 130. Elle n'est pas suivie parmi nous, notes de M. Bouault; ni en Anjou, ni au Maine, Pocquet sur Anjou, p. 9e. Olivier sur Maine, art. 252. Les propres conventionnels, qui, aujourd'hui, forment la majeure partie de la fortune des Conjoints, servent, comme les remplois, à l'acquisition des conquêts. L'Arrêt de 1655, est solitaire; celui de 1630, remarqué par Pallu, p. 366, ne prouve rien, parce que le don dont il s'agissoit, comprenoit la propriété des conquêts.

9237. Pallu, p. 365, 392, M. Dubois, pere, en ses notes, tiennent qu'afin que celui qui prend les meubles, obtienne le rejet des remplois & des propres conventionnels, sur la masse des meubles & des conquêts, il faut qu'il ait fait faire un Inventaire. M. Bernard, dans les siennes, rapporte que, trouvant ce parti trop rigoureux, il a estimé, en faveur d'une mere, héritiere mobiliere de son fils, qu'il « est » juste de distinguer, à cet égard, entre le donataire & l'héritier. Aussi, Pallu, dans » ses dernieres notes, excepte celui qui prend les meubles, *titulo hæredis.* »

L'avis de Pallu, par rapport au donataire, peche par le fondement. Il induit la nécessité de l'Inventaire, dans le cas d'une donation, d'une Loi qui prive, selon lui, de la falcidie & de la quarte trébellianique, celui qui n'a point fait faire d'Inventaire, parce que la falcidie & la trébellianique sont des détractions ou réductions qui dépendent de la fixation du montant des biens sujets à l'Inventaire, v. Boucheul sur Poitou, art. 272, n. 44 & suiv. Un Arrêt du 12 Décembre 1598, a jugé qu'un enfant, pour omission d'Inventaire, ne peut distraire sa quarte trébellianique, ni sa légitime; mais, comme les peines ne doivent pas s'étendre d'un cas à un autre, & que la Loi que cite Pallu, ne parle que de la falcidie, on pense communément qu'il ne faut pas l'étendre à la trébellianique, Brodeau sur Louet, H, c. 24. Ricard, p. 3, n. 1518, qui, n. 994, soupçonne qu'il y avoit des circonstances dans l'espece de cet Arrêt; il y a des Arrêts contraires, Lebrun, des Succ. L. 3, c. 4, n. 75. D'ailleurs, quel empire peut avoir une Loi romaine dans le Pays coutumier, quand elle auroit même étendu la peine au cas de la donation? Bien des Auteurs rejettent l'avis de Pallu, v. d'Argentré sur Bretagne, art. 447, gl. 3, n. 3, Chopin sur Paris, l. 2, t. 5, n. 24, Duplessis sur Paris, p. 558, Bretonnier sur Henrys, t. 1, l. 6, quest. 11.

Sur l'espece de l'Arrêt du 16 Mars 1654, remarqué par Lacombe, au mot *Dettes,* s. 2, n. 19, v. Ricard, p. 3, n. 1520. Lacombe avoue que, sans une fraude évidente, l'héritier irrégulier, faute d'Inventaire, doit en être quitte, en représentant les effets, ou leur valeur, suivant la commune renommée. L'Arrêt du 28 Mars 1626, dont parle Pallu, p. 363, a jugé uniquement que les Donataires & Léga-

taires n'avoient pas befoin de lettres de bénéfice d'Inventaire. Le 1er. Préfident ne
dit pas que, faute d'Inventaire, les Donataires & Légataires étoient tenus de payer
indéfiniment les dettes ; mais que l'Inventaire fuffifoit, de maniere qu'ils n'étoient
plus expofés à l'enquête de la commune renommée & au ferment *in litem*, dont la
preuve eft fi dangereufe. L'Arrêt de 1631, cité ci-deffus n. 9235, paroît rendu fur
des circonftances particulieres. La regle qu'en tire Pallu, tend à l'injuftice ; il y a
bien des cas où l'équité obligeroit de s'en écarter, fi elle étoit admife dans la thefe
générale, Ricard, p. 3, n. 982.

Le défaut d'Inventaire ne doit pas opérer, dans la perfonne du Survivant des Conjoints, à quelque titre qu'il prenne les meubles, la confufion de la totalité de fes
remplois & de fes propres conventionnels, ni l'affujettir au payement de la totalité
de ceux du Prédécédé. Il faut convenir de la valeur des meubles à l'amiable, ou
recourir à l'enquête de la commune renommée. On peut alléguer ici un Arrêt du
6 Septembre 1674, rapporté au Journ. des Aud. René de Bueil s'étant emparé de
tous les meubles de fon pere, fans en faire faire un Inventaire, on prétendit qu'il
devoit être cenfé avoir trouvé, dans ces meubles, de quoi fe remplir de fa légitime, ou au moins de quoi acquitter les dettes de la fucceffion ; mais il fut ordonné
que les meubles entreroient « en la maffe des biens, pour la fomme de 30000 l.
» dont les Créanciers de René de Bueil feroient crus jufqu'à ladite fomme, joint la
» commune renommée. » Il eft avantageux aux Parties, que le Juge arbitre d'office la valeur des meubles ; cela les tire d'embarras. Renuffon, de la Garde,
c. 7, n. 86 & fuiv. fait part d'un Arrêt du 28 Février 1668, qui a décidé que,
dans une Coutume où la garde noble donne les meubles en propriété, une mere
avoit confondu fes remplois pour une moitié, comme commune, & pour un tiers de
l'autre moitié, comme gardienne noble. M. Bernard, en fes notes, fuit la décifion
de cet Arrêt, à l'égard d'une femme qui prend le gain des meubles. M. Augeard,
dans les fiennes, rapporte que, le 8 Juillet 1687, le Siége de Tours fixa la portion
qu'un pere, héritier aux meubles de fon enfant, devoit confondre de fes remplois.
« C'étoit un Payfan, dit-il, qui étoit préfumé avoir négligé l'Inventaire, plus par
» ménagement, que pour frauder. On dit, fi mieux n'aiment les héritiers faire preuve
» par commune renommée qu'il y eût des meubles plus que des acquêts. Il n'eft pas
» néceffaire d'obferver que cette décifion eft fondée fur ce que l'on prend également
» les remplois fur les acquêts & fur les meubles, au fol la livre. »

9238. Au décès de la dame Petiteau, arrivé le 3 Décembre 1769, il n'y a point
eu d'appofition de fcellés ; le mari a accepté le don mutuel qu'ils s'étoient fait ; les
héritiers ne l'ont pas contefté ; ils ont affifté à l'Inventaire des titres, commencé le
30 Décembre 1769, clos & arrêté contradictoirement à la 2e. vacation, le 2 Janvier 1770 ; le 3, ils ont pris, fous le récépiffé de l'un de leurs Procureurs, communication des titres, qu'ils ont remis le 11 ; le 17, ils ont fourni un mémoire de leurs
prétentions, où ils difoient que, faute d'Inventaire des meubles, le mari devoit payer
la totalité des remplois ; le 18, celui-ci a obtenu du Juge une Ordonnance portant
permiffion de les intimer, au domicile des Procureurs qui avoient affifté, pour eux,
à l'Inventaire des titres, à fe trouver le 22, 8 h. du matin, dans fa maifon, pour
affifter à l'Inventaire des meubles, qu'il entendoit faire faire, & d'y faire procéder,
en cas de refus de quelqu'un d'eux, en préfence du Procureur du Roi. L'intima-
tion s'eft faite le 20 ; les héritiers ont fait fignifier un acte d'appel de l'Ordonnance,
le 22, à 7 h. & demie du matin ; ils ont foutenu que les chofes n'étoient plus entieres, que le mari ne faifant faire qu'un Inventaire des titres, avoit renoncé à faire
faire un Inventaire des meubles ; mais l'Ordonnance a été confirmée par un Arrêt
du 20 Juillet 1770.

9239. « Il s'eft rencontré un grand doute en l'exécution du Contrat de mariage,
» du 13 Avril 1667, d'entre M. Gafton de la Tremblaie-Robin, Seigneur d'Ar-

» tigny, & dame Louise Gilideau, qui porte que les pere & mere dudit sieur lui
» ont donné la terre & seigneurie de . . . . sur laquelle il demeure mobilisé jus-
» qu'à la somme de 10000 l. pour entrer en la Communauté : ledit sieur d'Arti-
» gny étant peu-à-près décédé, sa veuve, à laquelle tous les meubles apparte-
» noient, tant par l'art. 247 de Tours, que par l'art. 4 du t. 25 de Loudun, où la
» terre est située, a prétendu que cette somme de 10000 l. lui devoit être délivrée,
» comme un droit mobilier, ou une action qui tendoit *ad mobile.* Sur ce, j'ai
» répondu qu'il n'étoit pas dit qu'il seroit pris 10000 l. sur la terre, qui pourroit
» produire difficulté ; mais qu'il demeure mobilisé jusqu'à ladite somme, pour en-
» trer en la Communauté future : d'où il résultoit que cet ameublissement n'est que
» pour entrer en la Communauté, sans qu'il puisse avoir cette qualité de meublé,
» & un effet qui en est du tout séparé ; & ainsi que cette terre jusqu'à la con-
» currence de 10000 l. doit entrer en la Communauté, pour y prendre part,
» par ladite veuve, de même que sur les acquêts : lequel avis a été confirmé par
» plusieurs Avocats du Parlement, & Bacquet, des droits de Justice. c. 21, n. 386,
» où il dit qu'ameublir un héritage, c'est autant que le faire conquêt, » Pallu, N. M.

9240. Lorsque les immeubles d'une femme sont ameublis jusqu'à concurrence d'une
somme, on peut dire que ce n'est pas une créance mobiliere, que le mari, comme
Survivant noble ou Donataire, doive confondre ; & que l'ameublissement est une
vente faite à la Communauté, sous faculté de reméré : lequel s'exerçant, les deniers sont sujets à la disposition de l'art. 185 de Tours, v. ci-dessus n. 9223. Ces
deniers doivent être fournis par ceux qui recueillent les immeubles ameublis.

9241. S'il étoit survenu à une femme, qui, à Tours, a ameubli un héritage jusqu'à concurrence d'une somme, des propres conventionnels, rempliroient-ils l'a-
meublissement ? Le mari qui auroit droit dans les effets mobiliers communs, à titre de Préciput, soutiendroit l'affirmative, afin de confondre ces propres jusqu'à concurrence de l'ameublissement ; mais s'il étoit donataire, il auroit intérêt à embrasser
la négative.

9242. La récompense due pour frais de culture des propres du Prédécédé, doit
être payée au Survivant par ceux qui profitent des fruits, v. ci-dessus n. 8717,
ci-après n. 9384.

9243. Un mari noble ayant racheté une rente constituée, due par la femme,
elle lui a légué l'usufruit du tiers de ses propres. M. Bernard, en ses notes, rapporte
avoir décidé que le mari Survivant ne confondoit pas l'action qu'il avoit, à raison
du rachat, qui devoit être regardé comme un conquêt, art. 244 de Paris. Le Survivant auroit eu tout le mobilier, dit-il, si la rente n'avoit pas été rachetée ; le mari,
en la rachetant, a voulu en conserver la moitié aux héritiers de la femme.

9244. Le rachat donnoit lieu à une récompense, dont le mari devoit profiter,
sous la déduction de l'intérêt du tiers, ayant l'usufruit du tiers des biens sur lesquels
elle devoit se prendre. La rente étant constituée, la récompense devoit se payer par
tous ceux qui recueilloient les immeubles de la succession ; si la rente eût été fonciere, celui qui auroit pris l'héritage qui en auroit été déchargé, auroit été seul Débiteur de la récompense, v. ci-après n. 9332.

9245. La récompense due pour rachat de rentes, est immobiliere passivement,
quoique l'Arrêt de 1758, cité ci-dessus n. 8736, l'ait supposée mobiliere. MM. Dubois,
fils, & Bernard, en leurs notes, la supposent immobiliere activement entre Conjoints ;
mais elle est mobiliere, comme la récompense pour bâtiments, à laquelle M. Bernard
la compare, en ces termes : » ce que dit Pallu, de la récompense des bâtiments,
» doit s'entendre du rachat des rentes foncieres, constituées ou pignoratives, dont
» le Prédécédé auroit libéré ses immeubles. L'action de récompense est immobiliere
» *respectu* du Conjoint donataire, qui ne la confond pas ; *respectu* des héritiers du
» Prédécédé, qui la doivent : ce n'est point à l'héritier mobilier à la payer, mais

» à l'héritier du fonds qui en profite, Bacquet, des Droits de Juſtice, c. 21, n.
» 145, 146, » v. Pocquet ſur Anjou, art. 286, obſ. 2°. ci-après n. 9249 & ſuiv.

9246. La Communauté eſt Créanciere des récompenſes dues par le Prédécédé des Conjoints, & de celles dues par le Survivant; elles ne ſe compenſent pas. Celui-ci, qui prend les effets mobiliers de la Communauté, devenant Créancier des récompenſes dont il eſt Débiteur, les confond.

9247. On ne doit pas faire compenſation de la ſomme à laquelle ont été fixées les récompenſes dues par les héritiers du Prédécédé, avec toute la ſomme à laquelle ſe montent les propres conventionnels & les remplois qu'ils ont droit de prélever, mais ſeulement avec la portion dont ſe trouvera Débiteur le Survivant, qui, ayant droit dans les effets mobiliers, devient Créancier de la totalité des récompenſes.

9248. Les héritiers du Prédécédé devant une récompenſe de 7000 l. dans l'eſpece rapportée ci-deſſus n. 9233, la compenſation ne ſe fait que juſqu'à concurrence des 5000 l. dont le Survivant doit leur tenir compte; ainſi, il touchera 2000 l. Fourré, p. 706, dit qu'il faut prélever, ſur les effets mobiliers & ſur les conquêts, les propres conventionnels & les remplois du Survivant & du Prédécédé, puis compenſer ce qui eſt dû du chef de l'un & de l'autre, v. ci-deſſus n. 8675.

9249. « Pluſieurs eſtiment que, par l'appréhenſion des meubles, la récompenſe des » bâtiments eſt confuſe; ce que je n'eſtime pas devoir avoir lieu, » Boullai, C. M.

9250. La récompenſe due pour améliorations, eſt conſidérée, parmi nous, comme mobiliere activement & immobiliere paſſivement; elle s'acquitte par celui des héritiers qui recueille l'héritage amélioré, notes de MM. Dubois, pere, & Bernard.

9251. « Si le mari noble qui prédécede, dit M. Bernard, a fait des améliora- » tions ſur ſes propres, la veuve qui accepte, peut en demander récompenſe; c'eſt » le ſentiment de Pallu. *Quid*, ſi c'eſt le mari qui ſurvit? Les héritiers de la femme » peuvent-ils lui demander cette récompenſe? Non: c'eſt une action purement mo- » biliere, qu'il confond; il prendroit le denier, s'il exiſtoit. *Quid*, ſi l'amélioration » a été faite ſur le propre de la femme? Si elle ſurvit, elle confond également la » récompenſe; ſi elle prédécede, il ſemble que le mari ne peut la demander; ce- » pendant, je la trouve juſte. Ce que le mari peut faire ſur ſes propres, en fraude » de ſa femme, la femme peut le faire faire ſur les ſiens, à force de ſollicitations; » il y a droit de réciprocité; c'eſt conſerver l'égalité; il ne faut pas gêner, ſur ce » point, la liberté des Conjoints. La ſurvie décidera s'il ſera dû récompenſe. »

9252. Pluſieurs tiennent que le Survivant qui prend les meubles, ne peut deman- der de récompenſe, que pour une moitié des améliorations faites ſur les biens du Prédécédé, v. Pallu, p. 397, 639, Pocquet ſur Anjou, art. 286, obſ. 2°. Bou- cheul ſur Poitou, art. 203, n. 106 & ſuiv. Fourré, p. 705, ci - après n. 9255. Par l'Arrêt de 1758, cité ci-deſſus n. 8736, la récompenſe n'a pas été réduite à la moitié.

Dans le cas de la renonciation à la Communauté, il n'y a pas de récompenſe du chef du mari, quand même il ſeroit décédé, ſes différents héritiers ne s'en devant pas les uns aux autres, Lebrun, des ſucc. l. 2, c. 1, ſ. 1, n. 83, Deniſart, au mot *Propres*, contre Renuſſon, des Propres, c. 1, ſ. 11, n. 4, 5; mais, du chef de la femme, les récompenſes ſont dues en entier, Bourjon, t. 1, p. 556. Lorſque la Communauté eſt acceptée, on doit groſſir ſa maſſe mobiliere, de la totalité des récompenſes dues, tant du chef du mari, que du chef de la femme, pour quelque cauſe que ce ſoit, v. Valin, t. 2, p. 661. Cela peut être avantageux au Survivant, ou à l'héritier aux meubles du Prédécédé, au préjudice de ſon héritier aux immeu- bles. Si celui qui recueille les propres de Communauté, profite de ce qu'on regarde la Communauté comme ayant ſes charges à part, v. ci-deſſus n. 8815, ne doit-il pas ſouffrir de ce qu'on la regarde comme ayant auſſi ſes créances à part? Elle eſt Créanciere de tout le prix du profit, ſubſiſtant lors de ſa diſſolution, qu'a produit ce qui en a été tiré pour l'intérêt particulier de chaque Conjoint. Le prix prend la place de la chose, qui, dans sa totalité, devroit être un effet commun. Il faut appliquer à tous les cas, ce que dit M. Bouault, en ses notes, pour le cas d'une donation entre Conjoints. Il atteste qu'aujourd'hui, l'on prend la totalité de la récompense sur les propres du Donateur, au profit du Donataire; & qu'il a été jugé, par un Arrêt du 20 Décembre 1709, confirmatif d'une Sentence du Siége de Tours, que le sieur Preuilly, donataire, ne confondoit pas la récompense due pour l'acquittement des dettes immobilieres de sa femme, que cette récompense ne faisoit pas partie des charges mobilieres de son don, qu'elle devoit se prendre, par forme d'indemnité, sur les propres de sa femme, v. Lebrun, de la Comm. l. 3, c. 2, s. 1, d. 7, n. 24, 25, Duplessis sur Paris, p. 563, Ferriere sur Paris, art. 229, §. 4, n. 29 & suiv. art. 280, gl. 3, n. 9 & suiv. 43, Bourjon, t. 2, p. 208, 209, Pothier sur Orléans, t. 15, n. 139, Olivier sur Maine, art. 302, 334, ci-dessus n. 8737.

9253. Les réparations à faire sont une dette mobiliere, que le Survivant, qui prend les meubles, confond, par rapport à ses biens, & dont il est tenu, par rapport à ceux du Prédécédé, v. Olivier sur Maine, art. 334, ci-après n. 9407. M. Bernard, en ses notes, en fait difficulté, lorsqu'il s'agit des biens du mari, qui est présumé avoir laissé les choses, comme il a voulu qu'elles fussent, ou a jugé qu'elles devoient être.

9254. Ce qui est dû pour des réparations qui n'ont pas augmenté la valeur du fonds, est une charge des meubles, v. Fourré, p. 508.

9255. Le prix des réparations faites à un heritage du mari, étant dû, à son décès, M. Bernard a décidé qu'il falloit les estimer, eu égard à ce qu'elles l'avoient rendu meilleur; que les héritiers du mari ne devoient payer que moitié de cette estimation, si on regarde l'amélioration comme une espece d'acquêt, v. ci-dessus n. 9252; & que le surplus regardoit la femme, qui trouvoit dans la masse du mobilier, qu'elle prenoit à titre de Préciput, de don ou de legs, ce qui devoit servir au payement des réparations.

9256. « Un retour de partage dû en deniers avant le mariage, est une dette mobiliere. S'il est dû par le Prédécédé, c'est au Survivant à l'acquitter; s'il est dû » au Prédécédé, il appartient au Survivant. S'il a été remboursé pendant le mariage, » point de récompense, » notes de M. Bernard. Mais c'est une dette réelle, v. Pocquet sur Anjou, art. 282, obs. 2e. art. 321, obs. 5e. ci-dessus n. 8564, 9245.

9257. Le prix d'un conquêt, qui est exigible, n'est pas une charge du gain des meubles; d'un autre côté, le Survivant, qui les prend, devroit, ce semble, être seul chargé d'une rente constituée pour prix de meubles; mais cela n'a lieu, qu'autant qu'il y a de la fraude. Si un mari, prévoyant, vu la foible santé de sa femme, qu'il pourroit lui survivre, a constitué des rentes, pour grossir le mobilier, ces rentes doivent en être une charge.

9258. Un mari & une femme ayant doté un enfant, du propre de la femme, quoiqu'elle accepte le gain des meubles, elle ne confond pas la récompense qui lui est due; on peut prendre tout le prix du propre, au sol la livre, sur les meubles & sur les conquêts, v. Olivier sur Maine, art. 334, ci-dessus n. 8748, 8927.

9259. Lhôte sur Lorris, t. 1, art. 40, charge le Survivant, qui prend les meubles, de faire faire un Inventaire des titres, v. ci-dessus n. 9032 & suiv. Il doit payer les frais d'apposition & levée de scellés.

9260. On peut renoncer au gain des meubles; le délai est le même que pour renoncer à une succession; on n'est pas obligé de s'expliquer dans les 43 jours fixés par l'art. 269 de Tours; on a 3 mois pour faire faire un Inventaire, & 40 jours pour délibérer. La femme doit renoncer, en même-temps, à la Communauté, v. ci-après n. 9263.

9261. Pothier, de la Comm. n. 439, pense que le Survivant qui a accepté le gain des meubles, peut rendre compte de l'émolument. En admettant cette opinion parmi nous, il faudroit distinguer entre le mari & la femme. La femme paroit devoir rendre compte de tout l'émolument qu'elle a retiré de la Communauté. Si, après le payement des dettes communes, mobilieres & immobilieres, & le prélevement des reprises des deux Conjoints, & du Préciput qui auroit été stipulé au profit du Survivant, par le Contrat de mariage, ce qui reste des effets mobiliers & des conquêts, ne suffit pas pour les charges mobilieres de la succession, que la femme doit acquitter, elle peut, pour se soustraire à ces charges, être reçue à l'abandonner, en conservant le Préciput conventionnel, vis-à-vis des héritiers du mari. Par ex. il y a 30000 l. d'effets mobiliers, 15000 l. de conquêts, 6000 l. de dettes mobilieres, 3000 l. de dettes immobilieres, 6000 l. de reprises pour la femme, autant pour le mari, 4000 l. de Préciput conventionnel ; la femme ne peut conserver que ses reprises & le Préciput conventionnel ; le mari, en pareil cas, auroit, en outre, les 6000 l. d'effets mobiliers, & les 4000 l. de conquêts, qui lui reviennent à titre de Communauté.

Que, dans la même espece, la femme renonce au gain des meubles & à la Communauté, & accepte le bail de ses enfants. Il n'y a pas de reprises du chef du mari ; la femme, qui prend les 30000 l. d'effets mobiliers, confond les siennes & le Préciput conventionnel, & elle est tenue des 6000 l. de dettes mobilieres & des charges mobilieres de la succession.

9262. Pour éviter bien des difficultés, les Nobles pourroient exprimer, par leur Contrat de mariage, « qu'en quelque lieu que demeurent les futurs époux, lors de
» la dissolution du mariage, le Survivant aura, par Préciput, (à la charge de payer
» seul, sans y faire contribuer les héritiers du Prédécédé, pour quelque cause que
» ce soit, les dettes mobilieres non communes, & les frais funéraires, & de faire
» faire un Inventaire des titres, à défaut duquel la continuation de la Communauté
» pourra être demandée, s'il y a des enfants mineurs,) les effets mobiliers de la
» Communauté, qui resteront après le prélevement de toutes especes de reprises,
» au profit tant du Survivant que des héritiers du Prédécédé, fait, au sol la livre,
» sur les effets mobiliers & les immeubles de la Communauté, les dettes commu-
» nes, mobilieres & immobilieres, préalablement payées. On ne pourra préju-
» dicier, par don ou legs, si ce n'est jusqu'à concurrence de la somme de . . . .
» à cet avantage, qui comprendra toutes les récompenses dues à la Communauté par
» le Prédécédé, qui seront payées par ses héritiers en entier ; même celles dues à
» raison de rentes, constituées ou foncieres, qu'il devoit & qui auront été rachetées ;
» lesquelles récompenses seront réputées mobilieres, sans qu'il soit fait aucune com-
» pensation avec les récompenses que pourroit devoir le Survivant, & qu'il confon-
» dra. Le Survivant aura la faculté de renoncer à ce Préciput ; &, si c'est la femme qui
» survit, elle ne sera pas obligée de renoncer, en même-temps, à la Communauté. Après
» l'avoir accepté, le Survivant ne sera tenu des charges, que jusqu'à concurrence de l'émo-
» lument. En l'un ou l'autre cas, il aura, pour Préciput, sa garde-robe, sa toilette,
» ses bijoux, & tout ce qui est à l'usage ou pour l'ornement de sa personne, avec
» sa bibliotheque & la somme de . . . . . qu'à défaut d'effets mobiliers, il pourra
» toujours prendre sur les immeubles de la Communauté, & même, si c'est la
» femme qui survit, subsidiairement sur les propres du mari. »

9263. Voici la Consultation annoncée ci-dessus n. 9200.

LE CONSEIL SOUSSIGNÉ, qui a vu cinq Consultations, où, sur la question s'il est nécessaire, en Touraine, qu'il y ait Communauté de biens entre les Conjoints par mariage nobles, pour que le Survivant ait le gain des meubles, la négative est adoptée par MM. Gillet, Delambon, Duverne, Avocats de Paris, Dufremenel & Gaudin, Avocats de Tours, estime que tout concourt à embrasser l'affirmative.

Le

Le droit de prendre les meubles, accordé au Survivant, est un reste de l'ancien *Droit commun.*
droit, qui lui attribuoit toute la Communauté, v. Lalande sur Orléans, art.
186, n. 24, Maillart sur Artois, art. 120. Ce droit s'observe encore aujourd'hui
en quelques Pays étrangers, v. Sérieux, des C. de Mar. t. 1, p. 208, t. 2, p. 215.

Quoi qu'il en soit, ce ne sont que les meubles de la Communauté, que plusieurs
Coutumes de France déferent au Survivant, entre Nobles, v. Sérieux, t. 2, p. 17.
Quelques-unes l'énoncent expressément; toutes les autres le font visiblement
entendre.

Une remarque importante est qu'on trouve parmi celles-là la Cout. de Loudun,
qui sert à expliquer celle de Tours; & que du nombre de celles-ci sont les Cout.
d'Anjou, Poitou & Berri, voisines de celle de Tours.

« Entre personnes nobles, au Survivant des Conjoints *communs en biens*, dit
» l'art. 29 du t. 15 de Loudun, appartiennent les meubles du premier trépassé, pour
» le tout. »

On lit dans l'art. 238 d'Anjou: « femme noble ou coutumiere . . . . a droit d'a-
» voir & prendre la moitié des meubles . . . . s'ils ont été par an & par jour en-
» semble, tellement qu'ils soient communs en biens meubles . . . . fors & excepté
» au Pays de Mirebalais, où le Survivant, entre Nobles, prend tous les meubles. »

Les art. 238 de Poitou, & 13 du t. 8 de Berri, sont évidemment dans l'espece
d'une Communauté subsistante au temps du décès du prémourant, puisque les meubles qu'ils donnent au Survivant, lorsqu'il n'y a pas d'enfants, doivent, s'il y en a,
se partager par moitié entr'eux & le Survivant.

Nous ne dissimulerons pas que les Juges de Poitiers paroissent avoir introduit un
usage contraire au texte de leur Coutume. Sans cet usage, comme en convient Boucheul, « il y auroit lieu de soutenir qu'il faut que les Conjoints soient en commu-
» nauté de biens, pour prendre les meubles par le Survivant. . . . . . . La raison,
» parce que cet art. 228 & le 229, qui symbolisent en ce point, sont aux termes &
» dans le cas de la Communauté. Le Privilége accordé dans la fin des articles, ne
» se *peut*, & ne se *doit* entendre, que selon le sens & le commencement de l'arti-
» cle qui l'accorde. . . . . . La regle, dont il est l'exception, & à laquelle il ne
» change rien, que ce dont il parle expressément, n'est conçue & ne parle que des
» Conjoints communs. » Il est inconcevable que, nonobstant cela, l'usage dont
parle Boucheul, se soit formé.

L'autorité de l'usage entraine & doit entraîner, Boucheul ne peut y résister; mais
il ne s'y soumet, qu'après avoir rendu hommage au véritable sens de sa Coutume,
auquel l'usage est contraire.

Lathaumassiere veut faire entendre que, de son temps, le même usage existoit en
Berri; mais il n'existoit pas du temps de Ragueau, qui n'est pas de l'avis qu'adopte
Lathaumassiere; & peut-être n'existe-t-il pas aujourd'hui.

Le droit de survie, à Paris, où il comprend partie des meubles, & où, autrefois,
il en comprenoit la totalité, Lauriere sur l'art. 238, dépend de la Communauté,
suivant Dumoulin, dont le sentiment est adopté par Duplessis, Lemaître, Ferriere,
Bourjon; il suffira de rapporter les raisons qu'en donne Duplessis.

« C'est un Préciput de survie, donc, dit Duplessis, il faut qu'il se prenne sur
» quelque chose de commun. La Loi ne se mêle pas de faire des libéralités du bien
» d'autrui, malgré les Propriétaires; elle permet bien à ses Sujets d'en faire, mais
» elle ne le fait pas elle-même, sinon quand, dans l'avantage qu'elle établit, l'espé-
» rance est réciproque, & le sort égal, entre les deux personnes à qui elle fait tenir
» respectivement le parti du Donateur & du Donataire, parce qu'en ce cas, ce
» n'est pas tant un don, qu'une provision de la Loi, pour l'un & l'autre, en faveur
» de celui des deux qui en aura besoin. Or, cette égalité ne sçauroit jamais se ren-
» contrer, sinon quand cette grace de la Loi est à prendre sur des biens communs,

» où les Parties ont autant l'une que l'autre ; & si la Coutume en faisoit autrement,
» il se trouveroit souvent que l'avantage seroit bien plus grand pour l'une que pour
» l'autre, dans l'inégalité des biens ; qu'ainsi la Loi seroit sans mesure, & qu'elle
» feroit elle - même les avantages indirects entre Conjoints, qu'elle prohibe avec
» tant d'exactitude. »

Les art. 49 de Meaux, 57 de Chartres, 66 de Château-Neuf, déclarent précisément que les meubles & la moitié des conquêts forment la part du Survivant des Conjoints nobles dans la Communauté.

Les Auteurs, unanimes sur ce point, adoptent les mêmes principes, v. Ricard, des don. p. 3, n. 1497, Renusson, de la Comm. p. 2, c. 3, n. 67, Lebrun, des Succ. l. 1, c. 7, n. 49, de la Comm. l. 3, c. 2, s. 1, d. 4, n. 28, Pothier, de la Comm. n. 418.

On suit ces principes dans les Coutumes entiérement muettes, qui sont en très-petit nombre. Par ex. les termes de l'art. 146 de Senlis sont indéfinis ; point d'expression de Communauté ; cependant, « y auroit-il quelqu'un, dit Ricard, du Don » mutuel, n. 159, qui voulût soutenir que le Survivant pourroit jouir du bénéfice » de cet article, s'il n'y avoit pas de Communauté avec le Prédécédé ? »

C'est par rapport à toutes les Coutumes qui attribuent au Survivant des Conjoints quelqu'avantage, qu'Argou, l. 3, c. 11, décide qu'il se prend « sur une certaine » nature de biens dependants de la Communauté. » Pothier, de la Comm. n. 414, 418, 434, après avoir dit que ce ne sont que les meubles de la Communauté, que les Coutumes accordent au Survivant noble, ajoûte qu'on *doit* le supposer dans les Coutumes qui ne s'en expliquent pas.

Il n'y a pas une seule Coutume, qu'on les examine toutes, où l'on puisse, sans s'écarter de son esprit, soutenir que la Communauté n'est pas nécessaire, pour que le Survivant noble gagne les meubles.

La Cout. de Tours n'est pas à excepter ; mettons sous les yeux les dispositions qui ont trait à la question : « quant aux meubles, ils appartiennent au Survivant, » s'il les veut prendre, à la charge de payer les dettes mobilieres, &c. » art. 247. « Si la femme noble survivant renonce aux meubles, l'aîné y peut aussi renoncer, » art. 269. « Ladite femme survivant n'est reçue à renoncer auxdits meubles, si, par » même moyen, elle ne renonce aux acquêts & *autres profits de la Communauté*, » art. 270.

Ici, se manifeste clairement le vœu de la Loi. Loin de s'écarter du Droit commun, elle le consacre d'une maniere particuliere. On ne peut pas dire qu'elle soit muette sur ce point, elle qualifie de profits de la Communauté, les meubles qu'elle défere au Survivant.

Le gain des meubles est, pour la femme, un effet de son acceptation de la Communauté, puisqu'elle ne peut renoncer aux meubles, sans renoncer à la Communauté. Les meubles qui sont déférés, sont une portion de la Communauté qu'elle ne peut accepter en partie. Toutes les fois qu'elle renonce aux meubles, elle doit renoncer aux acquêts, art. 270. Toutes les fois qu'elle renonce aux acquêts, elle doit renoncer aux meubles, art. 290, 291, sans pouvoir même conserver ses bagues & joyaux, art. 293.

La renonciation de la femme aux meubles, comprend la part du mari, comme la sienne, puisqu'elle renonce, non pas seulement à sa part des meubles, mais à tous ; elle renonce à tout droit sur les meubles.

La renonciation à la Communauté, emporte la renonciation au gain des meubles.

Si la femme qui renonce à la Communauté, eut dû avoir les meubles, l'art. 293 ne lui auroit pas donné un lit garni, qu'elle auroit trouvé parmi les meubles, *inclusio unius est exclusio alterius* ; cet article, lui refusant ses bagues & joyaux, même partie de ses vêtemens, lui refuse, à plus forte raison, le bénéfice de l'art. 247.

D'après ces considérations, ne doit-on pas convenir que le droit de prendre les meubles, fait partie du droit de participer aux profits de la Communauté.

Dans le système qui n'exige pas la Communauté, qui ne limite pas le gain des meubles à ceux de la Communauté, système nouveau, où l'on fait violence au sens de la Loi, les stipulations de propres, les plus étendues, deviennent inutiles entre Nobles. A quoi bon empêcher le Survivant de profiter des deniers réalisés, soit comme commun, soit comme héritier de ses enfants, soit comme Donataire ou Légataire du Prédécédé, s'il peut les prendre comme Survivant? Tout le bien des femmes nobles ne consiste ordinairement qu'en mobilier. Si on n'eut pas toujours été dans l'idée, qu'exclure des effets mobiliers, de la Communauté, c'est les soustraire au droit de survie, eût-on manqué de mettre des bornes à ce droit, par quelques termes ajoûtés, à ce sujet, dans les clauses de réalisation? La maniere dont on les rédige aujourd'hui, annonce tant de prévoyance, & on n'auroit pas pensé à empêcher que la fortune des femmes passât aux maris, à titre de survie. Le mari n'a pas plus de droit sur les propres conventionnels de la femme, à titre de survie, qu'à titre de Communauté. Aussi, l'art. 311 appelle-t-il les pere & mere de la libéralité desquels ils procèdent, à y succéder.

Presque tous les cas qui peuvent arriver entre Conjoints communs en biens meubles & conquêts, par l'art. 230, sont prévus & décidés par la Loi; le sort, tant des meubles que des conquêts, est réglé : entrons dans un détail que l'abus que nous nous sommes apperçus qu'on fait des art. 270, 307, 319, rend nécessaire.

Si le mari survit, les héritiers de la femme renoncent à la Communauté ou l'acceptent.

Au 1er. cas, tous les meubles & conquêts restent au mari, noble ou roturier.

Au 2e. cas, 1°. le mari, noble ou roturier, a la moitié des conquêts, &, s'il n'y a pas d'enfants, il jouit de l'autre moitié, art. 319.

2°. Quant aux meubles, le mari roturier n'en a que la moitié, sauf ses vêtemens, &, s'il est homme de lettres, ses livres, hors part, art. 307 ; & il ne paye que la moitié des dettes communes, art. 306. Il ne contribue pas aux frais funéraires ni aux legs, art. 305.

Pour le mari noble, l'art 247 lui défere le choix de prendre tous les meubles, ou d'en souffrir le partage.

Le mari noble préleve-t-il tous les meubles, il paye toutes les dettes mobilieres, les frais funéraires & les legs à une fois payer, art. 247.

Consent-il le partage des meubles, il n'en a que la moitié, & hors part, avec ses vêtemens, ses armes, art. 307 ; & il n'est tenu que de la moitié des dettes communes, art. 306. Les frais funéraires ni les legs ne le regardent pas, art. 305.

Supposons la femme survivante : si elle renonce, qu'elle soit noble ou roturiere, sa rénonciation embrasse les meubles & les conquêts, art. 290 ; il n'étoit pas même nécessaire que la Coutume l'exprimât, l'art. 293 lui réserve seulement partie de ses vêtemens & un lit garni.

La femme prend-elle le parti d'accepter, 1°. la moitié des conquêts lui appartient; &, s'il n'y a pas d'enfants, elle jouit de l'autre moitié, qu'elle soit noble ou roturiere, art. 319.

2°. La femme roturiere a la moitié des meubles, outre ses vêtemens, hors part, art. 307 ; & elle n'acquitte que la moitié des dettes communes, art. 306, sans rien payer des frais funéraires ni des legs, art. 305.

La femme noble est obligée, par un effet nécessaire de son acceptation, art. 270, de prendre tous les meubles, & de payer toutes les dettes mobilieres, les frais funéraires & les legs à une fois payer, art. 247.

Les art. 305, 306, 307, ne s'appliquent aux Conjoints nobles, que dans le cas où il n'y a pas lieu au bénéfice de l'art. 247.

Y ij

Par cette exposition, on voit que toutes les dispositions de la Loi se concilient, & sont appliquées aux cas qui leur conviennent.

L'interprétation que nous donnons, est naturelle. Elle est, de plus, conforme aux regles qui doivent servir de flambeau dans la recherche du véritable sens d'une Loi.

Regles d'interprétation. C'est une regle d'interprétation, qu'une disposition de Coutume, qui souffre de la difficulté, doit s'expliquer par une autre disposition de la même Coutume.

Ce n'est pas assez de voir un article de Coutume seul, il faut considérer si d'autres n'en bornent pas le sens, v. Chassine, de l'Intell. des Cout. p. 2, Domat, l. prél. t. 2, s. 2 ; il est facile de fixer le sens de l'art. 247 de Tours, en jettant les yeux sur l'art. 270, qui y est relatif.

Une autre regle est que, pour éclaircir les doutes qui s'élevent dans une Coutume, il faut consulter les Coutumes qui ont le même esprit.

Comme la Cout. de Loudun s'interprete par celle de Tours, à laquelle, pour expliquer celle de Loudun, Proust renvoie très-fréquemment, v. par ex. p. 15, 267, 337, 340 ; de même, on a recours à la Cout. de Loudun, lorsque celle de Tours manque, Pallu, p. 170. On a vu ci-dessus que la Cout. de Loudun, qui ne fait, pour ainsi dire, qu'une même Coutume avec celle de Tours, n'accorde le gain des meubles, qu'aux Conjoints nobles, communs en biens.

Il y a une 3e. regle : de deux sens dont est susceptible une disposition, celui qui est conforme au droit commun, doit être préféré.

Il faut saisir toutes les ouvertures qui se présentent, pour se rapprocher du droit commun, v. Boucheul, Préf. p. 25. Le droit commun exigeant, pour le gain des meubles, la Communauté, on doit dire qu'elle est nécessaire dans la Cout. de Tours, par la seule raison que cette Coutume n'a pas de disposition expresse, qui soit contraire. *Statutum recipit restrictionem, ut intelligitur secundùm formam juris communis*, Sainson, t. 1, art. 5.

Ille sensus, dit Sainson, *accipitur, qui magis congruit subjectæ materiæ* ; ce qui fournit une 4e. regle, qui peut encore servir ici.

La nature de gain de survie, qu'on qualifie de Préciput, qu'on regarde comme un avantage réciproque & égal, conduit à décider qu'il doit se prendre sur des biens communs.

Suivant une 5e. regle, les Priviléges doivent se restreindre, on doit leur donner le moins d'étendue qu'il est possible.

Le gain des meubles est un Privilége, & un Privilége plus extraordinaire dans la Cout. de Tours, qu'ailleurs. Elle l'accorde, quoiqu'il y ait des enfants, v. art. 268, 269 ; au lieu qu'ailleurs, le Survivant n'en jouit que lorsqu'il n'y a pas d'enfant, *in solatium sterilitatis.* C'est déja beaucoup que la Coutume ait étendu le Privilége au cas d'enfants existants ; elle n'a pas voulu l'étendre au cas de non-Communauté, puisqu'elle n'en a pas témoigné son intention.

On peut poser pour 6e. regle, que l'usage interprete la Loi.

Il faut s'en tenir au sens déclaré par l'usage, Domat, l. prél. t. 1, s. 2, n. 19. L'usage se prouve par le témoignage des plus éclairés & des plus anciens, dit Ferriere, au mot *Coutume.*

Sentiment des Jurisconsultes. Les plus éclairés dont on puisse produire le témoignage, sont les Jurisconsultes qui ont écrit sur la Cout. de Tours. Les plus anciens, comme ceux qui leur ont succédé, déposent en faveur de l'interprétation que nous adoptons.

1ent. Boullai, C. M. remarque un Arrêt du 6 Juillet 1583, qu'on trouve dans Chopin sur Anjou, l. 3, c. 2, t. 2, n. 16 ; dans l'espece duquel, on soutint que la convention de Communauté, selon la Cout. de Tours, « comprend en soi le gain » tacite des meubles, que la Coutume attribue au Survivant. . . . . . Tous les » meubles furent adjugés. . . . . . ce qui, certes, a été très-bien ordonné, dit

» Chopin, attendu que ce gain coutumier du Survivant des mariés, dépend du cas
» & événement douteux de la mort, avec une espérance mutuelle & réciproque des
» mariés, laquelle détourne toute sorte d'envie de ce gain. . . . . . Cette Commu-
» nauté du mari & de la femme emporte ce profit & gain des meubles. » Boullai,
qui cite Chopin, s'il eût pensé que la Communauté ne fût pas nécessaire, eût - il
manqué d'en faire l'observation ?

Boullai, p. 240, décide que l'un des Conjoints, par rapport au gain des meubles,
doit avoir autant que l'autre ; décision puisée dans Dumoulin, qui écrivoit sur une
Coutume où la Communauté est requise pour le gain des meubles ; décision qui ne
peut avoir lieu, qu'autant que ce gain est une suite de la Communauté. Hors le cas
d'une Communauté, par l'inégalité des fortunes des Conjoints, le droit de l'un seroit
presque toujours plus fort que le droit de l'autre.

2ᵉⁿᵗ. Qui a mieux connu l'esprit de notre Coutume, que Pallu ? Il agite deux
questions où il suppose la nécessité de la Communauté ; il cite l'Arrêt de 1583, & il
présente, d'après Chopin, le gain des meubles, comme un effet de la convention de
Communauté. Pallu, p. 399, regarde cela comme si constant, qu'il n'en élève seulement pas la question ; il n'y voit pas la matiere d'un doute, ce qui fait penser que
c'est un point qui n'a jamais été controversé.

« Que si, par le Contrat de mariage, dit Pallu, N. M. il est convenu que les
» successions mobilieres qui écherront à chaque Conjoint, n'entreront en Commu-
» nauté, l'on a formé doute de savoir si le Survivant noble les peut prétendre, ou
» bien les héritiers du Prédécédé, auquel elles sont échues : sur quoi se peut dire
» que, ce droit, ce Privilége de survivance n'étant attaché à la Communauté, quoi-
» que les meubles venus de succession, n'y soient entrés, ils ne laissent d'appartenir
» au Survivant. *Tamen*, j'estime le contraire, car si l'intention des Parties a été que
» l'on ne puisse prétendre auxdits meubles, *jure Communionis* ; à plus forte raison,
» l'on a prétendu exclure ce droit de survivance, qui attribue la totalité des meubles :
» ce qui reçoit encore moins de doute, lorsqu'il est stipulé que ce qui surviendroit
» auxdits futurs par succession, en meubles ou immeubles, demeurera à chacun
» d'eux, propre. » Si Pallu dit, par forme d'objection, que le droit de survivance
n'est pas attaché à la Communauté, il répond qu'où l'on ne peut pas profiter des
meubles à titre de Communauté, à plus forte raison on ne peut les réclamer à
titre de survie. Une femme par ex. en consentant, par le Contrat de mariage, une
exclusion de Communauté, ou en se faisant, depuis le mariage, séparer de biens,
a-t-elle renoncé à participer, à titre de Communauté, aux effets mobiliers que son
mari pourra avoir ; on peut dire qu'à plus forte raison, elle a renoncé à en profiter
à titre de survie.

3ᵉⁿᵗ. Chauvelin sur Tours, art. 247, donne lieu de penser que la Communauté
est une condition requise pour le gain de survie.

4ᵉⁿᵗ. M. Dubois, pere, en ses notes, rapporte avoir décidé, le 24 Novembre
1678, que la Coutume exige la Communauté. Il s'appuie de l'art. 270, & de l'Arrêt
de 1583, « qui a jugé, dit-il, que c'est la Communauté qui attribue au Survivant
» le gain des meubles. »

5ᵉⁿᵗ. M. Dubois, fils, en ses notes, fait part de ce qu'il a décidé au sujet de
deux donations de meubles, faites entre Conjoints nobles, non-communs en biens :
on ne voit pas que, dans l'une ni dans l'autre espece, le Donataire ait soutenu
que, s'il ne pouvoit pas avoir les meubles en cette qualité, au moins il devoit les
avoir en qualité de Survivant ; ce qui annonce combien on étoit persuadé de la nécessité de la Communauté. Cette remarque est d'une forte considération. La seule
difficulté qu'on faisoit, c'est que l'art. 247, en traitant du pouvoir de s'avantager
entre Conjoints nobles, ne fait mention que des immeubles.

Ecoutons M. Dubois, fils : « *quid* des meubles, quand il n'y a pas de Commu-

» nauté, & que le Survivant n'a pas droit de les prétendre, en conséquence de
» cet article 247 ? *Responsi* que le mari les peut donner à sa femme, & la femme
» à son mari, soit par donation entrevifs, ou par testament; *ratio* que, par cet ar-
» ticle, le pouvoir de donner, entre Conjoints nobles, étant le même que celui
» des roturiers pour les immeubles, il doit l'être pareillement pour les meubles. »

La décision donnée pour la 2e. espece, a cela de particulier, qu'elle nous apprend
que l'opinion de M. Dubois, fils, étoit celle de M. Delaroche, autre Avocat dif-
tingué. « Le Survivant des Conjoints qui n'ont point de Communauté, ne pouvant
» avoir les meubles, en conséquence de l'art. 247, les peut avoir en vertu d'une
» donation en faveur de mariage, suivant l'art. 236; parce que les Nobles peuvent
» donner en faveur l'un de l'autre, comme les Roturiers. Nous l'avons ainsi répon-
» du, M. Delaroche & moi, pour le sieur de Préville, Gentil-homme, le 10
» Juin 1724. »

6ent. « Si les Nobles doivent être en Communauté, pour jouir du Privilége de l'art.
» 247, on le tient ainsi, » dit M. Bouault, en ses notes.

7ent. M. Bernard, en ses notes, a d'abord été du même sentiment; c'étoit celui
qu'il voyoit tenir par ses anciens, les Dubois, Delaroche, Bouault. Ensuite, il a
tenté de se frayer une route nouvelle; puis, s'en faisant comme une espece de scrupule, il a écrit : « cette question est bien sérieuse, & mérite d'être revue : la Cou-
» tume qui table sur le droit commun, suppose la Communauté entre Conjoints. »

M. Bernard a, en effet, revu la question; & dans les derniers moments de sa
vie, après avoir avoué qu'il avoit varié, il a ajoûté que l'art. 270 lui paroissoit décider que le Préciput n'a lieu qu'en cas de Communauté.

Voila tous les anneaux d'une chaîne qui embrasse un espace de près de deux
siécles; quel moyen de la rompre! *Minime mutanda sunt quæ certam interpretationem
semper habuerunt*, *l. 23. de Leg.* Qu'opposer à cette tradition suivie, qui assure le
sens de la Loi, & constate l'usage ? Nous pouvons dire, avec Dumoulin sur Paris,
art. 1, gl. 1, n. 6, *talis videtur esse communis observantia & modus utendi, secundum
quam possumus & DEBEMUS Consuetudinem nostram interpretari.*

Si l'usage est capable de vaincre la Loi, *non usus tollit Legem*, v. Challine, de
l'Intell. des Cout. p. 49; de quelle force n'est-il pas, lorsqu'il s'accorde avec la disposition! Dans le 1er cas, c'est un tyran, dont on reçoit le joug aveuglément; dans
le 2e. c'est un guide, qui nous éclaire, en nous conduisant, sans nous contraindre.
Il n'est pas nécessaire de dire lequel de ces deux caracteres convient à notre usage.
Ce n'est pas sans peine qu'on s'est soumis, en Poitou, à un droit que la lettre de la
Loi condamne; il a fallu plusieurs Sentences, pour triompher de la résistance qu'on
opposoit à l'usage que le Siége de Poitiers s'est porté à introduire. Notre usage,
d'accord avec la Loi, s'est toujours soutenu sans aucune contradiction. Des contestations qu'on porte dans les Tribunaux, prouvent que les avis ne sont pas unanimes;
& ordinairement les opinions sont presqu'aussi partagées entre les Juges, qu'entre
les Conseils des Parties. Si nous ne pouvons citer aucune Sentence, c'est une preuve
que l'unanimité a été parfaite parmi nous. Deux occasions se sont présentées de faire
valoir, comme moyen subsidiaire & en même temps décisif, le systême dont il s'a-
git; MM. Dubois, fils, & Delaroche ont dédaigné de s'en servir. Ils étoient bien
sûrs qu'il ne feroit aucune impression, que tous les esprits étoient disposés à le rejetter. Ils ne penserent seulement pas à se le proposer par forme d'objection. Peut-on
imaginer une preuve plus puissante de l'opinion où étoit, de leur temps, le Barreau
de Tours ?

Nous devons dire, avec Constant sur Poitou, art. 238, *hoc tenendum, quià hoc
jure utimur.* Quelqu'objection qu'on fasse, nous pourrions ne pas y faire d'autre réponse; néanmoins, essayons de discuter, non seulement les quatre ou cinq difficultés
qu'on propose, mais encore quelques autres qui nous sont venues à l'esprit.

1er. La dame Falaiseau, quoique non-commune en biens, a eu les meubles.

Une suite d'exemples, bien constants, feroit capable de jetter de l'incertitude dans les esprits; on s'épuise en recherches, & tous les efforts qu'on fait, ne produisent pas un seul exemple, dont on puisse administrer la preuve.

Le fils que le sieur Falaiseau avoit eu d'un 1er. mariage, consulta le Chef du principal Siége de la Province, & sa femme consulta M. Bernard; l'avis du 1er. fut favorable au fils; y a-t-il apparence qu'il eût abandonné purement & simplement ses droits? Quel qu'ait été l'avis de M. Bernard, il n'a pas cru que ce fût un exemple à citer; il n'en fait pas mention dans ses notes.

Nous avons donné le vrai-semblable, venons au vrai. Une personne nous a assuré que le fils du sieur Falaiseau a eu tous les meubles, qu'il a fait transporter de Tours, dans une autre Ville où il demeuroit; & que la femme avoit été restreinte, par son Contrat de mariage, à une somme, pour toutes choses.

Nous ne citerons pas, de notre côté, l'exemple de la dame Desarpentis: par son Contrat de mariage, il avoit été convenu que le Survivant auroit les effets mobiliers dépendants de la Communauté, suivant & au desir de notre Coutume; & en cas de rénonciation à la Communauté par la femme, il ne lui avoit été accordé que ses vêtemens, les effets destinés à l'ornement & à l'usage de sa personne, & une chambre garnie. Il avoit été fait depuis une donation mutuelle de tout ce qu'ils pouvoient se donner comme personnes nobles & Conjoints. Y ayant eu une séparation de corps & de biens, il n'a point été question du gain des meubles à la mort du sieur Desarpentis. Pour se fonder sur des exemples, il faut savoir exactement les circonstances. Une femme peut conserver les meubles de la maison du mari, en compensation d'autres objets; des enfants peuvent, par respect, les lui laisser, sûrs de les retrouver après son décès; ces meubles peuvent n'être que très-peu de chose, &c.

2e. On peut argumenter de ce que la disposition concernant le Préciput des Nobles, ne se trouve pas sous le titre de la Communauté.

1°. Qui ignore que l'esprit d'ordre n'a pas présidé à la rédaction des Coutumes. La Cout. de Tours en fournit plusieurs exemples; sans sortir du titre des donations, où il est question du Préciput, on voit les art. 254, 255, qui auroient dû être rangés sous le titre de la Communauté.

2°. Le Préciput des Nobles peut être considéré comme une espece de donation, que la Loi fait au Survivant, ou comme une espece de succession, qu'elle lui défere. Mais, soit donation, soit succession, la Loi la fait dépendre d'une condition, de l'existence d'une Communauté. Comme il pouvoit être également question de ce Préciput, dans le titre de la Communauté, dans celui des donations, ou dans celui des successions entre Nobles; on en a parlé, lorsque l'occasion s'en est présentée, sans y être déterminé par aucun motif de préférence. C'est ainsi qu'on s'est comporté à l'égard de la jouissance des conquêts, attribuée au Survivant, noble ou roturier, dont on pouvoit indifféremment faire mention dans le titre de la Communauté, dans celui des donations, dans celui des successions entre Nobles, ou dans celui des successions entre Roturiers.

3°. Le Préciput des Nobles n'est pas l'objet unique d'un article qui lui soit destiné; il en est question, par occasion, dans un article dont l'objet principal est la faculté accordée aux Conjoints nobles, de s'avantager; est-il étonnant que cet article soit sous le titre des donations? C'est aussi, par occasion, que, dans le titre du retrait lignager de la Cout. de Loudun, il est disposé du Préciput des Nobles.

3e. Il ne faut pas distinguer où la Loi ne distingue pas.

Oui, quand rien n'oblige à distinguer. On est forcé de suppléer une distinction, dans l'art. 247, qui défere le gain des meubles, lorsqu'on fait attention que, de droit commun, ce gain dépend de la Communauté, que l'art. 270 le suppose, que la Cout. du Loudun l'exige expressément, &c. C'est ainsi que, dans la Cout. de

Bar, qui charge le Survivant qui prend les meubles, de payer les dettes indéfiniment, art. 78, sans distinguer les mobilieres, des immobilieres, on s'est porté à
suppléer cette distinction, parce que, de droit commun, la charge du gain des
meubles est restreinte aux dettes mobilieres, Héricourt sur Laon, art. 20.

4e. *Obj.*   4eme. La Loi est si éloignée de distinguer le cas de Communauté, du cas de non-
Communauté, que, pour les meubles qu'elle défere, elle ne distingue pas entre les
meubles communs & les meubles non-communs, & que, pour les dettes mobilieres
qu'elle charge de payer, elle ne distingue pas entre les dettes mobilieres communes
& les dettes mobilieres non - communes. L'actif doit se régler comme le passif: il est
évident que la Loi a intention de charger de payer indistinctement toutes dettes mobilieres, communes ou non; c'est une preuve qu'elle défere tous les meubles, communs ou non, qu'elle ne considere point s'il y a ou n'y a pas Communauté de biens.

Il faut distinguer pour l'actif, parce que l'esprit de la Coutume, conforme à celui
des autres Coutumes, est que le gain des meubles soit dépendant de la Communauté; & il ne faut pas distinguer pour le passif, parce que, chargeant le Survivant
de payer les frais funéraires, les dons & les legs du Prédécédé, qui font des dettes
de sa succession, la Coutume fait assez connoître qu'elle n'entend pas borner les
charges du gain des meubles, aux dettes de la Communauté. Toutes les dettes mobilieres, communes ou non, doivent être regardées, parmi nous, comme des charges
inséparablement attachées aux meubles; c'est pourquoi, à cet égard, l'art. 247 assimile
le Survivant à tout autre qui prend les meubles, art. 237, 268, 274, 283, 310,
312, 313, 340. A Paris, l'actif ne se regle pas de la même maniere que le passif.
Quoique toutes les dettes mobilieres n'y suivent pas, comme à Tours, les meubles,
Bourjon, t. 1, p. 674, tient que le Survivant, qui ne prend que des meubles dépendants de la Communauté, qui ne prend qu'une partie de ces meubles, doit payer
toutes les dettes mobilieres, non-seulement de la Communauté, mais de la succession
du Prédécédé.

5e. *Obj.*   5eme. L'art. 270 de Tours signifie seulement que la femme ne peut renoncer aux
meubles de la Communauté, sans renoncer aux acquêts de la Communauté. En renon-
çant au gain des meubles, elle ne renonce pas aux meubles de la Communauté,
elle ne renonce qu'à la part du mari, & elle conserve sa moitié. L'art. 247 lui donne
la même faculté qu'au mari; pourquoi restreindre cette faculté, par rapport à la
femme, en lui imposant une condition qui ne regarde pas le mari? Il n'y aura plus
d'égalité, de réciprocité.

« En Artois, une veuve peut accepter la Communauté mobiliere, & renoncer à
» celle des conquêts, si l'une lui est plus avantageuse que l'autre, » Maillart sur Artois, art 171; c'est contre le droit commun, selon lequel, la femme doit renoncer
à toute la Communauté, art. 237 de Paris, & aux meubles, & aux acquêts, art.
290, 291 de Tours. L'art. 270 seroit inutile, s'il ne disoit pas autre chose; en l'a-
joûtant lors de la derniere réformation, on avoit un motif, que sa liaison avec l'art.
269, décele assez.

Si l'art. 270 avoit pour but d'expliquer les art. 290, 291, ce n'auroit été qu'après
la lecture de ces articles, qu'on auroit pensé à l'ajoûter. Le Procès-verbal de la réformation porte que les art. 268, 269, 270, ont été mis au lieu d'un autre article;
l'art. 270 n'est pas borné à la matiere de la Communauté, il se rapporte, comme
les art. 268, 269, au droit du Survivant.

Si l'art. 270 ne parloit que de la rénonciation à la Communauté, il seroit pour le
cas où la renonciation se fait du vivant du mari, comme pour celui où elle se fait
après son décès; il seroit pour la femme roturiere, comme pour la femme noble:
les termes, *ladite femme survivant*, annoncent qu'il n'a rapport qu'au cas de survie
de la femme, qu'à la femme noble, dont il a été question dans l'art. 269.

Autrefois, en Bretagne, les acquêts faits pendant le mariage, étoient censés propres

pres à la femme pour une moitié, & ne faisoient pas partie de la Communauté ;
de sorte que la femme qui renonçoit à la Communauté, ne renonçoit qu'aux meubles ;
ce qui a été changé par l'art. 433, v. Perchambault, p. 569, 570. Si le même usage
eut eu lieu en Touraine, il y auroit quelqu'apparence de dire que l'art. 270 auroit
été ajoûté pour le faire cesser ; mais la renonciation aux acquêts comme aux meubles, ayant toujours été nécessaire, pour mettre à l'abri des dettes, ainsi qu'on le
voit par la rédaction de la Cout. de Tours, arrêtée en 1460, t. 25, art. 28, t.
27, art. 13, il faut convenir que l'art. 270, ajoûté lors de la réformation faite en
1559, a un autre objet.

Il est vrai que la condition imposée à la femme par l'art. 270, fait manquer la
réciprocité du Privilége. Suivant Pothier, de la Comm. n. 425, il n'est pas essentiel
que le Privilége soit absolument égal & respectif. La réciprocité manque, en quelque
façon, comme le reconnoît Duplessis sur Paris, p. 458, par rapport au deuil, que
la femme confond, parce qu'il fait partie des frais funéraires, Pallu, p. 358, qu'elle
est obligée d'acquitter, en prenant les meubles. La réciprocité manque bien plus,
par la charge de payer les dettes, autres que celles de la Communauté.

Buridan sur Ribemont, art. 93, en parlant d'une autre différence, qui consiste
en ce que la femme survivante est tenue d'acquitter les legs faits par le mari, au
lieu que, si le mari survit, les héritiers de la femme doivent l'indemniser des legs
qu'elle auroit faits, dit que « cet avantage semble avoir été octroyé au mari, parce
» qu'ordinairement, il contribue davantage aux acquisitions des biens de la Com-
» munauté, que la femme. »

Nous avons un autre exemple de différence entre le mari & la femme : le mari
n'est obligé de renoncer à aucun avantage, pour profiter du don mutuel, tandis que
la femme qui l'accepte, perd son douaire, art. 337.

6ᵉ. L'art. 247, en donnant, tant au mari qu'à la femme, la faculté de renoncer
au gain des meubles, exprime une disposition générale, qui souffre une exception,
par rapport à la femme commune, à qui l'art. 270 ne permet de renoncer que sous
une condition. On doit distinguer entre la femme commune & la femme non commune : celle-là est l'objet de l'art. 270, celle-ci demeure sous la disposition de l'art. 247.

Cette distinction n'est fondée, ni sur la lettre, ni sur l'esprit de la Coutume. Si
l'art 270 étoit conçu en ces termes, « si la femme survivante est commune, elle n'est
» reçue à renoncer, &c. » on pourroit prétendre qu'il seroit pour le cas de Communauté, sans exclure le cas de non-Communauté, où la femme auroit la faculté
de renoncer au gain des meubles, sans être assujettie à aucune condition. La Loi ne
s'est pas exprimée ainsi ; & il seroit singulier qu'elle eût fait dépendre un droit qui
pourroit exister sans Communauté, du droit de Communauté ; qu'elle eût uni ensemble deux droits distincts, deux droits qu'elle auroit séparés d'ailleurs, en établissant
l'un où l'autre n'auroit pas lieu. L'art. 269 s'entendroit du cas où il y a non-Communauté comme de celui où il y a Communauté ; & l'art. 270, qui en est une suite,
s'entendroit seulement du cas où il y a Communauté : cela répugne. C'est la même
femme noble, *ladite femme*, qui, par l'art. 269, a la faculté de renoncer aux meubles, à qui l'art. 270 impose une condition ; l'art. 270 parle des mêmes meubles
que l'art. 269, *auxdits meubles*. L'un n'a pas plus d'étendue que l'autre ; il faut
donc les renfermer tous deux dans le cas de Communauté.

7ᵉ. Le gain des meubles, qui a lieu, entre Nobles, presque par-tout, Loisel,
l. 2, t. 5, n. 23, n'est point accordé en conséquence de la Communauté, Lathau-
massière sur Berri, t. 8, art. 13, autrement les Roturiers en jouiroient ; mais en
considération de la Noblesse, Boucheul sur Poitou, art. 238, n. 10.

C'est cette considération qui l'a fait établir dans toutes les Coutumes qui l'admettent, dans celles qui parlent, comme dans celles qui ne parlent pas de la Communauté. Par-tout, la Noblesse est le motif de ce Privilége, & la Communauté en est

la condition. « Entre Nobles, lisons-nous dans l'art. 126 de Peronne, il est loisible » au Survivant des deux Conjoints par mariage, de prendre, *par Privilége de Noblesse,* » tous les meubles qui *communs* étoient entre eux. » Les Roturiers ayant plus leurs biens en meubles, que les Nobles, par ex. les Négociants, il auroit été d'une trop grande conséquence d'admettre, entre Roturiers, le gain des meubles, v. Pallu, p. 399.

8e. *Obj.*   8^{em}. Quand la Coutume exige la Communauté, elle a soin de l'exprimer ; par ex. dans l'art. 319, pour la jouissance des conquêts.

C'est principalement dans le cas où la Coutume veut que sa disposition ait lieu, qu'il y ait Communauté ou non, qu'il semble qu'elle doit l'exprimer, comme elle l'a fait dans l'art. 132. Ayant établi la Communauté entre Conjoints, elle les suppose communs, lorsqu'elle détermine leurs droits, si elle ne dit le contraire. Les regles qu'elle donne, ont rapport à l'état où elle les met elle-même, non à celui qu'ils peuvent se choisir, en dérogeant à sa disposition. Les Rédacteurs de la Coutume avoient l'esprit tellement fixé au droit de la Communauté, qu'à chaque instant, ils s'occupent des biens qui en font partie, v. les art. 24, 144, 156, 185, 186, &c. S'ils ont restreint au cas de Communauté un simple avantage en usufruit, lorsqu'il n'y a pas d'enfant ; à plus forte raison, ont-ils entendu que la même restriction auroit lieu, à l'égard d'un avantage qui embrasse la propriété au préjudice des enfants.

9e. *Obj.*   9^{em}. L'art. 247 n'accorde aux Conjoints nobles le pouvoir de s'avantager, dans tous les cas, que par rapport aux immeubles, parce que les meubles appartiennent, dans tous les cas, au Survivant. Autrefois, l'article portoit, « homme & femme no- » bles, de leurs meubles, ne peuvent rien donner, l'un à l'autre ; car, par la Cou- » tume, ils sont au Survivant, s'il les veut prendre. »

1°. Outre que l'article ne fut pas accordé, mais remis à la Cour, lors de la réformation faite en 1507, il présente le même sens que l'art. 4 du t. 15 de Loudun, qui dit « qu'entre les Nobles-Conjoints, il n'est métier de faire don, l'un à l'autre, de » leurs meubles, parce que, par la Coutume, le Survivant d'eux est fondé & a droit » de les avoir & recueillir ; » & qui, néanmoins, donne expressément aux Conjoints nobles la faculté de se donner tous leurs meubles. On ne pourroit pas dire, à Loudun, que les Conjoints nobles ne peuvent se donner les meubles, d'après l'art. 4 du t. 15, où on lit le contraire ; & que les meubles sont au Survivant, dans tous les cas, d'après l'art. 29 du t. 15, qui ne les donne que dans le cas où les Conjoints sont communs. Ces deux articles développent le sens de la disposition qui se trouve dans la rédaction de la Cout. de Tours, arrêtée en 1460, & dans la réformation faite en 1507. C'est en copiant presqu'entiérement cette réformation, qu'onze ans après, on rédigea la Cout. de Loudun.

2°. La Coutume considere les Conjoints mariés suivant sa disposition ; alors, tous les meubles sont communs, art. 230, & elle les défere tous au Survivant, art. 247, il n'y a point de disposition à en faire. Si, par une dérogation à la disposition de la Coutume, partie des meubles n'entre pas dans la Communauté, ou toute Communauté est exclue, ou, la Communauté de tous les meubles étant admise, on a renoncé au gain de survie, comme on le peut, Boucheul sur Poitou, art. 238, n. 35, Pothier, de la Comm. n. 426, il est utile aux Conjoints nobles, d'avoir la faculté de disposer, au profit l'un de l'autre, de partie ou de la totalité de leurs meubles. Ils ont cette faculté, malgré l'omission de la Coutume. Les Conjoints nobles qu'elle favorise plus que les Conjoints roturiers, doivent avoir, au moins, le même pouvoir.

10e. *Obj.*   10^{em}. L'art. 247 contient deux dispositions qui regardent les mêmes personnes ; pourquoi restreindre aux Conjoints communs en biens, la disposition concernant le gain des meubles, tandis que la disposition concernant le pouvoir de s'avantager, convient aux Conjoints non-communs, comme aux Conjoints communs ?

Par rapport au pouvoir de s'avantager, la Loi ne considere pas les Conjoints, comme

Conjoints ; puisqu'elle ne leur donne pas un pouvoir différent de celui qu'ils auroient, s'ils n'étoient pas mariés. Ils pourroient se donner de la même maniere, ni plus, ni moins ; ce n'est pas comme dans les Coutumes où le don permis entre Conjoints, n'embrasse que les biens de la Communauté. Quant au gain des meubles, on a vu que la Loi n'a pas eu intention de s'écarter du droit commun, qui le borne aux meubles communs.

11.e note → 11eme. Les meubles sur lesquels un des Conjoints a droit comme Survivant, sont les mêmes que ceux sur lesquels il peut avoir droit comme Baillistre ; aussi, Pallu, p. 597, remarque-t-il que l'art. 342 sert d'exception à l'art. 247.

L'art. 342 est une exception à l'art. 340 ; l'art. 247, en ce qui concerne le gain des meubles & les charges de ce gain, est nue exception aux art. 306, 307. Le droit de survie & le droit de Bail sont sujets à des regles différentes.

12eme. Le Préciput du Survivant doit se régler sur celui de l'aîné ; ils marchent du même pas, pour les meubles. Les meubles qui appartiennent à titre de survie, art. 247, & les meubles qui appartiennent à titre d'aînesse, art. 260, 274, sont les mêmes ; les art. 247, 268, 269, 274, y attachent les mêmes charges : ils sont l'objet de la poursuite des Créanciers de la succession où ils se trouvent, & non pas seulement des Créanciers de la Communauté.

Il y a des différences entre le droit de survie & le droit d'aînesse, comme il y en a entre le droit d'aînesse & le droit de bail, quoiqu'aucun de ces droits ne puisse s'exercer, sans qu'on soit obligé de payer toutes les dettes mobilieres. Par ex. le Préciput de l'aîné differe du Préciput du Survivant, en ce que le Préciput de l'aîné est un vrai droit successif, & que ce n'est qu'improprement qu'on peut qualifier ainsi le Préciput du Survivant, qui est une espece de Contrat aléatoire, que la Loi fait pour les Conjoints. La perte que la succession d'un des Conjoints peut souffrir, s'il prédécede, est balancée par l'espérance du gain qu'il peut faire, s'il survit ; c'est une espece de don mutuel, qui a lieu sans convention expresse ; les Conjoints le consentent tacitement, en se mariant sous une Coutume qui l'admet.

13eme. Le Préciput du Survivant est une extension du titre *undè vir & uxor*. Duplessis, t. 1, Consult. 31e. dit qu'en Touraine, c'est une véritable succession.

Lebrun, de la Comm. l. 3, c. 2, s. 1, d. 4, n. 26, se contente de dire que cet avantage tient *un peu* du droit des successions ; & son Annotateur ne pense pas que ce soit même une *espece* de succession.

La comparaison du Préciput du Survivant avec la succession *undè vir & uxor*, ne peut être parfaite. Le Conjoint héritier peut être privé des meubles par un testament, & il n'est préféré qu'au fisc, Lebrun, des succ. l. 1, c. 7, n. 1, 44. Au contraire, le Conjoint survivant prend les meubles, par droit d'accroissement, disent Ferriere sur Paris, art. 238, n. 49, Ricard, des Don. p. 3, n. 1496, ou encore mieux par forme de partage de Communauté ; nonobstant, suivant Bourjon, t. 1, p. 673, toute disposition qu'auroit faite le Prédécédé, & au préjudice des pere & mere du Prédécédé, ses héritiers aux meubles, Ragueau sur Berri, t. 8, art. 13, même parmi nous, au préjudice des enfants.

L'art. 11 de Troies se trouve le 1er. du titre *des droits & prérogatives des Nobles, & comment ils succedent* ; cependant, Legrand ne s'avise pas même de proposer si le gain des meubles, mentionné en cet article, est un droit de succession, indépendant de la Communauté. Tout ce qu'il dit, se rapporte à la Communauté.

Qu'on donne, si l'on veut, le nom de succession au Préciput du Survivant, parce qu'il suppose un décès ; cela n'en étend pas l'objet, qui est toujours borné *aux meubles de la Communauté*, art. 28 de Châlons. « Les Coutumes, dit Pothier, de » la Comm. n. 419, ne déferent au Survivant *la succession*, que des meubles com- » muns entre le Prédécédé & lui, » au lieu que la succession *undè vir & uxor*, comprend tous les meubles, & même tous les immeubles, acquêts ou propres.

14^{ent}. La faculté accordée au mari, de renoncer à l'avantage de l'art. 247, est une preuve qu'il ne fait pas partie de la Communauté, à laquelle le mari ne peut renoncer.

Le mari n'a pas le droit de renoncer à la Communauté, de se libérer, par-là, des dettes de la Communauté; mais il a le droit de renoncer au gain des meubles communs, en en consentant le partage, pour se dispenser de payer les dettes de la femme prédécédée, autres que celles de la Communauté: il est toujours tenu de celles-ci, en ce qu'elles excedent la valeur des biens de la Communauté. Ainsi, la faculté accordée au mari, de renoncer à l'avantage de l'art. 247, est seulement une preuve que cet avantage emporte l'obligation de payer d'autres dettes, que celles de la Communauté: autrement, cette faculté deviendroit illusoire, puisqu'il ne lui serviroit de rien d'en user.

15^{ent}. On ne peut refuser le gain des meubles à la femme qui, s'étant fait séparer de corps & de biens, a accepté la Communauté; il y a eu Communauté, aux profits de laquelle elle n'a pas renoncé. D'ailleurs, la séparation ne doit pas la priver d'un droit que la Loi lui donne; ce seroit la punir des fautes du mari.

1°. Tous les Auteurs requierent une Communauté subsistante au temps du décès. Les art. 3 de S. Quentin, 17 de Chauni, 20 de Laon, 126 de Peronne, expriment disertement que ce sont les *meubles communs au jour du trépas* du Prédécédé, qui sont déférés au Survivant. Il en est de même pour le droit du Survivant sur les conquêts, v. art. 299 du Maine.

2°. C'est la femme qui se prive du gain des meubles, en faisant une démarche qui doit le faire cesser. Le droit de Communauté est établi en sa faveur, comme le droit de survie. Elle consent à ne plus participer aux acquisitions en meubles ou immeubles, que fera le mari; elle partage la Communauté pour le passé, & elle renonce, pour l'avenir, à tout droit de Communauté. Comme elle n'aura aucun droit sur les acquêts que fera le mari, elle n'en aura aucun sur les meubles; l'un n'est pas plus injuste que l'autre. D'un autre côté, le mari cesse d'avoir aucun droit sur les biens de la femme. Par-là, la femme perd l'espérance d'avoir les meubles du mari; mais le mari perd également l'espérance d'avoir les meubles de la femme. Plût-à-Dieu que la crainte d'être privé du gain des meubles, pût rendre plus rares les séparations! Si la femme perd l'espérance d'avoir les meubles du mari, elle assure les siens à ses héritiers. Seroit-elle insensible à leurs intérêts? Elle peut, dès le lendemain de la séparation, en donnant à rente viagere ses meubles, augmenter ses revenus. Une augmentation présente est préférable à une augmentation qui auroit pu n'avoir lieu qu'après 20 ou 30 années. Elle acquiert la faculté de disposer de sa part dans les biens communs, à titre onéreux ou lucratif; la Communauté, subsistant, lui lioit les mains, la séparation lui rend la liberté.

3°. On conviendra que le mari, survivant, ne doit pas avoir le gain des meubles; il s'en est rendu indigne. Seroit-il juste que l'un des Conjoints pût l'avoir dans un cas où l'autre ne peut le demander? Nous avons dit que le gain des meubles a lieu par l'effet d'une espece de don mutuel que la Loi fait pour les Conjoints. L'ingratitude de l'un en opérant la revocation, à son égard, il ne peut subsister, à l'égard de l'autre.

4°. Lebrun, des Succ. l. 1, c. 7, n. 19 & suiv. tient que la séparation de corps empêche la femme de succéder au mari, en vertu du titre *undè vir & uxor*; le fisc, quelque peu favorable qu'il soit, lui est préféré. Est-il surprenant que les héritiers du mari, que ses enfants puissent, en pareil cas, disputer à la femme le gain des meubles?

16^{ent}. Les meubles appartiennent au Survivant, c'est un bénéfice assuré dès le moment du mariage qui s'est contracté suivant la Cout. de Tours, *quod includit*, dit Pallu, p. 399, *tacitum pactum* de prendre les meubles par le Survivant; la séparation qui survient, ne peut y donner atteinte.

Sans approfondir le principe de Pallu, examinons qu'elle doit en être la conséquence. Ce ne font que les meubles communs au jour du décès du prémourant,
que la Loi, fi l'on veut, par une efpece d'inftitution d'héritier qu'elle fait, par rapport à cette efpece de biens, affure au Survivant, de forte que celui qui meurt le
1er. ne peut y contrevenir, en appellant quelqu'autre pour les recueillir. Quelqu'événement qui arrive, le Survivant fera toujours l'héritier des biens de la nature
de ceux qui font l'objet de l'inftitution. Cette qualité, qui lui a été imprimée, lorfqu'il a contracté mariage fous la Cout. de Tours, ne peut lui être ôtée ; c'eft tout ce
qui peut lui être affuré. Le moment du décès du prémourant détermine l'effet de cette
inftitution légale, comme il détermine l'effet d'une inftitution contractuelle, *infpici-
tur tempus mortis*, Pallu, p. 399. Jufqu'alors, les meubles peuvent être abforbés
par des dettes, ou convertis en immeubles ; les meubles communs peuvent ceffer
d'être communs. Le furvivant peut-il fe plaindre, s'il fouffre de ce dernier changement ? Ou il l'a demandé, ou il a donné occafion à la demande que le prédécédé en
a faite.

17ent. La féparation ne prive la femme, ni du Préciput conventionnel, ni du
douaire, qui eft un autre droit de furvie ; pourquoi priveroit-elle du Préciput
légal ?

1°. Le douaire a lieu quoiqu'il n'y ait jamais eu de Communauté ; il y a d'autres différences entre ce droit de furvie & le Préciput légal.

2°. La furvie eft néceffaire, pour favoir fi le Préciput, foit légal, foit conventionnel, aura lieu au profit de l'un ou de l'autre des Conjoints ; d'ailleurs, le
Préciput légal & le Préciput conventionnel ne fe reffemblent point, Pothier, de la
Comm. n. 427. Le Contrat de mariage apprend en quoi confifte le Préciput conventionnel ; ce n'eft qu'au moment du décès du prémourant, qu'on peut fixer en quoi
confifte le Préciput légal. L'un eft d'une fomme certaine ou d'effets certains ; l'autre
n'eft que de ce qui exiftera au temps du décès. Il y a des charges attachées à ce dernier, dont le 1er. eft exempt. On peut comparer le Préciput conventionnel à une
donation particuliere de telle fomme, de tels effets, fous la condition que le Donataire furvivra ; & le Préciput légal, à une inftitution d'héritier, qui embraffe tous les
biens d'une certaine efpece, qui pourront fe trouver lors du décès. Quand, après une
féparation, on partage les biens communs, le Préciput conventionnel ne peut être
prélévé ; chacun s'en conftitue débiteur l'un envers l'autre, pour le cas où la dette
aura lieu. Par rapport au Préciput légal, loin que l'un des Conjoints s'oblige envers
l'autre, chacun renonce refpectivement à fon droit, en faifant ceffer une Communauté fans laquelle il ne peut exifter.

18ent. Le partage de la Communauté entre Nobles, differe du partage de la Communauté entre Roturiers, en ce que, dans celui-ci, les meubles fe divifent par moitié,
& dans celui-là, tous les meubles font d'un côté ; c'eft une maniere de partage entre
Nobles, Dupleffis fur Paris, p. 455, aux notes. Si le partage fe fait du vivant des Conjoints, il faut attendre que l'un décede, pour favoir de quel côté feront tous les meubles.

Entre Nobles, à la mort d'un des Conjoints, le furvivant peut partager la Communauté, comme noble, en exerçant le privilége qui lui eft déféré, ou *partir comme
roturier*, fuivant l'expreffion de l'art. 79 de Sedan ; mais, du vivant des Conjoints, les
partage ne peut fe faire que d'une façon, entre Nobles, comme entre Roturiers : autrement, il s'enfuivroit des abfurdités choquantes.

Il faudroit dire, par ex. pour la femme furvivante, que fon droit auroit pour
objet précifément les meubles qui feroient échus par le partage au mari ; que le mari
n'en auroit été, depuis la féparation, que l'ufufruitier, fans pouvoir en difpofer à fon
gré, les diffiper, ou les convertir en immeubles, ce qui eft ridicule.

On ne peut reconnoître que le gain des meubles eft une fuite de la Communauté,
fans avouer qu'il ne frappe que fur des meubles communs. Les meubles acquis par le

mari , depuis la féparation , ne font pas communs ; ceux même qui lui font échus par le partage , ont ceffé , dès le moment du partage , d'avoir cet.e qualité , & lui font devenus propres.

Si , à la mort du mari , la femme , qui , lors de la féparation , a accepté la Communauté , étoit fondée à exercer le droit de furvie fur les meubles qui fe trouvent dans fa fucceffion , elle ne pourroit s'en abftenir , puifqu'elle ne peut , parmi nous , s'en abftenir , qu'en renonçant à la Communauté , & qu'elle ne peut plus y renoncer , après l'avoir acceptée. L'exercice de ce droit pourroit lui être onéreux , par les dettes que le mari auroit contractées , dans un tems où elle avoit perdu le pouvoir d'éviter le préjudice réfultant de ces dettes ; le mari auroit la faculté de la ruiner. Cet inconvénient , qui eft grand , ne répond pas à la fageffe de la loi.

Pour y parer , admettroit-on un privilége femblable à celui de l'art. 228 de Paris ? Il eft de la nature des priviléges , de ne pas recevoir d'extenfion à des cas que la loi n'a pas exprimés. La femme qui a accepté le gain des meubles , doit payer toutes les dettes mobilieres , quand même , dit Héricourt fur Laon , art. 21 , elles excéderoient la valeur des meubles.

On ne fe trouveroit pas , à Paris , dans le même embarras. La femme qui , à l'inftant de la féparation , auroit accepté la Communauté , auroit , lors du décès du mari , une parfaite liberté d'accepter le gain des meubles , ou d'y renoncer , s'il ne lui paroiffoit pas avantageux. Une difpofition femblable à celle de l'art. 270 de Tours , ne lui impoferoit pas la dure néceffité de prendre , parce qu'elle auroit accepté la Communauté , des meubles qui par ex. pourroient valoir 10000 l. à la charge de payer des dettes qui monteroient peut-être à 20 ou 30000 l. Ainfi , le gain des meubles pourroit avoir lieu , à Paris , dans l'efpece propofée , fans qu'on pût abfolument rien conclure pour la Cout. de Tours ; mais , à Paris même , il n'a pas lieu dans cette efpece , parce qu'à Paris , comme par-tout ailleurs , il n'eft pas reçu , fuivant Pothier , de la Comm. n. 418 , qui n'eft que l'écho de Renuffon , Lebrun , Dupleffis , Lemaître , &c. « Lorfque la Communauté , ayant été diffoute par une féparation , ne fubfiftoit plus au temps du prédécès. »

Délibéré à Tours , le 7 Février 1771.   COTTEREAU , fils.

ARTICLE II.

Du Préciput conventionnel.

9264. Entre Nobles , il eft bon de ftipuler un Préciput , v. ci-deffus n. 9053 , 9261.

9265. On voit , entre Roturiers , peu de Contrats de mariage où il ne foit pas ftipulé un Préciput plus confidérable que celui fixé par la Loi municipale. Outre tous fes vêtements , on accorde au Survivant quelques meubles jufqu'à concurrence d'une fomme , & fi c'eft la femme qui furvit , fes joyaux.

9266. Le terme *joyaux* comprend les pendants d'oreilles , colliers , bracelets , bagues , montre , tabatiere , étui , &c. non la toilette & ce qui en dépend , Pothier , fur Orléans , t. 16 , n. 201 , de la Comm. n. 440. La femme à qui , par une claufe , il a été permis de prendre fes joyaux , s'il ne s'en trouve point après la mort du mari , ne peut rien demander en dédommagement , Bafnage fur Normandie , art. 395.

9267. Lorfqu'il a été dit que la femme prendroit fes joyaux ou telle fomme , elle peut prendre fes joyaux , qui excedent la fomme dont elle a le choix , pourvu qu'il n'y ait pas une trop grande difproportion , v. Pothier , de la Comm. n. 442 ; & même malgré la difproportion , s'ils repondent à la fortune du mari , qui a augmenté , & à fon état , qui a pu changer depuis le mariage , comme fi , après avoir réuffi dans le commerce , il l'a quitté , pour acheter une charge anobliffante.

9268. Par le Contrat de mariage de leur fille, des pere & mere lui ont donné en dot 12000 l. outre 1500 l. pour fon trouffeau. Il a été ftipulé qu'elle mettroit en Communauté 500 l. & que le furplus lui feroit propre ; on lui a accordé le droit de prendre, à titre de Préciput, tous fes vêtements & linges. A la mort du mari, elle accepte la Communauté. Diftraction faite des quatre robes & autres objets, qu'en vertu de l'art. 307 de Tours, elle a le droit de prélever, le furplus de fes vêtements & linges ne monte qu'à 600 l. fa reprife doit être de 12400 l. v. ci-deffus n. 8920. Il en feroit de même, fi, au lieu de donner un trouffeau de 1500 l. on s'étoit contenté de déclarer que tous les vêtements & linges de la fille valoient 1500 l. Dans le 1er. cas, la diftraction doit fe faire avec plus d'étendue ; elle doit comprendre au moins la même quantité d'effets qu'avoit la fille avant l'emploi des 1500 l. par ex. fi, alors, elle avoit 4 douzaines de chemifes, elle doit les prélever ; mais, quoiqu'elle n'en eût qu'une douzaine, on doit lui en laiffer prendre 2 douzaines, ce n'eft pas trop en raifon de fa dot.

Le Préciput comprenant autre chofe que les vêtements & linges, par ex. des meubles jufqu'à concurrence de 800 l. il y en a qui tiennent qu'il ne doit point être fait diftraction des quatre robes & autres objets ; le Préciput ftipulé, difent-ils, tient lieu du Préciput accordé par la Coutume ; fi tous les vêtements & linges montent à 900 l. la reprife eft de 12100 l. pour ce qui a été ftipulé propre, & de 800 l. pour le Préciput.

9269. Ce n'eft qu'après l'acquittement de toutes les dettes communes, & les prélevements qui font à faire en faveur, tant du furvivant, que du prédécédé, que le Préciput fe prend fur les effets mobiliers de la Communauté, & fubfidiairement fur les conquêts, s'ils font, pour ce, fuffifants. Pour ce qui en manque, le Préciput demeure fans effet, Valin, t. 1, p. 632, 633, v. ci-deffus n. 8805, ci-après n. 9402.

9270. Le Préciput n'étant dû que fur ce qui refte des biens de la Communauté, les dettes payées, Lebrun, de la Comm. l. 3, c. 2, f. 1, d. 4, n. 11, la femme n'a pas de recours fur les biens du mari, Dupleffis fur Paris, p. 428, à moins qu'elle n'y foit autorifée par quelque terme de la claufe qui lui accorde le Préciput.

9271. La renonciation à la Communauté rend la ftipulation d'un Préciput inutile, Bourjon, t. 1, p. 544 ; le mot *Préciput* fuppofe toujours une Communauté à partager, dit Renuffon, de la Comm. p. 2, c. 3, n. 25 ; le mari le confond, ou la femme le perd.

9272. » Le Préciput eft un avantage, au profit du furvivant, à prendre fur les biens » de la Communauté, porté par le contrat de mariage, qui n'eft dû à la femme, que » lorfqu'elle accepte la Communauté ; la raifon eft que le Préciput eft une portion » des biens de la Communauté, qui fe prend par le furvivant, hors part, & fans » préjudice du partage égal, qui doit fe faire des autres biens qui la compofent. Il y a » un Arrêt du 6 feptembre 1668, par lequel la veuve Gilbert a été déboutée du Préci- » put, ayant renoncé à la Communauté. Cependant, ce point fouffre une exception, » c'eft quand il y a ftipulation que la femme, nonobftant fa renonciation, le prendra ; » dans lequel cas, il fe prend fur les propres du mari, fi les biens de la Commu- » nauté ne fuffifent, encore que ce recours fur les propres ne foit pas ftipulé, » Pallu, N. M.

Il convient d'affurer à la femme, pour le cas de renonciation à la Communauté, un Préciput, qui doit être d'autant-plus confidérable, que fa dot eft plus forte ; il fe trouvera toujours inférieur à ce qu'elle aura efpéré retirer du partage d'une bonne Communauté.

9273. Si la femme à qui il a été accordé un Préciput, en cas de renonciation à la Communauté, accepte ; & qu'elle foit pourfuivie par les créanciers, elle doit venir, à raifon du Préciput, par contribution au fol la livre, fur le mobilier, avec les créanciers qui ont veillé, & par ordre d'hypotheque, fur les conquêts. Ne fe trouvant pas remplie, elle peut se venger sur les biens du mari, comme si elle avoit renoncé, v. Pothier, de la Comm. n. 448, ci-dessus n. 9270.

9274. Lorsqu'il a été dit, que la femme, en renonçant, aura, outre la reprise de ce qu'elle aura apporté, un Préciput, elle doit, si elle veut avoir le lit dont parlent les art. 293 de Tours, 275 ou 290 de Loudun, abandonner le Préciput qui est présumé lui avoir été accordé pour tout avantage ; mais elle aura, avec le Préciput stipulé, ses vêtements, Pallu, p. 488.

La clause accordant *les vêtements & une chambre garnie*, par ex. de valeur de 1000 l. plusieurs regardent comme inutile d'ajoûter, *& tout ce que la Coutume attribue à femme qui renonce*, la femme ne pouvant, disent-ils, prétendre un lit indépendamment de la chambre garnie qui le comprend. Pourquoi ne peut-elle pas prétendre deux lits, dès que la clause les lui donne ? Pourquoi supposer inutile une clause que deux familles ont fait insérer dans un Acte aussi réfléchi qu'un Contrat de mariage, quelquefois dicté par un Jurisconsulte éclairé ? On ne suppose pas une clause inutile dans les autres Actes, lorsqu'on peut faire autrement, v. ci-dessus n. 3004. La clause n'a-t-elle pas le même sens que s'il y avoit, *& en outre tout ce*, &c. A l'avantage attribué par la Coutume, on a voulu y en ajoûter, & non pas simplement y en substituer un autre, v. ci-après, n. 9783. Dira-t-on que la clause a été mise pour les *heures & patenôtres*, dont font mention les art. 293 de Tours, 275 ou 290 de Loudun ? L'objection ne seroit pas sérieuse. La piété de nos peres s'occupoit de ces objets, mais que nous avons dégénéré ! Anciennement, des chapelets de prix, ornés de riches médailles, tenoient un rang distingué parmi les présents de nôces. Aujourd'hui que la disposition de la Coutume devient superflue à cet égard, on ne peut pas supposer qu'on ait eu intention de la rappeller par la clause. Si la clause portoit, *les vêtements, un lit garni & tout ce*, &c. il y auroit lieu de dire qu'elle doit s'interpréter comme s'il y avoit, *ce qui est tout ce*, &c. v. ci-dessus n. 8920.

9275. Le Préciput conventionnel n'est pas sujet à insinuation, il n'est regardé que comme une convention de société, Boucher d'Argis, de la Crue, c. 9, n. 10, quoique, dit Pothier, de la Comm. 442, on le considere comme un avantage par rapport tant au 1er. qu'au 2e. chef de l'Edit de 2es. nôces. Le Fermier des droits du Roi l'assujettit à un droit d'insinuation ; il y assujettit bien la clause de reprendre seulement ses vêtements, qui n'exprime que ce que l'usage autorise. Quand elle comprend les bijoux, il n'y a pas encore d'avantage ; ce n'est qu'une précaution pour que le survivant ne perde pas ce qui lui appartient. Par l'effet de la clause, il n'acquiert point, il conserve. Il faut espérer qu'il en sera comme de la clause portant faculté de reprendre, en renonçant à la Communauté, ce que la femme y a apporté ; pendant quelque temps, à raison de cette clause, on a exigé le droit d'insinuation, qu'on ne perçoit plus. Les idées que, pour son intérêt, le Fermier des droits du Roi se forme des clauses des Contrats de mariage, ne doivent pas nous guider, & nous porter à regarder le Préciput comme un vrai don, v. ci-après n. 9780 & suiv. Le droit d'insinuation qu'on exige, mal-à-propos, à raison de la clause de reprendre indéfiniment les vêtements, linges, &c. empêche quelques Notaires de l'inférer. Cette économie déplacée est préjudiciable au survivant.

Le 17 juillet 1763, MM. Bernard & Barbet ont estimé que, dans le cas d'une clause qui exprimoit *tous les vêtements, linges & autres droits appartenants à femme qui renonce, suivant & au desir de la Coutume*, la femme ne pouvoit prétendre que ce que la Coutume & l'usage lui donnent ; en conséquence, le droit d'insinuation qui avoit été perçu, a été restitué. Quand on n'auroit pas ajoûté les termes, *suivant & au desir de la Coutume*, la clause n'auroit pas eu plus d'effet.

9276. Par le Contrat de mariage du sieur Douhault & de la demoiselle de Lancôme, il avoit été stipulé un avantage de 8000 l. au profit du survivant, pour tout gain de survie ; nous avons estimé, le 3 mars 1760, qu'il étoit valable, malgré le défaut d'insinuation.

finuation. Cela devoit d'autant moins faire de difficulté, qu'il tenoit lieu du Préciput accordé par l'art. 247 de Tours, v. ci-deffus n. 9190.

9277. « Par un Contrat de mariage, il eft dit que la femme aura fes vêtements, » bagues & joyaux, avec 500 l. fur les meubles. Elle fit la renonciation & demanda » les 500 l. on lui dit que c'eft un don fait au préjudice des enfants du 1er lit; elle » répond que c'eft une convention qui n'eft pure lucrative, mais un prix pour » n'appréhender la Communauté. J'eftime néanmoins, dit Boullai, C. M. que ces » 500 l. ne fe peuvent demander; & de fait, par l'accord fait entre les Parties, » à Loches, le 22 juillet 1610, la veuve s'eft départie de ces 500 l. »

9278. L'intérêt du Préciput n'eft point dû, Bourjon, t. 1, p. 568.

9279. Ordinairement, on convient que le Préciput fe prendra en meubles, fuivant la prifée de l'inventaire, fans crue. Si le furvivant le prend en argent, ou en meubles non fujets à la crue, il ne peut demander qu'on lui faffe raifon de la crue; il eft cenfé avoir renoncé à ce bénéfice, Boucher d'Argis, de la Crue, c. 9, n. 11.

9280. La mort civile ne donne pas ouverture au Préciput, Richer, de la Mort civ. p. 510, Pothier, de la Comm. n. 443.

9281. On peut ftipuler, par une claufe du Contrat de mariage, que le Survivant aura, fa vie durant, l'ufufruit de la part du Prédécédé dans les meubles feulement, ou dans les meubles & dans les immeubles de la Communauté, Renuffon, de la Comm. p. 1, c. 4, n. 67. La claufe peut comprendre la propriété, v. ci-après n. 9343.

SECTION II.

Du Droit du Survivant des Conjoints par Mariage, fur les Immeubles de la Communauté.

9282. Ce Droit, qui a lieu, tant entre Nobles qu'entre Roturiers, fe réduit à deux chofes : à la faculté de retenir la part du Prédécédé dans les conquêts, en en payant l'eftimation, & à l'ufufruit de cette part pendant la vie du Survivant.

ARTICLE PREMIER.

De la Faculté de retenir la part du Prédécédé des Conjoints par Mariage, dans les Conquêts.

9283. Dans le cas où les enfants à qui eft échue la part du Prédécédé dans les con-quêts, meurent fans defcendants, l'art. 319 de Tours accorde au Survivant la faculté de la retenir.

9284. Le Survivant, par les art. 230, 314 de Paris, a le droit de fuccéder à fes enfants, en ufufruit, pour cette efpece de biens; ce qui n'a pas lieu ailleurs, v. Pallu, p. 527, 533, Lacombe, au mot *Succeffion*, p. 2, f. 2, n. 2, Pr. de la jur. fr. n. 52, Valin, t. 3, p. 79 & fuiv. Le droit qu'accorde la Cout. de Tours, eft bien moin-dre, comme fe remarque Pallu, p. 552.

9285. Le droit de retenue peut s'exercer à la mort de chaque enfant. A la mort du dernier des enfants & petits-enfants, il peut avoir lieu, tant pour fa part, que pour celles de fes freres & fœurs, oncles & tantes, à qui il a fuccédé.

9286. Le Prédécédé des Conjoints ayant laiffé un enfant d'un précédent mariage & un enfant commun, le Survivant peut retenir les parts des deux, qui fe trouvent dans la fucceffion de l'enfant commun. Si celui-ci meurt avant fon frere, le Survivant ne peut retenir que fa part.

9287. Si l'enfant a légué, pour caufe pieufe, fa part dans les conquêts, le Survivant peut la retenir, en en payant la valeur au Légataire, qui n'est pas plus favorable que l'héritier.

9288. Dans le cas où il en a disposé par un Acte entre vifs, à titre onéreux ou gratuit, le Survivant n'a aucun droit sur un objet qui ne se trouve pas dans sa succession.

9289. Quand le Survivant, ayant le droit de jouir de la part du Prédécédé dans les conquêts, v. ci-après n. 9302, veut en retenir la propriété, il suffit qu'il en fasse la déclaration, sans payer sur le champ le prix que cette part est estimée. Ce prix ne se paye qu'après le décès du Survivant ; c'est le moyen de concilier le droit d'usufruit avec le droit de retenir la propriété, dit M. Bernard, en ses notes.

9290. Boullai, p. 315, que Pallu, p. 552, ne contredit pas, tient que la déclaration doit être faite dans l'année, à compter du jour que le droit est ouvert.

9291. La retenue dont il s'agit, n'est qu'une espece de retrait de mi-denier ; elle n'est sujette a aucune formalité.

9292. Le remboursement du prix de ce qu'on retient, se fait selon ce qu'il vaut alors, Boullai, p. 315, Pallu, p. 533, 551. » Si une rente non rachetable due par » l'un des Conjoints, est remboursée, dit Boullai, C. M. moitié se continuera au » profit des héritiers de l'autre ; mais si le Conjoint débiteur survit, il pourra la » rembourser par l'art. 319, suivant sa valeur, au temps du remboursement de la » moitié. Par les mots, *valeur & estimation*, la Coutume annonce qu'il faut estimer, » sans égard au prix de l'acquisition. » M. Poitevin, en ses notes, dit que c'est » selon » le prix que les héritages ont été acquis pendant la Communauté, qui est un privi- » lége de la survivance, que la Coutume a introduit *in solatium viduitatis*, selon » qu'il a été jugé contre Nobileau, appellant d'un jugement donné par le Prévôt de » Tours, en 1603. »

9293. Le 26 juin 1725, le siège de Tours a jugé que l'estimation, tenant lieu de partage, doit se faire à frais communs, notes de MM. Dubois, fils, & Bernard.

9294. Le droit de retenue ne s'exerce que sur les acquêts dont le survivant a déja moitié, en vertu de la Communauté. S'il n'y a point, entre les Conjoints, de Communauté, l'un ne peut retenir la moitié de l'autre, dans un héritage qu'ils ont acquis ensemble, v. ci-après n. 9313.

9295. Le droit de retenue peut-il être exercé, dans le cas où une femme a renoncé à la Communauté, ou n'a eu qu'une somme fixe, pour tout droit de Communauté ? v. ci-après n. 9314, 9315.

9296. Si le survivant acquiert la part d'un de ses enfants dans les conquêts, il n'est pas sujet au retrait, Boullai, p. 315.

9297. Le survivant qui use du droit de retenue, ne doit, en aucun cas, les ventes, Pallu, p. 533, 552 ; ni le rachat.

9298. Les héritiers collatéraux d'un enfant, auxquels l'exercice de ce droit enleve la moitié d'un fief, ne doivent pas de rachat, notes de M. Bouault.

9299. Le droit de retenue ne s'exerce qu'à l'égard des conquêts régis par la Cout. de Tours ; il est indépendant du domicile des Conjoints, soit lors du mariage, soit lors de sa dissolution, v. ci-après n. 9316 & suiv.

9300. Sur le droit qu'a le mari, de retenir un office, v. ci-dessus n. 8726 & suiv.

ARTICLE II.

De l'Usufruit de la part du Prédécédé des Conjoints par Mariage, dans les Conquêts.

9301. Lorsqu'il n'y a pas d'enfants, le Survivant a le droit de jouir de la part du Prédécédé dans les conquêts, art. 319 de Tours, encore qu'il n'ait pas laissé de propres, notes de M. Bouault, v. ci-deſſus n. 9222; à moins qu'il n'y ait, par le Contrat de mariage, renonciation à ce droit, Olivier ſur Maine, art. 334.

9302. Si l'enfant qu'a laiſſé le Prédécédé, meurt avant que, par ſon âge ou le 2e. mariage du Survivant, l'Ufufruit accordé à ce dernier, à titre de bail ou de tutelle, ſoit éteint, cet Ufufruit continue, au profit du même, à titre de ſurvie. C'eſt une faveur que l'uſage a admiſe, parce qu'en ce cas, les choſes ſont au même état, que ſi le Prédécédé n'avoit pas laiſſé d'enfants, Bouillai, p. 313, Pallu, p. 548. M. Bernard, en ſes notes, approuve cet uſage. Il eſt ancien, conſtant, & autoriſé par un Arrêt du 8 Mai 1621; il y auroit de la témérité de tenter de s'en écarter, v. ci-deſſus n. 7105.

L'Ufufruit, comme le remarque Pallu, p. 549, ne continue que pour les conquêts. Pallu, p. 545, a ſoin de diſtinguer l'Ufufruit déféré à titre de ſurvie, de celui déféré à titre de bail ou de tutelle. Les principales différences ſont, que l'un n'a lieu qu'en cas de Communauté, n'embraſſe, au préjudice des Collatéraux, que les conquêts, & dure pendant toute la vie du Survivant; au lieu que l'autre eſt indépendant de la Communauté, ſe prend, au préjudice des enfants, ſur tous leurs biens, & a une durée limitée à un certain temps.

9303. Quoique le Survivant ait des enfants, il a le droit de jouir des conquêts, ſi le Prédécédé n'en a point, Pallu, p. 547, v. Dupineau ſur Anjou, art. 283.

9304. Il n'y a même que les enfants communs qui font obſtacle au droit d'Ufufruit, v. Proût, p. 510, Bouillai, p. 314, Brodeau ſur Tours, art. 319, Pallu, p. 546, 650, 652, Boucheul ſur Poitou, art. 243, n. 27, 28. M. Bernard, en ſes notes, & le Pere de l'Auteur, ont adopté le ſentiment de M. Dubois, pere, qui, dans les ſiennes, s'explique ainſi : « Pallu eſt contraire au ſens & au texte de la Coutume. 1°. La Coutume donne cet Ufufruit toutesfois & quantes que les Conjoints » n'ont enfants de leur Mariage, ſans parler des enfants d'un autre Mariage, comme » elle fait ès-donations. 2°. Elle le donnoit ſous l'ancienne Coutume, qu'il y eût ou » non des enfants; & ne l'ôtant qu'en faveur des enfants du Mariage, durant lequel » ſont faits les acquêts, les enfants d'un autre lit ne le peuvent empêcher, puiſque ce » n'eſt point en leur faveur qu'il eſt ôté. 3°. Cet Ufufruit n'étant point des acquêts » faits durant un autre Mariage, les enfants de ce Mariage n'ont aucun ſujet de » s'en plaindre. 4°. Puiſqu'un Survivant qui a des enfants d'un autre Mariage, en » jouit, le Prédécédé n'en ayant point, le Survivant qui n'en a point, en doit » jouir, quoique le Prédécédé en ait; *ratio* que cet Ufufruit eſt un avantage de » la Coutume, qui eſt réciproque. 5°. Pour cela v. l'art. 185. » En Janvier 1780, nous avons décidé, conjointement avec MM. Barbet, Martineau, Moreau, Rouſſereau & Soreau, que l'uſage eſt conforme à ce ſentiment, v. ci-après n. 9341.

Quand le Prédécédé a laiſſé des enfants d'un 1er. lit & des enfants communs, le Survivant, qu'il jouiſſe ou non de la part de ceux-ci dans les Conquêts, à titre de bail ou de tutelle, jouit de la part de ceux-là, à titre de ſurvie, quoiqu'il ſe remarie, & quelqu'âge qu'ils aient, ſans être obligé de les nourrir, encore que le Prédécédé n'ait pas laiſſé d'autres biens. Il eſt évident que la part qu'ils auroient, non comme ſes héritiers, mais de leur chef, par droit de continuation de Communauté, ne ſeroit ſujet à aucun Ufufruit, v. ci-après n. 9311.

9305. Les diſpoſitions du Prédécédé ne peuvent donner atteinte à l'Ufufruit du Survivant, ſuivant Ricard, p. 3, n. 1498, Fourré, p. 706, contre Dupineau ſur Anjou, art. 289, Boucheul ſur Poitou, art. 243, n. 30, MM. Dubois, fils, & Bernard, en leurs notes, v. Olivier ſur Maine, art. 304, 334, ci-deſſus n. 9204 & ſuiv.

9306. Celui d'entre le Survivant & un Légataire, qui a le droit de jouir préférablement à l'autre, étant décédé, l'autre doit jouir, v. Vahn, t. 3, p. 80.

9307. Une femme ayant diſpoſé de ſa part dans les Conquêts, en faveur des enfants du mari, lui seul a le droit de s'en plaindre; s'il consent la disposition, les héritiers de la femme ne sont pas recevables à la contredire. Ce n'est qu'en faveur du mari, que la femme peut avoir les mains liées; il ne peut y avoir de prohibition absolue, mais une prohibition relative, dont l'effet doit cesser, dès que le mari approuve. Il en est de même de toutes les prohibitions relatives, que ne peuvent pas opposer ceux pour qui elles n'ont pas été faites, notes de M. Bernard, v. Arrêt du 6 Juin 1628, rapporté au Journ. des Aud. Pallu, p. 347, 632, Ricard, p. 3, n. 916.

9308. Le 21 Mars 1767, le Pere de l'Auteur a décidé que le legs universel fait par une femme qui n'avoit pour tout bien que sa part dans la Communauté, aux trois enfants du mari, étoit valable, quoiqu'on objectât que le legs fait aux enfants, étoit réputé fait au pere, qui, étant Légataire, ne pourroit jouir de tous les conquêts, suivant l'avis de Pallu, p. 550, Boucheul sur Poitou, art. 243, n. 31. Outre que cet avis n'est pas suivi, la libéralité faite aux enfants, n'est censée faite au pere, que quand la prohibition de donner ou léguer au pere, est fondée sur un intérêt public, Ricard, p. 1, n. 720, 749 & suiv. Ici point de prohibition de donner au pere, la femme pouvoit lui donner, comme à un étranger. S'il étoit vrai qu'il ne pût cumuler l'avantage de l'art. 319, avec le legs des meubles; ce ne seroit que pour l'intérêt de l'héritier, qui est un intérêt particulier; ce ne seroit que la conservation de sa légitime, qui rendroit incompatibles les deux titres de Légataire & de Survivant, comme le font ceux d'Héritier & de Légataire dans les Coutumes qui ne permettent pas de faire usage des deux, & dans lesquelles, toutesfois, en ligne collatérale, le pere peut être héritier, & l'enfant Légataire. On ne doit pas appliquer aux dispositions faites aux enfants, tout ce qui convient aux dispositions faites au pere, v. Pallu, p. 394. Ainsi, le pere pouvoit avoir l'Usufruit de la part de la femme dans les Conquêts, & les enfants la propriété de sa part dans les meubles. Après la mort du pere, l'Usufruit pourra passer, pour un tiers, aux enfants; & le legs leur étant fait conjointement, par la conjonction la plus parfaite, lorsque l'un mourra, sa portion accroîtra aux deux autres, dont l'un décédant ensuite, le dernier Survivant jouira des portions des trois. Par une espece de substitution, l'Usufruit de la même chose passera successivement sur différentes têtes; ce qui ne fait pas plus de préjudice à l'héritier, que si la derniere tête avoit d'abord recueilli le legs.

9309. Le 2 Septembre 1760, le Siége de Tours a ordonné l'exécution de la donation mutuelle, faite entre le Sieur Renaudin & sa femme, de tout ce que la Coutume leur permettoit de se donner, excepté pour les propres de la femme, parce que le mari n'en avoit point; & il a été accordé au mari l'Usufruit de la moitié des héritiers de la femme dans les conquêts, *conformément à l'art. 319 de Tours.* Le Pere de l'Auteur a été, plusieurs fois, d'avis de la compatibilité du don ou legs avec le bénéfice de l'art. 319. « L'incompatibilité, dit M. Bernard, en ses notes, n'est » fondée, ni en Loi, ni en raison, » v. Olivier sur Maine, art. 334.

9310. Entre le Contrat de Mariage & la célébration, des Conjoints ont fait une acquisition, & ils ont payé chacun moitié du prix; le Survivant n'a pas l'Usufruit de la moitié du Prédécédé. Cette moitié est sujette au douaire; v. Dupineau sur Anjou, art. 283, 511, Louis sur Maine, art. 299.

9311. Le Survivant ne jouit pas d'un acquêt fait avant le Mariage, & payé pendant le Mariage, mais bien d'un acquêt fait pendant le Mariage & payé après sa dissolution, v. Bouilai, p. 313, Dupineau sur Anjou, art. 283, Bodreau sur Maine, art. 299; Olivier, sur cet article, remarque qu'un acquêt fait pendant la continuation de Communauté, n'est pas sujet à l'Usufruit du Survivant, v. ci-dessus n. 9304.

9312. « Si un pere & une mere avoient des acquêts, & qu'ils les donnent en » partie à l'un de leurs enfants, après la mort du 1er. décédé, il sera tenu d'en » rapporter la moitié, nonobstant que le Survivant voulût le dire Usufruitier; car

» il y a renoncé, quand il a donné avec l'autre, » Dupineau fur Anjou, art. 283.

9313. L'Ufufruit n'a pas lieu, dit Dupineau, fur un héritage acquis conjointement par un mari & une femme, non communs en biens, v. ci-deffus n. 9294.

9314. Dupineau décide, ainfi que M. Bouault, en fes notes, que la renonciation à la Communauté fait perdre le droit de jouir des Conquêts. On peut dire que l'art. 319 de Tours établit une efpece de don mutuel, qui a lieu par la feule difpofition de la Loi, & qui, pour les Conquêts, eft femblable à celui que l'art. 280 de Paris, permet aux Conjoints de fe faire. La femme, à Paris, nonobftant fa renonciation, prend le don mutuel, qui fuppofe une Communauté, & en conféquence jouit, felon les uns, de la totalité, felon les autres, de la moitié des Conquêts, v. Auroux, p. 1, p. 340, 343, Bourjon, t. 2, p. 206, Pothier, des Don. entre mari & femme, n. 166, Répert. de Jurifpr. au mot *Don mutuel.* La renonciation décharge des dettes, mais elle n'anéantit pas le droit primitif & habituel fur les Conquêts; droit qui eft le principe de l'affranchiffement des droits feigneuriaux, à raifon des Conquêts donnés à la femme renonçante en payement de fes reprifes. Il femble donc que la femme qui a renoncé, peut prétendre l'Ufufruit de la totalité des Conquêts. « Celui qui a plufieurs droits fur une même chofe, » quoiqu'il ait renoncé à l'un, peut toutesfois ufer des autres auxquels il n'a pas » renoncé, » dit Lalande fur Orléans, art. 316, au fujet du droit qu'a la femme, quoiqu'elle ait renoncé à la Communauté, de jouir, comme mere, au moins de la moitié des héritages acquis pendant fon Mariage, qui, échus à fes enfants, fe trouvent dans leur fucceffion, v. Lauriere fur Paris, p. 374, Lemaître fur Paris, p. 500, Varicourt, au mot *Ufufruit,* ci-deffus n. 9199. Pothier, des Succ. c. 2, f. 2, art. 2, admet ce droit, quoiqu'il y ait eu renonciation à la Communauté ou féparation de biens.

9315. Une femme bornée à une fomme fixe, pour tout droit de Communauté, peut demander l'Ufufruit de tous les Conquêts, difant que c'eft la part du mari, & qu'il fuffit qu'il y ait eu Communauté pendant le Mariage, pour qu'ils aient la qualité qui les rend fujets au droit de furvie, v. Valin, t. 3, p. 80, Pothier, des Succ. c. 2, f. 2, art. 2.

9316. Tous les immeubles qui, régis par la Cout. de Tours, entrent dans la Communauté, font fujets à ce droit, fans confidérer le domicile des Conjoints, lors de fon ouverture, ni la Loi fous laquelle ils fe font mariés. Pallu, p. 400, tient que le Survivant des Conjoints mariés fous la Cout. de Paris, jouit des Conquêts fitués en Touraine. M. Carré, en fes notes, dit que « cela donne lieu à des avantages » indirects; un mari domicilié à Paris, ne fera des acquêts qu'en Touraine, pour » en jouir après la mort de fa femme. » Mais la réciprocité de l'avantage met la conduite du mari à l'abri de toute imputation de fraude, v. Fourré, p. 704.

9317. On voit dans Froland, des Statuts, p. 438, qu'une femme n'a point eu l'Ufufruit accordé par l'art. 299 du Maine, parce qu'à la ftipulation de Communauté de biens, portée dans fon Contrat de Mariage, étoit jointe la foumiffion à la Cout. de Paris, avec dérogation à toute autre; mais la foumiffion à la Cout. du Maine devroit donc avoir l'effet d'attribuer au Survivant l'Ufufruit des Conquêts fitués à Paris, v. Froland, p. 209, 395, 402, 545, ci-après n. 9320.

9318. Boullenois, Queft. mixtes, p. 379, diftingue les droits que le Survivant a, par l'art. 319 de Tours, comme Conjoint, & les droits qu'il a, comme pere; il foumet les 1ᵉˢ. à la Loi du domicile matrimonial, affimilant au droit de prendre, comme Survivant, les meubles, le droit de jouir des Conquêts, en la même qualité, v. ci-deffus n. 9217.

9319. Le droit de jouir des Conquêts, en Touraine, doit-il être regardé comme tellement lié à la convention de la Communauté, qu'il ne doive avoir lieu, qu'autant que la Communauté, qu'on a contractée expreffément ou tacitement, eft fufceptible de cette modification; de forte que ceux qui fe marient fous la Cout. de Paris, contractant une Communauté qui n'admet pas ce droit, ne puiffent le prétendre, parce que, n'y ayant pas penfé lors de leur Mariage, ils ne peuvent fe le procurer par leur fait, en faifant des Conquêts en Touraine? On ne peut pas fuppofer de convention préfumée, à l'égard du droit d'Ufufruit; la Cout. de Tours ne l'accorde point, comme un droit de Communauté, mais comme un droit de fucceffion; l'art. 319 fe trouve fous le titre des fucceffions; c'eft une extenfion du titre *undè vir & uxor.* Il eft borné aux Conquêts; c'eft pourquoi la Communauté eft une condition fans laquelle il ne peut exifter; mais d'ailleurs la Loi de la Communauté lui eft étrangere, la Loi de la fituation décide feule, v. Arrêt du 6 Juin 1760, cité par Denifart, au mot *Viduité.*

9320. Si on admet, à l'égard du droit d'Ufufruit, une convention préfumée, réfultante de la convention de la Communauté, ceux qui fe font mariés fous la Cout. de Tours, doivent avoir le droit de jouir des Conquêts fitués à Paris. En foumettant leurs acquifitions futures à la Loi de la Communauté établie par la Cout. de Tours, les Conjoints ont confenti de s'en communiquer la moitié en propriété, &, en cas de furvie, l'Ufufruit de l'autre moitié. Il ne doit pas dépendre du mari de s'oppofer à l'un plutôt qu'à l'autre effet de cette foumiffion. Comme il ne peut préjudicier au droit de propriété, en faifant des acquifitions à Rouen, il ne peut non plus, en faifant des acquifitions à Paris, empêcher le droit d'Ufufruit, que les Conjoints font préfumés avoir eu en vue, en contractant Mariage, felon la Cout. de Tours. Ce feroit contrevenir à la Loi qu'on s'étoit faite lors du Mariage. Pour indemnifer parfaitement le Survivant, il faut lui accorder l'Ufufruit des Conquêts, en quelque lieu qu'ils foient fitués, par forme de dédommagement. Boullenois, Queft. mixtes, p. 355, dit qu'il « y a un cas où le domicile matrimonial regle » les biens immeubles des Conjoints, encore qu'ils foient fitués ailleurs; c'eft lors « que ces biens immeubles n'ont leur fituation hors le domicile matrimonial, » que par le fait d'un des Conjoints, & que, par ce fait, il veut empêcher l'accompliffement de la convention, même préfumée, » v. ci-deffus n. 9317.

9321. M. Dubois, fils, en fes notes, remarque qu'une femme qui vit impudiquement, eft dans le cas d'être privée du droit de jouir des Conquêts; & que, ni la femme, ni le mari ne le perdent, en fe remariant, v. Pallu, p. 536, Boucheul fur Poitou, art. 243, n. 25, ci-deffus n. 9302.

9322. Le Survivant qui dégrade, peut être privé de fon Ufufruit, v. ci-après n. 9638. Nous ne fuivons pas l'art. 399 du Maine, qui décide que la vente faite par le Survivant d'une partie des Conquêts, peut donner lieu à la privation de l'Ufufruit du furplus.

9323. « Le Survivant eft fondé de jouir des Contrats pignoratifs & des rentes » conftituées, comme de nature immobiliere; & fi le rachat eft fait, il jouira des » deniers, en baillant caution de reftituer une moitié par fes héritiers après fon dé- » cès, » Louis fur Maine, art. 299.

9324. L'art. 185 de Tours, qui, fuivant M. Bernard, en fes notes, s'étend à tout immeuble dont le Survivant n'a que l'Ufufruit, à titre de furvie, de don, de legs ou de douaire, décide que les deniers qui fe rembourfent dans le cas de l'exercice d'un retrait conventionnel, feigneurial ou lignager, doivent fe donner au Survivant, qui en jouira, en donnant caution d'en rendre la moitié aux héritiers du Prédécédé. Pallu, p. 269, 270, dit que l'art. 185 de Tours, qui a lieu, tant pour les héritages vendus par Contrats gracieux, que pignoratifs, doit s'entendre des autres refcifions de Contrats, v. ci-deffus n. 8418, 8420, ci-après n. 9329, 11707 & fuiv.

9325. Si le Survivant ne trouve pas de caution, les deniers doivent être colloqués, pour qu'il en jouiffe, fans qu'il puiffe, en cas de perte, rechercher les Propriétaires, v. Pallu, p. 271, Valin, t. 2, p. 423.

9326. « Le Survivant a droit de jouir des emphitéoses & baux à longues » années, sans que l'héritier du décédé y puisse rien prétendre, qu'après la mort de » celui qui a survécu, » Louis sur Maine, art. 299.

9327. L'Usufruit a lieu sur un héritage acquis par retrait seigneurial, art. 186 de Tours, ou par retrait lignager, notes de M. Bernard ; à moins qu'en exerçant l'un ou l'autre retrait, il n'ait été déclaré que c'est des deniers de celui des Conjoints qui retire, & pour lui tenir lieu de remploi.

9328. M. Bernard admet l'Usufruit sur l'héritage acquis par droit de déshérence, suivant l'art. 24 de Tours.

9329. L'Usufruit, dit M. Bernard, s'étend au propre ameubli, v. Valin, t. 3, p. 81, Pothier, des Succ. c. 2, s. 2, art. 2. Si les héritiers du Prédécédé usent du droit de retenir l'héritage qu'il a ameubli, le Survivant jouira du prix, v. ci-dessus n. 9240.

9330. Le Survivant qui prend les fruits pendants par les racines, ne doit rien pour les labours & semences ; mais s'il décede la veille de la récolte, ses héritiers seront récompensés des labours & semences, v. Dupineau sur Anjou, art. 283, Louis sur Maine, art. 256, Bodreau sur Maine, art. 299, ci-dessus n. 5894.

9331. Si on considere comme une espece d'acquêt, l'amélioration faite sur un héritage du Prédécédé, v. ci-dessus n. 9255, le Survivant pourra demander à jouir de la récompense à laquelle elle donne lieu.

9332. Dans l'espece rapportée ci-dessus n. 9243, M. Bernard a décidé qu'à cause de l'art. 319 de Tours, la rente rachetée devoit être continuée au mari, pendant sa vie, à la déduction d'un tiers, qu'il confondoit, comme Usufruitier du tiers des propres ; & qu'après son décès, elle se continueroit pour une moitié à ses héritiers. Suivant cette décision, si les propres de la femme produisoient 3000 l. de revenu, & que la rente rachetée fût de 2000 l. le mari devoit avoir, outre sa moitié dans la rente, 1333 l. 6 s. 8 d. tous les ans.

9333. Dans le cas où le mari, au lieu de racheter la rente, en eût acquis une aussi forte, il n'auroit eu que 1000 l. par an, parce que son Usufruit embrassant la moitié de la succession de la femme, qui auroit consisté en des propres de 3000 l. de revenu, & en la moitié d'une rente de 2000 l. il auroit confondu la moitié de la rente de 2000 l. dont cette succession auroit été chargée. Si la rente eût été fonciere, le mari n'en auroit confondu que le tiers.

9334. Comme Propriétaire d'une moitié des Conquêts, le Survivant est tenu d'une moitié des dettes immobilieres de la Communauté, tant en principal qu'arrérages ; &, à raison de son Usufruit, il acquitte seul les arrérages de l'autre moitié, encore que le Prédécédé ait laissé des propres, v. Bodreau sur Maine, art. 299.

9335. Ce n'est qu'à raison du profit que le Survivant retire de son Usufruit après le payement des dettes communes, qu'il doit contribuer aux dettes particulieres du Prédécédé, avec ceux qui profitent des autres immeubles, v. ci-après n. 9402.

9336. Par ex. une femme a légué une somme de 1000 l. & une rente viagere de 300 l. Son bien consiste en 19000 l. de propres, qui ne doivent être portés qu'à 18000 l. au moyen d'une rente de 50 l. dont ils sont chargés, 12000 l. d'acquêts faits avant le Mariage, & sa moitié dans une Communauté composée de 28000 l. de conquêts & de 9000 l. d'effets mobiliers, & chargée d'une rente perpétuelle de 600 l. d'une rente viagere de 200 l. & de 4000 l. de dettes mobilieres. Le mari, jouissant de 14000 l. de conquêts, acquittera les arrérages de la moitié des rentes de 600 l. & de 200 l. & du 6e. de la rente de 300 l. Une moitié de cette rente se prendra sur les 18000 l. de propres, & un tiers sur les 12000 l. d'acquêts. Celui qui aura droit à 4500 l. de meubles, sera tenu de 2000 l. de dettes mobilieres & des 1000 l. léguées.

9337. Si, dans la même espece, les dettes mobilieres communes montoient à 15000 l. il faudroit en prendre sur les conquêts 6000 l. Le profit que le mari retireroit de son

Ufufruit, fe bornant alors à 150 l. il ne payeroit que le 11e. de la rente de 300 l. il devroit auffi le 11e. de l'intérêt des 1000 l. léguées. Ce feroit le 7e. de l'un & de l'autre, fi la rente de 200 l. venoit à s'éteindre. Avant ou après l'extinction, les 1000 l. léguées feroient une charge de la propriété des 18000 l. de propres, 12000 l. d'acquêts, & 5000 l. de conquêts qui refteroient, les dettes mobilieres communes payées, & la rente perpétuelle rachetée, v. ci-après n. 9405, 9766.

9338. Comme il peut y avoir des dettes mobilieres, qui aient contribué à augmenter les conquêts, & des dettes immobilieres, qui aient contribué à augmenter les effets mobiliers, l'équité demanderoit qu'on prélevât les unes & les autres, au fol la livre, fur les conquêts & fur les effets mobiliers, dans le cas où l'un des Conjoints a, fur les conquêts, un droit différent de celui qu'il a fur les effets mobiliers, ainfi qu'on en ufe à l'égard des remplois & des propres conventionnels, v. ci-deffus n. 8687, 9257.

9339. Le Survivant, qui jouit de la totalité des conquêts, doit payer la totalité des intérêts du prix, qui, étant encore dû, eft exigible, v. Dupineau fur Anjou, art. 283, Loüis fur Maine, art. 299, quoi que dife M. Bernard, en fes notes, où il obferve que le fentiment de Bacquet, des Droits de Juftice, c. 21, n. 19, eft combattu par fon Annotateur. M. Bernard tient que la diftinction de la nature des dettes par leur caufe & leur origine, dont parle Pocquet fur Anjou, art. 321, obf. 8e. ne peut s'appliquer à ce cas, v. ci-après n. 12430.

9340. En Novembre 1673, le Siége de Tours a jugé que la femme qui, par l'art. 319, jouit des conquêts, eft obligée de rembourfer les dettes réelles de la Communauté, quand le rembourfement eft demandé par les Créanciers; fauf, après fa mort, le recours de fes héritiers contre ceux du mari, pour la moitié, notes de M. Carré.

9341. Autrefois, le droit de jouir des conquêts avoit lieu au préjudice des enfants. On a prétendu qu'il n'y avoit point eu de changement, lors de la reformation de la Coutume, faite en 1559, & que » les Commiffaires qui avoient préfidé à cette réfor-
» mation, ayant perdu leur coffre fur l'eau, dans lequel étoit leur Procès verbal de
» la Coutume réformée, convierent l'un de ceux qui avoit affifté à cette réforma-
» tion, & l'avoit entièrement rédigée par écrit, de leur envoyer; ce qu'il fit, &
» y employa l'article réformé, pour lequel il avoit fort infifté, quoiqu'il eût été ar-
» rêté, contre fon avis, qu'il demeureroit felon qu'il étoit en l'ancienne Coutume;
» qui a fait que les Juges depuis ont vécu plus de 20 ans, fans fe foumettre à
» cette réformation, & même ont empêché qu'elle ne fût alléguée par les Avocats,
» demeurant dans les termes de l'ancien article, qui attribuoit au Survivant des Con-
» joints la jouiffance de tous les acquêts, fans aucune limitation, foit de 2e. Ma-
» riage ou puberté des enfants, » Pallu, p. 544, 594, v. Brodeau fur Tours, art. 319. S'il avoit été apporté du changement, auroit-on, dans l'addition faite à l'art. 185, fait mention des *enfants*; mot que l'art. 319, tel qu'il fe trouve rédigé, oblige de retrancher, à moins qu'on ne l'entende uniquement des enfants que le Prédé-cédé des Conjoints auroit eus d'un précédent Mariage, v. ci-deffus n. 9304.

9342. L'art. 301 de Loudun, auquel fe rapportent les art. 164, 166, eft conforme à l'ancienne Cout. de Tours. On voit, par le Procès verbal de la Cout. de Loudun, que tous les articles furent confentis, fans aucune oppofition, par tous ceux qui y affifterent, fauf le Curé de S. Clémentin, qui s'oppofa, pour les femmes, à ce que l'art. 301 fût autorifé. Prouft, p. 510, defire qu'il foit reformé fuivant l'art. 319 de Tours, v. Arrêt du 16 Mars 1619, rapporté par Auzanet, l. 2, c. 86.

9343. Par une claufe de fon Contrat de Mariage, le Survivant peut avoir l'Ufu-fruit ou la propriété des immeubles de la Communauté, en quelque lieu qu'ils foient fitués, & quoiqu'il y ait des enfants, v. Pallu, p. 544, ci-deffus n. 3603, 9281.

9344. Par le Contrat de Mariage de François, né en Normandie, & de Mar-guerite, originaire de Bourgogne, paffé en 1753, à Paris, où ils demeuroient, ils
ont

ont établis une Communauté de biens, conformément à la Cout. de Paris, dérogeant à toute autre contraire, où ils pourroient fixer leur domicile ou faire des acquifitions; & ils fe font donné mutuellement tous les biens, meubles & immeubles, qui exifteroient au décès du Prémourant. En 1755, ils font allés demeurer en Normandie, où ils ont fait des acquifitions; & en 1775, Marguerite eft décédée. Le 14 Août 1777, le Châtelet a confirmé la donation, même pour les acquifitions faites en Normandie. Nonobftant l'art. 440 de Normandie, ils n'ont pas pu, en faifant des acquifitions en Normandie, plutôt qu'à Paris, diminuer, au préjudice du Survivant, l'effet d'une claufe de leur Contrat de Mariage. On auroit pu juger autrement, à l'égard d'un bien fitué en Normandie, qui, donné à l'un d'eux pendant le Mariage, feroit tombé dans leur Communauté, v. Gaz. des Trib. t. 4, p. 149. Il n'y auroit aucune difficulté pour les biens dépendants de la Communauté, fi, au lieu d'une donation, la Communauté étoit établie, fous la condition que tous les biens qui la compoferoient lors du décès du Prémourant, appartiendroient au Survivant.

CHAPITRE II.

Du Bail.

9345. La faculté accordée aux peres & meres, de jouir, pendant un certain temps, les biens de leurs enfants, fans rendre compte des fruits, & aux charges preferites par les Coutumes, s'appelle, à Tours & à Loudun, *Bail*, fur lequel mot v. Dumoulin fur Loudun, art. 316, Prouft, p. 533, Velly, Hift. de Fr. t. 6, p. 176 & fuiv. & *Garde*, à Paris, où l'on diftingue la garde-noble & la garde-bourgeoife, v. Encyclopédie, au mot *Garde*. C'eft une efpece de tutelle légitime & naturelle, non-comptable, où il fe fait une compenfation de l'éducation & du payement des dettes des enfants, avec le gain que la Coutume défere au Bailliftre, Meffé, des Minorités, c. 9, 15.

9346. Les Cout. de Tours & de Loudun ne parlent du Bail qu'entre Nobles; mais, fans en admettre le nom, elles en admettent les effets entre Roturiers. Les peres & meres roturiers, Tuteurs de leurs enfants, ont à peu près les mêmes droits, parmi nous, que les Gardiens-bourgeois, à Paris.

9347. Le Survivant des peres & meres nobles, Bailliftre de fes enfants, a la jouiffance des immeubles, & la propriété des meubles, qui leur font échus par la mort du Prédécédé; le Survivant des peres & meres roturiers, Tuteur de fes enfants, a la jouiffance des mêmes immeubles & meubles, art. 319, 340, 346 de Tours, 301, 321, 322 de Loudun.

9348. L'Anobli dont les enfants doivent partager la fucceffion noblement, doit être comparé au Noble, par rapport au droit de Bail. Ni le pere, ni le fils, qui ont été Tréforiers de France, ne jouiffent de ce droit, mais feulement le petit-fils, fuivant Fourré, p. 10, v. Pothier, de la Garde, f. 1, §. 3, ci-deffus n. 9195.

9349. La femme anoblie par fon mariage avec un Noble, a le Bail de fes enfants, art. 94 d'Anjou; l'art. 107 du Maine, qui accorde le Bail au Roturier, furvivant à femme noble, eft contraire au droit commun.

9350. Les droits attachés à la qualité de Bailliftre ou de Tuteur, ont lieu, parmi nous, de plein droit; il n'eft pas néceffaire de déclarer expreffément qu'on entend en jouir; il fuffit de ne pas y renoncer, de prendre la qualité de Bailliftre ou de Tuteur, ou d'en faire les fonctions, Boullai, p. 341, Pallu, p. 590. Prouft, p. 540, eftime qu'on doit prendre la qualité de Bailliftre, ou y renoncer, dans le même délai qui eft accordé pour délibérer si on se portera héritier, ou non, v. Bodreau sur Maine, art. 98. Par l'art. 269 de Paris, il faut accepter la Garde-noble ou bourgeoise en jugement. Le Bailliftre qui demeure à Tours, n'eft obligé à aucune acceptation, pour les biens situés à Paris, Renuffon, de la Garde, c. 6, n. 29 & fuiv. contre Boullenois, des Dém. p. 107, v. ci-après n. 9363.

9351. Le Prédécédé des pere & mere ne peut, par fon teftament, empêcher que le Survivant n'ait le Bail de fes enfants, Prouft, p. 533, Bodreau fur Maine, art. 98.

9352. On peut, par le Contrat de mariage, étendre ou diminuer le droit de Bail; ou ftipuler que le Survivant n'aura aucun droit fur les biens de fes enfants, à titre de Bail ou autrement, v. Bourjon, t. 1, p. 826, Pothier, de la Garde, f. 2, §. 1.

9353. Les peres & meres jouiffent des avantages du Bail, encore qu'ils foient mineurs, v. art. 347 de Tours, Dupleffis fur Paris, p. 267, aux notes, ci-après n. 9416.

9354. Quoique mineurs, ils ont le foin de la perfonne, l'adminiftration & l'ufufruit des biens de leurs enfants, v. Sainfon, t. 32, art. 1, Brodeau fur Tours, art. 347; mais s'il s'agit d'efter en jugement en leur nom, on doit nommer un Curateur, Boullai, p. 351, v. Boucheul fur Poitou, art. 305, n. 3, 4, Pothier, de la Garde, f. 1, §. 2.

9355. On ne peut renoncer au Bail, après l'avoir accepté; ni l'accepter, après y avoir renoncé, v. Pocquet fur Anjou, art. 85, obf. 1re.

9356. Le Survivant des pere & mere, qui eft mineur, ne peut fe faire reftituer contre fon acceptation, fuivant Pallu, p. 590, Bourjon, t. 1, p. 837.

9357. Bourjon, p. 840, dit que la reftitution de l'enfant contre fon acceptation de la fucceffion, profite au Gardien vis-à-vis des créanciers, à l'égard de qui ce dernier n'eft tenu que jufqu'à concurrence de fon émolument, fi la fucceffion a été acceptée fous bénéfice d'inventaire.

9358. A Paris, on nomme aux enfants des Tuteurs pendant la garde, art. 270; mais, par l'art. 271, ce titre peut être donné aux Gardiens. Parmi nous, « il eft » conftant que, par l'ufage, la garde eft confondue avec la tutelle, *ipfo jure*; cela » réfulte clairement de l'art. 341 de Tours, » notes de M. Augeard, v. Pallu, p. 590 & fuiv. Les Bailliftres font en même temps Tuteurs, ils ont de droit l'une & l'autre qualité, v. ci-après n. 9415, 9416.

9359. Boullenois, des Dém. p. 108, dit que le Statut qui fait un Tuteur du Gardien, eft perfonnel.

9360. Si les peres & meres renoncent à la jouiffance des biens de leurs enfants, ou en font privés, ils n'en confervent pas moins la tutelle, Boullai, p. 343, Pallu, p. 592, Louis fur Maine, art. 98. S'ils n'ont pas la tutelle, ils ne peuvent, entre Roturiers, jouir de leurs biens.

9361. M. Augeard, en fes notes, rapporte qu'on a décidé, en 1680, que la veuve du Préfident Cottereau avoit pu renoncer au Bail & à la tutelle de fes enfants.

9362. La queftion, s'il y a lieu au Bail, ou non, fe regle par la Coutume du domicile de celui dont la mort peut y donner ouverture; mais l'effet du Bail, le profit du Bailliftre fe détermine par les difpofitions des Coutumes qui régiffent les biens de la fucceffion, Pocquet fur Anjou, art. 85, obf. 2e. R. du Dr. fr. p. 211, Bourjon, t. 1, p. 824, 851. Il fuit de ce que dit Valin, t. 1, p. 577 & fuiv. que le pere ou la mere, en quelqu'endroit que foit fon domicile, jouit des biens de fes enfants, fitués dans les Cout. de Tours & de Loudun, non des biens fitués dans des pays où ce privilége ne lui eft pas accordé. Il jouit des biens fitués en pays de droit écrit, par droit de puiffance paternelle, v. Boullenois, des Dém. p. 102 & fuiv. Fourré, p. 17, Pothier, de la Garde, f. 5.

9363. Boullenois, des Dém. p. 106, obferve que la Cout. de Paris ne défere le droit de garde taxativement qu'à ceux qui demeurent à Paris, pour les Roturiers, & dans l'étendue de la Prévôté, pour les Nobles; & qu'ainfi, lorfqu'on demeure illeurs, il n'y a point de droit de garde à prétendre sur les biens régis par cette Coutume.

9364. L'art. 265 de Paris donne le droit de Bail à l'aïeul ou aïeule noble, & quelques Coutumes aux Collatéraux. Les Cout. de Tours & de Loudun, ne parlant que du pere & de la mere, excluent les autres Ascendants, Proust, p. 536, notes de M. Dubois, pere. L'exclusion de l'aïeul ou aïeule noble a lieu, à Tours, depuis la réformation de la Coutume, faite en 1507.

9365. Entre Roturiers, il n'y a, à Paris, que le pere ou la mere à qui la garde de ses enfants soit déférée; encore faut-il, par l'art. 266, être Bourgeois de Paris, c'est-à-dire, demeurant dans la Ville ou dans les Fauxbourgs de Paris, depuis an & jour, suivant l'art. 173, & donner caution, art. 269.

9366. Le droit d'usufruit, qui appartient au Survivant, comme Baillistre, ne peut commencer que du jour de la dissolution de la Communauté qui a continué, Auroux, t. 1, p. 245; il finit de plusieurs manieres.

9367. Ce droit cesse, lorsque les garçons ont atteint l'âge de 20 ans accomplis, & les filles l'âge de 15 ans, entre Nobles; entre Roturiers, 14 ou 12 ans suffisent, art. 268 de Paris. Les art. 340, 344 de Tours, 316 de Loudun, exigent 18 ou 14 ans, entre Nobles; & les art. 346 de Tours, 322 de Loudun, 14 ou 12 ans, entre Roturiers. Il est nécessaire que les enfants n'aient pas respectivement cet âge, lors de la mort naturelle de leur pere ou mere, v. Proust, p. 542, pour que le Survivant jouisse de leurs biens. Dès qu'ils l'ont atteint, celui-ci ne conserve que la qualité de Tuteur, qui lui donne le simple droit d'administrer leurs biens, à la charge de rendre compte des revenus.

9368. Par les art. 268 de Paris, 319 de Tours, il en est de même, si le pere, noble ou roturier, se remarie, avant que ses enfants aient atteint le susdit âge; le Convol fait cesser l'usufruit, Boullai, p. 342, 350, Pallu, p. 545, 594, Brodeau sur Tours, art. 339, quoi que dise M. Bernard, en ses notes, où il s'exprime ainsi : la mere qui se remarie, perd le Bail, art. 339; *ergò* le pere ne le perd pas. L'art. 319 ne regarde le Noble qu'en deux cas, 1°. s'il n'y a point d'enfants; 2°. s'il y a des enfants, lorsqu'il n'en a pas accepté le Bail. »

9369. La mere qui se remarie, perd, & l'usufruit & l'administration des biens de ses enfants, par les art. 268 de Paris, 319, 339, 350 de Tours, 271, 316, 324 de Loudun; on leur nomme un Tuteur, v. art. 85 d'Anjou, ci-après n. 9429.

9370. La perte de l'usufruit n'est que du jour du Convol, v. Boucheul sur Poitou, art. 243, n. 20 & suiv.

9371. L'usufruit ne revit pas après la dissolution du 2e. mariage, encore qu'il ait duré bien peu, Sainson, t. 25, art. 29, Boullai, p. 341, Pallu, p. 593, qui, p. 530, 536, dit que le pere ou la mere, ayant perdu son droit d'usufruit par la puberté de son enfant, ou par le 2e. mariage contracté du vivant de cet enfant, décédé depuis, ne peut plus le prétendre, v. ci-dessus n. 9321.

9372. Suivant Bourjon, t. 1, p. 852, par le Convol du Survivant qui a son domicile à Tours, son droit finit même pour les biens situés dans d'autres Coutumes, indépendamment de leurs dispositions.

9373. Challine, de l'Intell. des Cout. p. 196, 235, observe que le Baillistre qui a eu droit de prendre les meubles en propriété, ne les restitue pas en cas de Convol.

9374. L'art. 341 de Tours prononce la privation du Bail, contre le Survivant qui néglige de faire faire inventaire des biens qui aviennent à ses enfants, v. Froland, des Statuts, p. 742 & suiv.

9375. Selon Pallu, p. 590, 592, la même peine est écrite dans l'art. 339, contre le Survivant qui cede son droit; & le Tuteur dont parle cet article, est le Tuteur nommé pour l'inventaire qui doit être fait, lorsque le Baillistre est privé de son droit, pour l'avoir cédé. Mais le mot *autrement* n'a pas, dans la nouvelle Coutume, un autre sens que dans l'ancienne, à laquelle est conforme l'art. 316 de Loudun. Lors de la réformation faite en 1559, l'article a été différemment rédigé, mais, « sans » qu'il en soit fait mention par le procès-verbal, qui fait voir que ce n'a pas été » pour y apporter nouveauté, » comme dit, dans une autre occasion, Pallu, p. 596. L'article parle du Tuteur qui est nommé au Mineur, lorsqu'il n'y a pas de pere ou de mere à qui le Bail appartienne ; d'un Tuteur chargé du mobilier du Mineur, dont il lui rendra compte, quand il sera venu en âge, ce qui ne peut convenir à un Tuteur quant à l'inventaire. Cela a fait tomber dans une autre erreur M. Bouault, en ses notes, où il pense que la Coutume ôte la tutelle au Bailliftre qui cede son droit.

9376. On peut céder, par bail à ferme ou vente, le revenu qui appartient en vertu du droit de Bail, art. 316 de Loudun.

9377. Le Bailliftre qui commet des malverfations dans les biens dont il jouit, n'est tenu qu'à des dommages-intérêts, parmi nous, v. Pocquet fur Anjou, art. 85, obf. 7e. ci-deffus n. 9322.

9378. L'ufufruit qu'a le Survivant, des biens de tous fes enfants, même de la portion d'un posthume, v. art. 117 de Loudun, s'éteint, à mefure que les enfants meurent, pour les portions qu'ils avoient dans les biens du Prédécédé ; & le Survivant doit tenir compte du revenu de ces portions, aux enfants qui vivent & à qui elles font échues par le décès de leurs freres ou fœurs. Son droit n'augmente pas ; il refte, à l'égard de chaque enfant, tel qu'il étoit, lors de fon ouverture, Boullai, p. 343, Bourjon, t. 1, p. 852.

9379. Le mariage d'un enfant fait cefter le Bail, à fon égard, v. Dupineau fur Anjou, art. 98, Bodreau fur Maine, art. 99, Bourjon, t. 1, p. 852.

9380. Le droit de Bail n'embraffe que les biens échus à chaque enfant, de la fucceffion du Prédécédé. Les art. 341 de Tours, 317 de Loudun, le décident à l'égard des Nobles ; ce que MM. Bouault & Bernard, dans leurs notes, étendent aux Roturiers. Le Survivant n'a aucun droit dans les autres biens, Pallu, p. 596, 655 ; il n'en a que l'adminiftration, en qualité de Tuteur. On doit retrancher de l'art. 317 de Loudun, les termes, *defdits meubles feulement*, qui impliquent contradiction avec ce qui précede. Comment le Bailliftre pourroit-il être difpenfé de rendre compte des fruits d'immeubles dont il n'a pas la jouiffance, mais feulement l'adminiftration ; d'immeubles d'une fucceffion dans laquelle l'article déclare qu'il n'a aucun droit ?

9381. Le Bailliftre n'a pas le revenu d'un bien fubftitué ; il ne fait pas partie de la fucceffion du Prédécédé, qui étoit grevé au profit de fon enfant, Denifart, au mot *Garde*, en remarque un Arrêt du 21 Mars 1763.

9382. Denifart cite un Arrêt du 30 Août 1745, qui a jugé que fi, pendant le Bail, on vend un bois de futaie qui dépérit, l'intérêt du prix ne fait pas partie des revenus dont le Bailliftre profite.

9383. Le Survivant qui trouve des fruits pendants par les racines, lors de l'ouverture de l'ufufruit, en profite, fans faire raifon des frais de culture, v. ci-deffus n. 9330.

9384. S'il y a des fruits pendants par les racines, à la fin de l'ufufruit, on doit diftinguer, fuivant Valin, t. 1, p. 598.

1°. L'ufufruit finiffant par la mort des enfants, le rembourfement des labours & femences eft dû par ceux qui leur fuccedent ; c'eft une dette paffive de leur fucceffion, qui appartient au Survivant de leurs pere & mere. Le Survivant fe portant héritier aux meubles de fes enfants, encore que cette dette foit confidérée comme réelle, il n'y a pas de rembourfement, parce que les fucceffions fe partagent en l'état qu'elles fe trouvent, fans que l'héritier aux propres doive aucun rembourfement à l'héritier aux meubles & acquêts.

2°. Le rembourfement eft dû, l'ufufruit prenant fin par l'âge des enfants, ou par le Convol du Survivant.

3°. La remise faite par le Survivant, de son droit à ses enfants, est un bienfait, qui est plein & entier, dès qu'il n'y a pas de réserve expresse.

9385. La coupe d'un bois taillis appartient au Baillistre, pour le temps qu'a duré le Bail, Bodreau sur Maine, art. 98, Lathaumassiere sur Berri, t. 1, art. 22, Bourjon, t. 1, p. 833, v. Meslé, des Minorités, c. 15.

9386. Le Mineur n'est pas obligé d'entretenir le Bail à ferme fait par le Baillistre, Proust, p. 537, s'il n'a contracté que comme Baillistre. S'il est en même temps Tuteur, il est censé avoir affermé en cette qualité, ce qui oblige le Mineur.

9387. Le Baillistre a la présentation des bénéfices. Il peut présenter celui du chef de qui procede le droit de patronage ; à la différence du Tuteur, qui ne peut présenter le Mineur à qui le droit de patronage appartient, Louis sur Maine, art. 98. Il pourvoit aux offices vacants, Bourjon, t. 1, p. 45, 345, 834, 835, v. ci-après n. 9528.

9388. Le Bail est établi « pour le bien, faveur & avantage du Mineur & de la » chose publique, » dit l'art. 316 de Loudun, v. Sainson, t. 31, art. 1, Proust, p. 534, 538, 539. Le Survivant n'acceptant le Bail, que lorsqu'il lui est avantageux, on peut dire qu'il est établi en sa faveur contre le Mineur, Auroux, p. 1, p. 252.

9389. Les charges de Baillistre sont de plusieurs especes, v. art. 267 de Paris, 319, 340, 346 de Tours, 301, 321, 322 de Loudun.

9390. 1°. Il doit nourrir, élever & entretenir ses enfants, selon leur état, v. Bodreau sur Maine, art. 98. S'ils sont nourris par un autre, il doit les en récompenser, suivant Lathaumassiere sur Berri, t. 1, art. 29, v. Boucheul sur Poitou, art. 317, n. 15.

9391. Lorsqu'il y a lieu de craindre que le Survivant ne procure pas à ses enfants une éducation convenable, la famille peut nommer quelqu'un pour y veiller. Varicourt, au mot *Garde*, en rapporte un Arrêt du 27 Octobre 1768, rendu contre le Vidame de Vassé.

9392. S'il se trouve, dans la succession du Prédécédé, des biens situés dans des pays qui n'accordent pas au Survivant le droit d'en jouir; celui-ci, qui jouit des biens situés en Touraine, est-il tenu indéfiniment des nourritures, éducation & entretien de ses enfants ? Quelques-uns, en exceptant le cas où il prend les meubles, tiennent que les charges personnelles sont sujettes à répartition sur tous les biens, & qu'il n'en doit qu'à proportion des revenus des biens situés en Touraine, les charges réelles déduites, en quelque lieu qu'il ait son domicile, v. Meslé, des Minorités, c. 15, Valin, t. 1, p. 599 & suiv.

9393. 2°. Les réparations usufruitieres, qui surviennent à faire durant le temps du Bail, regardent le Baillistre, qui profite des fruits ; non celles qui sont à faire, lors de l'ouverture du Bail, Pothier, de la Garde, f. 3, art. 2, §. 4, contre Auroux, p. 1, p. 245. Pour les grosses réparations v. Bourjon, t. 1, p. 846, 847, Goupy, p. 47, ci-dessus n. 5839 & suiv. Le Baillistre, à cet égard, est seulement tenu de veiller à ce qu'elles se fassent, Ricard sur Senlis, art. 154. « Le Gardien doit » faire faire procès-verbal des lieux; car *faire les réparations*, c'est entretenir, pour » rendre au même état, & quand, avant d'accepter la garde, il y a de grosses répa» rations, le Gardien n'en est tenu qu'autant qu'il a négligé de les constater, quoiqu'il » ait les meubles en propriété, parce que c'est une charge des fruits, & que l'usu» fruit n'oblige qu'aux réparations viageres, » notes de M. Dafrementel. L'action que pourroient avoir les enfants contre le Baillistre, pour défaut de réparations, se confond dans leur succession mobiliere, qui lui est deferée, v. Olivier sur Maine, art. 154, ci-après n. 9407.

9394. 3°. Les dettes annuelles des enfants doivent être acquittées par le Baillistre, Valin, t. 1, p. 568.

9395. 4°. Il est chargé des dettes mobilieres qu'ils doivent du chef du Prédécédé.

9396. » Dans les Cout. de Paris, Anjou, Maine & autres semblables, qui réduisent » l'avantage de la garde à la jouissance des immeubles, sans donner les meubles en » propriété aux Gardiens, ceux-ci ne sont tenus d'acquitter leurs Mineurs, que des » dettes mobilieres, comme gages de domestiques, arrérages de rentes, emprunts par » simples obligations, sommes dues aux marchands, artisans, frais funéraires, &c. » mais ils ne sont point tenus de payer ou de confondre en eux les grosses dettes, » quoique mobilieres, comme la restitution des deniers dotaux stipulés propres, le » remploi des propres aliénés, un reliqua de compte de tutelle, &c. » R. du Dr. fr. p. 213.

9397. Les Cout. de Tours & de Loudun n'imposent pas au Survivant des pere & mere roturiers, qui jouit des biens de ses enfants, l'obligation de payer les dettes mobilieres; s'il les acquitte, il doit en être récompensé, sans examiner s'il a trouvé, dans un revenu considérable, de quoi s'indemniser.

9398. Entre Nobles, le Survivant, ayant, par droit de Bail, tous les meubles, est obligé de payer les dettes personnelles, art. 340 de Tours, 321 de Loudun, où le terme de *dettes personnelles*, ne s'entendant pas en un sens aussi etendu que dans l'art. 334 de Paris, ne signifie que les dettes mobilieres, v. Renusson, des Propres, c. 3, l. 13, n. 12, Ricard sur Senlis, art. 141, à l'égard desquelles seulement s'applique la règle, *qui Bail prend, quitte le rend.*

9399. Le Baillistre est tenu des dettes contractées avant le mariage, nonobstant la clause de séparation de dettes, inférée dans le Contrat de mariage, Lathaumassiere sur Berri, t. 1, art. 29.

9400. Il doit acquitter le Mineur d'un reliqua de compte de tutelle, Arrêt du 10 Février 1707, confirmatif d'une Sentence du Siége de Châtillon-sur-Indre, rapporté par Augeard, t. 2, p. 70; & d'un remploi, v. Boucheul sur Poitou, art. 230, n. 127.

9401. Les remplois, comme les propres conventionnels, que le Baillistre & le Mineur peuvent exercer, se prennent sur les immeubles de la Communauté, aussi-bien que sur les meubles, v. Challine sur Loisel, l. 1, t. 4, n. 11, Bourjon, t. 1, p. 841, Pothier sur Orléans, t. 1, n. 341, Merveilleux, de la Garde, p. 149 & suiv. ci-dessus n. 8687, & même sur les propres ameublis, Lebrun, de la Comm. l. 3, c. 2, s. 1, d. 2, n. 51. Quant au douaire v. ci-après n. 9694.

9402. Anne, qui avoit deux enfants, André & Louis, a épousé Jules, dont elle a eu Alexis & Victor. Le Contrat de mariage, passé à Paris, contient la clause de séparation de dettes, la fixation d'une mise en Communauté de part & d'autre, la stipulation de propre de 10000 l. au profit de Jules, & au profit d'Anne, la stipulation de propre de 11000 l. & la convention d'un douaire de 7000 l. à une fois payer sur les biens qui se trouveront au décès, ainsi que d'un Préciput de 5000 l.

Depuis le mariage, on a reçu 9000 l. à raison du douaire à une fois payer & du Préciput, stipulés dans le Contrat du 1er. mariage, 4600 l. dues à André & Louis, 3700 l. pour le rachat d'une rente qui leur appartenoit; Louis est décédé mineur; on a aliéné un propre de Jules, pour 15000 l. & un propre d'Anne, pour 8000 l. l'un & l'autre régis par la Cout. de Paris; Jules est décédé, ayant son domicile à Tours; Anne a accepté le Bail de ses enfants.

Les effets mobiliers de la Communauté, en y comprenant la totalité des récompenses qui lui sont dues, montent à 80000 l. les conquêts, en y comprenant les bestiaux qui y sont, à 120000 l. les dettes mobilieres de la Communauté, en y comprenant la totalité des récompenses qu'elle doit, & les frais d'apposition & levée des scellés, d'inventaire & vente des effets mobiliers, à 30000 l. & les dettes immobilieres de la Communauté, en y comprenant les frais de visite & estimation des conquêts & bestiaux, à 20000 l.

Il faut prélever , 1°. fur les effets mobiliers , les dettes mobilieres ; 2°. fur les conquêts , les dettes immobilieres ; 3°. fur les effets mobiliers & fur les conquêts, au fol
la livre, les frais de liquidation & partage, qu'on porte à 1000 l. les 11000 l. de
propres conventionnels & 8000 l. de remplois d'Anne, les 10000 l. de propres conventionnels & 15000 l. de remplois de Jules, les 9000 l. ci-deſſus, qui n'ont entré
dans la Communauté, que par forme de dépôt, la moitié feulement, à cauſe de la
mort de Louis, de la ſomme de 4600 l. & celle de 3700 l. dont il auroit dû être
fait emploi au profit d'André ; 4°. fur ce qui reſtera des effets mobiliers, les 5000 l.
de Préciput : ce n'eſt pas une dette, c'eſt une délibation à faire avant le partage de la
Communauté. Enſuite, les effets mobiliers, réduits à 25000 l. & les conquêts, réduits
à 60000 l. doivent ſe partager par moitié.

Quand même Anne n'auroit pas le Bail de ſes enfants, il conviendroit, Victor
n'ayant pas, fur les effets mobiliers, le même droit que fur les conquêts, d'opérer de
cette maniere, à l'exception qu'il faudroit augmenter la maſſe mobiliere, du prix des
beſtiaux. On devroit opérer ainſi, dans tous les cas où, à titre de ſurvie, don ou
legs, Anne, ou un autre, auroit l'uſufruit ou la propriété de la part de Jules dans les
effets mobiliers ou dans les conquêts.

Les 12500 l. d'effets mobiliers de Jules appartiennent à Anne, à titre de Bail.

Les 7000 l. de douaire ne pouvant ſe prendre que fur les biens dont Jules, qui ne
laiſſe aucun immeuble, que ſa moitié dans les conquêts, pouvoit diſpoſer par Contrat de mariage, Pothier, du Douaire, n. 131 , 134, on doit les prendre, au fol la
livre, fur ſa moitié dans les effets mobiliers, fur ſes propres conventionnels & fur ſes
remplois. Il doit en être de même des frais funéraires, du deuil, des dettes mobilieres
particulieres à Jules, de celles qui, par la clauſe de ſéparation de dettes, ne ſont pas
devenues dettes de la Communauté, des récompenſes dont il étoit débiteur, à ſon
décès, envers la Communauté, & des legs à une fois payer, qu'il a faits. Ce ſont
des charges mobilieres de ſa ſucceſſion, dont ſont tenus Anne & Alexis, comme
les ſucceſſeurs univerſels aux meubles, en qualité, l'une de Bailliſtre, l'autre d'aîné :
ſi les charges mobilieres de la ſucceſſion forment un objet de 16500 l. Alexis en
acquittera 11000 l.

Au moyen de ces 11000 l. Alexis ne touchera que 14000 l. des propres conventionnels
& des remplois de Jules.

Dans les 30000 l. de conquêts de Jules, ſi on eſtime le préciput 3000 l. Alexis
doit avoir 21000 l. & Victor 9000 l.

Anne eſt ſeule tenue du compte de Tutelle, dû à André, pour tout le tems qui
a précédé ſon 2e. mariage, ainſi que des autres dettes qui lui ſont particulieres.

André prélevera, fur la ſucceſſion d'Anne, les 9000 l. ci-deſſus, que, par ſon 2e.
mariage, elle eſt obligée de lui réſerver, v. Pothier, du Mar. n. 606, 607, 620.

Suppoſons que la continuation de la Communauté puiſſe être & ſoit demandée, &
que des 16500 l. ci-deſſus, il en ait été acquitté la moitié, aux dépens de la
Communauté continuée. S'il n'y avoit lieu, ni au Bail, ni au Préciput légal, Alexis
acquitteroit l'autre moitié, & il lui devroit une récompenſe de 8250 l. qui en aug-
menteroit d'autant l'actif mobilier. Au moyen du Bail, il faut mettre au rang
des dettes mobilieres communes les 8250 l. qui reſtent à acquitter, pour la portion
dont Anne étoit tenue, à raiſon des effets mobiliers qui lui ont été déférés à titre
de Bail, & qui ſont entrés dans la Communauté continuée ; pour un tiers, ſi on les
évalue 12500 l. évaluation qu'on peut faire à l'amiable, n'y ayant pas eu d'inventaire à la mort de Jules : les deux autres tiers regardent Alexis, à raiſon des effets
mobiliers qui lui ont été déférés à titre d'aîneſſe. Il faut augmenter l'actif mobilier, de
de la récompenſe due, ſuivant la même proportion, par Alexis, à cauſe des 8250
l. acquittées. Après les payements & prélevements ci - deſſus, Alexis & Victor
doivent avoir chacun un quart dans les effets mobiliers extants lors de la diſſo-

lution de la Communauté, & dans les immeubles acquis pendant sa continuation. V. ci-dessus n. 8815, 9056, 9058, 9231 & suiv. ci-après n. 9405 & suiv.

9403. Suivant M. Bernard, en ses notes, le Bailliste n'est pas tenu des legs, qui font une charge, non une dette de la succession, v. Pothier, de la Garde, f. 3, art. 2, §. 6.

9404. « Un pere mourant laisse son fils, & l'aïeul paternel tombe en pauvreté, » qui demande ses aliments à son petit-fils & à la mere gardienne ; j'ai répondu, dit » Lashaumassere sur Berri, t. 1, art. 24, que la mere étoit tenue d'en acquitter » son fils jusqu'à la concurrence des fruits. »

9405. Le Bailliste n'est pas tenu des charges du Bail, au-delà de l'émolument, Meslé, des Minorités, c. 15, contre Pothier sur Orléans, t. 1, n. 342.

Un mari a laissé une Communauté composée de 9000 l. d'effets mobiliers & de 7000 l. de conquêts, & chargée de 6000 l. de dettes mobilieres ; il y a 2000 l. de dettes mobilieres qui lui sont particulieres, & 30000 l. de propres ; la femme, qui a apporté en dot 20000 l. dont 15000 l. ont été realisées, & qui a stipulé un Préciput de 4000 l. a accepté la Communauté & le Bail ; elle peut avoir, en payement des 15000 l. réalisées, les 3000 l. d'effets mobiliers qui resteront après l'acquittement des susdites 6000 l. les 7000 l. de conquêts & 5000 l. de propres, & elle paiera les susdites 2000 l. Si les biens de la Communauté montoient à 15000 l. au lieu de 16000 l. elle ne perdroit pas son Préciput, v. ci-dessus n. 9269, 9402.

Si, dans une Communauté, où il n'y a que 9000 l. d'effets mobiliers, il y a 10000 l. de dettes mobilieres, 1000 l. de ces dettes diminuent les conquêts. De même, y ayant seulement 7000 l. de conquêts, pour répondre de 8000 l. de dettes immobilieres, 1000 l. de ces dettes deviennent une charge des effets mobiliers. Ce n'est qu'après le payement des dettes ainsi fait, qu'on doit considérer le droit de celui à qui sont déférés les effets mobiliers ou les conquêts ; *omne æs alienum, in foci tate contractum, ex communi solvendum*, Fallu, p. 516. Une Bailliste, qui a accepté la Communauté, n'est tenue des dettes mobilieres communes, & ne confond ses reprises & son Préciput conventionnel, qu'après l'epuisement des effets mobiliers communs & des conquêts, v. ci-dessus n. 8815.

9406. Deux Conjoints nobles, par leur Contrat de mariage, ont dérogé à l'art. 247 de Tours, en ce qu'il défere les meubles au Survivant : le mari meurt, laissant un fils, âgé de 19 ans, & une fille, âgée de 13 ans ; la mere, qui a le Bail de sa fille, n'a pas les meubles ; ils appartiennent à l'aîné, dont la mere n'a que la tutelle.

9407. Le Bailliste n'a que la jouissance des remplois & des propres conventionnels, Bourjon, t. 1, p. 833, Pothier, de la Garde, f. 3, art. 1, §. 3, qui dit que « la créance qu'ont les Mineurs contre le Survivant, pour la reprise de l'apport mobi-» lier du Prédécédé, en cas de renonciation, de leur part, à la Communauté, doit » tomber dans l'émolument de la Garde-noble. » Il ajoute qu'il en est de même de la somme à laquelle ils feroient bornés pour tout droit de Communauté, ou des récompenses dues à la Communauté, du chef du Survivant, à moins que ce ne fût pour le rachat d'une rente. Cette exception ne doit pas avoir lieu parmi nous. Il profite des récompenses dues du chef du Prédécédé. Il confond celles dues par la Communauté, par ex. à raison des réparations à faire sur les biens & sur ceux des Mineurs, v. ci-dessus n. 8716, 9243, 9303.

9408. Des meubles déférés au Bailliste, les art. 342 de Tours, 318 de Loudun, exceptent les bestiaux & les autres meubles nécessaires à l'agriculture, étant aux métairies appartenantes aux Mineurs. Il en est autrement, dans le cas de l'art. 247, Boullai, p. 349, v. ci-dessus n. 9225. « Il seroit à desirer, dit Pothier, de la Comm. » n. 44, qu'il y eût une Loi qui attachât au domaine d'une terre celui des bestiaux qui » servent à son exploitation, » v. Fallu, p. 398, 597. Celui qui, au titre de survie, de don ou de legs, joint le titre de Bail, perd les bestiaux, &c. dont tous les

enfants

enfants doivent profiter, à proportion de la part qu'ils ont dans les métairies. Il en est dédommagé par la jouissance de la totalité des immeubles. Il auroit tous les meubles & les deux tiers des bestiaux, &c. s'il n'avoit le Bail que des puinés.

9409. L'art. 342 de Tours, réformé d'après la remarque de Sainson, t. 31, art. 3, qui doit s'observer à Loudun, Proust, p. 537, oblige le Baillistre à faire faire un inventaire, avec appréciation, des bestiaux & des autres meubles nécessaires à l'agriculture. « Il doit aussi faire inventorier, dit M. Bouault, en ses notes, tous » les titres & papiers des Mineurs, avec un Curateur quant à l'inventaire. »

9410. S'il n'a pas été fait d'inventaire, on fait preuve, par commune renommée, de ce que valoient les chevaux, bœufs, taureaux, vaches, bêtes à laine, charrettes, charrues & autres ustensiles nécessaires à l'agriculture. Le Baillistre doit en laisser pour cette valeur, encore qu'il soit mort des bestiaux, sans qu'il en ait profité, Boullai, p. 344; & il ne lui est pas fait raison de la moitié de cette valeur, à titre de Communauté. Si les enfants ont renoncé à la Communauté, il n'y a, ni bestiaux, ni ustensiles, à leur laisser. Le Baillistre doit toujours laisser les métairies garnies de foins, pailles & autres choses qui y sont nécessaires, dit Boullai; laisser les terres façonnées & ensemencées selon la saison, sauf le remboursement dont il a été question ci-dessus n. 9384.

9411. Si le Prédécédé n'a laissé que des meubles, M. Bouault, en ses notes, estime qu'il faut en distraire les deux tiers, pour la légitime des enfants, par argument tiré de l'art. 238 de Tours, v. ci-après n. 11741; le droit de Bail ne doit pas préjudicier à la légitime des enfants, Lathaumassierre sur Berri, t. 1, art. 26, Pr. de la Jur. fr. n. 11, Pothier, de la Garde, s. 3, art. 1, §. 3; Merveilleux, de la Garde, p. 255, dit que ce droit n'a pas lieu, quand il n'y a que des meubles.

9412. Le Bail étant une espece de tutelle, le Baillistre peut poursuivre, tant en demandant, qu'en défendant, les actions réelles, Dupineau sur Anjou, art. 95, Bodreau sur Maine, art. 108, v. ci-dessus n. 9358.

9413. Le Baillistre est comptable des revenus, du jour que le Bail est fini, & l'hypotheque qu'ont, à raison de ce, les enfants, remonte au jour de la mort du Prédécédé des pere & mere, suivant Lathaumassiere sur Berri, t. 1, art. 22; Ragueau ne la fait remonter qu'au jour qu'a fini le Bail, v. ci-dessus n. 9089.

CHAPITRE III.

De la Tutelle.

9414. Par rapport aux enfants mineurs, non émancipés, en pays coutumier, » Tuteur & Curateur n'est qu'un, » Loisel, l. 1, t. 4, n. 5, Lacombe, au mot *Tuteur*, s. 9, n. 1; aussi, le titre 32 de Tours, & le titre 34 de Loudun, sont-ils intitulés, *des Tuteurs ou Curateurs*, v. art. 339, 343, 350 de Tours, 316, 319, 320, 324 de Loudun, Proust, p. 79, 540, Boullai, p. 347, Pallu, p. 591. On appelle indifféremment Tuteur ou Curateur, celui à qui est confié le soin des biens, comme de la personne du Mineur, après la mort de son pere ou de la mere.

9415. C'est ordinairement le Survivant des pere & mere, à qui on défere la Tutelle; il ne l'a pas de droit; toutes les Tutelles sont datives, c'est-à-dire, données par le Juge, de droit commun, Pr. de la Jur. fr. n. 12, dont s'écartent les Cout. de Tours, Loudun, Anjou, &c. qui défèrent la Tutelle naturelle & légitime au pere ou à la mere, sans qu'ils soient obligés de se faire nommer en Justice. Tel est notre uſage, notes de MM. Dubois, fils, Bouault & Bernard; le 1er. rapporte que, par un Acte de notoriété, le Siége de Tours l'a atteſté.

9416. La Tutelle naturelle a lieu entre Nobles, comme entre Roturiers, & honobſtant la minorité des peres & meres, pendant laquelle ſeulement on donne un Curateur aux enfants, pour leurs droits immobiliers, v. Boucheul ſur Poitou, art. 305, n. 3, 4, Meſlé, des Minorités, c. 11, ci-deſſus n. 9353, ci-après n. 9422.

9417. » *Quid* des enfants naturels & non légitimes? On tient que la mere, » lorſqu'elle eſt libre, en eſt la Tutrice naturelle & de droit, à moins qu'elle n'y » renonce, parce que l'art. 346 eſt général & ſans limitation. *Idem* des peres, lorſ- » que les enfants ſont reconnus par eux être de leurs faits; les mêmes motifs des » enfants légitimes combattent pour ces pauvres malheureux, » notes de M. Dubois, fils, v. Dupineau ſur Anjou, art. 88.

9418. Nous admettons deux ſortes de Tutelles, la légitime & la dative : l'une appartient, en vertu de la Loi municipale, au pere ou à la mere; l'autre, à défaut de pere & de mere, eſt déférée par le Juge à celui des parents que la famille choiſit. M. l'Avocat-Général Joly-de-Fleury, lors d'un Arrêt du 6 Février 1734, obſerva qu'un Acte devant Notaire, par lequel des parents paternels & maternels conſentent qu'une mere & ſon 2e. mari aient la Tutelle des enfants du 1er. lit, eſt abſolument nul; c'eſt au Juge ſeul à déférer la Tutelle.

9419. A la Tutelle légitime eſt attaché le droit de jouir, pendant un certain temps, des biens des Mineurs, v. ci-deſſus n. 9347. Si, pendant ce temps, les revenus excedent les charges, celui ou celle qui a la Tutelle, profite de l'excédent, ſans être jamais dans l'obligation d'en rendre compte, quoi que diſent les Conſér. de Paris ſur le Mar. t. 5, p. 451.

9420. M. Augeard, en ſes notes, obſerve que « le pere, roturier, qui eſt en » démence, doit être privé de l'uſufruit des biens de ſes enfants, comme de leur » Tutelle, » v. Pothier, de la Garde, ſ. 1, §. 2.

9421. Le droit de jouir embraſſe les fruits des héritages acquis des deniers qui ont été colloqués; ainſi, il n'eſt point dû d'intérêts, pour les deniers qui ne l'ont pas été, tant que ſubſiſte ce droit, Pothier, de la Garde, ſ. 3, art. 1, §. 1.

9422. Pallu, p. 601, exige une caution des deniers de la vente des meubles, « ſinon, dit-il, on donne aux Mineurs un Curateur, quant à leurs droits immobi- » liers. » La caution peut être requiſe, pour la reſtitution des meubles dont le Survivant des pere & mere a le droit de jouir en nature, ſans être obligé de les faire vendre ni d'en colloquer le prix, avant que ce droit ait ceſſé, v. ci-deſſus n. 9416.

9423. Une ferme a été priſe pendant le mariage des pere & mere, & une autre depuis la mort du Prédécédé, pendant la continuation de la Communauté. Les droits réſultants des baux, ſont des effets communs entre le Survivant & ſes enfants; après la diſſolution de la Communauté, ils en jouiſſent comme co-fermiers; ils ſont aſſociés, à cet égard. Si, déduction faite du prix des fermes, & de tous les frais d'exploitation ou autrement occaſionnés par les fermes, comme nourriture & gages de domeſtiques, taille, &c. il y a du profit, par ex. 2000 l. ſur la 1re. & 1000 l. ſur la 2e. chaque année, le Survivant tiendra compte à ſes enfants, chaque année, de 1500 l. &, pour le temps qu'il a le droit de jouir, il ne paiera aucun intérêt de ce qui proviendra de la 1re. ferme.

9424. La Tutelle eſt une charge qu'il n'eſt pas libre au pere de refuſer, Dupineau ſur Anjou, art. 88, encore qu'il ſe fût fait prêtre, Louis ſur Maine, art. 101, Lathaumaſſiere ſur Berti, t. 1, art. 30.

9425. Il eſt très-rare que le pere ſoit privé de la Tutelle, on ſe contente quelquefois de lui donner un adjoint, Olivier ſur Maine, art. 101.

9426. La mere doit avoir la Tutelle, même préférablement à celui que le pere a nommé, par son testament, pour Tuteur, quoi que dise Sainson, t. 32, art. 1.

9427. Elle peut renoncer à la Tutelle, Boullai, p. 350, Pallu, p. 600, Louis & Bodreau sur Maine, art. 101, Maillart sur Artois, art. 156, Auroux, p. 1, p. 247; le Siége de Tours l'a jugé, le 29 Janvier 1671, notes de M. Dubois, pere.

9428. Elle peut y renoncer, après l'avoir acceptée, Boucheul sur Poitou, art. 305, n. 7.

9429. Elle la perd, si elle vit impudiquement, Sainson, t. 32, art. 1, Coquille sur Nivernois, t. 30, art. 7; ou si elle se remarie, art. 350 de Tours, 324 de Loudun, v. Sainson, t. 32, art. 1, Lacombe, au mot *Tuteur*, s. 10, n. 13, ci-dessus n. 9321, 9369, parce que, passant sous la puissance d'un 2e. mari, dit Brodeau sur Tours, art. 350, elle ne peut avoir sous sa puissance ses enfants du 1er. lit.

9430. Les seules fiançailles ne font pas perdre la Tutelle, Bodreau sur Maine, art. 101.

9431. La mere qui se remarie, peut être nommée Tutrice conjointement & solidairement avec son 2e. mari, pourvu qu'il y consente; il ne peut y être contraint, quoi que dise Meslé, des Minorités, c. 11, v. Pallu, p. 600, Auroux, p. 1, p. 248, s'il y a des parents, Boucheul sur Poitou, art. 305, n. 12.

9432. S'il n'a pas eu soin qu'avant le mariage, il fût nommé aux enfants de sa femme, un Tuteur, il sera leur Protuteur, & il répondra de toute la gestion de leur mere, quelque clause qu'il y ait dans le Contrat de mariage. S'il administre, il devra un compte; mais il ne peut agir en justice. C'est un mauvais usage, remarque M. Bernard, en ses notes, que de le faire plaider, comme Vitric. Pour n'avoir pas fait nommer de Tuteur, la mere n'est pas privée de la succession de ses enfants, s'ils viennent à mourir, v. Proust, p. 547, Pallu, p. 608, Dupineau sur Anjou, art. 88, Bourjon, t. 1, p. 42, Cochin, t. 3, p. 603, 616, Lacombe, au mot *Tuteur*, s. 11, d. 3, n. 2, Valin, t. 1, p. 568.

9433. Sur les 2es. nôces v. Boullai, p. 311, où il est dit que toutes les peines introduites par le droit civil contre les 2es. nôces, sont ôtées.

9434. Un Arrêt de réglement du 14 Mars 1731, assujettit la mere qui se remarie, à faire faire un inventaire, avant son mariage, en présence d'un Tuteur nommé à ses enfants, à cet effet.

9435. « La femme ayant perdu la Tutelle par son 2e. mariage, ne la peut répéter en viduité, quoiqu'elle n'eût d'enfants du 2e. lit, » Pallu, p. 600, v. Sainson, t. 32, art. 3, Dupineau sur Anjou, art. 88, Bodreau & Louis sur Maine, art. 101.

9436. La femme remariée conserve toujours le soin & l'éducation de ses enfants, Boullai, p. 342, Domat, l. 2, t. 1, s. 3, n. 4, Bourjon, t. 1, p. 40, s'il n'y a pas de justes motifs de l'en priver, Auroux, p. 1, p. 249. Poullain sur Bretagne, art. 106, dit qu'à défaut de la mere, l'aieul ou l'aieule a le même droit pour l'éducation.

9437. Un Arrêt du 19 Août 1748, cité par Denisart, au mot *Interdiction*, a jugé qu'une mere qui veut contracter un mariage indigne d'elle, peut être interdite & privée de l'éducation de ses enfants.

9438. Pothier, du Mar. n. 335, observe que le Tuteur d'un Mineur qui a pere ou mere, n'étant créé que pour administrer ses biens, c'est an pere ou à la mere, qui a le gouvernement de sa personne, à consentir à son mariage, v. ci-dessus n. 7702.

9439. Quand il n'y a pas de Tuteur légitime, capable d'exercer la Tutelle, il faut en faire nommer un en justice, art. 339, 350 de Tours, 316, 324 de Loudun. Un parent, un ami même, peut provoquer cette nomination, Dupineau sur anjou, art. 107.

9440. Si un pere a nommé, par son testament, un Tuteur, on n'en élit pas un autre , Sainson , t. 31 , art. 1 , à moins qu'il n'y ait de fortes raisons de le faire , Auroux , p. 1 , p. 250.

9441. C'est au Juge du dernier domicile du pere des Mineurs , à nommer le Tuteur , Argou , l. 1 , c. 8 , v. Sainson , t. 32 , art. 3 , Dupineau sur Anjou , art. 88.

9442. La multiplicité des biens des Mineurs oblige quelquefois de nommer plusieurs Tuteurs , Argou , l. 1 , c. 8 , v. Sainson , t. 32 , art. 3.

9443. On doit élire à un Mineur qui a des biens en France & dans les Colonies , un Tuteur en France , pour les biens de France , & un aux Colonies , pour les biens des Colonies. L'éducation du Mineur appartient au Tuteur du lieu où le pere avoit son domicile , lors de son décès , Pothier sur Orléans , t. 9 , n. 12.

9444. Pour procéder à l'élection d'un Tuteur , les parents & amis s'assemblent , en conséquence d'assignations données à cet effet , à la requête du Procureur du Roi ou Fiscal. Quoi que dise Auroux , p. 1 , p. 254 , le défaut d'assignation n'est pas une nullité ; des parents qui n'ont pas été appellés , peuvent se présenter à l'assemblée & donner leur avis , dès qu'ils sont majeurs , Pigeau , t. 2 , p. 303 , 304.

9445. On appelle les maris des femmes qui sont parentes.

9446. On doit prendre l'avis de la mere & de l'aïeule ; il devroit en être de même des autres parentes , quand elles sont majeures & libres , v. Dupineau sur Anjou , art. 88 , Meslé , des Minorités , c. 7 , Pigeau , t. 2 , p. 303.

9447. L'usage le plus commun est d'appeller six parents ou alliés , trois du côté paternel , & trois du côté maternel , v. art. 193 de Clermont.

9448. Ce n'est qu'à défaut de parents ou alliés , qu'on prend des amis , v. Sainson , t. 31 , art. 1. L'art. 350 de Tours dit , *parents & amis* , non pas parce que les parents sont présumés amis , comme l'entend Dupineau sur Anjou , art. 89 , mais pour admettre les amis qui ne sont pas parents. L'art. 41 du t. 1 de Berri admet les *voisins de la qualité des Mineurs*.

9449. Il semble que les parents & amis qui demeurent sur le lieu où se fait la nomination , doivent être préférés , par argument tiré des art. 348 de Tours , 323 de Loudun.

9450. « Si les plus proches sont absents , dit Dupineau sur Anjou , art. 89 , &
» qu'ils ne puissent être appellés facilement , il faut appeller ceux qui sont plus
» éloignés. »

9451. L'art. 17 du réglement pour le Siége de Tours , du 22 Juillet 1752 , porte « qu'en cas de contestation sur les listes des parents & amis qui seront pré-
» sentés pour l'élection de Tuteurs ou Curateurs , elles seront arrêtées par l'Avocat
» du Roi ou le Substitut du Procureur-Général du Roi. »

9452. On peut donner son suffrage par un fondé de procuration qui contienne le nom de celui qu'on indique pour Tuteur.

9453. Le Juge nomme celui qui a été élu à la pluralité des voix ; en cas de partage d'avis , il y pourvoit , suivant qu'il juge à propos , Bourjon , t. 1 , p. 40.
« Si le suffrage des Nominateurs est partagé , dit Fourré , p. 15 , le parent paternel
» l'emporte sur le maternel. »

9454. Celui qui n'a pas été appellé à l'assemblée , ne peut être nommé , R. du Dr. fr. p. 48 , Boucheul sur Poitou , art. 309 , n. 17.

9455. Boucheul , n. 3 , 8 , 9 , tient qu'il ne faut pas nommer un parent plus éloigné , quand le plus proche , qui doit succéder , n'a pas d'excuse légitime ; ni un allié , quand il y a des parents ; ni un voisin , quand il y a des parents ou des alliés , v. Louis sur Maine , art. 101 , Bodreau sur Maine , art. 102 , Lathaumassiere sur Berri , t. 1 , art. 41 , Domat , l. 2 , t. 1 , s. 1 , n. 3.

9456. « Les parents appellés pour l'élection d'un Tuteur , dit Lathaumassiere ,
» doivent être capables de nommer & d'être nommés ; & ceux qui ont excuses
» valables , ne doivent être appellés ; & , s'ils sont appellés , ils doivent proposer

» leurs moyens d'excuses, & ne pas nommer; car qui nomme, se départ taisible-
» ment de ses excuses. » Auroux, p. 1, p. 253, est d'avis contraire.

9457. Un allié ne peut être obligé d'être Tuteur, après la mort de sa femme sans enfants, Meslé, des Minorités, c. 11, v. ci-après n. 9550.

9458. Les Soldats, les Moines, les Evêques, ne peuvent être choisis pour Tuteurs, quoiqu'ils y consentent, Lacombe, au mot *Tuteur*, s. 6, n. 4.

9459. Les prêtres peuvent accepter la Tutelle de leurs parents, s'ils ont 25 ans accomplis, Olivier sur Maine, art. 455; après l'avoir acceptée, ils ne peuvent s'en faire décharger, Boucheul sur Poitou, art. 305, n. 8. Les simples Prêtres qui n'ont pas de bénéfice à charge d'ames, n'en sont pas exempts, selon Basnage sur Normandie, art. 5, v. Domat, l. 2, t. 1, s. 7, n. 19, ci-dessus n. 1271.

9460. L'exemption générale des charges civiles & publiques n'excuse pas de la Tutelle; il faut une exemption spéciale, Lacombe, au mot *Tuteur*, s. 7, d. 1, n. 5.

9461. Le nombre de 5 enfants, & l'âge de 70 ans, sont des moyens d'excuse, Argou, l. 1, c. 8, Pothier sur Orléans, t. 9, n. 14, v. Denisart, au mot *Tuteur*; il faut que les 70 ans soient accomplis, Jouy, Suppl. aux Loix civ. c. 12, s. 5, n. 1.

9462. Une personne demeurant à Auteuil, donnée pour Tuteur à un Mineur demeurant à Paris, a été déchargée par un Arrêt de 1609, v. Lacombe, au mot *Tuteur*, s. 5, n. 4, s. 7, d. 3, n. 16, qui, n. 12, dit que le Noble peut s'exempter de la Tutelle du Roturier.

9463. On ne doit pas nommer pour Tuteur celui qui reçoit les deniers du Roi, Bourjon, t. 1, p. 57.

9464. » Un oncle, pour s'exempter de la Tutelle, offre de nourrir le Mineur
» jusqu'à 25 ans, & de lui apprendre le métier d'orfévre, & meurt trois ans après;
» ses héritiers sont-ils obligés à cette promesse, puisqu'elle venoit d'une cause
» onéreuse? Jugé que non, parce qu'elle tenoit lieu de Tutelle, & que la Tutelle
» eût cessé par la mort de l'oncle, Bardet, t. 1, l. 3, c. 77. Je croirois le con-
» traire, dit Perchambault, p. 605, l'obligation de nourrir étant née avant la mort,
» & la décharge consommée. »

9465. C'est une question, si celui qui se fait décharger d'une Tutelle & qui fait nommer un autre à sa place, a la répétition des frais qu'il fait à cet effet, v. Pothier, des Personnes, t. 6, s. 4, art. 2.

9466. Il y a des endroits où les Nominateurs sont garants de la solvabilité du Tuteur, v. Argou, t. 1, c. 8, Boullenois, Quest. mixtes, p. 154 & suiv. Poullain sur Bretagne, art. 484.

9467. Le Tuteur doit prêter serment devant le juge qui l'a nommé, v. ci-dessus n. 8999.

9468. Quoiqu'il appelle de sa nomination, il doit toujours, par provision, faire les fonctions de Tuteur, Arrêt de réglement du 29 Janvier 1658, v. Lacombe, au mot *Tuteur*, s. 8, d. 1, n. 1.

9469. Meslé, des Minorités, c. 7, dit que les appellations, en matiere de Tutelle, se portent directement au Parlement.

9470. Veiller à la conduite & à l'éducation du Mineur, & faire tous les actes d'administration, par rapport à ses biens; telle est la double fonction de celui à qui la Tutelle est déférée par la Loi ou par le Juge, Domat, l. 2, t. 1, s. 2, n. 1.

9471. En 1er. lieu, l'autorité qu'a le Tuteur sur la personne du Mineur, lui donne le droit de lui commander ce qu'il juge à propos, de le châtier, de lui donner des maitres, Pr. de la jur. fr. n. 599. Il a le droit de disposer de tout ce qui concerne son éducation; il peut le placer en tel collége ou lieu d'exercice que bon lui semble. Mais il n'a pas le pouvoir qu'auroit un pere, de le faire enfermer, de sa seule autorité, pour cause de déréglement, dans une maison de force;

il doit y être autorisé par le Juge, fur un avis de parents, Pothier fur Orléans, t. 9, n. 15.

9472. Une mere, & même un pere, lorfqu'il eſt remarié, doit, pour faire enfermer un enfant, avoir recours à l'auttorité du Juge, qui s'informe de la juſtice des motifs qu'on lui allegue, v. Encyclopédie, au mot *correction*, Pothier, des Perfonnes, t. 6, f. 2.

9473. En 2ᵉ lieu, le Tuteur peut tout pour l'avantage du Mineur, & rien à fon préjudice, Mefſé, des Minorités, c. 8. Il a capacité pour tout acte d'adminiſtration. Il l'engage, lorfqu'il n'excede pas le pouvoir qui lui eſt confié. C'eſt un principe, que le fait du Tuteur eſt cenfé le fait du Mineur, *Tutor, in re pupilli, domini loco habetur, l. 7. §. 3. D. pro emptore*, v. Defaux fur Lebrun, des Succ. add. 71ᵉ.

9474. Tous les droits actifs & paſſifs du Mineur réſident en la perſonne du Tuteur; ils font réputés ne former qu'une feule & même perſonne. Ce qui eſt jugé pour ou contre le Tuteur, eſt jugé pour ou contre le Mineur, & exécutable à fa requête ou contre lui, après fa majorité, v. Domat, l. 2, t. 1, f. 2, n. 9.

9475. Lorfqu'un Tuteur doute de fon pouvoir, il doit fe munir d'un avis de parents, qui le met à couvert de toute recherche, Valin, t. 1, p. 608.

9476. Sur les différentes obligations d'un Tuteur, v. Prouſt, p. 541, 548, 549, Bourjon, t. 1, p. 47 & fuiv.

9477. Un Tuteur doit commencer par faire faire un inventaire des effets mobiliers & des titres des immeubles appartenants au Mineur, art. 339, 350 de Tours, Dupineau fur Anjou, art. 88. Lathaumaſſiere fur Berri, t. 1, art. 42, obſerve que le Tuteur peut être difpenfé de l'inventaire, par un avis de parents, lorfqu'il eſt utile au Mineur de reſter en Communauté avec fa mere, qui n'a pas accepté la Tutelle.

9478. L'inventaire peut fe faire par un Notaire, même dans les Coutumes qui preſcrivent de le faire faire par le Juge, v. Boucheul fur Poitou, art. 306, n. 6 & fuiv. Fourré, p. 382, ci-deſſus n. 8987 & fuiv.

9479. Boucheul fur Poitou, art. 307, n. 8, cite un Arrêt qui a jugé que l'inventaire eſt aux frais du Mineur, non de fes Cohériters majeurs, v. ci-après n. 12267.

9480. L'eſtimation des meubles eſt expreſſément requife dans l'inventaire, par les art. 339, 341, 342, 350 de Tours, v. ci-deſſus n. 8993.

9481. L'inventaire doit fe faire avec un Subrogé Tuteur, un Tuteur quant à l'inventaire. M. Bernard, en fes notes, exige auſſi un légitime Contradicteur, pour l'inventaire que le Tuteur doit faire faire des biens qui avennent au Mineur, pendant le cours de la Tutelle, v. ci-deſſus n. 8997 & fuiv.

9482. Le Tuteur qui n'a pas fait faire un inventaire, eſt tenu des dommages-intérêts envers le Mineur, dont on doit prendre le ferment, joint la Commune renommée, Prouſt, p. 548, Pallu, p. 602, Argou, l. 1, c. 8, Boucheul fur Poitou, art. 367, n. 21, qui dit que, quand il n'y a aucuns meubles, il doit en faire dreſſer un procès-verbal, v. ci-deſſus n. 8866.

9483. Il n'y a que le Demandeur qui fait la preuve de la Commune renommée; le Défendeur n'eſt pas reçu à en faire aucune de fa part. La preuve précede le ferment que le Juge défere au Demandeur, juſqu'à une certaine fomme, qu'il fixe d'après ce qui réfulte de l'enquête, Boucheul fur Poitou, art. 301, n. 14, 15, art. 314, n. 62, 63.

9484. Les parents & alliés peuvent être entendus dans l'enquête, Duval, Parf. proc. t. 1, c. 132.

9485. Suivant Boullai, p. 352, le Tuteur qui a employé, dans l'inventaire, plus de meubles qu'il n'y en avoit, doit s'en tenir à l'inventaire.

9486. Un Arrêt de réglement du 27 Novembre 1596, défend aux Tuteurs de retenir les meubles de leurs Mineurs, pour l'eſtimation, & leur preſcrit de les faire vendre, v. Ord. de Janvier 1560, art. 102, que Dupineau ſur Anjou, art. 92, dit ne pas lier les Tuteurs naturels ni les Gardiens.

9487. Le Tuteur doit faire faire une vente publique de tous les meubles, excepté les beſtiaux, les uſtenſiles ſervants au labourage, & les meubles que la famille a eſtimé à propos de conſerver.

9488. Il peut, ſans permiſſion du Juge, faire adjuger des meubles, pour l'eſtimation, mais non pour un prix moindre, Boucher d'Argis, de la Crue, c. 1, n. 27, v. ci-après n. 12290.

9489. Le défaut d'avoir fait vendre les meubles, n'emporte pas la privation du droit d'y ſuccéder, Pocquet ſur Anjou, art. 88, obſ. 2ᵉ. v. ci-après n. 9519.

9490. C'eſt une regle, que quiconque eſt comptable de meubles eſtimés, eſt tenu, non-ſeulement du prix de l'eſtimation, mais de la crue, lorſqu'étant obligé de les faire vendre, il y a manqué, ou que, n'y étant pas obligé, il ne les repréſente pas en nature, & en même bonté & valeur, v. Boucher d'Argis, de la Crue, c. 2, n. 7, c. 6, n. 2, c. 8, n. 5, Valin, t. 1, p. 569. Vigier ſur Angoumois, art. 9, exempte de la crue les Aſcendants qui ſont Tuteurs, v. ci-après n. 9492.

9491. Quoi que diſe Valin, p. 572, on ne peut demander au Tuteur qui a négligé de faire vendre, autre choſe que la crue, v. Lathaumaſſiere ſur Berri, t. 1, art. 44, Meſlé, des Minorités, c. 8 ; ſi ce n'eſt les intérêts, tant de l'eſtimation, que de la crue, parce qu'ils ſont dus de celle-ci, lorſqu'ils ſont dus de celle-là, Boucher d'Argis, de la Crue, c. 12, n. 1 : la crue fait partie du capital, Auroux, p. 1, p. 259. Une nouvelle eſtimation des meubles, ſur la ſeule deſcription qui en eſt faite dans l'Inventaire, ne peut être exacte ; les choſes ne ſont plus entieres ; les objets doivent être ſous les yeux, pour être convenablement eſtimés, pour qu'on voie ce qui peut en diminuer la valeur. Ce que dit Valin, t. 1, p. 572, des Marchandiſes, doit s'appliquer aux autres meubles.

9492. Les peres & meres qui ont le droit de jouir du mobilier de leurs enfants, art. 319 de Tours, 301 de Loudun, ne ſont pas tenus de la crue, v. Dupineau ſur Anjou, art. 93, Boucher d'Argis, de la Crue, c. 7, n. 14, Valin, t. 1, p. 571.

9493. La crue, qui eſt une peine inventée contre les Tuteurs, & étendue, dans la ſuite, contre d'autres perſonnes, eſt inconnue dans pluſieurs Pays.

9494. Il n'y a pas lieu à la crue, ſi l'Inventaire a été fait pour conſtater le véritable prix des meubles, non dans la vue d'une vente prochaine ; par ex. un Inventaire fait exprès pour faire valoir la ſéparation de dettes entre Conjoints, ſtipulée par leur Contrat de mariage, v. Boucher d'Argis, de la Crue, c. 4, n. 5.

9495. L'eſtimation portée dans une donation de meubles, eſt cenſée juſte, comme définitive, non préparative pour parvenir à une vente, Boucher d'Argis, de la Crue, c. 6, n. 7.

9496. Il y a lieu à la crue, quoiqu'il ſoit dit, dans l'Inventaire, que l'eſtimation a été faite en conſcience ; ce qui ſignifie uniquement qu'elle a été faite ſuivant l'uſage & ſans fraude, Boucher d'Argis, de la Crue, c. 4, n. 6.

9497. La crue n'eſt pas due, lorſque l'Inventaire porte expreſſément que l'eſtimation a été faite à la juſte valeur, du conſentement de toutes les Parties intéreſſées, majeures & préſentes ou duement appellées, v. Bourjon, t. 2, p. 382, Valin, t. 1, p. 570.

9498. Boucher d'Argis, de la Crue, c. 4, n. 8, n'admet pas un pareil conſentement donné par ou pour des Mineurs, parce qu'il eſt à craindre que l'eſtimation ne ſe ſoit pas réellement faite à la juſte valeur, & parce que, le droit de crue étant acquis aux Mineurs, la renonciation à ce droit ne peut leur préjudicier. 1°. Il n'eſt pas plus à craindre que l'eſtimation qui a été déclarée être à la juſte valeur, ne ſoit

à bas prix, qu'il est à craindre que l'estimation, au lieu d'être à bas prix, ne soit
à vil prix; de simples craintes ne suffisent pas, pour donner atteinte à ce qui a été
attesté sous la religion du serment; la fraude ne se présume pas. 2°. Le droit de demander la crue, n'est acquis aux Mineurs, que pour les indemniser du préjudice
que leur cause une estimation faite à bas prix, suivant l'usage; on ne doit pas supposer une estimation à bas prix, s'il y a une déclaration contraire; on a pu s'écarter de l'usage, & la déclaration constatant qu'on l'a fait, il n'y a point de préjudice dont il faille indemniser par la crue.

9499. Tous les meubles ne sont pas sujets à la crue, par ex. « les choses qui se
» vendent au poids, au nombre & à la mesure, » Pr. de la Jur. fr. n. 601; « les
» grains, vins, sels, eaux-de-vie & autres denrées, dont la valeur courante est con-
» nue de tout le monde; mais pour ce qui est du foin, de la paille & du bois, j'en
» accorderois volontiers la crue, » Valin, t. 1, p. 572. Pothier, des Personnes,
t. 6, s. 4, art. 4, affranchit de la crue « l'argenterie, la vaisselle d'étain, de la
» toile, des étoffes en pieces, le bled, l'avoine, le vin, le foin, les bestiaux. »

9500. Il n'importe qu'on ait porté, ou non, l'argenterie à l'hôtel de la monnoie,
quoi que dise Valin, p. 571; elle a une valeur certaine, comme les billets.

9501. Le Tuteur qui, réservant les bestiaux, se charge de leur estimation, en
doit incontestablement la crue; mais il n'en est pas question, comme l'observe
Lathaumassiere sur Berri, t. 1, art. 44, quand, pour l'utilité des Mineurs, il laisse
les bestiaux entre les mains des Fermiers, Métayers ou Cheteliers.

9502. Tous ceux qui y ont intérêt, peuvent demander la crue, quand même ils
auroient fait eux-mêmes l'estimation, étant censés s'être conformés à l'usage, qui est
de la faire à bas prix, Boucher d'Argis, de la Crue, c. 6, n. 5.

9503. La question, si la quotité de la crue est la même à la Campagne, que dans
les grandes Villes, dépend de l'usage, v. Valin, t. 1, p. 572. A Angers, la crue
est de 5 s. par livre, comme à Paris; & à la Campagne, de 4 s. On nous a assuré
qu'il y a des cantons de l'Anjou, où elle n'est que de 30 d.

9504. A Tours, & dans toute la Province, la crue n'est que de 20 d. par un
usage ancien, constant & invariable: *magnæ autoritatis hoc jus habetur, quod
in tantùm probatum est, ut non fuarit necesse scripto id comprehendere, l. 36.
D. de Leg.*

Nous avons sous les yeux le partage des biens de la Communauté d'entre Martin
Thomas, fabricant, & Jeanne Hueau, fait entre lui & ses enfants, en Octobre
1724, devant le Lieutenant-Général de Tours, où on lit: » 3228 *l.* pour les meu-
» bles inventoriés dans la maison de Ville; 169 l. pour les 20 d. pour livre; 989
» l. 15 s. pour les meubles inventoriés dans la maison de Campagne; 65 l. 15 s.
» 8 d. pour la crue, à raison de deux carolus, pour livre. »

Dans un Mémoire imprimé en 1730, nous lisons, qu'on n'oblige point le Survivant des pere & mere à vendre les meubles de leurs enfants mineurs; il suffit qu'il
leur tienne compte du prix, « sur le pied de l'estimation de l'inventaire, avec la
» crue ou parisis de 20 d. pour livre, réglé par l'usage de cette Province. »

Le Survivant qui a fait faire un inventaire, retenant les meubles, « est obligé,
» dit M. Bouault, en ses notes, de faire raison de la crue, qui est de 20 d. pour
» livre, selon l'usage. »

La Coutume « prescrit l'appréciation, remarque M. Bernard, dans les siennes, &
» n'ordonne point la vente. Les droits de contrôle font que cette appréciation se fait
» toujours à vil prix, pour affoiblir le droit; c'est un grand préjudice pour les
» Mineurs, & le droit de crue, qui n'est que de 20 d. pour livre, n'y remédie
» pas. . . Notre droit n'est fondé que sur un usage qu'il faut suivre »

Une Sentence arbitrale, rendue par MM. Bernard, Estevou, Barbet & le Pere de
l'Auteur, le 15 Septembre 1762, & déposée chez Me. Delaporte, Notaire, adjuge
                                                                                une

aine somme, » pour le droit de crue, à raison de 20 d. pour livre, suivant l'usage de » la Province. »

Les Avocats & les Procureurs du Siége d'Amboise ont attesté cet usage, par un Acte de notoriété, du 12 Avril 1750. Les autres Siéges de la Province nous ont donné des Actes de notoriété semblables. (*)

9505. Lorsqu'il est évident que l'estimation a été faite à si bas prix, que la crue qui est en usage dans le lieu, est bien éloignée de paraître le juste prix des meubles, s'il n'est pas aisé d'ordonner une nouvelle estimation par des Experts, on peut condamner à payer la crue sur un pied plus fort, v. Boucher d'Argis, de la Crue, c. 11, n. 4. Il faut croire que c'est dans ces circonstances, qu'a été rendue, au Siége de Tours, le 7 Septembre 1765, contre le sieur Campagnac, une Sentence qui adjuge 1333 l. pour le droit de crue des meubles meublants & marchandises compris en l'inventaire fait devant Me. Pallu, Notaire, le 8 Juillet 1748, à raison du quart en sus de l'estimation.

9506. Quelques-uns, à la faveur de cette Sentence, dont M. Dufrementel conseilla d'interjetter appel, voudroient introduire, en Touraine, la crue à raison de 5 f. par livre. Que de voix s'élevent contre ce systême, du fond de tous les Greffes & de toutes les Etudes de Notaires de la Province !

(*) Nous, Officiers du Bailliage de Touraine, au Siége Royal de Loches, soussignés, certifions & attestons à tous qu'il appartiendra, que, de temps immémorial, suivant l'usage observé dans l'étendue de notre Ressort, la crue du montant des meubles & effets mobiliers appartenants à des Mineurs, contenus en des Inventaires faits après le décès de leurs pere & mere, & non vendus judiciairement, ne se compte que sur le pied du 12e. ainsi que les lods & ventes, suivant la Coutume de cette Province, ne se perçoivent que sur le pied du 12e. du prix des Contrats d'acquês ; en témoin de quoi nous avons donné le présent au Palais Royal de Loches, en la Chambre du Conseil dudit Siége, le 8e. jour de Juin 1775. La minute est signée, Guimier, Président-Lieutenant-Général, Benoît, Lieutenant-Général de Police, Musnier, Lieutenant-Particulier, Veneau, Assesseur, Pillault, Avocat du Roi, Charcelay de Bors, Procureur du Roi, & de nous Mouruau, Greffier en chef, soussigné, Mouruau.

Nous, Avocats au Bailliage & Siége Royal de Loches, soussignés, attestons que, par un usage invariable & immémorial, on regle, dans toute l'étendue de ce Ressort, la crue des effets qui en sont susceptibles, au 12e. du prix principal fixé par l'Inventaire. A Loches, le 7 Septembre 1775. Haincque, Dupont, Lavau, Martin, Robin.

Sur la Requête à nous présentée par Joseph Joubert, Procureur à ce Siége, à ce qu'il nous plût lui donner Acte de notoriété, comme, à ce Siége, il est d'usage que la crue des meubles prisés & estimés par Inventaire ou aucun autre Acte équivalent, est fixée & réglée à 20 d. pour livre, & que cet usage a toujours été invariable & de temps immémorial, & qu'il fait Loi dans les Justices seigneuriales ressortissantes de ce Ressort ; nous, après avoir pris l'avis des Avocats & Procureurs, communiqué aux Gens du Roi, & conféré avec les Conseillers à ce Siége, attestons que l'usage, à ce Siége, a toujours été que la crue des meubles prisés & estimés par Inventaire ou autre Acte équivalent, a été fixée & réglée à 20 d. pour livre, que cet usage est immémorial & invariable, & fait Loi dans tout le Ressort du Bailliage de Chinon : ce que nous attestons être l'usage qui s'y pratique. Fait & donné par Nous René-Louis-Pierre Tourneporte de Vontes, Conseiller du Roi, Président-Lieutenant-Général au Bailliage & Siége Royal de Chinon, en la Chambre du Conseil, le 13e. jour de Décembre 1775. La minute est signée, Tourneporte de Vontes, Président-Lieutenant-Général, Chesnou de Baigneux, Lieutenant-Criminel, Lenée, Lebreton, Renault, Legrand, Caillault, Torterue de Langardiere, Avocat du Roi, & Masselin, Greffier.

Nous, René Salmon, Avocat en Parlement & au Bailliage & Siége Royal de Langeais, faisant pour l'indisposition de M. le Lieutenant-Général audit Siége, Jean Baptiste Douault, Conseiller du Roi, son Procureur au même Siége, Jean Brusson, Avocat au Présidial de Tours & au Bailliage de Langeais, Pierre-Laurent-François Douault, Avocat, Louis Fortin, Alexandre-Pierre-François Estevanne, & Louis-René Talasne, Procureurs postulants audit Siége, attes-

1°. Si la Sentence n'avoit pas été rendue dans les circonstances que nous avons supposées, elle seroit injuste. Soit par ex. un effet de la valeur de 65 l. qui, sur la foi de l'usage, auroit été estimé 60 l. & qui ne l'auroit été que 52 l. si l'usage qu'on suit à Paris, eut eu lieu à Tours; le sieur Campagnac, obligé, en conséquence de la Sentence, d'en faire raison sur le pied de 75 l. auroit perdu 10 l. & ainsi des autres effets.

2°. Si on eut voulu introduire un changement, au moins, pour éviter cette injustice, on ne lui auroit pas donné un effet rétroactif.

3°. Le changement ne peut se faire, pour l'avenir, que par un réglement connu spécialement des Appréciateurs; jusques-là, il faut s'en tenir à l'usage; l'équité l'exige, parce que, jusques-là, on est présumé s'y être conformé dans les estimations.

4°. On ne doit pas faire ce changement; les usages sont à respecter : *diuturna consuetudo pro jure & Lege, in his quæ non ex scripto descendunt, observari solet, l. 33. D. de Leg.* v. ci-dessus n. 7105.

5°. Dans les Consultations, les Avocats de Tours continuent de fixer la crue à 20 d. c'est ce que suivent toujours les Notaires de la même Ville.

6°. S'il y a quelque réforme à faire au sujet de la crue, c'est de l'abroger entièrement, non de l'augmenter. Il seroit plus naturel & plus simple d'obliger les Appréciateurs à estimer les meubles ce qu'ils valent réellement; c'est ce dont on s'éloigne plus à Paris qu'à Tours, puisque les Appréciateurs ne portent un objet de 65 l. qu'à 52 l. à Paris, au lieu qu'à Tours, ils l'estiment 60 l.

9507. C'est souvent pour diminuer les droits de contrôle, qu'on se porte à une estimation à bas prix, qui, en procurant un si foible avantage, qu'il ne devroit pas être considéré, peut causer un grand préjudice; ce qui n'auroit pas lieu, si, ainsi qu'il seroit juste, le droit de contrôle, pour les actes simplement déclaratifs de droits acquis, tels qu'un inventaire, un partage, une transaction, &c. ne se percevoit pas, comme pour les Actes attributifs de droits & actions, sur la valeur des choses qui en sont l'objet. Qu'on ne craigne plus d'augmenter le droit de contrôle, & on n'estimera plus les meubles à bas prix; cela préviendra le préjudice que causent les estimations faites quelquefois à si bas prix, que la crue, même telle qu'elle a lieu à Paris, n'y supplée pas suffisamment.

9508. L'inventaire, l'estimation, la vente des meubles, & conséquemment la crue, qui en est une suite, se reglent par la Loi de leur situation, puisqu'ils y sont inventoriés & qu'ils doivent y être vendus, Boucher d'Argis, de la Crue, c. 2, n. 4.

9509. Le Tuteur qui a fait vendre les meubles du Mineur, a six mois pour faire emploi des deniers de la vente, ainsi que des épargnes des revenus, lorsqu'il y en

---

blés en la Chambre du Conseil, certifions à tous qu'il appartiendra, que, par un usage invariable & immémorial, le droit de parisis ou de crue des effets inventoriés est réglé & fixé, dans le Ressort de ce Siége, au 12°. du prix de l'estimation; en foi de quoi nous avons délivré le présent, pour servir & valoir ce que de raison. Fait & donné en la Chambre du Conseil dudit Siége, à Langeais, le 20 Février 1776. Salmon, Douault, Busson, Douault, Fortin, Essevanne, Tulasne.

Nous, Louis-Auguste Gaillard, Sieur de la Dalbeine, Conseiller du Roi, Bailli, Juge Civil, Criminel & de Police du Bailliage & Siége Royal de Montrichard, Etienne Soudée, Conseiller du Roi & son Procureur au même Siége, Nicolas Mahon, Jacques Dauvergne & François Suteau, Procureurs audit Siége, soussignés, certifions que, par un usage invariable & immémorial, dont nous ne connoissons pas l'origine, la crue-parisis des effets portés dans un Inventaire dissolutif de Communauté, se fixe à un 12° du prix de l'estimation. Donné à Montrichard, ce 28 Février 1776. Gaillard de la Dalbeine, Soudée, Mahon, Dauvergne, Suteau, Bonvallet, Greffier.

a une quantité suffisante pour être employée , comme 1000 l. ou plus , suivant la fortune du Mineur , Pocquet sur Anjou , art. 88 , obf. 1e. Bourjon , t. 1 , p. 49.

9510. Afin qu'on voie aisément quand un Tuteur qui rend compte , a eu somme suffisante pour un emploi , il doit fixer son compte année par année , Bourjon , t. 1 , p. 50, 54, t. 2 , p. 355 , 382.

9511. Faute d'emploi , s'il n'a pas sommé les parents du Mineur , de lui en procurer un , il est tenu des intérêts , à compter de l'expiration des six mois , R. du Dr. fr. p. 51.

9512. Un Tuteur est fondé à retenir , sur les intérêts , les impositions royales , Olivier sur Maine , art. 101.

9513. Un Arrêt de 1574 , que cite Prouft , p. 541 , a déchargé un Payfan , tuteur , de payer les intérêts de deniers dont il avoit négligé de faire emploi. L'ignorance des gens de Campagne doit , felon Prouft , p. 30 , contribuer à les excufer.

9514. On fait payer au Tuteur les intérêts des intérêts , jusqu'au jour de la majorité , v. Acte de notoriété du Châtelet , du 14 Juin 1689.

9515. L'héritier du Tuteur ne doit pas les intérêts des intérêts , n'ayant pas qualité pour faire emploi.

9516. Les intérêts provenants d'intérêts , n'en produifent plus , en faveur du Mineur , même pendant le cours de la Tutelle , v. Lange , l. 2 , c. 2 , Pocquet sur Dupineau , Queft. & Confult. c. 33 , Pr. de la jur. fr. n. 602 , Pothier sur Orléans , t. 9, n. 20. MM. Delambon , Courtin & Mouricault , Avocats de Paris , le 10 Avril 1778 , ont eftimé que , l'excédent des revenus d'un Mineur ayant été employé , les intérêts qui en proviennent , ne peuvent en produire d'autres.

9517. Un Arrêt du 11 Août 1758 , cité par Denifart , aux mots *Intérêt* & *Tuteur* , qui ordonne que , quand il se trouvera y avoir eu entre les mains du fieur Delamirée une somme de 4000 l. oifive , fix mois après , l'intérêt en eft dû , décide que , nonobftant les changements dans le taux de l'intérêt , l'intérêt doit être tiré pendant tout le cours de la Tutelle , à raifon du denier 20 , & qu'au jour de la majorité , il fera fait un capital de principaux , intérêts & intérêts d'intérêts , qui produira des intérêts au denier 20 , jufqu'au payement définitif , v. ci-deffus n. 3749.

9518. Peut-on obliger une mere tutrice à faire emploi des deniers provenants d'une fucceffion échue à ses enfants ? v. Olivier sur Maine , art. 102.

9519. Un pere ou une mere qui a négligé de faire emploi des deniers appartenants à ses enfants , fuccede à ces deniers , comme héritier aux meubles , v. Louis sur Maine , art. 101 , Pocquet sur Anjou , art. 88 , obf. 2e. ci-deffus n. 9489.

9520. Au Châtelet , on rejette tout emploi fait fans un avis de parents ; il eft aux rifques du Tuteur , Meflé , des Minorités , c. 8 , Bourjon , t. 1 , p. 51 , v. Ord. de Janvier 1560 , art. 102.

9521. Le meilleur emploi qu'on puiffe faire du mobilier du Mineur , étant de le libérer , fi le Tuteur eft fon créancier , il se fait de droit une extinction légale de la dette , jufqu'à concurrence des deniers qu'il se trouve avoir entre les mains , lorfqu'ils font fuffifants pour en acquitter au moins le quart , Bourjon , t. 1 , p. 52.

9522. Le Tuteur ne perd pas , du moins dans le Pays coutumier , ses créances , faute de les avoir déclarées , lors de l'acceptation de la Tutelle , v. Argou , l. 1 , c. 8 , Lacombe , au mot *Tuteur* , f. 6 , n. 7. Cette déclaration eft utile , pour éviter le reproche qu'on peut lui faire , d'avoir fouftrait les quittances.

9523. « Le Tuteur ne peut faire dépenfer à fon Mineur au-delà du revenu » de fon bien ; néanmoins , le Tuteur , parent collatéral ou étranger , peut , en » cas de néceffité , excéder le revenu du Mineur , pourvu qu'il y foit autorifé par » un avis de parents , homologué en Juftice , » R. du Dr. fr. p. 50 , v. Valin , t. 1 , p. 602.

9524. Le Mineur peut faire rayer toute la dépenfe que le Tuteur a faite à raifon de sa nourriture, de son entretien & de son éducation, en abandonnant ses revenus pour ce & pour toute charge annuelle. L'abandon doit se faire pour tout le temps de la Tutelle; on ne peut diviser les temps, Bourjon, t. 1, p. 49, t. 2, p. 383.

9525. Un pere ou une mere qui rend compte à un enfant, doit porter en recette tous les revenus, dès que, par un 2e. mariage ou par l'âge de l'enfant, ils ont cessé de lui appartenir. Il ne doit pas porter en dépense sa nourriture & son entretien, dès que l'enfant a été en état de les gagner. Ils se compensent avec les services qu'il a rendus, Louis sur Maine, art. 102, dès l'âge de 7 à 8 ans, suivant Serpillon, p. 547, v. Olivier sur Maine, art. 506. Fourré, p. 16, 389, dit que, dans les Campagnes, le Tuteur compte à l'enfant qui a atteint sa 15e. année, de ses services, indépendamment de ses revenus. Les salaires dûs pour les services, augmentent avec l'âge, en proportion de leur utilité. L'enfant en fait confusion, s'il demande la continuation de la Communauté, à moins qu'il ne lui en ait été promis, v. ci-dessus n. 9107, 9108, ci-après n. 12064 & suiv. 12117.

M. Bernard, en ses notes, rapporte avoir décidé qu'un enfant qui a conduit le commerce de son pere, est censé, jusqu'à 17 ans, avoir gagné les frais de son apprentissage, suivant l'Ord. de 1673, t. 1, art. 1, & les deux années suivantes, avoir gagné au moins sa nourriture & son entretien; & qu'il lui est dû des appointements pour le surplus du temps qu'il a été utile à son pere.

9526. « La nourriture se prend sur les fruits » dit Boullai, p. 315, sans aliéner les fonds; mais lorsqu'un Mineur n'a pas des revenus suffisants pour vivre, le Tuteur, qui n'est pas obligé de le nourrir, *L. 3. D. ubi pup. educ.* quoi que dise Fourré, p. 16, ne doit pas entamer ses fonds; il peut, ou le placer dans un Hôpital, ou l'engager à quelqu'un, jusqu'à un certain âge, Pothier sur Orléans, t. 9, n. 19, ou prendre tel autre parti que la famille lui indiquera.

9527. C'est au Tuteur à recevoir les revenus du Mineur, de quelque qualité qu'ils soient, à en donner quittance.

9528. Le Tuteur nomme aux offices & aux bénéfices, v. ci-dessus n. 9387. Il ne peut, sans cause, destituer les Officiers.

9529. Il doit faire les baux des biens sans anticipation, pour les temps ordinaires, Bourjon, t. 1, p. 43, t. 2, p. 32. Il n'est pas tenu de les faire en Justice, Meslé, des Minorités, c. 8, Pr. de la Jur. fr. n. 606.

9530. Meslé voudroit que les grosses réparations ne se fissent que par un avis de parents, & de l'autorité du Juge.

9531. Le Tuteur doit avoir soin de faire faire les réparations; de payer les charges & rentes; de poursuivre les débiteurs; de faire toutes les diligences que peut requérir l'avantage du Mineur, comme pour procurer une hypotheque au Mineur qui n'en a point, obtenir contre son débiteur Sentence à cet effet, interrompre une prescription, exiger un titre nouvel, former une opposition à un décret, à peine d'être garant des suites de sa négligence, Bourjon, t. 1, p. 48.

9532. Un Arrêt du 19 Mai 1761, remarqué par Denisart, au mot *Opposition*, a jugé qu'une opposition formée par un Particulier, sans prendre la qualité de Tuteur, ne pouvoit être utile à ses Mineurs, quoiqu'il fût évident qu'elle n'avoit pas d'autre objet que la conservation de leurs droits, sauf le recours des Mineurs contre le Tuteur.

9533. Le Tuteur n'est pas tenu d'une négligence très-légere; la Loi 33, D. *de adm. & per. tut.* ne l'obligeant qu'au même soin qu'on a coutume de prendre de ses propres affaires, il ne répond que des fautes contraires à ce soin, Domat, l. 2, t. 1, s. 3, n. 9.

9534. Les héritiers du Tuteur, si l'on ne s'est pas plaint de son vivant, ne répondent que de sa négligence, qui est telle qu'elle approche du dol, suivant la Loi 1, C. *de hered. tut. & curat.* adoptée par Despeisses, des Tuteurs, s. 7, n. 23, Lacombe, au mot *Tuteur*, s. 11, d. 7, n. 3.

9535. Le Tuteur, avant de défendre aux demandes formées contre le Mineur, fera bien de se munir d'une Consultation d'Avocats. S'il succombe dans un procès important, qu'il a intenté sans un avis de parents, il ne peut répéter les dépens, Proust, p. 548, encore que le Jugement ne le porte pas. Ce n'est que lorsqu'il a plaidé en défendant, que cette peine doit être prononcée, pour qu'elle ait lieu, Bourjon, t. 1, p. 46, v. art. 513 de Bretagne, Domat, l. 2, t. 1, f. 3, n. 11, Meslé, des Minorités, c. 8, 12, Lacombe, au mot *Tuteur*, f. 8, d. 3, n. 14. Il doit aussi consulter la famille du Mineur, pour interjetter un appel, Pr. de la Jur. fr. n. 608.

9536. En Pays coutumier, le débiteur d'une rente constituée peut en faire le rachat au Tuteur, sans un avis de parents, & sans veiller à l'emploi, Pallu, p. 512, Cochin, t. 6, p. 64 & suiv. Bourjon, t. 1, p. 43, Pr. de la Jur. fr. n. 604; ce que Valin, t. 1, p. 617, désapprouve.

9537. Si le Tuteur a emprunté une somme dont il ait constitué une rente, & que cette somme n'ait pas été utilement employée, le Mineur peut se faire restituer, sauf le recours du Créancier contre le Tuteur, Pothier, des Rentes const. n. 56.

9538. Le Tuteur peut consentir la licitation d'un bien indivisible, qu'un Majeur demande, & à plus forte raison, le partage d'un bien, que provoque un Majeur, v. ci-dessus n. 5996. Quoi que dise Denisart, au mot *Licitation*, « il ne faut pas de » Tutelle *ad hoc*, pour défendre à une demande en licitation ou en partage, formée » contre le Mineur; c'est acte d'administration, & d'administration nécessaire, » Bourjon, t. 1, p. 45.

9539. Le Tuteur peut, sans un avis de parents, accepter une donation, Ord. de 1731, art. 7. Bourjon, t. 1, p. 44, en exige un, pour accepter une succession, comme pour y renoncer; il n'est pas nécessaire, même pour la renonciation, Pothier, sur Orléans, t. 17, n. 64, contre Pr. de la Jur. fr. n. 605, v. Proust, p. 549, Lange, l. 3, c. 28, où on lit que les Créanciers peuvent obliger le Tuteur qui renonce à une succession, de rapporter un avis de parents, & que le Mineur, devenu majeur, peut être contraint de s'expliquer s'il ratifie ce qui a été fait.

9540. Le Tuteur peut transiger à l'avantage du Mineur, Domat, l. 2, t. 1, f. 2, n. 5. Il ne doit pas accorder des remises, imposer des servitudes, déguerpir, compromettre sur les droits du Mineur, Bourjon, t. 1, p. 44 & suiv.

9541. Les Actes qui excedent le pouvoir du Tuteur, sont nuls de plein droit, dit Bourjon, sans qu'il soit besoin de lettres de rescision, s'il les a faits sans y être autorisé; le défaut de pouvoir est le plus grand de tous. Pour les Actes de vente v. ci-dessus n. 6894; les acquéreurs ne peuvent en opposer la nullité, Pothier, de la Vente, n. 14.

9542. Il n'y a pas de nullité, si le Mineur a assisté à l'Acte, v. Perchambault, p. 624, Dunod, des Préscr. p. 179, 184, Guyot, t. 5, p. 382, 384, Varicourt, aux mots *aliénation* & *revendication*, ci-dessus n. 6893.

9543. Cochin, t. 2, p. 665, dit qu'il ne faut point de formalités, quand on paye une mere, du bien de son enfant.

9544. Le 20 Juillet 1778, nous avons décidé qu'une mere qui avoit fait faire un inventaire dissolutif de Communauté, pouvoit vendre devant un Notaire, après les affiches & publications accoutumées, au plus offrant & dernier enchérisseur, en son nom, sa moitié indivise dans une terre, qui étoit le seul immeuble de la Communauté, qu'on ne pouvoit partager sans perte, & dont les dettes communes rendoient la vente indispensable, &, comme Tutrice naturelle de ses enfants, leur moitié indivise, après avoir pris un avis de parents homologué par le Juge; aux conditions que le prix seroit employé, en partie, à payer des Créanciers communs, & que le surplus demeureroit entre les mains de l'acquéreur jusqu'à la majorité des enfants, en en payant l'intérêt à la mere, qui en comptera à ses enfants, lorsqu'ils feront majeurs : temps où ils fe feront refpectivement raifon de leurs reprifes , où ils partageront ce qui reftera du prix , & où , fur la part revenante aux enfants , l'aîné reprendra les avantages qu'il auroit eus fur la terre.

9545. La ratification d'un Acte paffé par un Tuteur qui a excédé les bornes de fon pouvoir , n'a pas un effet rétroactif , Valin , t. 1 , p. 606 , v. ci deffus n. 5042.

9546. Un pere , comme Tuteur , vend 9000 l. le bien échu à fes trois enfants , de la fucceffion de leur mere , & meurt ; deux des enfants , devenus majeurs , ratifient la vente ; le 3e. a le droit de demander tout le bien vendu , en rembourfant les 9000 l. La vente qu'il n'a pas ratifiée , ne peut lui être oppofée , pour le tiers qui lui revenoit ; quant aux deux autres tiers , il peut demander à être fubrogé aux droits de l'acquéreur , v. Olivier fur Maine , p. 12e. ci-deffus n. 3060. On ne doit pas lui objecter qu'il eft héritier de fon pere , parce que les engagements contractés par un Tuteur , en qualité de Tuteur , ne le lient point , ni conféquemment fes héritiers , Dupineau , Obf. fur Anjou , art. 444 , Lacombe , aux mots *éviction* , n. 18 , & *Tuteur* , f. 8 , d. 3 , n. 3 , 4 , Valin , t. 1 , p. 608 , Fourré , p. 282.

9547. Les Mineurs ne font pas tenus des peines & amendes encourues par le fait ou la négligence de leurs Tuteurs , Dict. raif. des Dom. t. 3 , p. 466 , v. ci-deffus n. 6879.

9548. La Tutelle finit , lorfque le Mineur devient majeur ou eft émancipé. Le Tuteur peut avoir des raifons , pour fe faire décharger de la Tutelle ; & la famille du Mineur peut en avoir , pour la lui faire ôter.

9549. En cas de mort civile ou naturelle du Mineur , la fonction du Tuteur ceffe ; mais , en cas de mort du Tuteur , fes héritiers doivent continuer d'adminiftrer les biens , jufqu'à ce qu'il ait été nommé un autre Tuteur , à qui ils rendront compte.

9550. Celui qui a été nommé Tuteur des enfants de fa femme , conferve la Tutelle , après la mort de celle-ci , quoique , n'en ayant point d'enfants , il n'y ait plus de lien qui l'attache aux enfants dont il eft Tuteur , v. Gaz. des Trib. t. 3 , p. 346 , Olivier fur Maine , art. 102 , ci-deffus n. 9457.

9551. Le Tuteur qui néglige de rendre compte , peut être condamné perfonnellement à payer une fomme , parce que c'eft une maxime , que tout comptable eft réputé débiteur , jufqu'à ce qu'il ait juftifié le contraire.

9552. Pendant la Tutelle , le Tuteur qui a été condamné comme Tuteur , peut être pourfuivi à rendre compte , par bref état , devant le Juge qui l'a condamné , Lacombe , au mot *Tuteur* , f. 8 , d. 3 , n. 2.

9553. La Tutelle étant finie , le Tuteur doit rendre compte devant le Juge de fon domicile , ou devant le Juge qui l'a nommé , v. Jouffe fur l'Ord. de 1667 , p. 464.

9554. Un Arrêt du 19 Avril 1777 , a jugé qu'un Bourgeois de Paris doit être affigné au Châtelet , pour recevoir le compte de Tutelle , qu'on veut lui rendre , non devant le Juge qui a nommé le Tuteur , Gaz. des Trib. t. 3 , p. 337.

9555. Le compte eft indifpenfable , encore qu'un pere , en nommant un Tuteur à fes enfants , l'ait déchargé d'en rendre , Sainfon , t. 32 , art. 3.

9556. Quoique les frais du compte de Tutelle , qui n'eft pas en même temps compte de Communauté , foient en entier à la charge du Mineur , c'eft au Tuteur à les avancer , non les frais du procès au fujet des débats , Bourjon , t. 2 , p. 384 , 392.

9557. Celui qui rend compte , peut être confidéré comme demandeur ; il demande que chaque article du compte lui foit alloué , Meflé , des Minorités , c. 12.

9558. Sur le compte de Tutelle v. Bourjon , t. 1 , p. 52 & fuiv. t. 2 , p. 380 & fuiv.

9559. Ce compte doit être rendu par dépouillement d'inventaire.

9560. Les comptes font compofés de chapitres de recette , de chapitres de dépenfe , & d'un chapitre de reprife , qui fe pratique pour deux raifons : la 1re. pour examiner s'il n'y a pas eu de négligence de la part du Rendant ; la 2e. pour fervir d'état du recouvrement qui eft à faire.

9561. » Obſervez, en faveur des Tuteurs, qu'on doit ajoûter foi à leurs regiſ-
» tres, avec leur ferment, quand il s'agit de petites ſommes, » Dupineau ſur Anjou,
art. 88.

9562. Il n'eſt pas dû de ſalaire à un Tuteur ; il y a des cas où on lui accorde
une ſomme, par forme d'indemnité, v. Serpillon, p. 546.

9563. Un compte dû à un Mineur qui eſt encore en Tutelle, par ex. par les
héritiers d'un 1er. Tuteur, ſe rend au 2e. Tuteur.

9564. Le Mineur étant émancipé par le mariage, ou par des lettres du prince,
le compte lui eſt rendu à lui-même, aſſiſté d'un Curateur nommé à l'effet
d'être préſent au compte & au payement du reliqua, à l'emploi duquel il doit
veiller. C'eſt de ce Curateur dont parlent les art. 341 de Tours, 317 de Loudun,
v. Prouſt, p. 537. Si le Mineur ſe trouve débiteur envers le Tuteur, il peut ſeul
le payer.

9565. A défaut de ce Curateur, deux principaux parents, qui ne ſoient pas
parents du côté du Rendant compte, dit M. Bouault, en ſes notes, doivent y être
préſents. Suivant M. Bernard, dans les ſiennes, il ne faut pas préférer un couſin
à un frere, à un oncle ; on peut prendre des couſins qui demeurent ſur le lieu,
au préjudice de freres, d'oncles qui demeurent ailleurs, v. ci-deſſus n. 9450.

9566. Lorſqu'il n'y a pas de parents ſur le lieu, & qu'on ne veut pas en appeller
d'ailleurs, on appelle le Procureur du Roi ou Fiſcal ; la préſence de deux amis ne
ſuffit pas.

9567. L'art. 351 de Tours ſuppoſe que, quand le compte n'a pas été rendu de
la maniere qu'il preſcrit, le Mineur peut ſe faire reſtituer, comme Mineur ſeulement, ſans alléguer de lézion, v. ci-deſſus n. 6902.

9568. Le compte rendu par un Tuteur à des Mineurs, aſſiſtés de leurs parents,
doit être apoſtillé en marge de chaque article ; il ne ſuffit pas qu'il ſoit dit qu'ils
ont vu & examiné exactement le compte, ainſi qu'on prétend qu'il a été jugé par
un Arrêt du 18 Mars 1738, confirmatif d'une Sentence du Siége de Tours, au
profit de François Rayer & Cathérine Gaultier, contre la veuve Domino.

9569. Le compte étant rendu devant le Juge, il doit donner Acte de la préſen-
tation & affirmation du compte ; s'aſſurer de la communication des pieces juſti-
ficatives ; entendre les parents, ou le Procureur du Roi ou Fiſcal, ſur les débats,
& le Rendant, ſur les ſoutenements ; liquider le reliqua ; &, s'il procede de rembourſement de rentes, ou forme un objet conſidérable dans la fortune du Mineur,
ordonner la collocation d'une partie, & le paiement du ſurplus : tout cela ſans
forme ni figure de Procès, dit M. Bernard, en ſes notes. Il ajoûte que c'eſt une
erreur que de penſer qu'il ſoit d'une indiſpenſable néceſſité de parcourir tous les
dégrés de la procédure qu'a tracée l'Ord. de 1667, t. 29.

9570. Le compte peut ſe rendre devant un Notaire, en préſence de deux témoins,
outre les deux parents ; c'eſt un Acte de juriſdiction volontaire.

9571. Quoi que diſe Jouſſe ſur l'Ord. de 1667, p. 479, il n'importe que le compte
ait été ordonné en Juſtice ou non ; cette diſtinction ne ſe trouve point dans un Arrêt
de Réglement du 15 Mars 1752, rapporté par Jouſſe, des Commiſſ. p. 546, qui a
maintenu les Notaires de Paris dans le droit de faire tous comptes, partages & liqui-
dations volontaires, même entre Mineurs ; les Commiſſaires au Châtelet, y ayant
formé une tierce oppoſition, en ont été déboutés par un Arrêt du 23 Août ſuivant,
dont ils ont demandé la caſſation au Conſeil, où cette demande a été rejettée par
un Arrêt du 24 Janvier 1757, v. Deniſart, au mot *Compte*, Serpillon, p. 551,
Olivier ſur Maine, art. 91, Pigeau, t. 2, p. 30, ci-deſſus n. 6896.

9572. L'art. 351 de Tours paroît requérir que le compte ſoit rendu devant le Juge,
& on allegue, à ce ſujet, l'Arrêt de 1738, cité ci-deſſus n. 9568, v. Sainſon, t. 32,
art. 3 ; neanmoins, M. Bernard, en ſes notes, eſtime qu'il peut être rendu

devant un Notaire à un Mineur affifté de fes principaux parents. La Sentence arbitrale citée ci-deffus n. 9504, a enthériné des lettres de refcifion prifes contre un compte qui n'avoit pas été rendu à des Mineurs devant le Juge ; mais on n'avoit pas appellé deux des principaux parents, & il y avoit lézion.

9573. L'art. 324 de Loudun porte, que les Tuteurs « feront tenus rendre » compte & reliqua aux Mineurs, en Juftice, eux venus à leur âge, » v. Sainton. t. 32, art. 3 ; cependant, le compte qui fe rend au Mineur, devenu majeur, n'eft affujetti à aucune formalité, pourvu qu'il foit détaillé, & qu'il foit conftant que les pieces ont été examinées.

9574. La feule énonciation qu'un compte a été vu & examiné, eft infuffifante, pour faire valider une décharge donnée au Comptable.

9575. On peut fe pourvoir, pendant 10 ans, contre une Tranfaction faite avec fon Tuteur, contenant décharge de rendre compte, v. Lebrun, des Sociétés tacites, c. 6, f. 1, n. 12, Boucheul fur Poitou, art. 306, n. 29, R. du Dr. fr. p. 53, 505, Poullain fur Bretagne, art. 296, 517, Bourjon, t. 1, p. 53, t. 2, p. 472, Denifart, au mot *Compte*, Valin, t. 1, p. 609, 619.

9576. Le Mineur eft toujours cenfé Mineur, à l'égard du Tuteur qui, après le compte rendu, ne lui a pas remis toutes les pieces juftificatives ; le payement du reliqua eft indifférent, v. Ord. de 1667, t. 29, art. 1.

9577. C'eft pour engager les Tuteurs à s'empreffer de rendre compte, que, jufques-là, ils font toujours réputés Tuteurs, en tout ce qui eft contr'eux ; ainfi, ils font incapables de recueillir aucune libéralité de ceux à qui le compte eft dû, Pr. de la jur. fr. n. 609.

9578. Lemaître fur Paris, p. 125, dit que la maxime, que le Mineur eft toujours cenfé Mineur jufqu'à la reddition du compte, qui a lieu pour le cours des intérêts, n'a pas d'effet, lorfqu'il s'agit de fa fucceffion, v. Cochin, t. 3, p. 783.

9579. L'intérêt du reliqua dû par le Tuteur, court de plein droit du jour que la Tutelle a ceffé ; mais l'intérêt du reliqua dû au Tuteur, ne court que du jour de la demande qu'il en fait après la clôture du compte, R. du Dr. fr. p. 54.

9580. Pour l'hypotheque du Mineur & du Tuteur v. Boullai, p. 350, Prouft, p. 549, Domat, l. 2, t. 1, f. 3, n. 36, 37, f. 5, n. 6, 7, Argou, l. 1, c. 8, R. du Dr. fr. p. 52, 429, Bourjon, t. 1, p. 54, ci-deffus n. 5047.

9581. Quelquefois, on donne deux Tuteurs aux perfonnes de confidération : un Tuteur honoraire, qui a prefque toujours le foin de l'éducation du Mineur ; & un Tuteur onéraire, qui adminiftre les biens, & qui, étant plutôt un homme d'affaires, qu'un véritable Tuteur, reçoit des appointements, Argou, l. 1, c. 8.

9582. Le Tuteur honoraire, s'il s'eft immifcé dans la geftion de la Tutelle, doit, & rendre compte, & fatisfaire pour l'infolvabilité du Tuteur onéraire, v. Augeard, t. 2, c. 70.

9583. Suivant Meflé, des Minorités, c. 8, 12, les Tuteurs honoraires font les cautions des Tuteurs onéraires, fur lefquels ils ont infpection.

9584. Le Subrogé Tuteur, qu'on nomme pour veiller à l'exactitude de l'inventaire, &, en général, aux intérêts du Mineur, dans tous les cas où il a quelque chofe à démêler contre le Tuteur, n'a pas de compte à rendre, Prouft, p. 417, Bourjon, t. 1, p. 42, Pr. de la jur. fr. n. 600.

9585. On appelle proprement Curateur, celui qui eft donné, pour caufe extraordinaire, à un Mineur ou à un Majeur, Meflé, des Minorités, c. 10.

9586. Un homme mort civilement, étant capable de commercer, & par conféquent d'acquérir & d'aliéner, peut avoir des droits à réclamer ou à défendre ; mais il ne peut paroître en Juftice, qu'affifté d'un Curateur créé à fa mort civile, Richer, de la Mort civ. p. 251.

9587. L'interdit pour caufe de prodigalité ne peut aliéner fes biens, dont on lui laiffe laisse la jouissance, ni s'obliger, sans être assisté d'un Curateur. Le Curateur donné à l'interdit pour cause de fureur ou de démence, a le soin de sa personne & l'administration de ses biens.

9588. « Le fils, dit Domat, l. 2, t. 2, s. 1, n. 11, ne peut être nommé Curateur de son pere déclaré prodigue, quoiqu'il puisse l'être de son pere qui est en » démence, » v. Louis sur Maine, art. 501, Meslé, des Minorités, c. 11.

9589. Denisart, au mot *Interdiction*, rapporte que « l'Arrêt rendu le 17 Avril » 1734, qui a interdit le Marquis de Menars, pour cause de prodigalité, lui a » nommé la Marquise de Menars, pour curatrice à ses personne & biens. »

9590. Après sa charge finie, un Tuteur ou Curateur n'est pas tenu des engagements qu'il a contractés en cette qualité, v. ci-dessus n. 9546. Il est censé procéder en cette qualité, quoique cela ne soit pas dit dans l'Acte, lorsqu'il y est qualifié de Tuteur ou Curateur, Lacombe, au mot *Tuteur*, s. 8, d. 3, n. 4.

9591. Il est d'usage, dit Lacombe, qu'un Procureur peut poursuivre le Tuteur qui l'a constitué, pour le payement de ses frais, sauf le recours du Tuteur; Varicourt, au mot *Tuteur*, rapporte un Arrêt contraire du 13 Septembre 1768.

9592. Le 11 Août 1775, le Siége de Tours a jugé que c'est le pere, qui, en rendant compte, a compensé les revenus de ses enfants dont il étoit Tuteur, avec leur nourriture & leur entretien, qu'on doit poursuivre, pour les dettes contractées à raison de cette nourriture & de cet entretien.

CHAPITRE IV.

Du Douaire.

9593. Quatre Sections diviseront ce Chapitre.

SECTION PREMIERE.

Du Douaire en général.

9594. L'origine du Douaire « vient vraisemblablement des anciennes mœurs des » François, & sur-tout de la Loi salique, qui n'admettoient aux successions que les » mâles, » Pr. de la Jur. fr. n. 387. La femme, suivant ces mœurs, n'ayant point de biens de son chef, il falloit qu'elle trouvât, dans ceux du mari, de quoi subsister. « Le Douaire étoit anciennement la véritable dot des femmes, dit Lauriere » sur Loisel, l. 1, t. 3, n. 1; & parce que les maris étoient obligés de les doter, » il fut ordonné, par un Capitulaire, qu'ils leur assigneroient leur dot ou leur Douai- » re, de l'avis du Curé & des amis communs. » C'étoit un Douaire conventionnel, qui se constituoit à la porte de l'Eglise; delà, l'usage dans lequel étoit autrefois le Juge d'Eglise, de connoître des contestations qui surviennent en cette matiere, Velly, Hist. de fr. t. 6, p. 169, 175. Le Douaire légal a été introduit dans le 13e. siecle, R. du Dr. fr. p. 217.

9595. Quelques-uns ont regardé le Douaire des femmes comme le prix de leur virginité, v. Proust, p. 516, 528; ils se sont trompés, Glossaire du Dr. fr. au mot *Douaire*. Par l'art. 367 de Normandie, « la femme gagne son Douaire au coucher; » ce qui n'est, ni décent, ni raisonnable, Valin, t. 2, p. 539, Leridant, au mot *Douaire.* De droit commun, conformément à l'art. 248 de Paris, le Douaire est acquis dès l'inftant de la Bénédiction nuptiale, encore que le mari vienne à décéder immédiatement après, avant la confommation du mariage, v. Boullai, p. 325, Pallu, p. 569, Bodreau & Louis fur Maine, art. 313, Pocquet fur Anjou, art 299, obf. 2e. R. du Dr. fr. p. 222.

9596. Le Douaire eft dû à la femme, quoique la dot qui a été promife, n'ait pas été payée, Lathaumaffiere fur Berri, t. 8, art. 16, Auroux, p. 1, p. 400, contre Boullai, p. 324. Il a lieu, lors même qu'il n'y a, ni dot, ni Contrat de mariage, Prouft, p. 516, Pallu, p. 568; ou qu'il n'en a pas été queftion dans le Contrat de mariage qui a été fait, Prouft, p. 524, v. Bourjon, t. 1, p. 615, 620 : c'eft la décifion de l'art. 247 de Paris. Le motif de fon établiffement le rend indépendant de ces circonftances; il a pour objet de mettre la femme en état de foutenir l'honneur & la dignité de la maifon du mari, Prouft, p. 521.

9597. Il n'y a point de Douaire, fi le mariage eft nul, Bourjon, t. 1, p. 615; on excepte quelques cas, comme fi la femme étoit dans la bonne foi, Auroux, p. 1, p. 399, v. ci-deffus n. 7729 & fuiv.

9598. Dupleffis fur Paris, p. 139, tient qu'on ne peut convenir qu'il n'y aura point de Douaire; tel a été l'ufage, pendant 9 ou 10 fiecles, félon Lauriere fur Paris, art. 284; il eft, aujourd'hui, contraire; une Mineure même peut y renoncer, Dupineau fur Anjou, art. 299, Bodreau & Olivier fur Maine, art. 313, Lathaumaffiere fur Berri, t. 8, art. 11; pour l'exclure, il faut une ftipulation expreffe; il ne fuffit pas qu'il ait été accordé à la femme une fomme pour tous droits & avantages, Couchot, t. 4, p. 233, Auroux, p. 1, p. 403, Defaux fur Lebrun, des Succ. add. 40e. Bourjon, t. 1, p. 618, Pothier, du Douaire, n. 3.

9599. Lorfqu'il a été fixé un Douaire par le Contrat de mariage, on ne peut demander le Douaire légal ou coutumier, art. 332 de Tours, 308 de Loudun, à moins que le droit d'option n'ait été accordé, art. 261 de Paris.

9600. S'il eft dit que la femme aura pour Douaire une rente de tant, ou le Douaire coutumier, le choix lui appartient; & elle peut, quoi que difent Pallu, p. 574, Renuffon, du Douaire, c. 4, n. 13 & fuiv. Boucheul fur Poitou, art. 258, n. 12, Olivier fur Maine, art. 313, fe faire reftituer contre l'option qu'elle a faite en minorité. Pothier, du Douaire, n. 143, 145. L'héritier du mari a le choix, fi le Douaire eft d'une rente viagere de tant, ou d'une fomme en propriété.

9601. De droit commun, le Douaire conventionnel ou prefix peut être plus ou moins fort que le Douaire coutumier; mais, par les art. 327, 332, 333 de Tours, 308, 309 de Loudun, s'il l'excede, il eft fujet à réduction, quelque ftipulation qu'il y ait au contraire, Boullai, p. 332, Prouft, p. 523.

Un homme qui, domicilié à Orléans, s'y eft marié, eft venu demeurer à Tours, où il eft mort, le Douaire préfix qu'il a conftitué, eft réductible à la valeur du Douaire coutumier, s'il a été conftitué, non en biens qu'il avoit lorfqu'il s'eft marié, mais en biens qu'il laifferoit à fon décès, Pothier, du Douaire, n. 130.

9602. Une femme peut fe mettre en poffeffion de l'héritage qui lui a été affigné, pour Douaire, par le Contrat de mariage; l'art. 327 de Tours n'accorde à l'héritier, que la voie de l'action, pour faire réduire le Douaire, s'il y a excès, v. Boullai, p. 327, 332. Les frais qu'occafionne cette action, ceux de l'eftimation des biens, néceffaire pour juger s'il y a excès, font communs, v. ci-après n. 9657.

9603. D'autres que le mari, peuvent promettre plus grand Douaire que le coutumier; l'excédent fe prend fur leurs biens, Boullai, p. 333, notes de M. Carré, v. Boucheul fur Poitou, art. 259, n. 10, 11.

9604. Si ceux qui ont fait cette promeffe, font les pere, mere, aïeul ou aïeule du mari, cet excédent, que Pallu, p. 578, remarque n'être pas fujet à rapport, ne fe paye que pendant leur vie. Après leur décès, il eft au choix des héritiers, de le payer, ou de fouffrir que le Douaire coutumier ait lieu fur la part que le mari auroit eue, s'il eut furvécu ceux qui ont fait la promeffe, v. art. 333 de Tours, 309 de Loudun, Dupineau, Obf. fur Anjou, art. 303.

9605. Un Noble conftitue un Douaire de 4000 l. de rente à la femme de fon fils, qui, enfuite, décede fans enfants, ne laiffant qu'un propre de 6000 l. de revenu; quatre ans après, le pere décede; deux filles recueillent fa fucceffion, dont les immeubles, propres & acquêts, produifent 8100 l. de revenu. La femme doit avoir 2000 l. de rente de Douaire coutumier fur le propre du fils, & pendant les quatre ans qu'a vécu le pere, 2000 l. fur fes biens, pour parfaire le Douaire préfix; depuis fon décès, elle ne peut exiger que le Douaire coutumier fur les deux tiers des immeubles du pere, qui euffent appartenu au fils, s'il eut furvécu fon pere, lequel monte à 1800 l. Il feroit indifférent de lui laiffer le Douaire coutumier, ou de lui payer le Douaire préfix, fi les immeubles du pere produifoient 9000 l. de revenu; & s'ils produifoient davantage, elle ne pourroit exiger que le Douaire préfix, que 4000 l. de rente, en déduction defquelles, jufqu'à due concurrence, elle jouiroit toujours du tiers du propre du fils, v. Auroux, p. 1, p. 414.

9606. Les deux filles fupportent également la charge du Douaire, foit coutumier, foit préfix. S'il y avoit un garçon qui, par la mort de fon frere, feroit devenu l'aîné, la fille fupporteroit le tiers des 2000 l. dont feroit chargé le propre du frere décédé, & des 1800 l. dont feroient chargés les deux tiers des immeubles du pere, qui lui euffent appartenu, s'il l'eut furvécu. Les quatre années d'arrérages, qui ont couru pendant la vie du pere, fe prennent fur les meubles.

9607. Un Noble donne en mariage à un de fes deux enfants puînés un acquêt de 3000 l. de revenu, & il promet à fa bru un Douaire de 4000 l. de rente; puis, il décede, laiffant des propres produifant 6000 l. de revenu, des acquêts produifant 3000 l. de revenu & des effets mobiliers. Le puîné marié renonce à la fucceffion, & meurt. La femme, qui ne peut prendre, fur fon bien, que le quart du Douaire promis, peut-elle demander le furplus fur les biens du pere du mari, fi mieux on aime lui abandonner, en pleine propriété, les acquêts & les effets mobiliers, dont le mari auroit pu, par l'art. 248 de Tours, être gratifié ? v. Pallu, p. 350, Boucheul fur Poitou, art. 259, n. 9, art. 260, n. 60. Par rapport aux acquêts, on dira que l'abandon ne doit avoir lieu que pour l'ufufruit, afin que la conftitution du Douaire ne dégénere pas en don de la propriété des acquêts à perfonne étrange.

9608. Si les pere & mere du mari n'ont point promis de Douaire, la femme ne peut en prétendre fur leurs biens, Pallu, p. 579.

9609. Celui qui s'eft rendu caution d'un Douaire qui excede le coutumier, eft obligé de payer l'excédent, Poullain fur Bretagne, art. 455; Boullai, p. 333, l'en décharge, dans le cas où la femme accepte la Communauté.

9610. Ce paiement de l'excédent du Douaire coutumier ne donne aucun recours contre les héritiers du mari, quelque contre-lettre ou promeffe de garantie qu'on ait de lui, porte l'art. 372 de Normandie, que nous fuivons, Pallu, p. 575 & fuiv. Boucheul fur Poitou, art. 259, n. 10.

9611. Le mari peut conftituer un Douaire plus grand que le coutumier, s'il a les biens fitués à Paris, Renuffon, du Douaire, c. 4, n. 9, Bourjon, t. 1, p. 634, 638; ce qui n'eft pas fujet à infinuation, Renuffon, n. 2 & fuiv. v. Pothier, du Douaire, n. 6, 133.

9612. Encore que le mari foit marié à Paris, & qu'il y ait fon domicile, il ne peut conftituer, fur fes biens de Touraine, un Douaire plus grand que le coutumier, notes de MM. Dubois, pere, & Bernard, contre Pallu, p. 577, v. Arrêts des 28 Août 1677, & 23 Juin 1703, rapportés au Journ. des Aud. Pallu, p. 350, Renuffon, du Douaire, c. 4, n. 6 & fuiv. Boucheul fur Poitou, art. 259, n. 7, 9.

9613. Lorfqu'il y a une convention de Douaire, qui ne peut être exécutée dans certaines Coutumes, il en est dû une indemnité sur les biens libres, Boullenois, Quest. mixtes, p. 250, Froland, des Statuts, p. 514.

9614. La réduction du Douaire préfix peut être demandée par des Créanciers postérieurs au mariage, ainsi qu'il a été jugé « par Arrêt du 7 Septembre 1711, » contre Angelique de Crévant, qui demandoit, sur la Terre de Rochet, située en » Touraine, où son pere avoit son domicile, un Douaire préfix de 4000 l. comme » propre, en vertu de la soumission à la Cout. de Paris, par lequel Arrêt les deux » tiers de cette Terre furent déclarés libres & affranchis de ce Douaire, » Froland, des Statuts, p. 551, v. Arrêt du 21 Mars 1767, cité par Varicourt, au mot *Douaire.*

9615. Si, n'ayant des biens qu'en Touraine, le mari a accordé un Douaire sans retour, ses héritiers ou ses créanciers ont le choix de laisser à la femme ce Douaire, ou de la réduire au Douaire coutumier, Argou, l. 3, c. 10, v. Bodreau sur Maine, art. 313.

9616. Le Douaire n'est sans retour, c'est-à-dire, en pleine propriété, en faveur de la femme, que quand la clause y est expresse, art. 263 de Paris.

9617. S'il est dit que la femme aura telle somme à une fois payer, pour Douaire, ce n'est toujours que pour en jouir à titre d'usufruit seulement, Duplessis sur Paris, p. 247, Bourjon, t. 1, p. 619, 638, 639, Pothier, du Douaire, n. 124. On ne suit pas l'art. 214 d'Auxerre.

9618. Lorsque le mari n'a aucun bien sujet au Douaire coutumier, ou que celui qu'il a, est de nulle considération, le Douaire préfix sur les autres biens, n'est, parmi nous, réductible, qu'autant qu'il excede ce qu'il lui est permis de donner par Contrat de mariage, Pothier, du Douaire, n. 134, 135, Répert. de Jurisp. au mot *Douaire*; on cite, à ce sujet, un Arrêt du 29 Août 1759, v. art. 212 d'Auxerre. Un mari qui a constitué un Douaire préfix sans retour de 12000 l. a laissé un propre de 100 l. & sa moitié dans les biens de la Communauté, qui consiste en 8000 l. d'effets mobiliers & 16000 l. de conquêts. La femme aura les 8000 l. d'effets mobiliers, qui la rempliront des deux tiers du Douaire; pour tenir lieu de l'autre tiers, elle peut jouir, sa vie durant, de 400 l. de rente à prendre sur les conquêts. S'ils ne montoient qu'à 15000 l. elle ne pourroit avoir que 375 l. de rente; par l'art. 236 de Tours, elle n'auroit pu en avoir davantage à titre de don. Elle n'auroit rien sur les conquêts, & le Douaire seroit caduc pour un tiers, s'il n'y avoit aucun propre; en ce cas, le don n'auroit pu tomber sur les conquêts, à cause de l'art. 238.

9619. Par l'art. 255 de Paris, le Douaire préfix est propre aux enfants, de même que le Douaire coutumier par l'art. 249; c'est-à-dire, qu'ils ont la propriété des biens, dont la mere, si elle survit, a le droit de jouir à titre de Douaire. L'art. 253 regle le Douaire des enfants, lorsqu'il y en a de plusieurs lits, v. l'art. 254.

9620. Le pere ne peut pas plus donner atteinte, par des aliénations, hypotheques ou autrement, au droit des enfants, qu'à celui de la mere; c'est une légitime accordée aux enfants, s'ils la trouvent plus avantageuse que celle de l'art. 295, ou celle de l'art. 298.

9621. Pour obtenir l'une de ces deux dernieres, la qualité d'héritier est nécessaire; au contraire, les enfants ne peuvent prendre le Douaire, qu'en renonçant à la succession du pere, art. 251. Ce n'est point un droit successif, c'est une espece de dette que le pere a contractée envers eux, en se mariant; aussi, le partage du Douaire se fait également, sans droit d'ainesse, entre les enfants douairiers, qui ne sont pas tenus des dettes du pere, créées depuis le mariage, art. 250; les avantages qu'ils ont reçus, s'imputent sur le Douaire, art. 252.

9622. Le Siége de Tours, par un Acte de notoriété, a attesté que le Douaire, noble ou roturier, n'est pas propre aux enfants, mais seulement viager pendant la vie de la femme.

9623. On peut stipuler, à Tours & à Loudun, que le Douaire de la femme sera propre aux enfants, v. Duplessis, t. 2, Consult. 31e. Sérieux sur Renusson, du Douaire, c. 4, n. 19, c. 5, n. 25, 49. Le Douaire des enfants est celui de la mère, Renusson, du Douaire, c. 5, n. 52.

9624. On ne regarde pas le Douaire comme propre aux enfants, s'il a été seulement dit que la somme convenue pour Douaire, sera propre à la femme & à ceux de son côté & ligne ; cela signifie uniquement que la femme aura cette somme en propriété, Pr. de la Jur. fr. n. 405.

9625. Un homme qui n'a que des biens situés en Touraine, accordant, pour Douaire, l'usufruit d'une terre, ou même consentant le Douaire coutumier, Pothier, du Douaire, n. 319, 320, est d'avis que le Douaire, qui, dans l'un & l'autre cas, est Douaire conventionnel, sera propre aux enfants, si, par le Contrat de mariage, il est dit que les Parties entendent se marier suivant la Cout. de Paris, ou qu'elles s'y soumettent, ou même si la Cout. de Paris est la Loi de leur domicile matrimonial.

9626. V. Froland, des Statuts, p. 623 & suiv. où sont rapportées les espèces des Arrêts des 21 Mars 1690, & 21 Février 1699.

9627. Par un Contrat de mariage passé à Paris, où la femme demeuroit avec ses père & mère, le mari, qui avoit son domicile en Touraine, où étoient situés ses biens, après une stipulation de Communauté, suivant la Cout. de Paris, avec dérogation aux Coutumes contraires, a consenti un Douaire de 200 l. de rente, rachetable moyennant 4000 l. & à la fin du Contrat, les Parties, pour son exécution, se sont soumises à la Justice, Jurisdiction & Contrainte de la Ville de Paris. Le Mariage célébré, le mari & la femme sont venus en Touraine ; après avoir eu un enfant, la femme est morte, & ensuite le mari. Par un Arrêt du 18 Juin 1742, on a jugé que le Douaire étoit propre à l'enfant, & qu'il pouvoit le prendre sur les biens régis par la Cout. de Tours, v. Sérieux, des C. de Mar. t. 1, p. 459.

9628. Le Douaire stipulé préfix, sans ajoûter qu'il sera propre aux enfants, sera simplement viager pour la femme, si les Conjoints se sont mariés sous la Cout. de Tours ou de Loudun, en quelque lieu que soient situés les biens sur lesquels il doit se prendre ; il sera propre aux enfants, si le mariage a été contracté sous la Cout. de Paris, v. Duplessis, t. 1, Consult. 27e. Boucheul sur Poitou, art. 257, n. 4 & suiv. Boullenois, Quest. mixtes, p. 375, Desaux sur Lebrun, des Succ. add. 48e. Bourjon, t. 1, p. 638, 643.

9629. Pour le Douaire coutumier, la Loi de la situation décide, Boullai, p. 324, Bourjon, t. 1, p. 634 ; à cet égard, les dispositions des Coutumes sont réelles, v. Boullenois, Quest. mixtes, p. 236, Sérieux sur Renusson, du Douaire, c. 4, n. 19 ; ainsi, les enfants ont Douaire sur les biens de Paris, & ne l'ont pas sur ceux de Tours ou de Loudun, sous quelque Coutume que leurs père & mère se soient mariés.

9630. Argou, l. 3, c. 10, dit que, quoique la clause par laquelle les Parties se soumettent à la Cout. de Paris, ne soit insérée, dans le Contrat de mariage, qu'immédiatement après la stipulation de Communauté, on étend cette clause au Douaire ; M. Delambon, célèbre Avocat de Paris, a été d'avis contraire, dans une Consultation du 20 Février 1769, v. ci-dessus n. 7512.

9631. Il n'y a que la mort naturelle du mari, qui donne ouverture au Douaire ; en cas de mort civile, de confiscation de biens, sans mort naturelle, ou d'absence, la femme ne peut obtenir qu'une pension sur les biens du mari, Boullai, p. 325, Auroux, p. 1, p. 400 ; jamais mari ne paya Douaire, Loisel, l. 1, t. 3, n. 6.

9632. Pallu, p. 586, admet le Douaire dans le cas de mort civile, v. Dupineau sur Anjou, art. 318, Richer, de la Mort civ. p. 506 & suiv. Olivier sur Maine, art. 330.

9633. De droit commun, le Douaire ne s'ouvre pas par la séparation.

9634. Le Douaire s'éteint par la mort naturelle & par la mort civile infamante de la femme, Valin, t. 2, p. 537, 541, v. Richer, de la Mort civ. p. 474, Olivier fur Maine, art. 330.

9635. Si la Douairiere entre en religion, on lui conferve fon Douaire, jufqu'à concurrence du revenu qu'il eft permis au Couvent de recevoir pour fa dot, Boullai, p. 235, Pallu, p. 493, 568, Mém. du Clergé, t. 4, p. 1578, Boucheul fur Poitou, art. 257, n. 15, Delaux fur Lebrun, des Succ. add. 46e. Richer, de la Mort civ. p. 827 & fuiv. Pothier, du Douaire, n. 247.

9636. La femme peut être privée du Douaire dans plufieurs cas.

9637. 1º. De droit commun, la femme n'eft tenue qu'à des dommages-intérêts, pour les dégradations qu'elle fait, Bourjon, t. 1, p. 627. Mais les art. 334 de Tours, 310 de Loudun, prononcent la perte du Douaire, la privation des chofes où elle a malverfé; par ex. fi elle a arraché des vignes ou coupé des bois de futaie, des bois qu'on n'a pas coutume de couper, Dupineau fur Anjou, art. 311, Boullai, p. 334, Pallu, p. 580, 661, Renuffon, du Douaire, c. 12, n. 21, 22, Auroux, p. 1, p. 420. Il faut une Sentence qui ordonne la privation, v. Sainfon, t. 29, art. 7. Suivant Pocquet fur Anjou, art. 311, obf. 1re. la Sentence n'eft que déclarative de la peine qui a été encourue par le feul fait. La privation n'a pas lieu, quand les dégradations ont été faites par un Fermier, Olivier fur Maine, art. 324.

9638. M. Bernard, en fes notes, attefte que cette privation ne fe pratique plus. Selon M. Bouault, dans les fiennes, la femme qui malverfe, eft feulement privée de jouir par fes mains. « Elle doit tenir les vignes & arbres fruitiers en bon état, » dit Prouft, p. 526, les terres labourables bien réglées, les colombiers bien gar- » nis, les étangs bien peuplés. » Si elle abat des arbres fruitiers, on doit la con- damner à en planter d'autres; on peut l'obliger à faire les réparations d'entretien, même les groffes occafionnées par le défaut de celles d'entretien, & à cultiver con- venablement les vignes & les terres. Si, après y avoir été condamnée, elle n'en fait rien, on peut la priver du droit de jouir, art. 311 de Loudun, Pallu, p. 662.

9639. 2º. La femme qui a abandonné mal à propos fon mari, doit être privée du Douaire, art 451 de Bretagne, s'il lui a fait faire une fommation de revenir avec lui, à laquelle elle n'ait pas déféré, Pocquet fur Anjou, art. 314, obf. 1re. Po- thier, du Douaire, n. 257, Olivier fur Maine, art. 327.

9640. V. dans Sainfon, t. 30, art. 1, une autre caufe de privation du Douaire.

9641. 3º. L'attentat à la vie du mari, rend indigne du Douaire, Bretonnier fur Henrys, Plaid. 15e.

9642. Maillart fur Artois, art. 167, dit que la femme qui ne venge pas l'homi- cide du mari, ou au moins ne le dénonce pas à la Juftice, peut être privée du Douaire.

9643. 4º. Le crime d'adultere peut faire priver la femme, de l'effet de toutes fes conventions matrimoniales, fi le mari s'en eft plaint en Juftice, art 336 de Tours, 312 de Loudun, v. Prouft, p. 528, Boullai, p. 334, 335, Pallu, p. 582.

9644. Si le mari a commencé une pourfuite, & qu'il foit mort, fans l'avoir aban- donnée, fans s'être reconcilié avec fa femme, fes héritiers, qui n'auroient pu la commencer, peuvent la continuer, pour faire prononcer la privation du Douaire.

9645. Si le mari, qui eft mort fans fe plaindre, ignoroit l'adultere, ou, l'ayant fu, n'avoit pas eu la commodité de former fon action, Coquille fur Nivernois, t. 24, art. 6, penfe que fon héritier peut l'oppofer.

9646. M. Bouault, en fes notes, rapporte qu'en 1682, le Sieur de la B..... ayant époufé la Demoifelle D...... fans favoir l'état où elle fe trouvoit, elle ac- coucha la nuit de fes nôces; ce qui donna lieu à un divorce. A la mort du mari, fes héritiers difputerent le Douaire.

On difoit, pour la femme, que fa faute n'étoit pas l'adultere, contre lequel feul l'art. 336 de Tours a prononcé une peine ; qu'une difposition pénale n'eſt pas extenſible d'un cas à un autre ; que d'ailleurs le mari, n'ayant rendu aucune plainte contre elle, étoit cenſé lui avoir pardonné ; que cette préſomption réſultoit d'un ſilence de 20 années ; qu'après ce laps de temps, toute action étoit éteinte, d'autant plus que l'adultere ſe preſcrit par 5 ans.

Les héritiers répondoient que la femme n'étoit pas moins indigne du Douaire, que ſi elle étoit coupable d'adultere ; que le mari ne lui avoit jamais pardonné ; qu'il n'avoit pas rendu plainte, pour s'éviter l'éclat d'un Procès déſagréable ; que ſa ſéparation d'avec ſa femme, qui a duré juſqu'à la mort, étoit une plainte continuelle.

Les Parties tranſigerent ; la femme eut, pour ſon Douaire & ſon droit en la Communauté, fort peu de choſe. Elle devoit être déchue de l'un & de l'autre, dit M. Bouault. Elle n'avoit pas bonne grace à demander des avantages qu'elle avoit ſi peu mérités ; mais les héritiers ne trouvoient point, dans la Loi municipale, l'excluſion qu'ils y cherchoient.

9647. Pocquet ſur Anjou, art. 314, obſ. 1re. admet la privation du Douaire, dans tous les cas où la femme s'en eſt rendue indigne, v. Lacombe, au mot *Douaire*, ſ. 7, n. 1.

9648. 5°. La femme peut mériter la privation du Douaire, ſi elle s'eſt proſtituée dans l'an du deuil, & même après, Pallu, p. 582, Bodreau, Louis & Olivier ſur Maine, art. 327, Valin, t. 2, p. 540, Pothier, du Douaire, n. 258 ; cela dépend des circonſtances, v. Jouſſe, de la Juſt. crim. t. 3, p. 240.

9649. Le convol n'opere pas la privation du Douaire. On tient qu'il faut laiſſer paſſer trois mois après le décès du mari, v. Prouſt, p. 420, Bodreau & Louis ſur Maine, art. 327, Auroux, p. 1, p. 419, Boucheul ſur Poitou, art. 253, n. 36 & ſuiv. Bourjon, t. 1, p. 629, Lacombe, au mot *Douaire*, ſ. 7, n. 1, ci-deſſus n. 7614. Un mari étant décédé le 26 Mai 1750, la femme s'eſt remariée 48 jours après, & eſt accouchée le 12 Janvier 1751, c'eſt-à-dire, 8 mois 7 jours après la mort du 1er. mari, & 183 jours après le 2e. mariage. Le 11 Mai 1751, le Siége d'Angers a jugé que le 2e. mari étoit pere de l'enfant, &, à cauſe de la précipitation du convol, a déclaré la femme déchue de la Communauté qui avoit exiſté entr'elle & le 1er. mari, l'a privée du Douaire, & l'a condamnée, ainſi que le 2e. mari, à une aumône au profit des Priſonniers.

9650. Par un Arrêt du 10 Juin 1664, rapporté au Journ. des Aud. une femme a été privée du Douaire, pour s'être remariée trois jours après le décès de ſon mari.

9651. L'art. 264 de Paris oblige la femme qui ſe remarie, à donner caution pour le Douaire ; ce qui n'a pas lieu parmi nous, Pallu, p. 270, Boucheul ſur Poitou, art. 261, n. 22, mais v. Prouſt, p. 527.

9652. Le Douaire, préfix ou coutumier, ſaiſit, art. 256 de Paris, 326, 327, 338 de Tours, v. Pallu, p. 570 ; les fruits ou arrérages en ſont dûs du jour du décès, ſans qu'il en ſoit fait demande, encore qu'il conſiſte en une ſomme à une fois payer, v. Boucheul ſur Poitou, art. 254, n. 4 ; à moins qu'ils ne ſoient prétendus contre un tiers détenteur, Sérieux, des C. de mar. t. 1, p. 437, 440, Pothier, du Douaire, n. 163, 164, 189, qui obſerve que, dans ce cas, la femme doit être indemniſée par l'héritier du mari.

9653. Le Douaire ne ſaiſit point à Loudun, art. 304, 314, ainſi qu'au Maine, art. 325, qui décide cependant que les intérêts du Douaire préfix courent de jour du décès du mari ; ce qui eſt ſuivi à Loudun, Prouſt, p. 531.

9654. Suivant les Confér. de Paris ſur le Mar. t. 4, p. 339, les héritiers du mari ne ſont pas obligés, en conſcience, de payer le Douaire à la femme qui néglige de le demander, parce que ce n'eſt pas une dette qu'il ait contractée, en recevant une somme qui soit sujette à restitution ; c'est un présent qui doit être demandé ; & que la femme peut abandonner, v. ci-dessus n. 7124.

9655. En cas de contestation, la Douairiere doit jouir par provision, Proust. p. 519, Boullai, p. 327, 331 ; les Sentences rendues en sa faveur, s'exécutent nonobstant opposition ou appellation quelconque, même contre un tiers détenteur, Bodreau sur Maine, art. 326 ; il s'agit d'alimens, & elle est fondée en titre, qui est la Coutume, à quoi elle joint souvent un autre titre, son Contrat de mariage, notes de M. Bouault.

9656. A moins que le Douaire ne soit préfix. il n'y a point de délivrance à demander, dit M. Bouault, mais un partage. L'action peut se former, contre l'héritier, devant le Juge du domicile du mari, suivant un Arrêt de 1534, cité par Olivier, sur Maine, art. 326.

9657. Le partage se fait à frais communs, Dupineau sur Anjou, art. 307, Pallu, p. 570, Renusson, du Douaire, c. 14, n. 1 & suiv. Olivier sur Maine, art. 320, contre Boullai, p. 327. « S'il faut faire quelques frais, pour l'assignat du Douaire, » ils se feront à frais communs entre la Douairiere & l'héritier, » notes de M. Bouault ; c'est aussi l'avis de M. Bernard, dans les siennes, v. ci-après n. 12265.

9658. Le partage doit se faire, selon les formes ordinaires, Challine & Lauriere sur Loisel, l. 1, t. 3, n. 22, Pothier, du Douaire, n. 176, encore que les Parties soient mineures ; dans ce cas, on peut, suivant Dumoulin sur Châlons, art. 50, avoir recours au Juge, mais on n'y est pas obligé, v. ci-après n. 12231.

9659. Les héritiers des différentes lignes ne peuvent partager, sans appeller la femme, qui est saisie par la Loi municipale, aussi bien qu'eux. On doit lui donner un Douaire *commode, à part & divis*, art. 327 de Tours. Comme elle ne peut exiger la moitié de chaque héritage, on ne peut la forcer de l'accepter, v. Boullai, p. 329, Proust, p. 525, R. du Dr. fr. p. 224, Poullain sur Bretagne, art. 456.

9660. Si l'héritage qui est assigné pour Douaire, épuise ce qui revient à une ligne, les héritiers doivent s'accorder entr'eux, pour dédommager celui sur qui tombe le poids du Douaire, en réglant ce dédommagement par l'émolument ; tel est notre usage, notes de M. Bernard.

9661. Lorsque le Douaire n'est à prendre que sur un héritage qui ne peut être partagé, « la jouissance pourra en être adjugée, ou à la Douairiere, ou à l'héri- » tier, à la charge d'en rendre une certaine somme par an à celui qui n'en jouira » pas, » Maillart sur Artois, art. 178, v. Poullain sur Bretagne, art. 456.

9662. L'art. 326 de Tours autorise la femme qui est troublée en la possession des biens sujets au Douaire, à former l'action en complainte contre les héritiers & tous autres ; ce qu'il faut entendre également des biens dont le mari étoit en possession, lors de son décès, selon Dumoulin sur Blois, art. 189, contre Boucheul sur Poitou, art. 254, n. 18. C'est de ces biens là dont elle peut se mettre en possession, sans en faire aucune demande, Pallu, p. 570, v. ci-après n. 9714.

9663. La femme doit avoir les héritages sujets au Douaire en bon état de toutes réparations, pour les rendre de même à la fin de son usufruit, notes de M. Bouault. Ce rétablissement, dit M. Dubois, fils, dans les siennes, se fait aux dépens des héritiers du mari. si elle a renoncé à la Communauté ; sinon elle y contribue pour une moitié, v. Dupineau, Obs. sur Anjou, art. 311, Auroux, p. 1, p. 405, Bourjon, t. 1, p. 627, Poullain sur Bretagne, art. 468, Pr. de la Jur. fr. n. 400.

9664. MM. Bouault & Dubois, fils, ne distinguent pas la Noble de la Roturiere ; cependant, il semble que, si la Noble peut demander que les héritages soient mis en bon état, du moins en l'état où ils étoient lors du mariage, ou lorsqu'ils sont avenus au mari, par ce qu'il n'a pu, par sa négligence à faire faire les réparations, diminuer le Douaire, la Roturiere n'a aucune action pour les réparations d'entretien, ni même pour les grosses réparations à faire lors de l'ouverture du Douaire, parce

que

que, son droit n'étant fixé qu'au moment du décès du mari, il ne doit embrasser que les biens que le mari laisse en mourant, tels qu'ils se trouvent.

9665. La Roturiere, qui a accepté la Communauté, doit la moitié des réparations d'entretien, & des grosses réparations occasionnées, pendant le temps de la Communauté, par le défaut de celles d'entretien, dont la Communauté étoit tenue. Si ces réparations ne se font pas, il ne sera fait raison de la récompense qu'elle devra pour cet objet, qu'à la fin du Douaire. Dans le cas où elle les feroit faire à ses dépens, la moitié de ce qu'au moment de son décès, pourroient être estimées ces réparations, seroit remboursée à ses héritiers; & la totalité, si elle avoit renoncé. Si l'héritier du mari prenoit le parti de les faire faire, elle en payeroit la moitié, & tant que dureroit le Douaire, l'intérêt de l'autre moitié. Elle devroit l'intérêt de la totalité, en cas de renonciation.

9666. L'héritier du mari peut être contraint de faire faire toutes les réparations qui sont à faire lors de l'ouverture du Douaire, & les grosses réparations qui surviennent, suivant Pothier, du Douaire, n. 239, 246, sans que la femme doive l'intérêt de ce qu'elles coûteront. M. Dubois, pere, en ses notes, assujettit la femme à avancer le prix des grosses réparations qui surviennent, v. Bourjon, t. 1, p. 628, ci-dessus n. 5841, 9393.

9667. Elle doit, au commencement de sa jouissance, faire visiter les lieux, & former, dans l'an, sa demande, pour qu'ils soient mis en bon état, Bodreau, Louis & Olivier sur Maine, art. 324, v. ci-dessus n. 5829, 5830, 7287.

9668. Elle prend les fruits pendants par les racines lors de l'ouverture du Douaire, sans rembourser les labours & semences. Si elle décede la veille de la récolte, les héritiers du mari, à qui appartient la récolte, sont sujets à ce remboursement, sans pouvoir s'en décharger, en offrant de l'abandonner, Dupineau sur Anjou, art. 299, Lathaumassiere sur Berri, t. 8, art. 11, Boucheul sur Poitou, art. 254, n. 16, art. 257, n. 27 & suiv. Pothier, du Douaire, n. 201, 272, 274, v. Répert. de Jurispr. au mot *Douaire*, ci-dessus n. 8013, 9383, 9384.

9669. Elle doit entretenir les Baux à ferme & à loyer, faits par le mari, notes de MM. Dubois, pere, & Bernard, Olivier sur Maine, art. 313, quoiqu'il semble que, lorsqu'elle a renoncé à la Communauté, elle ne doive pas plus en être tenue, qu'un Légataire qui n'en a pas été chargé par le Testateur, Pothier, du Douaire, n. 229. Mais les Baux qu'elle a faits, encore qu'ils n'excedent pas 9 ans, demeurent résolus du jour de l'extinction du Douaire, en laissant achever l'année commencée, à moins que les Propriétaires ne se trouvent être ses héritiers, R. du Dr. fr. p. 227, Bourjon, t. 1, p. 626, 633.

9670. Son usufruit comprend tous les fruits naturels, industriels & civils; & ainsi, ce qui avient par déshérence & confiscation, lui est acquis en pleine propriété, Pr. de la Jur fr. n. 397, v. Proust, p. 520.

9671. Son droit dans les bois taillis, devroit se régler à proportion de la durée du Douaire, qu'ils soient coupés ou non, v. Bourjon, t. 1, p. 625, ci-dessus n. 5899, 9385.

9672. Elle jouit des paissons & glandées, Pallu, p. 580, en mettant, dans les bois de futaie, telle quantité de bétail que bon lui semble, Auroux, p. 1, p. 416.

9673. M. Dufrementel, en ses notes, dit que le Propriétaire peut faire couper & vendre les bois, sans le consentement de la Douairiere, & sans lui en faire récompense, v. Ferriere sur Paris, art. 248, gl. 2, n. 40, 41.

9674 « La Douairiere a l'usage des ustensiles nécessaires pour la perception des » fruits, lorsqu'ils sont pour perpétuelle demeure, comme les cuves & les pressoirs. » Il n'en est pas de même des charrues, charrettes, chevaux, bestiaux, » Pr. de la Jur. fr. n. 397.

9675. C'est sur la nomination de la Douairiere, que le Propriétaire pourvoit aux

Offices; la préfentation aux Bénéfices appartient auffi à la Douairiere, v. Sainfon, t. 29, art. 2, Boucheul fur Poitou, art. 7, n. 27. art. 154, n. 7 & fuiv.

9676. La Douairiere, à qui appartiennent les droits de rachat & autres profits, ne reçoit la foi, art. 331 de Tours, 306 de Loudun, ne donne fouffrance, ne donne aveu & n'ufe de retrait feigneurial, Prouft, p. 521.

9677. « Elle doit entretenir le Capitaine & Garde du château à fes dépens, fans » répétition de la dépenfe qu'elle y fera, contre l'héritier, » Boullai, p. 331.

9678. L'arriere-ban eft une charge réelle, Pallu, p. 581, qui regarde tout Ufufrui-tier, art. 335 de Tours, ainfi que les loyaux-aides.

9679. La Douairiere n'eft pas tenue du rachat dû par la mort du mari; & elle doit être acquittée, comme l'obferve Pallu, p. 582, de celui qui échet, pendant le cours du Douaire, par le fait du Propriétaire, ou de quelqu'autre maniere que ce foit, ainfi que le reconnoît Pothier, du Douaire, n. 234, v. art. 40 de Paris, 132, 335 de Tours.

9680. Elle doit faire faire non-feulement les menues réparations, qu'on nomme locatives, mais celles appellées viageres, même les groffes réparations furvenues par fa faute, Prouft, p. 525, 526, Auroux, p. 1, p. 406, Pr. de la Jur. fr. n. 400, où il eft remarqué que toutes les réparations des héritages autres que des maifons, comme des moulins & des vignes, font des réparations d'entretien, dont eft tenu tout Ufufruitier. M. Dubois, fils, en fes notes, la décharge des efcaliers, des plan-chers entiers, &c. v. Sainfon, t. 29, art. 7, Dumoulin fur Loudun, art. 310, Du-pineau fur Anjou, art. 311, ci-deffus n. 5856.

9681. On affujettit au Douaire, 1°. les fonds de terre & les maifons.

2°. Les rentes foncieres, rachétables ou non, Renuffon du Douaire, c. 3, n. 52.

3°. Les rentes conftituées, Pallu, p. 565, Auroux, p. 1. p. 401.

4°. Les Contrats pignoratifs, Pallu, p. 565, Renuffon, du Douaire, c. 3, n. 52.

5°. Les Contrats d'engagement, Pallu, p. 565, Bourjon, t. 1, p. 302.

6°. Les Baux à longues années, Pallu, p. 565, Lemaître fur Paris, p. 295.

7°. Les Perrieres, Pallu, p. 565, & Ardoifieres, notes de M. Bouault.

8°. Tous droits qui tiennent nature d'immeuble, Pallu, p. 565, Renuffon, du Douaire, c. 3, n. 51, Auroux, p. 1, p. 401, qui obfervent que cela a lieu même dans les Coutumes qui ne parlent que des héritages. Le terme, *héritage*, fignifie indé-finiment immeuble, v. art. 220, 221, 222 de Loudun; autrefois, il fignifioit un propre, du mot, *hérédité*, Prouft, p. 517, Ferriere, au mot *Propre*.

9682. Si, par l'exercice d'une action refcifoire, l'héritier du mari rentre dans un immeuble aliéné par le mari, la femme y a Douaire, Dupineau fur Anjou, art. 299, v. ci-après n. 9698.

9683. Si, pour Douaire, on affigne la jouiffance d'une rente, qui effuie, par la fuite, une réduction, il n'y a pas lieu de demander un fupplément, Bodreau fur Maine, art. 316.

9684. « La veuve a Douaire fur les chofes baillées à vie, que le mari a lors des » époufailles, » Louis fur Maine, art. 313.

9685. Un droit d'ufufruit ou une rente viagere, qui appartenoit au mari, étant fur la tête d'un tiers qui lui furvit, la femme a, pour Douaire, l'ufufruit même ou la rente même, Pothier, du Douaire, n. 25, qui fonde fa décifion fur une raifon qui ne peut avoir lieu pour le cas où le droit d'ufufruit ou la rente viagere eft fur la tête de la femme.

Si un Roturier a aliéné un de fes propres, régis par la Cout. de Tours, moyennant une rente viagere fur la tête de fa femme, elle jouira, à titre de Douaire, de la moitié du remploi que les héritiers du mari auront droit d'exercer, v. ci-deffus n. 7999, ci-après n. 9751 & fuiv. & de la moitié des arrérages de la rente viagere, qui échéeront pendant fa vie; fes héritiers les reftitueront à ceux du mari. Ces arrérages font le refte du prix du propre, dont elle ne peut avoir que la jouiffance; la propriété ne lui en appartient pas plus que du remploi. Il vaut mieux accorder à la femme le quart des arrérages en pleine propriété, v. Denifart fur l'Acte de notoriété du Châtelet, du 21 Juillet 1710, ci-deffus n. 8307. On évite l'embarras d'une caution. D'ailleurs, que la rente foit de 1200 l. & qu'elle jouiffe de la moitié pendant 20 ans, fa fucceffion fera chargée de 12000 l. à reftituer; en ne jouiffant que d'un quart en pleine propriété, & en aliénant de fon bien, jufqu'à concurrence de 6000 l. moyennant une rente viagere de 600 l. elle fe fait un revenu égal, & fes héritiers ne feront privés que de 6000 l. au lieu de 12000 l.

9686. Les Offices non domaniaux font les feuls immeubles qui ne font fujets au Douaire qu'à défaut d'autres biens, Pallu, p. 565, 588, v. ci-après n. 9692. Il viendra un jour où ils y feront indiftinctement fujets; cela a lieu dans le Maine, Olivier fur Maine, art. 313.

9687. Les deniers ftipulés propres, confervant toujours leur qualité de meubles, font affranchis du Douaire, quoique le mari n'ait point d'immeubles, fuivant Renuffon, du Douaire, c. 3, n. 106; cependant, en Touraine, l'ufage, autorifé par un Arrêt de 1622, eft que le Douaire fe prend fur ces deniers, lorfqu'il n'y a pas de bien fujet au Douaire, eu égard à la condition de la femme, Pallu, p. 566, 588, 654, v. Louis & Olivier fur Maine, art. 313, Lemaitre fur Paris, p. 294. Le Douaire eft trop favorable, pour ne pas s'en tenir à cet ufage, nonobftant que le Siége de Tours ait jugé le contraire, le 25 Janvier 1772, v. ci-deffus n. 53.

9688. Dupineau fur Anjou, art. 299, dit qu'à défaut d'immeubles, on peut convenir d'un Douaire fur les meubles. Quoiqu'il y ait d'autres biens, nous admettons, foit entre Nobles, foit entre Roturiers, la ftipulation d'un Douaire, & fur les Offices, & fur les deniers ftipulés propres, Pallu, p. 566. MM. Bouault & Bernard, en leurs notes, reconnoiffent l'ufage, qu'ils femblent ne pas approuver, v. Dupleffis, t. 1, Confult. 32º. « S'il y a des biens confidérables, & encore des deniers » ftipulés propres & des Offices, fur lefquels le Douaire a été ftipulé, le Douaire » aura lieu. On peut dire qu'il eft, contre la difpofition de la Coutume, plus fort » que le coutumier; mais on peut repliquer qu'il n'excede pas proprement le cou- » tumier, l'efprit de la Coutume étant de donner Douaire aux veuves fur les biens » où elles n'ont pas droit de Communauté. En affranchiffant les Offices, on les » confidere plus comme meubles, que comme immeubles. Pour les deniers ftipulés » propres, comme la même claufe qui les a tirés de la Communauté, où, de leur » nature, ils devoient tomber, les affujettit au Douaire, il ne doit pas dépendre de » l'héritier de féparer ces deux chofes, au préjudice de la veuve, qui n'auroit pas con- » fenti la ftipulation de propre, fi on ne lui avoit pas affuré un Douaire deffus. La » queftion, s'étant élevée entre la dame Fouquet & le fieur de Lofagerie, a été ter- » minée par accommodement avantageux à la dame Fouquet, » notes de M. Carré. La raifon, que la femme n'auroit pas confenti à la ftipulation de propre, fi on ne l'avoit pas dédommagée par le Douaire, eft tranchante; fi ce n'eft dans le cas où, ayant époufé un homme qui avoit des enfants d'un 1er. lit, elle auroit pu être obligée de confentir une réalifation jufqu'à due concurrence, pour empêcher l'avantage réfultant d'une mife en Communauté exceffive.

9689. Le 6 Octobre 1770, le Pere de l'Auteur a décidé que la ftipulation de propre, quant à tous effets, ne fuffit pas pour rendre des deniers fujets au Douaire, v. R. du Dr. fr. p. 224. Elle n'a pour objet, que d'empêcher le Conjoint qui l'a confentie, de profiter des deniers à titre de Communauté, de fucceffion ou de difpofition; ce n'eft pas en faveur de la femme, mais contr'elle, que le mari réalife fon mobilier, Pothier, du Douaire, n. 26.

9690. Nonobftant que le Douaire ne puiffe excéder ce qui eft réglé par la Coutume, Boucheul fur Poitou, art. 256, n. 27, 32, 33, admet le Douaire fur les deniers stipulés propres, quoiqu'il n'y ait pas de clause, à cet égard, dans le Contrat de mariage, parce que le Douaire doit avoir lieu sur tout ce qui n'entre pas en Communauté ; il dit qu'il devroit en être de même pour les Offices.

9691. L'Ord. d'Août 1747, t. 1, art. 45, déclare sujets au Douaire subsidiairement les biens substitués, soit que la substitution ait été faite avant ou depuis le mariage, Pothier, du Douaire, n. 63 ; comme la volonté présumée de celui qui l'a faite, est le fondement de cette décision, elle n'a pas lieu, s'il a exprimé une volonté contraire, Pr. de la Jur. fr. n. 391, v. Pothier, du Douaire, n. 67.

9692. Pour fournir le Douaire sur les immeubles d'un mari, qui, tant libres que substitués, consistent en propres estimés 80000 l. il faut épuiser les biens libres, avant d'entamer les biens substitués ; si ceux-ci forment les trois 5es. de la masse, ils sont sujets au Douaire jusqu'à concurrence d'un 6e. mais, les biens libres consistant en un Office de 15000 l. & un héritage de 30000 l. cet héritage doit former, avec les deux tiers de l'Office, le lot de la femme, v. Pothier, du Douaire, n. 24, 62, ci-dessus n. 8268.

9693. Suivant l'art. 260 de Paris, le Douaire préfix ne se prend pas sur les biens communs, avant le partage de la Communauté ; mais tant sur la part du mari, que sur ses autres biens, s'il ne consiste pas en tel héritage ou telle rente. Il dépend de la femme qui a le choix du Douaire préfix ou du Douaire coutumier, de charger de son Douaire tels ou tels héritiers, Pothier, des Succ. c. 5, art. 2, §. 1.

9694. « Quoique le Douaire puisse être dit mobilier, cependant il doit être porté » par l'héritier ou Propriétaire du fonds, » Boullai, C. M. Le Douaire d'une somme à une fois payer, comme subrogé au Douaire coutumier, est, parmi nous, une charge réelle des biens qui, de droit, sont sujets au Douaire. Ceux qui recueillent les biens, propres ou acquêts, sur lesquels le Douaire coutumier se seroit pris, sont tenus du Douaire préfix, à proportion de l'émolument entr'eux, & hypothécairement pour le tout vis-à-vis de la femme, v. Pallu, p. 574, Renusson, des Propres, c. 3, s. 13, n. 19, 20, Duplessis sur Paris, p. 246, Pocquet sur Anjou, art. 321, obs. 6e. Boucheul sur Poitou, art. 262, n. 24, Auroux, p. 2, p. 95, Poullain sur Bretagne, art. 552, Olivier sur Maine, art. 252, 313, ci-après n. 9770. Le Douaire préfix stipulé dans le cas où il n'auroit pu y avoir de Douaire coutumier, s'acquitte par celui qui prend les meubles, v. ci-dessus n. 9402, 9618.

9695. « Si la mere a Douaire sur les biens du fils, la veuve d'icelui n'aura » Douaire sur iceux biens, sinon que la mere y soit obligée, » Boullai, p. 326 ; mais elle aura Douaire après le décès de la mere, comme après le décès de tout autre qui auroit le droit de jouir des biens, Olivier sur Maine, art. 321, v. Dupineau sur Anjou, art. 304, Pothier, du Douaire, n. 51.

SECTION II.

Du Douaire coutumier entre Nobles.

9696. Le Douaire des Nobles est réglé par les art. 326 de Tours, 304 de Loudun.

9697. Ce sont ces articles qu'il faut suivre pour le Douaire d'une Roturiere, femme d'un Noble, non pour celui de la femme d'un Roturier, anobli depuis le mariage, que ses enfants partagent noblement ou non. On ne peut pas dire que celui qui étoit roturier au moment du mariage, a consenti un Douaire noble au profit de sa femme. M. Bernard, en ses notes, pense qu'un mari ne peut, en achetant une charge qui anoblit, altérer le Douaire, le réduire de la moitié au tiers.

9698. Le Douaire, pour les Nobles, comprend, 1°. l'usufruit du tiers des immeubles dont le mari étoit Propriétaire, lors du mariage, soit qu'ils fussent propres ou acquêts, ainsi que s'explique l'art. 326 de Tours, par lequel il faut interpréter l'art. 304 de Loudun, Proust, p. 518 ; ce qui embrasse les immeubles qui lui ont été donnés, dans le Contrat de mariage, par ses ascendants, par sa femme ou par autres, Boucheul sur Poitou, art. 256, n. 65 & suiv.

2°. L'usufruit du tiers des immeubles qui aviennent au mari, après le mariage, par un titre antérieur au mariage, ou par le résiliment des aliénations que lui ou ses auteurs en ont faites, sous la déduction de l'intérêt de la somme qu'il a déboursée, pendant le mariage, pour rentrer en possession de ces immeubles, Pr. de la Jur. fr. n. 389, v. ci-dessus n. 9682.

3°. L'usufruit du tiers des immeubles que le mari a eus, pendant le mariage, par succession directe ou collatérale, art. 326 de Tours, ou par don ou legs qu'il tient de ceux dont il étoit l'héritier présomptif.

9699. Sainson, t. 30, art. 2, observe que la femme noble a besoin d'un Douaire plus fort que celle qui est roturiere, v. ci-après n. 9745, 9767.

9700. Si, par affectation, un mari, en partageant une succession, a fait tomber dans son lot beaucoup de meubles, au lieu de ce qu'il auroit dû avoir dans les immeubles, la femme doit en être récompensée ; si, au contraire, il a eu des immeubles plus qu'il ne devoit en avoir, la femme n'y a Douaire, qu'en faisant raison de l'intérêt du retour que le mari a payé à ses cohéritiers, v. Pothier, du Douaire, n. 33, 95.

9701. Les successions directes dont parle l'art. 326 de Tours, doivent s'entendre de la ligne descendante, comme de la ligne ascendante. L'art. 248 de Paris ne reçoit pas la même interprétation, v. Bourjon, t. 1, p. 623, Pothier, du Douaire, n. 37 ; il n'assujettit pas au Douaire les biens avenus par succession collatérale.

9702. L'héritage ameubli par le mari, n'est pas sujet au Douaire, même dans le cas de renonciation à la Communauté, v. Boucheul sur Poitou, art. 256, n. 34, Bourjon, t. 1, p. 624, Pothier, du Douaire, n. 29.

9703. Il n'y a point de Douaire sur l'héritage retiré par le mari, suivant Renusson, du Douaire, c. 3, n. 17, v. ci-après n. 9757 ; ni sur celui qui a été donné entrevifs avant le mariage, & dans lequel le mari est rentré, en faisant révoquer la donation pour cause d'ingratitude survenue depuis le mariage, Pothier, du Douaire, n. 35.

9704. L'héritage qu'un mari noble avoit acquis avant le mariage, étant retiré pendant icelui, l'aîné des enfants a les deniers qui en proviennent, par l'art. 245 de Loudun ; ainsi, ils n'y sont pas sujets au Douaire, v. Boucheul sur Poitou, art. 256, n. 23, ci-après n. 9718, 11707 & suiv.

9705. Soit à Tours, soit à Loudun, la femme noble n'a point de Douaire sur les acquêts faits pendant le mariage.

9706. Le Douaire des Nobles, à Tours & à Loudun, ne peut être diminué ni augmenté, pendant le mariage, par le fait du mari ; delà naissent plusieurs conséquences.

9707. En 1er. lieu, si le mari aliene quelques-uns des immeubles sujets au Douaire, la femme doit en être récompensée, R. du Dr. fr. p. 225, encore qu'elle ait consenti à l'aliénation, Pallu, p. 571 ; &, à cet effet, elle a une hypotheque du jour du mariage, Bourjon, t. 1, p. 622, 659, 667.

9708. Il n'y a pas de récompense, suivant Pallu, p. 572, si un immeuble du mari a été donné en avancement de droit successif à un enfant commun, pourvu que la femme ait parlé au Contrat de donation, Boucheul sur Poitou, art. 254, n. 29.

9709. La femme est récompensée, en prenant Douaire sur les remplois que les héritiers de mari exercent, Dupineau sur Anjou, art. 299, Pallu, p. 565, ou sur les autres biens qui restent dans la succession.

9710. « Si une maison est vendue 3000 l qui ne valoit de ferme que 75 l. la » Douairiere ne peut demander aux héritiers, sinon le tiers de la ferme, n'ayant » droit en la propriété, ni és-deniers provenans de la vente, mais seulement dans » la ferme, qui est le fruit de la maison dont elle avoit l'usufruit, » Louis sur Maine, art. 319.

9711. Lorsque la femme ne trouve pas, dans la succession du mari, de quoi se récompenser, les art. 328 de Tours, 304 de Loudun, l'autorisent à s'adresser aux Acquéreurs ; à moins qu'elle n'ait expressément consenti à l'aliénation, étant majeure, Boullai, p. 328, Olivier sur Maine, art. 319, v. Pocquet sur Anjou, art. 306, obs. 1re.

9712. Les Acquéreurs ne peuvent opposer la prescription, pour le temps qu'a duré le mariage, art. 117 de Paris, 28 de Bourbonnois, v. Boullai, p. 328, Pallu, p. 566, Renusson, du Douaire, c. 15.

Quelques-uns tiennent qu'un Douaire stipulé propre aux enfants, dans un Contrat de mariage passé à Paris ou à Tours, peut se prescrire, du vivant du pere, par l'Acquéreur d'un bien situé en Touraine, contre les enfants majeurs ; & que, si ce bien a été saisi sur le pere & vendu par décret, sans opposition de la part des enfants, le Douaire est purgé, que les enfants soient majeurs ou mineurs, v. Valin, t. 2, p. 549 & suiv.

9713. On ne peut obliger une femme de prendre son Douaire sur l'héritage que son mari a reçu en échange de celui qui y étoit sujet, sans qu'elle ait consenti à l'échange, quelqu'avantageux qu'il lui soit, Defaux sur Lebrun, des Succ. add. 44e.

9714. La femme doit intenter son action contre les tiers Acquéreurs, quoique le Douaire saisisse, parce que cela ne s'entend, que lorsque le mari est décédé en possession des biens sujets au Douaire, Proust, p. 519, Pothier, du Douaire, n. 163.

9715. Il faut que les biens sujets au Douaire, qui se trouvent dans la succession du mari, soient épuisés, pour que la femme puisse s'adresser aux biens également sujets au Douaire, qui ont été aliénés pendant le mariage, commençant par ceux qui l'ont été en dernier lieu, Pothier, du Douaire, n. 190, 191.

9716. Si c'est un Office domanial, qui a été vendu, l'Acquéreur qui a obtenu des provisions, ne peut être troublé, Bourjon, t. 1, p. 659.

9717. Un Noble, ayant 3000 l. de rentes, constitue un Douaire de 1000 l. de rente ; il reçoit, pendant le mariage, le rachat de la plupart de ses rentes ; à son décès, les remplois de sa femme prélevés, il ne reste, dans sa succession, que 1000 l. de rente. M. Bouault, en ses notes, décide qu'elle doit jouir de la totalité, pour son Douaire, au préjudice de ses enfants.

9718. En 2e. lieu, si le mari est évincé d'un héritage qu'il possédoit lors du mariage, la femme prendra son Douaire sur la somme qui aura été remboursée, Pr. de la Jur. fr. n. 393 ; ce qu'il faut restreindre au cas où l'éviction ne résoud le droit du mari, que pour l'avenir, Pothier, du Douaire, n. 80, v. ci-dessus n. 9704.

9719. En 3e. lieu, le Débiteur d'une rente constituée, sujette au Douaire, peut en faire le rachat au mari seul, Bourjon, t. 1, p. 622, qui dit que cela souffre difficulté pour une rente foncière, v. Renusson, du Douaire, c. 3, n. 74, 75, ci-dessus n. 5132. Le rachat de l'une & de l'autre donne toujours lieu à une récompense.

9720. Une rente sur un Bourgeois de Paris, qu'avoit, en se mariant, un Noble, domicilié en Touraine, lui a été rachetée pendant le mariage, & le prix a été employé en acquisition d'une rente sur le Roi ; la femme a demandé à jouir, à titre de Douaire, de la moitié de cette rente. M. Bernard, en ses notes, dit avoir répondu qu'elle n'avoit pas de Douaire particuliérement sur la rente, qui étoit un acquêt postérieur au mariage ; mais qu'il lui étoit seulement dû, pour récompense, la jouissance d'une rente qui fût du tiers de la rente rachetée.

9721. En 4e. lieu, la femme perd son droit de Douaire sur un héritage, par le rapport qu'en fait le mari à ses cohéritiers. Si le mari pouvoit se dispenser de faire ce rapport, y ayant, dans la succession, de quoi égaler les cohéritiers, la femme doit être récompensée du préjudice que lui cause le rapport, Pothier, du Douaire, n. 97, v. Lemaître sur Paris, p. 313.

9722. En 5e. lieu, la femme peut prétendre une récompense, si le mari a détérioré les héritages sur lesquels elle prend son Douaire. Il n'est pas responsable de la diminution qui ne procede pas de son fait, comme si la Riviere a emporté une partie d'une piece de terre.

9723. En 6e. lieu, si le mari a élevé un édifice sur un de ses propres, la femme en jouit, comme Douairiere; mais l'action de récompense, qu'elle a, pour moitié de ce bâtiment, en ce qu'il a augmenté la valeur du propre, est sursise jusqu'après sa mort, Pallu, p. 568, v. Lemaître sur Paris, p. 296, Bourjon, t. 1, p. 621.

9724. La surséance ne doit avoir lieu, que pour les deux tiers de ce qui revient à la femme. L'amélioration faite dans une terre du mari, en augmente de 300 l. le revenu; la récompense due à la femme, est du principal de 150 l. de revenu; elle doit en toucher le tiers, dès le moment du décès du mari; ses héritiers auront les deux autres tiers, dont elle jouit, en jouissant du tiers de la terre, v. ci-après n. 9757.

9725. En 7e. lieu, la femme ne tire aucun avantage de l'extinction qui se fait pendant le mariage, des dettes immobilieres créées auparavant, Bourjon, t. 1, p. 621, v. Pallu, p. 567, Boucheul sur Poitou, art. 256, n. 80, Pocquet sur Anjou, art. 299, obs. 1re, Pothier, du Douaire, n. 185.

9726. L'Adjudicataire par décret d'un héritage sujet à un Douaire non ouvert, peut, lors de l'ouverture, être obligé d'abandonner à la femme la jouissance du tiers de cet héritage, tous les Créanciers intéressés au décret, étant postérieurs à la constitution du Douaire. S'il y a un seul Créancier antérieur, l'Adjudicataire est à l'abri de l'éviction; non de l'hypotheque, par la force de laquelle il est tenu du montant du Douaire, jusqu'à concurrence des deniers qui se sont trouvés après l'acquittement des créances antérieures, sauf son recours contre les Créanciers postérieurs, qui ont touché ces deniers, v. Edit de Juin 1771, art. 32, Pallu, p. 566, Argou, L. 3, c. 10, Bourjon, t. 1, p. 664, Olivier sur Maine, arr. 437; Pothier, du Douaire, n. 92, conseille à la femme de s'opposer au décret.

9727. Les dettes créées depuis le mariage, très-certainement ne diminuent pas le Douaire, qu'elles soient mobilieres ou immobilieres. Pour les dettes antérieures au mariage, il faut distinguer les immobilieres des mobilieres: celles-là diminuent le Douaire, qu'elles existent encore ou non lors du décès du mari, v. ci-dessus n. 9725; celles-ci ne le diminuent qu'autant que le mari n'avoit pas, lors du mariage, des effets mobiliers, suffisants pour les acquitter, v. Pallu, p. 567. Boucheul sur Poitou, art. 256, n. 72, 76, 79, Poullain sur Bretagne, art. 455, Pothier, du Douaire, n. 56.

« Il m'a paru insoutenable, dit M. Bernard, en ses notes, qu'un homme qui a
» une terre de 30000 l. & qui en doit 15000 l. venant à décéder, on donne à
» sa veuve la jouissance de la moitié de cette terre, à titre de Douaire, en sorte
» qu'il ne reste rien aux héritiers du mari, même aux enfants. Que les dettes pos-
» térieures au mariage n'affoiblissent pas le Douaire par rapport à la veuve noble,
» c'est l'affaire des Créanciers, qui ont dû examiner avec qui ils traitoient; mais,
» quoique les dettes soient antérieures & résultent d'Actes authentiques, il n'est pas
» moins vrai qu'elles diminuent le bien, & doivent conséquemment diminuer le
» Douaire, qui ne peut porter que sur le bien effectif du mari. Ducange, dans
» son Glossaire, atteste néanmoins que l'usage est qu'elles ne le diminuent point,
» au mot *Tiers-coutumier*, p. 419; il cite Lebrun, des Succ. p. 324; mais Lebrun
» n'examine, dans cet endroit, que la question de savoir si les dettes d'une succes-

» sion qui échet au mari, doivent se défalquer, avant que d'asseoir le Douaire sur
» les fonds de la même succession. Qu'on soit obligé de vendre une partie du bien
» du mari, pour acquitter une dette antérieure au mariage, qui est mobiliere &
» hypothécaire; il est réel qu'il ne laisse effectivement que ce qui reste du bien, &
» le Douaire ne doit affecter que son bien réel. Je l'ai toujours ainsi pratiqué, &
» je ne vois pas pourquoi l'on ne suivroit pas, sur cette question, la maxime gé-
» nérale, que *bona non censentur, nisi deductis ære alieno.* » M. Bernard se fait une
2ᵉ. fois la même question, qu'il résoud de même, par les raisons, dit-il, qu'on
trouvera dans Pocquet sur Anjou, art. 299, obs. 1ʳᵉ. mais il ajoûte que, par provision, il faut suivre la Jurisprudence qui est contraire; cependant, l'usage n'y est
pas conforme à Tours, d'après ce qu'il assure lui-même avoir toujours pratiqué.

9728. La dot ne diminue pas le Douaire, Pallu, p. 567, Renusson, du Douaire, c. 8, n. 22 & suiv. Boucheul sur Poitou, art. 256, n. 77, notes de M. Bernard, qui dit que la dot s'exerce sur la Communauté, lorsqu'elle est acceptée. Dans
tout autre cas, « quand les biens du mari sont en discussion, ajoûte-t-il, la dot,
» qui est due à titre onéreux, doit marcher avant le Douaire, qui est dû à titre
» lucratif; mais cet ordre n'a lieu que vis-à-vis des Créanciers, non vis-à-vis de
» l'héritier, lorsque les biens du mari sont suffisants, & pour les deniers dotaux,
» & pour le Douaire. Alors, la veuve prend l'avantage du Douaire dans toute son
» son étendue, & exerce ses reprises sur le surplus des biens. Il est juste que le
» Douaire souffre & s'altere plutôt que la dot; mais cette altération ne peut arriver
» que dans le cas d'insuffisance de biens. »

9729. On lit dans les notes de M. Dubois, fils, que le remploi dû à la femme &
ses reprises doivent se prendre sur biens du mari, avant l'assignat du Douaire; en
sorte qu'ils diminuent le Douaire, de même que les créances contractées avant le
mariage, parce que le remploi est une dette antérieure au Douaire.

9730. Les reprises de la femme, suivant M M. Dubois, pere, & Bernard, en
leurs notes, s'exercent dans cet ordre: 1º. la dot, 2º. le Douaire, 3º. le remploi,
4º. le préciput, 5º. l'indemnité des dettes.

9731. Lathaumassiere sur Berri, t. 8, art. 9, enseigne que, pour la fixation du
Douaire, « l'on tire, sur la masse des biens, les dettes précédantes le mariage, &
» les droits de la femme; & la veuve a le tiers de ce qui reste, sans déduction des
» dettes créées depuis le mariage, » v. Louis sur Maine, art. 313.

9732. Le Douaire est-il préferé aux Créanciers antérieurs au Contrat de mariage,
sur les biens qui y sont donnés au mari en avancement d'hoirie ? v. Lemaître sur
Paris, p. 298.

9733. Celui qui, avant de se marier, a donné le tiers de ses propres, peut néanmoins constituer un Douaire coutumier, qui sera le tiers des propres qui lui restent,
Pallu, p. 567, Boucheul sur Poitou, art. 267, n. 11, où l'on voit que, le don n'étant
fait que depuis le mariage, le Douaire a lieu sur le tiers du total des propres, &
le don n'a effet qu'après l'extinction du Douaire.

9734. Quoique le Douaire soit le tiers dans la totalité, non dans chaque corps
d'héritage, Renusson du Douaire, c. 3, n. 67, on fait bien de stipuler que le Douaire
ne se prendra que sur tel ou tel héritage, v. Bourjon, t. 1, p. 618.

9735. La femme qui a, pour Douaire, un héritage particulier, paye les charges
foncieres, Pallu, p. 90, les charges réelles, ordinaires & extraordinaires, ainsi que
tout autre usufruitier; elle n'acquitte rien des charges générales de la succession du
mari, Pr. de la Jur. fr. n. 398, 399: à moins que par-là le Douaire ne se trouve
plus fort qu'il ne doit être, art. 327 de Tours.

9736. La femme, par l'art. 329 de Tours, qui ne s'entend que de la femme
noble, aussi-bien que l'art. 305 de Loudun, a le droit de demander à avoir, pour son
habitation, une des maisons du mari.

9737.

9737. Lorsqu'il n'y a qu'une maison, la femme n'y a son habitation, qu'autant qu'elle est assez spacieuse pour loger l'héritier & la femme, art. 329 de Tours, 307 de Loudun, Proust, p. 522. Pothier, du Droit d'habitation, n. 14: *intelligo non posse mulierem convenienti modo in domo defuncti morari, quandò, vel domus est insufficiens, vel indivisibilis, vel si esset suspicio; ut quià vidua est juvenis, & hæres, qui est fortè n. pos vel cognatus defuncti, est juvenis,* Sainson, t. 29, art. 4, où il dit que si, l'héritier offrant à la femme une portion de la maison, pour son habitation, elle soutient qu'ils ne peuvent y demeurer ensemble, c'est à elle à en faire la preuve. *Si D e-ca,* ajoûte Sainson, *moratur in castro, tunc debet major natu & primogenitus defuncti tenere castri claves.*

9738. S'il y a plusieurs châteaux, le principal doit être réservé pour le préciput de l'aîné; ce n'est qu'après le choix de celui-ci, que la femme peut opter, pour son habitation, celui des châteaux qu'elle juge à propos; on ne peut, par contrat de mariage, convenir qu'elle choisira avant l'aîné, qu'elle aura le plus beau château, v. art. 329 de Tours, 305 de Loudun.

9739. On doit précompter à la femme, sur son Douaire, la maison ou le château qu'elle a pris pour son habitation; ainsi, le droit d'habitation fait, parmi nous, partie du Douaire de la femme noble; elle en est saisie du jour du décès du mari; il ne se perd pas par le convol; les héritiers de la ligne où se trouve la maison ou le château, reçoivent des héritiers des autres lignes leur portion du loyer, v. Proust, p. 522, Boullai, p. 327, Dupineau sur Anjou, art. 309, Boucheul sur Poitou, art. 262, n. 3.

9740. M. Bernard, en ses notes, estime qu'on doit diminuer, sur le don, comme on auroit fait sur le Douaire, le droit d'habitation à une femme noble qui renonce au Douaire, pour se tenir au don que lui a fait le mari.

9741. De droit commun, l'habitation n'est due à la femme, que lorsqu'elle a été stipulée par le contrat de mariage, Bourjon, t. 1, p. 670, qui, p. 672, pense qu'elle ne se perd pas par le convol; le contraire a été jugé par un Arrêt du 14 Juillet 1760, v. Lacombe, au mot *habitation*, n. 5.

9742. La femme peut louer, non-seulement la maison qu'elle a pour Douaire, Boullai, p. 329, mais aussi celle qu'elle auroit pour habitation, v. Dupineau sur Anjou, art. 309, Lebrun, de la Comm. l. 3, c. 2, s. 1, d. 12, n. 4. Pothier, du Droit d'habitation, n. 18, est d'avis que la femme qui occupe la maison qu'elle a pour habitation, peut seulement louer ce qu'elle a de trop, v. ci-dessus n. 5819.

9743. Outre les fruits du jardin de la maison qui lui est donnée pour habitation, la femme a les pigeons du colombier & les poissons du vivier, Bourjon, t. 1, p. 670.

9744. La femme qui n'a qu'un logement dans la maison du mari, n'a, ni fruits, ni pigeons, ni poissons; elle peut seulement se promener dans le jardin. La femme n'a qu'un logement, s'il a été stipulé qu'elle auroit, non une telle maison pour son habitation, mais son habitation dans une telle maison; en ce cas, elle est tenue, à proportion de la partie dont elle jouit, aux réparations usufruitieres, & non pas uniquement aux réparations locatives, Pothier, du Droit d'habitation, n. 21, 34.

<hr>

SECTION III.

Du Douaire coutumier entre Roturiers.

9745. La femme d'un Roturier n'a droit de Douaire, par les art. 338 de Tours, 314 de Loudun, que sur les immeubles qu'a son mari, lorsqu'il y a lieu de l'assigner. C'est dans ce moment qu'on décide de son étendue; jusqu'alors, il est susceptible

Part. II. G g

d'accroiſſement ou de diminution , quoique le droit en ſoit acquis du jour du mariage. Des aliénations peuvent en réduire l'effet à rien.

9746. Cela a lieu , quoique la femme ſoit noble, v. Prouſt, p. 531 , ci-deſſus n. 9697.

9747. Un homme qui avoit 6000 l. de propres réels & 6000 l. de propres conventionnels , a conſtitué Douaire ſur les uns & ſur les autres. A ſa mort, il n'a laiſſé que ſes propres réels, & 3000 l. d'effets mobiliers ; les repriſes de la femme montoient à 500 l. il y avoit, en outre, pour plus de 1000 l. de dettes mobilieres, & 1600 l. de dettes immobilieres ; elle a renoncé à la communauté , & elle a demandé Douaire ſur les 9000 l. qui compoſoient la ſucceſſion du mari, les dettes ne diminuant pas le Douaire. M. Bernard, en ſes notes, rapporte avoir décidé qu'en cas de renonciation, on ne peut pas dire que le mari ait des propres conventionnels ; que ce n'eſt pas en cette qualité, que les effets mobiliers reſtent aux héritiers ; que d'ailleurs, dans l'eſpece, les effets mobiliers étant abſorbés par les dettes, c'étoit comme s'il n'en exiſtoit pas ; que, dans ce cas, il n'y avoit pas vraiment de propres conventionnels, ils ont été diſſipés ; qu'enfin , la femme ne devoit avoir Douaire, que ſur les propres réels , toutefois ſans aucune diminution.

9748. Le 28 Août 1769, le Pere de l'Auteur a été d'avis que le Douaire ſur les propres conventionnels, ne doit pas avoir plus de faveur & plus d'étendue, que le Douaire ſur les propres réels ; qu'ainſi, les héritiers d'un mari qui avoit ſtipulé propre une ſomme de 1800 l. ne trouvant que 1200 l. la femme ne doit jouir que de 600 l.

9749. La diſpoſition à titre gratuit d'une partie conſidérable des biens du mari , étant cenſée faite en fraude du Douaire, ſuivant Pothier, du Douaire, n. 152, la femme peut s'en plaindre.

9750. Le mari ayant vendu ſes propres de Communauté , la femme ne peut inquiéter les Acquéreurs, Pallu, p. 585, ni en prétendre récompenſe, notes de M. Bernard. M. Dubois, pere, dans les ſiennes , obſerve que ce que dit Pallu, p. 571, ne s'entend que des femmes nobles ; il ajoûte avoir décidé, avec lui, en 1664, qu'une femme roturiere, qui, après la mort du mari, a conſenti à la vente des biens ſujets au Douaire, doit en avoir récompenſe.

9751. La femme qui accepte la Communauté , a Douaire ſur les remplois que les héritiers du mari exercent ; ſi elle renonce, il n'y a plus de remplois du chef du mari , Pallu, p. 588, notes de M. Dufrementel.

9752. M. Dufrementel dit que la femme même qui renonce, a Douaire ſur le prix qui reſte dû, de la vente d'un propre du mari ; il eſt hors de la Communauté, & le remploi en eſt comme effectué , v. ci-deſſus n. 8932, 9685.

9753. Un mari meurt avant le partage d'une ſucceſſion qui lui eſt échue ; dans le lot qui tombe à ſes enfans, il y a un retour à leur profit : le 7 Octobre 1770, le Pere de l'Auteur a eſtimé que la femme a Douaire ſur ce retour , dans le cas même où il eſt exigible ; on doit alors le regarder comme une eſpece de remploi ; c'eſt le prix de la part qu'avoit le mari dans l'immeuble faiſant partie du lot de celui qui doit le retour ; la néceſſité de l'aliénation ne fait rien ; une rente rachetée, un héritage adjugé par licitation, ne produiſent pas moins un remploi, qu'une vente volontaire ; Ferriere, au mot *ſoulte*, met ſur la même ligne le retour de partage & le prix d'un immeuble vendu.

9754. La femme qui prend part dans les conquêts, comme commune, n'y prend rien, comme Douairiere, notes de M. Bouault. Le contraire avoit été décidé par des Arrêts des 23 Janvier 1593, & 2 Janvier 1599, Pallu, p. 584. Tronçon ſur Paris, art. 248, Lepeſtre, cent. 3, c. 74 ; Boullai, p. 262, en adopte la déciſion, L'uſage qu'on ſuit, a pour motif, ſelon Boucheul ſur Poitou, art. 256, n. 38, qu'on ne doit pas donner à une femme deux cauſes lucratives ſur les conquêts ; mais l'art. 319 de Tours les lui donne. « Je trouve, dit M. Bernard, en ſes notes, que Pallu rejette bien légérement » deux Arrêts de Réglement, donnés en interprétation de la

» Coutume; il donne le Douaire sur le remploi, & le remploi se prend sur les acquêts;
» n'est-ce pas le donner sur les acquêts ? La raison de deux causes lucratives est
» fausse; Brocard qui ne signifie rien. On abandonne ces deux Arrêts sur le fon-
» dement d'un Arrêt de provision, qui préjuge si peu, qu'il ordonne une information
» par turbes. L'art. 326 dit, *propres & acquêts*; l'art. 338 use d'un terme qui enve-
» loppe tous les immeubles du mari, propres & acquêts ».

9755. En cas de renonciation, ce qui reste des conquêts, après les dettes de la
Communauté payées, est sujet au Douaire, Pallu, p. 585, Ragueau & Lathaumassiere
sur Berri, t. 8, art. 11, v. Boullai, p. 262, Pocquet sur Anjou, art. 299, obf. 3ᵉ.
Boucheul sur Poitou, art. 256, n. 40 & suiv. Le Douaire, en ce cas, se prend sur les
acquêts faits pendant le mariage, comme sur les propres, v. ci-après n. 9762.

Un mari meurt en Janvier 1771; il doit 6000 l. & laisse, pour tout bien, un
conquêt de 600 l. de revenu, chargé d'une rente viagere de 900 l. La femme renonce à la Communauté. Le Douaire aura-t-il lieu sur le conquêt, à la charge de
payer la moitié de l'intérêt des 6000 l. de dettes, & la moitié ou le quart des
arrérages de la rente viagere? Nous avons estimé que, dans ce cas, il est de l'avantage de la femme de ne demander le Douaire, qu'après l'extinction de la rente
viagere; comme, alors, il en aura coûté, au-delà du revenu, à l'héritier du mari,
chaque année, 600 l. pour arrérages, & les intérêts de ces arrérages, jusqu'au
décès du Créancier, on fera du tout un capital, dont la femme paiera l'intérêt,
pour une moitié, comme la moitié de l'intérêt des 6000 l. de dettes, tant qu'elle
jouira de la moitié du conquêt.

9756. La femme d'un enfant qui est en continuation de Communauté avec le
survivant de ses pere & mere, aura Douaire sur les acquêts faits avant le mariage;
ceux faits depuis, entrent dans la Communauté qui existe entr'elle & son mari,
Fourré, p. 387.

9757. Le Douaire a lieu sur l'héritage retiré par le mari; mais la femme n'a pas le
droit d'exiger, pendant sa vie, la récompense qui lui est due, parce qu'elle jouit du
fruit du montant, par l'effet du Douaire, v. ci-dessus n. 9289, 9703, 9723, 9724.

9758. Pothier, du Douaire, n. 40, donne pour regle générale, que tout ce qui
entre en Communauté, n'est jamais sujet au Douaire.

9759. Le Douaire se prend sur les biens dans l'état où ils sont, sans faire raison
des augmentations, & aussi sans dédommagement pour les dégradations, notes de
MM. Dubois, pere, & Bernard. La femme souffre, dans tous les cas, des dégradations, v. ci-dessus n. 9663 & suiv. Elle profite des augmentations, en entier,
dans le cas où elle renonce à la Communauté. Etant commune, elle en jouit; mais
on sursoit jusqu'à sa mort, le payement de la récompense qui lui est due, v. ci-dessus
n. 9757, ci-après n. 9765.

9760. Le mari, qui peut préjudicier au Douaire de la femme, en aliénant ses
propres de Communauté, ne le peut, en les hypothéquant simplement, Pallu, p. 585;
elle est préférable aux Créanciers postérieurs au mariage, v. Boullai, p. 338. Sur ce
principe, le 7 Septembre 1770, le Siége de Tours a donné main-levée d'une saisie
de fruits sujets au Douaire, faite à la requête d'un créancier pour dette créée par
le mari pendant le mariage.

9761. La femme peut exercer son droit de préférence, du vivant du mari, en
formant opposition afin de distraction du Douaire, lorsqu'on décrete les biens du
mari, après s'être fait séparer de biens, & avoir renoncé à la Communauté; ce qui
est fondé sur l'art. 293 de Tours, v. Pallu, p. 587, Pocquet sur Anjou, art. 319,
ci-dessus n. 9633. La disposition des art. 275, 276, 290 de Loudun, en ce qu'ils
privent du Douaire la Roturiere qui renonce, n'est pas suivie, Proust, p. 482, 497.

9762. « Quelque temps sut qu'on a mal pratiqué l'art. 293, en Touraine; car la
» femme, répudiant la Communauté, son mari vivant, n'étoit reçue à demander

» son Douaire sur les biens d'icelui. La raison en étoit prise de ce qu'on dit, que
» jamais mari ne paya Douaire; ce qu'on prouve par les art. 326, 328, 329, 330
» & 338, qui supposent le mari décédé. Le texte de l'art. 293 est trop précis, pour
» le plier au sens des autres; aussi, les Arrêts, &c. Mais cela n'a lieu à l'égard des
» acquêts & conquêts faits pendant le mariage, auxquels elle a renoncé, & n'est
» recevable à s'opposer afin de distraire pour la moitié d'iceux, ainsi qu'il a été
» jugé par Arrêt du 22 Janvier 1564, rapporté par Papon. Je sais cependant que
» la Cour l'a jugé au contraire, même en cette Coutume, où la femme, ayant
» renoncé, a été reçue à demander son Douaire sur la moitié des acquêts con-
» cernant le chef du mari; c'est le bien de son mari, sur lequel l'art. 338 lui donne
» Douaire, & auquel elle n'a pas renoncé, n'y ayant jamais rien eu, mais seu-
» lement en l'autre moitié, qu'elle a répudiée. Néanmoins, MM. du Présidial ont
» toujours jugé que la veuve, ayant renoncé aux meubles & acquêts, ne peut
» demander son Douaire sur iceux acquêts, » Boullai, C. M. v. Brodeau, Chauvelin
& Ricard sur Tours, art. 338, Dupineau sur Anjou, art. 299, Louis sur Maine,
art. 313, Bodreau sur Maine, art. 318, 328, ci-dessus n. 9755.

9763. S'il n'y a pas de Communauté, tous les acquêts faits durant le mariage,
sont sujets au Douaire, Pothier, du Douaire, n. 13, Olivier sur Maine, art. 313.

9764. Le Douaire, auquel ne font aucun préjudice les dettes créées pendant le
mariage, souffre des dettes antérieures, tant mobilieres, qu'immobilieres, qui
existent lors de l'ouverture du Douaire. Il faut supposer, à l'égard des dettes mobilieres, que le mari ne laisse pas de biens non sujets au Douaire, sur lesquels elles
puissent se prendre, v. ci-dessus n. 9727.

9765. L'acquittement des dettes mobilieres & des dettes immobilieres, fait
pendant le mariage, profite à la Douairiere, v. Pallu, p. 567. Si elle accepte la
Communauté, la récompense due à raison du rachat des dettes immobilieres, ne se
paye qu'à ses héritiers après son décès, Lebrun, des Succ. l. 2, c. 5, s. 1, d. 2,
n. 22, v. ci - dessus n. 9759; M. Bouault, en ses notes, dit que le rachat d'une
rente n'augmente pas, en ce cas, le Douaire.

9766. Un Roturier laisse, en mourant, deux héritages qu'il a recueillis de la
succession de son pere, l'un de 10000 l. situé à Paris, l'autre de 30000 l. situé à
Tours, & sa moitié dans les conquêts, montante à 40000 l. Ces biens font chargés
d'une rente de 600 l. constituée avant le mariage. La femme qui jouit, à titre de
Douaire, de la moitié des héritages de 10000 l. & de 30000 l. n'en acquittera,
annuellement, que 150 l. v. ci-dessus n. 9336, 9337.

9767. Les art. 338 de Tours, 314 de Loudun, qui accordent, pour Douaire,
l'usufruit de la moitié des immeubles, exceptent les choses nobles, échues en tierce
foi, qui ne font sujettes au Douaire, que pour un tiers. « L'unique raison qu'on
» puisse donner de cette différence, dit M. Bernard, en ses notes, est en faveur
» des puinés, qui n'ont qu'un tiers à subdiviser entr'eux. »

9768. Pour fixer, entre Roturiers, le Douaire sur un fief, Pallu, p. 589, estime qu'il
faut le regarder relativement aux héritiers, afin de juger s'il est échu en tierce foi,
comme on fait lorsqu'il s'agit du partage. Quelle relation du partage, qui se fait
entre les héritiers, après le décès du possesseur d'un fief, avec le Douaire, qui se
constitue par le possesseur même de ce fief, qui a quelquefois lieu de son vivant!
Ce Douaire une fois distrait du vivant du mari, sur le pied de moitié, parce que
le fief étoit à la 2e. foi, diminuera donc, ne sera plus que du tiers, si le mari
vient à mourir, quelle absurdité! Le Douaire doit rester tel qu'il est, lorsqu'il est
acquis. C'est le mari qui le constitue; c'est relativement à lui, qu'on doit considérer
ses biens, disent MM. Bouault & Bernard, dans leurs notes; « autrement, ajoûte
» M. Bernard, les termes de l'art. 338 de Tours, *échues en tierce foi*, seroient
» communément inutiles, car les biens nobles font acquêts ou propres au mari.

» S'ils sont acquêts, point de Douaire, si ce n'est en cas de renonciation à la
» Communauté; s'ils sont propres, ils seront toujours, par le décès du mari, échus
» en tierce foi. La disposition est générale, & doit porter sur les propres, comme
» sur les acquêts. »

9769. M. Bouault pense que le Douaire de la Roturiere sur les fiefs échus en
tierce foi, est, en tout, semblable au Douaire de la Noble; conséquemment, que le
mari ne peut les aliéner à son préjudice; & que, s'il le fait, elle peut se pourvoir
contre les Acquéreurs, suivant l'art. 328 de Tours; parce que, dit-il, les Roturiers,
par rapport aux fiefs échus en tierce foi, jouissent des mêmes avantages que les
Nobles. Cette opinion est directement contraire à la lettre & à l'esprit de l'art. 338,
v. ci-après n. 11966 & suiv. L'art. 329 ne peut s'appliquer à la Roturiere.

9770. Le Douaire a lieu sur le préciput de l'aîné, sur le manoir qu'il prend,
Renusson, du Douaire, c. 13, n. 1, 2, Pothier, du Douaire, n. 174, contre
Bodreau sur Maine, art. 320, M. Bouault, en ses notes. M. Dubois, pere, dans
les siennes, dit que « l'avantage que prend une fille aînée roturiere en une mai-
» son noble, tombée en tierce foi, est sujet au Douaire; c'est une chose qui affecte
» tout le patrimoine du mari, sans distinction; c'est le sentiment de Vrévin sur
» Chauni, art. 123, » v. ci-après n. 12445, 12446.

<hr>

SECTION IV.

De l'Incompatibilité du Douaire avec le Don.

9771. A Paris, la femme peut avoir Douaire & Don, v. art. 257; le contraire est établi par les art. 337 de Tours, 313 de Loudun, que Boucheul sur Poitou, art. 267, n. 3, entend de toute espece de Don, v. Sainson, t. 30, art. 1,
Boullai, p. 336, Proust, p. 529. « Il n'importe que ce soit le mari qui ait lui-même
» constitué le Douaire, ou que ce soit les pere & mere du mari, qui l'aient consti-
» tué à la femme, sur les biens qu'ils donnoient en mariage au mari; la femme
» ne peut, après la mort de son mari, avoir tout-à-la-fois ce Douaire & une do-
» nation que lui auroit faite son mari, » Pothier, du Douaire, n. 265.

9772. La femme peut avoir Douaire sur les biens de Tours ou de Loudun, &
Don sur ceux de Paris, notes de M. Bouault. « Tous les auteurs ont estimé, dit
» Boullenois, Quest. mixtes, p. 252, que si, par la Coutume du domicile des Con-
» joints, la femme ne peut avoir Don & Douaire ensemble, elle pouvoit du moins
» prendre son Don sur les biens situés en Coutume qui le permet, & son Douaire
» sur les biens situés en Coutume où le Douaire & le Don sont incompatibles, »
v. Brodeau sur Louet, H, c. 16, Bodreau, Louis & Olivier sur Maine, art. 323,
Pocquet sur Anjou, art. 310, Duplessis, t. 1, p. 739. Selon Pothier, du Douaire,
n. 266, 267, une femme peut avoir Douaire & Don, dans le cas où tous les biens
sujets au Douaire, sont régis par la Cout. de Tours, & tous ceux compris dans
le Don, sont régis par la Cout. de Paris, & dans le cas inverse; mais non dans le cas
où le Douaire, étant d'une rente viagere, est à prendre sur tous les biens du
mari, soumis, les uns à la Cout. de Tours, les autres à la Cout. de Paris, si le
Don a pour objet des biens sur lesquels la Cout. de Tours exerce son empire. Pothier observe que, « si les biens sujets au Douaire, sont sous la Cout. d'Anjou,
» & ceux compris en la donation, sous celle du Maine, la femme ne pourra avoir
» le Douaire & la donation. »

9773. L'Incompatibilité du Douaire avec le Don, résiste aux principes, notes de
M. Bouault; elle est contraire au droit commun; il faut restreindre le plus qu'il est

possible, la disposition de la Loi municipale, à cet égard, v. ci-dessus n. 30. Ainsi, en adoptant le sentiment de Dupineau, Obs. sur Anjou, art. 310, que rejette Pallu, p. 583, on devroit dire que le Douaire & le Don peuvent avoir lieu sur différentes especes de biens, régis par la Cout. de Tours ou de Loudun.

9774. On pourroit n'admettre l'incompatibilité pour la même espece de biens, que quand trois circonstances concourroient : la 1re. que le Douaire & le Don fussent accordés par le même titre, le Contrat de mariage : la 2e. que le Don fût universel ; la 3e. qu'il fût simple. Selon MM. Bouault & Dubois, fils, dans leurs notes, l'art. 337 de Tours ne doit pas s'entendre de tous Dons. Il ne peut s'entendre que des Dons faits par le Contrat de mariage, dit l'un ; que des Dons universels, dit l'autre. M. Dubois, fils, étend la prohibition aux Dons mutuels ; Boullai, p. 336, en doute. M. Bouault tient que cela « est contre la raison ; il n'y auroit pas » d'égalité, puisque la femme seroit obligée d'abandonner son Douaire, pour pro- » fiter du Don mutuel, lorsque le mari ne quitte rien, pour profiter de la même » chose. » Quelquefois, la femme donneroit, sans espérer de rien recevoir, vu qu'il peut arriver que le Don ne lui procureroit pas ce qu'elle trouveroit dans le Douaire. Perchambault, p. 345, Poullain sur Bretagne, art. 206, Barbier sur Argou, l. 3, c. 10, Olivier sur Maine, art. 333, regardent le Douaire comme compatible avec le Don mutuel. Le Don mutuel n'est pas un vrai Don ; d'ailleurs, étant de ce qui se trouvera au décès du Prémourant, c'est une disposition incertaine, qui n'a rien de fixe.

9775. Qui est-ce qui opposera l'incompatibilité du Don des meubles, avec le Douaire, qui se prend sur les propres, lorsque les héritiers succedent, les uns aux meubles, les autres aux propres ? Ceux-là n'ont pas d'intérêt à faire renoncer au Douaire, ni ceux-ci à faire renoncer au Don.

9776. Louis sur Maine, art. 323, ne goûte pas l'avis de ceux qui admettent, avec le Douaire, le Don rénumératoire, qui n'est pas un vrai Don ; comme si un vieillard épouse une jeune fille, ou un Roturier une Noble.

9777. Fourré, p. 782, estime que le Douaire préfix & le Don peuvent avoir lieu, pourvu qu'ensemble, ils n'excedent pas le Douaire coutumier. On pourroit en dire de même, s'ils n'excédoient pas ce dont le mari pouvoit disposer au profit de sa femme.

9778. Faute, par la femme, d'avoir opté entre le Douaire & le Don, dans le délai de 3 mois & 40 jours, l'option n'est pas déférée de plein droit aux héritiers du mari. Ils doivent le faire prononcer par le Juge, qui, selon les circonstances, proroge le délai, v. Ricard sur Amiens, art. 110.

9779. La femme qui a opté le Don, s'il se trouve lui être onéreux, peut revenir au Douaire, notes de MM. Dubois, fils, & Bernard, contre Boullai, p. 336. En tout événement, la femme doit profiter de l'un des deux avantages ; n'étant pas Donataire, lorsque le Don est épuisé par les dettes, elle peut être Douairiere ; une qualité qui est sans effet, n'est pas un vrai obstacle ; ce seroit, en abusant des termes de la Loi municipale, s'écarter de son esprit, que de soutenir le contraire. Il est bon que la femme ait fait constater, par un inventaire, les meubles, afin de les représenter, ou le prix, v. ci-dessus n. 9237.

9780. « Pour l'intelligence de l'art. 337, s'est faite une turbe, à Tours, le 16 » Septembre 1578, en procès pendant en la Cour, entre Marie Hubi, veuve de » Nicolas Drouin, demanderesse, & Jean Garnier, curateur des enfants du défunt, » défendeur. Le fait se prenoit du Contrat de mariage, par lequel il étoit dit qu'on » bailloit audit Drouin, futur mari, la somme de 6000 l. à la charge qu'où » ledit Drouin prédécédât ladite Hubi, sans hoirs procréés de leur chair, & » qu'elle n'acceptât, dans l'an après, la Communauté de biens, en ce cas, elle » reprendroit lesdites 6000 l. avec tous les autres biens qui seroient par elle apportés » & entrés de sa part en ladite Communauté, ensemble 1000 l. pour ses bagues &

» joyaux , &, en outre, 3000 l. une fois payées d'accroissement desdites 6000 l. Ce
» cas dernier étant avenu , elle répudie la Communauté , se tenant à ses conven-
» tions matrimoniales, qui ne font , dit-elle , exorbitantes ou prohibées par la dis-
» position de la Coutume , même de l'ancienne , sous laquelle ledit Contrat a été
» passé. On répliquoit qu'il falloit se déporter de son Douaire, ou de sa demande
» dudit accroissement, qui étoit une véritable espece de Don , incompatible avec le
» Douaire. Sur ces raisons, Sentence à ce Siége , par laquelle les conclusions de
» ladite Hubi lui sont adjugées , & a ladite Sentence été confirmée par Arrêt , »
notes de M. Poitevin.

9781. « On m'a demandé, dit Pallu , N. M. si le Préciput & le Douaire ont lieu
» ensemble ? . . . Le Préciput ne peut être regardé comme une donation, puisqu'il
» n'est sujet à insinuation; mais comme une convention, pour ce qui est de la Société
» & Communauté entre mari & femme. »

9782. On lit dans les notes de MM. Bouault & Dubois , fils, que, les enfants de
la Dame de Bois-le-Comte lui ayant disputé un Préciput de 11000 l. qui lui étoit
accordé en cas de renonciation , sous prétexte que c'étoit un avantage incompatible avec le Douaire, il fut rendu, en sa faveur, le 27 Janvier 1710, par MM. Séguin,
Dubois , Delaroche, Valois & Baudouin , une Sentence arbitrale , déposée chez
Me. Boutet , Notaire. « *Idem* des bagues & joyaux , &c. » dit M. Bouault. M.
Dubois, fils, donne pour regle , que » le Préciput , les remplois , les reprises & autres
» avantages accordés aux femmes , ne font pas incompatibles avec le Douaire. »
C'est ce qu'enseigne Perchambault , p. 346. « Le Contrat de Communauté dont
» la convention de Préciput fait partie, est un Contrat de commerce , & non une
» donation, » Pothier, de la Comm. n. 952 , v. ci-dessus n. 9275, 9277.

9783. Par un Contrat de mariage , il étoit dit : « Le Survivant prendra , par
» Préciput , la somme de 1000 l. &, si c'est le futur époux, ses habits & linges ,
» livres , harnois & chevaux ; si c'est la future épouse , ses linges & vêtements , &,
» en outre , sa chambre garnie , de valeur de 500 l. La future épouse , en cas de
» renonciation , reprendra ce qu'elle aura apporté , ce qui est attribué par la Cou-
» tume à femme qui renonce , même le préciput ci-dessus accordé. » On a demandé
si la femme , en renonçant , devoit prendre son Préciput sur les propres du mari.

M. Bernard , après avoir répondu pour l'affirmative , observa que le Douaire est
incompatible avec le Préciput ; que la 1re. clause énonce deux Préciputs ,
dont l'un est mutuel & égal ; que c'est à celui-ci que doit se borner le Préciput
accordé en cas de renonciation ; que, si l'on eut voulu y comprendre l'avantage
de la chambre garnie, on en eut fait une mention expresse , en le répétant dans la
2e. clause ; que la 2e. clause, où l'on se sert du terme de Préciput, au singulier, doit
s'entendre avec rigueur ; qu'accorder une chambre garnie avec ce que la Coutume
donne , ce seroit donner deux fois le même objet, le lit étant , en cette matiere ,
le principal meuble d'une chambre garnie ; enfin , que la question avoit été différ-
ement jugée par un Arrêt du 12 Mai 1702 , rapporté au Journ. des Aud.

Le 10 Juillet 1761, M. Bernard & le Pere de l'Auteur , choisis pour arbitres , ac-
corderent à la femme 1000 l. de préciput, ses linges & vêtements , 500 l. pour la
chambre garnie , un lit garni & le Douaire. Le Pere de l'Auteur prouva à M.
Bernard que le préciput n'est pas proprement un Don, & lui fit remarquer que ,
dans l'espece de l'Arrêt de 1702, mal rapporté par l'Arrêtiste, & mal pris par les
Auteurs qui l'ont depuis cité, le Contrat de mariage portoit, que la future épouse
auroit un préciput de la somme de 4000 l. & des joyaux pour 1500 l. à prendre
sur ceux apportés en mariage ; qu'en renonçant, elle auroit le préciput ci-dessus ,
& prendroit ce qu'elle auroit apporté , conséquemment ses joyaux en entier , dont ,
par-là , une partie ne pouvoit plus faire l'objet du préciput, dans le cas de renonciation ; autrement , la femme auroit eu deux fois la même chose. L'autorité de cet

Arrêt une fois écartée, il étoit hors de doute que le préciput de la femme renonçante devoit être tel qu'il eût été en cas d'acceptation; c'est la manière ordinaire d'entendre ces fortes de claufes : auffi, les Parties ni leur Confeil n'avoient pas penfé à élever aucune queftion, à ce fujet, non plus que fur l'Incompatibilité du Douaire avec le préciput.

9784. Le bénéfice de l'art. 247 de Tours eft compatible avec le Douaire, notes de M. Bouault.

9785. Il a été jugé, par un Arrêt du 30 Août 1760, qu'en Artois, où le Douaire eft incompatible avec tout Don, on ne peut difputer le Douaire à une femme, à qui tous les effets de la Communauté appartiennent, en vertu d'une claufe de fon Contrat de mariage, qui les accorde au Survivant, Dict. raif. des dom. t. 2, p. 172, v. Dupleffis fur Paris, p. 449, aux notes.

Fin de la feconde Partie.